HANGIL
GREAT BOOKS
186

클라우제비츠 전쟁론 완성하기

계몽주의 이성이 아닌 모방적 이성으로 본 전쟁론

르네 지라르 · 브누아 샹트르 지음 | 김진식 옮김

한길사

**HANGIL
GREAT BOOKS
186**

René Girard·Benoît Chantre
Achever Clausewitz

Translated by Kim Jin-Chic

Achever Clausewitz
Entretiens avec Benoit Chantre
Edition revue et augmentée d'un index et d'une postface
by René Girard
©Editions Grasset & Fasquelle, Paris, 2022 pour la presente edition
Korean Translation Copyright © Hangilsa Publishing Co. Ltd., 2024
All rights reserved.

This Korean edition was published by arrangement with
Editions Grasset & Fasquelle (Paris)

Published by Hangilsa Publishing Co. Ltd., Korea, 2024.

르네 지라르(René Girard, 1923–2015)
프랑스의 문학평론가이자 사회인류학자. 지라르는『낭만적 거짓과 소설적 진실』에서
소설 속 인물들을 통해 인간 욕망의 구조를 밝히는 데서 출발한다.
그 작업의 결실인『폭력과 성스러움』은 1973년 프랑스 아카데미상을 받았다.
그밖에도『지하실의 비평』『세상이 만들어질 때부터 숨겨져온 것』『이중규제』『희생양』
『옛 사람들이 걸어간 사악한 길』『나는 사탄이 번개처럼 떨어지는 것을 본다』등을 집필했다.
대부분 문학 작품 분석이 중심을 이루고 있으며, 특히 폭력과 구원에 관한 주제가
많은 비중을 차지하고 있다.『클라우제비츠 전쟁론 완성하기』에서는
인간 욕망의 모방이론을 전쟁에 적용해서 살펴본다.

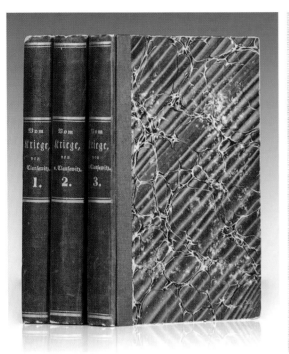

클라우제비츠 『전쟁론』 초판본

『전쟁론』은 나폴레옹 전쟁을 겪은 프로이센 장군 카를 폰 클라우제비츠가 쓴 전쟁이론서다.
베를린 사관학교 교장으로 재직하고 있던 1818-30년에 집필했는데
책을 미처 다 완성하지 못한 채 사망했다. 사후에 그의 아내 마리 폰 클라우제비츠가
유고집으로 발간했다. 전쟁·철학·국제·정치학·군사학을 아우르며 나폴레옹 시대의 전법을
학문적으로 정리한 것으로 높게 평가받는다.

카를 폰 클라우제비츠(Carl von Clausewitz, 1780–1831)

프로이센의 군인, 군사학자. 프로이센 중류층 집안에서 태어나 프리드리히 대왕 시절 하급
장교를 지낸 아버지의 영향으로 12살에 참전하고 15세에 사관학교에 들어갔다. 게르하르트 폰
샤른호르스트에게 군사학을 배웠고, 나폴레옹 전쟁이 시작된 1803년에 수석 졸업했다.
1806년 예나 전투에서 패한 후 파리에서 포로생활을 했다. 1812년엔 러시아 정벌에 나선
나폴레옹의 요구로 프로이센의 군대가 동맹군으로 참전했는데 클라우제비츠는 탈영해서
러시아 군대에 입대하여 나폴레옹 군대와 대적했다. 1813년 프로이센이 대불동맹에 가담하는
계기를 만들어냈다. 프로이센 군대의 보수파의 견제로 최고위직으로 오르지 못하고
사관학교 교장이 되어 전기나 정치·군사 논문 등을 저술했다.

나폴레옹 1세(Napoléon Bonaparte, 1769–1821)

코르시카섬의 하급 귀족 가문 출신의 군인으로, 프랑스 혁명 시기에 벌어진 전쟁에서 큰공을
세우며 국민적 영웅이 되었다. 1799년 쿠데타를 통해 제1통령이 된 후 종신통령을 거쳐 황제에
즉위했다. 나폴레옹이 유럽 대부분을 지배하면서 법치주의, 능력주의, 시민 평등 사상 등을
퍼뜨렸고 나폴레옹 법전을 남겨 행정적인 업적을 남겼다. 또한 전술, 전략, 훈련, 조직, 군수,
의복, 포상 제도 등을 발전시킨 최고의 군사 전략가 중 한 명이다. 19세기의 첫 10년은
나폴레옹 전쟁으로 프랑스가 유럽의 패권국이 되는 시기였다. 나폴레옹의 몰락은
1806년 대륙봉쇄령을 시작으로 이베리아 반도 점령 실패와 러시아 원정 실패로 시작됐다.
1814년 실각한 나폴레옹은 삶의 마지막 6년 동안 세인트헬레나섬에서 유배생활을 했다.

예나 전투

1806년 10월 14일 예나 및 아우어슈테트 일대에서 나폴레옹 1세가 이끄는 프랑스군과
프리드리히 빌헬름 3세가 이끄는 프로이센군이 맞붙은 전투. 프로이센군은 참패했고
뒤이은 추격전에서 완전히 괴멸당해 프로이센의 모든 영토가 프랑스군에게 제압당했다.
클라우제비츠도 이 전투에 참전했다가 패한 후 프랑스의 포로가 되었다.

리오 7세와 나폴레옹 대관식

나폴레옹은 역대 프랑스 왕과 달리 랭스 대성당이 아닌 노트르담 대성당에서 대관식을 치렀다.
이때 교황으로부터 축성 받기를 원하자 교황 비오 7세는 교황청의 반대에도 왕관을 씌어주기
위해 대관식에 참석했다. 하지만 나폴레옹은 비오 7세 앞에서 자기 스스로 황제의 관을 썼다.
이 그림을 그린 자크 루이 다비드는 스스로 관을 쓰는 나폴레옹을 그리려다가 교황 측의 항의에
황후 조제핀에게 관을 씌워주는 장면으로 바꿨다고 한다.

희생양
르네 지라르에 따르면 고대사회에서 집단 구성원들끼리의 갈등을 해소하거나
질서를 회복하기 위해 인류가 취해온 방식이 '희생양'을 만드는 것이다.
희생양은 사회 구성원 전체에게 바쳐지는 것으로, 폭력의 방향을 하나의 대상에 집중해
공동체를 상호적 폭력으로부터 보호하려는 문화적 장치다.

예수 수난

수난(Passion)은 버티기 힘든 어려운 일을 뜻하고, 신학 용어로 쓰일 때는
예수의 재판과 처형을 의미한다. 르네 지라르는 예수 수난이 희생양 메커니즘을 세상에
드러냈다고 본다. 예수 수난은 초석적 살해의 모습을 그대로 따르며 그것을 드러나게 했다.

◀ 게오르크 빌헬름 프리드리히 헤겔(Georg Wilhelm Friedrich Hegel, 1770–1831)
독일 관념론을 완성한 것으로 평가받는 프로이센의 철학자. 독일 슈투트가르트에서 태어났다.
1778년부터 튀빙겐 신학교에서 철학과 고전을 공부하며 횔덜린 · 셸링과 함께 그리스 문학과
프랑스혁명에 관심을 기울였다. 정신적 생명의 전체 구조를 변증법적인 법칙 아래 총괄하려는
노력을 통해 자기만의 학문 체계를 완성해나갔다. 1807년 나폴레옹이 예나 전투에서 승리를
거두기 얼마 전 헤겔은 세계정신으로서의 나폴레옹을 칭송하며『정신현상학』을 출간했다.

▶ 프리드리히 횔덜린(Friedrich Hölderlin, 1770–1843)
독일의 시인. 라우펜에서 출생해 헤겔과 함께 튀빙겐대학에서 신학과 철학을 공부했다.
고대 그리스를 동경해 낭만적 · 종교적 이상주의를 노래한 그의 시는 당시 괴테, 실러의 그늘에
가려 주목받지 못했지만 오늘날에는 독일 시문학의 정점이자 현대시의 선구자로 평가받는다.
작품으로는 소설『휘페리온』, 미완성 비극『엠페도클레스의 죽음』, 시「하이델베르크」
「라인강」「다도해」「빵과 포도주」등이 있다. 또한 철학과 문학에 대한
여러 편의 에세이와 300여 통의 편지가 전해진다.

◀ 제르멘 드 스탈(Germaine de Staël, 1766–1817)

프랑스의 낭만주의 소설가이자 비평가. 샤토브리앙과 함께 프랑스 낭만주의의 선구자다.
은행가이자 루이 16세의 재무장관을 지낸 자크 네케르의 딸로, 제네바에서 살며 유럽을 분열한
여러 사건을 관찰했다. 1788년 『루소의 성격과 저작에 관한 편지』를 발표하여
주목을 받았다. '이성과 언론'에 의한 정부를 주장한 스탈의 글과 행동은 모두
'나폴레옹 비판'이었다. 나폴레옹에게 추방당한 스탈은 독일 등으로 망명 생활을 했고,
괴테·피히테·실러·슐레겔 등을 방문했다. 저서로는 『문학론』『독일론』 등이 있다.

▶ 에마뉘엘 레비나스(Emmanuel Levinas, 1906–95)

프랑스의 철학자. 프랑스어권에서 가장 중요한 유대계 작가로 주목 받는다.
리투아니아에서 태어나 전통적인 유대교 교육을 받고, 1923년 프랑스로 유학해 철학을
공부하다가, 1928-29년 독일 프라이부르크 대학에서 후설과 하이데거의 수업을 들으며
현상학을 연구한다. 레비나스는 처음 후설과 하이데거의 현상학을 프랑스에 소개했고,
제2차 세계대전 이후에는 탈무드를 연구했다.

샤를 드골(Charles de Gaulle, 1890–1970)과
콘라트 아데나워(Konrad Adenauer, 1876–1967)
제2차 세계대전 이후 프랑스와 독일의 화해를 이끈 프랑스의 샤를 드골 대통령과
서독의 콘라트 아데나워 총리. 1958년 드골은 아데나워를 콜롱베에 있는 자신의 사저로
초대해 두 나라의 화해와 외교적 협력을 요청하는 회담을 가졌다. 그 후 4년간 두 정상은
15번을 만나며 긴밀하게 협력해나갔다. 1962년 7월 드골과 아데나워는 1차 대전 때
독일군이 무차별 포격을 가했던 파리 랭스의 노트르담 성당에서 만나
'독일과 프랑스의 영원한 화해'를 선언하고, 반년 후 엘리제 조약을 체결했다.

베네딕토 16세의 아우슈비츠 방문

교황 베네딕토 16세(Benedictus PP. XVI, 1927-2022)는 2005년 78세에 교황에 선출됐고
2013년 건강상의 이유로 자진 퇴위했다. 사임 이후 '명예교황'으로 불리며
집필과 기도 등으로 조용히 지냈다. 독일 출신 교황은 유럽의 수호신을 이름으로 택하고,
2006년 아우슈비츠로 가서 묵상에 잠겼다. 32명의 유대인 생존자도 면담하고,
희생자가 처형당한 벽 앞에서 그들을 위해 기도했다.

HANGIL GREAT BOOKS 186

클라우제비츠 전쟁론 완성하기

계몽주의 이성이 아닌 모방적 이성으로 본 전쟁론

르네 지라르 · 브누아 샹트르 지음 | 김진식 옮김

한길사

클라우제비츠 전쟁론 완성하기

계몽주의 이성이 아닌 모방적 이성으로 본 전쟁론

일러두기

1. 이 책은 René Girard · Benoît Chantre, *Achever Clausewitz*, Grasset, 2022를 번역했다.
2. 옮긴이주는 각주 뒤에 옮긴이라고 표기했다.

모방적 이성으로 전쟁을 보다

김진식 울산대학교 프랑스학과 명예교수

『클라우제비츠 전쟁론 완성하기』는 클라우제비츠의『전쟁론』에 대해 르네 지라르가 브누아 샹트르와 나눈 대담집으로, 2007년에 카르네노르 출판사에서 처음 출간되었다. 2015년에 서거한 르네 지라르에게는 마지막 저서다. 2022년에 그라세 출판사에서 개정증보판으로 나온 것을 우리말로 옮긴 것이 이 책이다.

르네 지라르가 서거한 이후 격변하는 세계정세의 의미에 대한 새로운 해석과 이 책의 집필 배경 등이 담긴 내막은 공저자인 브누아 샹트르가 이번 증보판에 붙인 머리말「새로운 폭력의 시대」에 상세히 드러나 있다. 브누아 샹트르는 르네 지라르와 함께 2005년 프랑스에서 만든 르네 지라르 연구학회 ARM(Association Recherches Mimétiques)의 회장을 맡고 있다.

1. 클라우제비츠를 '완성'한다는 의미

클라우제비츠를 완성하겠다고 마음먹은 계기를 르네 지라르는 이렇게 밝혔다.

클라우제비츠는 역사에서 갑자기 속도가 빨라지는 과정을 직감했지만, 기술적이고 학문적인 논조를 위해 이 직감을 곧 묻어버렸다. 그래서 우리는 클라우제비츠 스스로 멈추어 선 그 직감의 끝까지 밀고 나가서 클라우제비츠를 '완성'해야 한다. (이하 이 책, p.82)

클라우제비츠가 역사 속도가 빨라지는 것을 직감했지만 곧 자신의 직감에서 돌아섰다는 지라르의 이 지적은 클라우제비츠가 전쟁의 속성으로 강조했던 '극단으로 치닫기'에서 돌아서면서 '전쟁은 다른 수단에 의한 정치의 연속'이라는 주장으로 물러선 것을 말한다.

그러므로 르네 지라르가 클라우제비츠의 『전쟁론』을 완성하겠다는 것은 클라우제비츠가 물러섰던 전쟁은 '극단으로 치닫기'라는 직감에 들어 있던 전쟁의 '결투나 경쟁'의 속성을 철저히 밀고 들어가겠다는 것을 의미한다.

『전쟁론』 1장의 끝부분에서 클라우제비츠가 전쟁을 '다른 수단에 의한 정치의 연속'으로 생각하는 것은 '경쟁이라는 **직관을 놓치는 것**'이자 공격과 반격이라는 생각을 거부하는 것이고, …**상호작용을 망각한 것**입니다. (pp.123-124)

클라우제비츠가 단지 얼핏 본 것을 제대로 말하려고 르네 지라르가 뛰어든 것이 이 책인 셈이다. 르네 지라르는 모방적 욕망에 따라 움직이는 교전국들이 점점 더 격렬해지는 대규모 결투를 펼치는 것이 바로 전쟁이라는 사실을 전하려고 한다.

2. 새로운 이성

르네 지라르는 또 다른 층위에서 이 책을 쓰게 된 동기를 밝혔다. 다음 구절은 오늘날 세상에 대한 포괄적인 질문으로 볼 수 있다.

> 우린 지난 3세기 동안 온갖 제의와 제도들이 붕괴하는 것을 목격하고 있습니다. 전쟁은 그 규칙과 코드를 통해 점점 더 넓은 지리적 영역에 걸쳐 새로운 균형을 유지함으로써 의미를 만들어내는 데 기여했습니다. 그 균형의 영향이 점차 더 넓은 지역에까지 미치고 있긴 하지만 말입니다. 그런데 '대략적으로 말하면' 제2차 세계대전 이후부터 전쟁은 이런 작용을 이제는 하지 않습니다. 이 작용이 어떻게 하다가 갑자기 고장이 났을까요? 정치적 이성은 왜 이처럼 무능하게 되었을까요? 우리를 사로잡는 것은 바로 이런 질문들입니다. (p.94)

말하자면, 정치의 무능과 제도로서의 전쟁이 제 기능을 다하지 못하는 오늘날 세태에 질문을 던진 것이 이 책이다. 이 질문의 연장선에서 지라르가 절실히 느낀 것은 기존의 (계몽주의) 합리성이나 이성이 아닌 새로운 이성(합리성)을 찾는 것이었다.

> 이 책의 미덕과 위험을 이해해 마침내 새로운 형태의 합리성을 찾아볼 생각입니다. (p.135)

우선 이 지적은 클라우제비츠의 이성과는 다른 '새로운 이성'을 찾겠다는 지라르의 뜻을 보여준다. 그가 거부하는 예전의 이성은 무엇이고, 찾고자 하는 새로운 이성은 어떤 이성일까? 이를 암시하는 대목을 보자.

> 클라우제비츠에게 철학이 있다면 그것은 **계몽주의의 이성**일 테
> 지만 그는 인간 사이의 **모방적 관계**를 생각했다. 세상이 갈수록
> 더 빨리 극단을 향해 치닫고 있음을 증명해 보이려고 그는 모
> 든 수단을 강구하지만 그때마다 계몽주의적 상상력이 개입해
> 그의 직관을 방해하고 제한했다. 클라우제비츠와 그의 주해자
> 들은 **합리주의**에 사로잡혀 있었다. (p.83)

클라우제비츠가 전쟁의 속성으로 '극단으로 치닫기'를 얼핏 직감
적으로 보았지만 더 밀고 나가지 못하고 물러선 것은 당시 그가 몸담
고 있던 '계몽주의 이성'에 빠져 있었기 때문이라고 지라르는 보고 있
다. 르네 지라르에게 레이몽 아롱의 클라우제비츠 해석은, 인간의 현
실을 보기를 거부하는 계몽주의 이성의 저항으로 보이고, 클라우제비
츠와 동시대인인 헤겔의 논리도 마찬가지로 계몽주의 이성, 즉 합리
적 인간이라는 미망에 젖어 있는 것으로 보인다. 계몽주의적 이성만
으로는 전쟁을 제대로 이해할 수 없다는 것이 지라르의 생각이다.

> 계몽주의적인 합리적 인간은 더 생각해서는 안 되고, 결국 폭력
> 의 근원을 고찰해 예전과는 전혀 다른 유형의 합리성을 만들어
> 내야 할 것입니다. (p.95)

이것이 바로 헤겔의 변증법이 저에게 어울리지 않는 이유이고,
그것이 너무 합리주의적이며 충분히 비극적이지 않다고 생각
하는 이유입니다. 헤겔의 변증법은 털끝 하나 손상하지 않고 분
쟁을 통과했습니다. 클라우제비츠처럼 저도 결투 법칙에 발부

리가 걸렸습니다. 그래서 저는 거기서 멈추어 서야 했습니다. (pp.197-198)

'결투' 법칙에 발걸음이 멈추었다는 지라르의 지적은 모방과 상호성에 주목한다는 말이고, 이는 결국 인간 행동 저변에 들어 있는 모방 (법칙)에 주목한다는 말로 이해할 수 있다.

여기서 우리는 지라르가 피하려는 이성은 계몽주의 이성이고 새롭게 정립하려는 이성은 경쟁, 관계 혹은 모방의 이성임을 알 수 있다. 특히 오늘날과 같은 테러리즘의 시대에도 계몽주의 이성이나 계몽주의적 합리적 인간상을 상정하는 것은 어쩌면 희화화의 대상이 될 수도 있다고 지라르는 암시한다.

사람들은 가속화되고 있는 오늘날의 분쟁을 과거와 똑같은 시각으로 바라보고 있습니다. 그리고 클라우제비츠의 『전쟁론』에서 경쟁은 보지 않는 합리주의식 해석이 여전히 통용되고 있습니다. 오늘날 우리는 너무나 과격한 형태의 전쟁을 향하고 있습니다. …부시 대통령은 정치 금도를 벗어나서 미국이 행사할 전쟁의 폭력을 너무 강조해 희화화가 될 정도이고, 이에 대해 빈 라덴과 그 추종자들도 똑같이 '군주처럼' 대응하고 있습니다. (p.205)

계몽주의적 이성이나 합리성은 뒤에 살펴보게 될 오늘날 전쟁의 한 양상인 이데올로기 전쟁의 원인이 될 수도 있고 더 나아가서는 정치 무능의 원인이 될 수도 있을 것이다.

3. 묵시록적 시각

르네 지라르의 묵시록적 시각은 이 책 곳곳에서 확인할 수 있다.

> 오늘날 사회는 스스로가 완벽하게 파괴될 수 있다는 것을 아는 최초의 사회다. 하지만 우리에게 이런 사실을 떠받쳐주는 믿음은 부족하다. (p.83)

> 내 이야기는 시간이 갈수록 사람들에게 더 잘 이해될 것이라고 생각한다. 왜냐하면 우리 사회는 분명, 이 세상의 파멸을 향해 점점 더 빨리 나아가고 있기 때문이다. (p.86)

> 다음 단계는 더러운 폭탄에 핵폐기물을 장착하는 일이 될 것입니다. 이 순간 소형 핵폭탄 연구에 몰두하는 미국 기술자들은 자기도 모르는 사이에 테러리스트들을 위해 일하고 있다고 말할 수 있습니다. 그러므로 우리는 지금 예측할 수 없는 전면적인 적대의 시대에 들어와 있습니다. 적들은 서로를 경멸하고 서로 말살하려고 합니다. 부시와 빈 라덴, 팔레스타인과 이스라엘, 러시아와 체첸, 인도와 파키스탄과 같은 적대자들이 같은 싸움을 벌이고 있습니다. (pp.202-203)

르네 지라르의 시각은 왜 묵시록적일까? 다음 인용은 "원수 형제들을 '당연히' 화해해주리라" 기대했던 인류의 동일성과 화해 가능성에 대한 미망에서 깨어난 한 지성인의 뼈아픈, 그러나 있는 것을 있는 그대로 드러내는 철저한 리얼리스트인 르네 지라르의 면모를 보여준다.

일치와 화해에 대한 희망과 염원이 오랫동안 역사의 의미가 되었는데, 이데올로기로 응고된 이 의미는 온갖 테러 수단으로 우리에게 강요되었습니다.

저도 한때는 모든 장애를 넘어서 이런 현상이 나타날 수 있는 것은 만인의 동일성이라는 생각 덕분이라고 생각한 적이 있었습니다. 만인의 동일성은 원수 형제들을 '당연히' 화해해주리라는 것이었습니다. 하지만 이런 생각은 그리스 비극의 교훈을 망각한 것입니다. 에테오클레스와 폴리니스는 절대 화해하지 않습니다. 대중들의 기대만이 이런 비극을 끝내기를 바라지만 이들의 기대는 달성되지 않는다는 것을 우리는 알고 있습니다. (pp.170-171)

아무것도 아닌 것으로 싸운다.

알다시피 인류는 화해하지 못하고 줄기차게 전쟁에 뛰어든다. 그 원인은 계몽주의 이성으로는 만족스럽게 설명되지 못하고 있다. 그렇다면 지라르의 모방적 이성으로는 어떻게 설명하고 있을까?

평화는 오지 않을 것입니다. 왜냐하면 전쟁은 정확히 말해서, 싸우는 사람들 사이에만 존재하는 '아무것도 아닌 것'과 그들의 '동일성' 자체에서 자양분을 얻기 때문입니다. (pp.171-172)

지라르는 인간이 '아무것도 아닌 것'으로 싸울 뿐 아니라 인간의 동일성이 전쟁의 원인이라고 주장한다. 합리적 인간이 그렇게 주창하던 전쟁의 명분은 아무것도 아닌 것이고, 합리적 인간이 인류 평화의 보루로 여기는 인류의 동일성이 전쟁의 원인이라는 주장은 그야말로 근본적인 주장이 아닐 수 없다.

하지만 지라르의 이 주장을 찬찬히 따져보면, 인간은 애초부터 합리적 인간이 아니었다는 곳까지 올라가게 될 것이다. 거칠게 말하면 인간은 합리적 인간이 아니고 모방적 인간이기에 전쟁을 한다는 말이다. 지라르가 찾으려는 새로운 이성, 즉 모방적 이성의 불빛 아래에서 전쟁의 진실이 명확히 드러날 수 있다는 지라르의 속마음을 읽을 수 있다.

인류는 무엇 때문에 전쟁을 했을까? 『폭력과 성스러움』을 쓰면서 고대 그리스 문헌을 파고들던 지라르는 호메로스에게서 고대 그리스인들의 '쿠도스'라는 개념을 만난다. 여기서 큰 감명을 받은 지라르는 쿠도스를 아주 상세하게 설명한다.

> 호머에서 폭력, 욕망 그리고 신성의 관계를 뚜렷이 보여주는 몇 개의 용어가 있다. 그 가운데서도 가장 대표적으로 인상적인 용어는 아마도 '거의 신적인 마력' 그리고 전투의 승리와 관련된 '신비로운 선택'이라는 말로 정의되어야 할 '쿠도스'라는 명사일 것이다. 쿠도스는 전투의 쟁점 그리고 특히 그리스인들과 트로이인들의 일대일 결투의 쟁점이었다. …이것은 끊임없이 역전되는 승자와 패자의 관계로서 심리학 용어나 사회학 용어로 해석될 수도 없다. 그렇다고 이것은 주인과 노예의 변증법으로 귀결될 수도 없다. 왜냐하면 이것에는 어떠한 불변성도 없을 뿐 아니라 어떠한 종합적인 해결책도 들어 있지 않기 때문이다. 궁극적으로 쿠도스는 아무것도 아니다. 이것은 일시적인 승리, 즉 곧 다시 위태롭게 될 우월성의 공허한 기호다.[1]

---

1) 르네 지라르, 김진식·박무호 옮김, 『폭력과 성스러움』(*La Violence et le Sacré*), 민음사, 1993, pp.227-229. 강조는 인용자.

쿠도스는 경쟁의 속성을 잘 말해준다. 경쟁은 첫 출발점인 쟁점을 무의미한 것으로 무화해버리고 경쟁에서의 승리, 즉 상대방을 이기는 것만을 중시하게 된다.

모델들 사이에서 살 빼기 경쟁을 하다가 거식증에 걸려 2010년에 사망한 프랑스 패션모델 이사벨 카로(Isabelle Caro) 사건은 경쟁의 이런 속성을 잘 보여주는 사례다. 젊은 여성들의 이른바 다이어트를 통한 몸매 경쟁은 처음에는 멋진 몸매로 이성의 관심과 인기를 받으려는 소박한 욕구에서 출발했을 것이다. 하지만 몸매 가꾸기가 경쟁에 들어가는 순간 애초의 목적은 사라지고 남는 것은 오로지 다른 패션모델보다 체중을 더 많이 줄이는 것, 다시 말해 경쟁에서 이기는 것이 경쟁의 목적이 되고 만다. 바꾸어 말하면, 경쟁에서 승리하는 것이야말로 인생의 최종목표라고 여기게 된다는 것이다. 그러나 애석하게도 승리가 성공은 아니다.

쟁점실종 현상이라 부를 수 있을 경쟁의 이런 속성의 원인으로 르네 지라르는 '쿠도스'를 암시한다. 지라르가 전쟁의 진정한 이유로 경쟁을 드는 것도 이런 점에서 충분히 이해할 수 있을 것이다.

> 전쟁의 진정한 원칙과 전쟁의 '철학적 경향'과 전쟁의 '순수 논리'와 '속성'은 이성적인 계략이 아니라 결투입니다.
> 그러므로 생사를 건 투쟁은 단순한 인정욕구 이상의 것입니다. 그것은 주인과 노예의 변증법이 아니라 '쌍둥이들의 인정사정 없는 결투'입니다. (p.160)

4. 거리두기와 물러섬

이 책에는 암울한 묵시록적 시각만 있는 것이 아니다. 오늘날 시대를 억누르고 있는 암울한 종말론과 묵시록적 재앙에서 벗어날 수 있는 길을 르네 지라르는 그리스도를 비롯한 기독교 정신과 횔덜린을 비롯한 몇몇 선인을 통해서 암시하고 있다.

우선 지라르는 대상과 일정한 '거리두기'를 권한다. 대상과 합당한 거리를 강조하는 지라르의 태도는 그리스도에 닿아 있다.

> 사도들에게 그리스도가 두려운 존재였다는 것은 널리 알려져 있다. 하지만 동시에 그리스도는 사람들이 신과 '합당한 거리를 두게' 했던 유일한 존재이기도 하다. (p.88)

클라우제비츠가 더 합리적이기를 바라면서도 '뒤로 물러서서 제대로 보지 못한 것'은 이런 점에서 당연히 지라르의 비판을 받는다.

> 클라우제비츠가 터무니없는 비합리적인 현실을 느닷없이 건드리는 것은 스스로가 이전의 전략가들보다 더 합리적이기를 바랐기 때문이다. 그 순간 그는 뒤로 물러서서 제대로 보지 않기 시작한다. (p.82)

그에 반해서, 40년 동안 튀빙겐의 목수의 탑에 은둔한 횔덜린을 지라르가 높이 평가하는 것은 횔덜린의 은둔이 그리스도의 거리두기와 속성이 같기 때문이다.

> '그리스도에서 모방할 것은 뒤로 물러섬이다.' 횔덜린은 정말 대단한 것을 찾아냈습니다. (p.176)

횔덜린은 왜 그리스도의 물러섬을 모방해야 한다고 노래했고, 지라르는 왜 이렇게 노래한 횔덜린을 높이 평가할까? 횔덜린은 '가까이 있어 붙들기 어려운 신'이라고 썼다. '가까이 있기에 포착하기 힘들다'라고 토로한 횔덜린의 생각을 더 상세히 설명하는 지라르의 진술을 보자.

> 원시사회에서 폭력은 신과 '가까이 있는 것'과 같은 것이었습니다. 오늘날에는 이런 신이 더는 나타나지 않는데, 이제는 더 이상 희생양이라는 배출구 없는 폭력이 한번 분출되면 상승작용만 일어나기 때문입니다. 사람들 사이의 '가까움의 위험성'을 깨달은 사람은 헤겔과 클라우제비츠와 동시대인인 횔덜린이 유일할 것입니다. (p.261)

현실을 제대로 보는 데 왜 거리두기나 물러섬이 필요할까? 어떤 대상을 그 내부에서 보느냐 외부에서 보느냐의 차이는 대상에 대한 이해 정도와 깊이의 차이를 낳기 때문일 것이다. 르네 지라르는 『폭력과 성스러움』에서 안의 관점과 밖의 관점의 차이를 이렇게 이야기한 적이 있다.

> 체제 안에서 보면 차이밖에 없다. 반대로 밖에서 보면 동질성밖에 없다. 안에서는 동질성이 보이지 않으며 밖에서는 차이가 보이지 않는다. 그렇다고 이 두 관점이 대등한 것은 아니다. …밖의 관점, 즉 상호성과 동질성을 보며 차이를 부정하는 관점만이 희생양에 대항해서 그리고 희생양의 주위에 다시 만들어지는 만장일치의 비결인 폭력적 해결의 메커니즘을 발견할 수가 있다. 앞에서 보았듯이 차이가 전혀 없을 때 결국 동질성이 완벽할 때 적대자들은 '짝패'가 되었다. 희생대체를 보장해주는 것은 그들의 바

로 이런 상호호환성이다.[2]

안의 관점과 밖의 관점의 차이에 대한 생각은 이 책에서 더 구체화되어 나타난다.

> 상호성은 갈등 당사자가 아닌 외부자의 시선에서만 볼 수 있습니다. 내부 당사자들은 '항상 자신의 차이를 믿고' 점점 더 빨리 그리고 더 강하게 상대에 반응하기 때문입니다. 외부의 시선에서 보면 당사자들은 있는 그대로의 모습인 단순한 짝패들로 보입니다. 이 순간은 차이의 왕복운동이 가속화되어 말하자면 추상적 관념으로 변해가면서 '교대와 상호성의 합일'이라는 전쟁 본연의 개념과 일치하는 순간입니다. (p.117)

어떤 체제의 안에서 보면 다른 점만 보이고, 밖에서 보면 같은 점만 보인다. 대한민국이 단군왕검의 후손으로 한 핏줄, 한민족이라는 신화가 널리 유포될수록 우리는 우리 사이의 닮은 점보다는 차이점을 먼저 보게 된다. 하지만 처음부터 민족과 기원이 다른 사람들로 모여 있다고 여겨지는 이른바 '멜팅팟'(다문화) 사회에서는 타인과 자신의 동일성을 먼저 경험하게 된다. 이런 측면에서 밖의 관점, 즉 거리두기나 물러섬의 관점이 차이보다는 상호성과 동일성을 발견하게 되는 것은 당연한 귀결일 것이다. 이런 점에서 지라르에게 횔덜린의 은둔은 하나님의 물러섬에 대한 모방으로 비친다.

횔덜린은 그리스도의 강생은 인류가 하나님의 침묵에 대처할

---

2) 앞의 책, p.238. 강조는 인용자.

수 있는 유일한 수단이라고 느꼈습니다. 그리스도는 십자가에서 이 침묵에 의문을 제기했다가 부활한 다음 날 아버지 하나님의 물러섬을 모방했습니다. (p.295)

횔덜린의 물러섬이 하나님의 모방이라는 생각은 그만큼 지라르가 기독교 정신에 깊이 뿌리내리고 있다는 것을 말해준다. 하나님이나 그리스도를 본받는 것은 바로 거리두기와 물러섬을 모방하는 것이라는 지라르의 생각은 이런 면을 잘 보여준다.

횔덜린이 깨달았던 것은 '구원은 그리스도를 모방하는 것' 즉 그리스도와 아버지 하나님을 연결하는 '물러남의 관계'를 모방하는 것이라는 사실이었습니다. 상호성은 지나치게 매달려 신격화하지만 이런 물러남의 관계는 성스럽게 해줍니다. …그리스도는 우리를 적당한 거리로 떼어놓은 유일한 모델입니다. '가까워서 붙들기 어렵다.' 존재는 근접함이 아닙니다. 그리스도가 가르쳐준, 타인을 대하는 우리 시선은 우리가 모방하는 타인과 너무 가까이 있는 것도, 너무 멀리 있는 것도 피하는 것입니다. 타인을 동일시할 때는 그를 현명하게 모방해야 합니다.
그러므로 그리스도를 본받는 것은 모든 경쟁을 피하고 신에게 아버지 하나님의 얼굴을 부여해 멀리 떼어놓는 것입니다. …아버지 하나님의 물러섬에 스며든 그리스도는 우리 모두 아버지 하나님을 따르는 자신을 모방하라고 권하고 있습니다. 아버지 하나님의 침묵을 듣는 것은 그의 물러섬에 우리를 내맡기고 따르는 것입니다. '하나님의 아들'이 된다는 것은 이 물러섬을 본받고 그리스도와 함께 이를 체험하는 것입니다. (pp. 297-298)

5. 전쟁의 속성: 극단으로 치닫기와 모방원칙

클라우제비츠가 "우리와 아주 비슷한 직관을 갖고 있다"(p.93)는 지라르의 말은 전쟁을 '극단으로 치닫기'라고 파악한 클라우제비츠의 직관을 보고 나온 말이었다. 극단으로 치닫기란 무슨 의미일까? 지라르는 '극단으로 치닫기'는 '경쟁에 대한 멋진 정의'라고 높이 인정하면서 클라우제비츠 『전쟁론』의 한 구절을 인용한 다음에 자신의 속마음을 드러낸다.

> "교전국들은 모두 상대방을 자신의 법으로 삼는다. 여기서 **상호행위**가 나오는데, 개념상으로 이 상호행위는 **극단에까지 이르게** 된다."(p.59)

> 클라우제비츠의 책이 문자 그대로 제 마음을 움직였던 것은 바로 이 대목 때문입니다. 그 순간 저는 이 구절에 오늘날 세계의 비극을 이해해야겠다는 느낌을 받았습니다. (p.101)

지라르는 전쟁이나 전투라는 표현보다는 '둘' 사이의 갈등을 암시하는 '대결' '결투'라는 표현을 더 자주 사용한다. 이 표현은 두 당사국 사이의 경쟁이 곧 전쟁임을 드러내려는 것이라고 볼 수 있다. 한 걸음 더 들어가서 생각해보면, 지라르가 생각하는 전쟁은 교전국들이 겉으로 내거는 대단한(이른바 합리적인) 명분에 따른 것이라기보다는 가까운 사이임에도 내면적으로는 시기·선망·질투·원한과 같은 갈등을 낳는 짝패 사이의 경쟁을 벌이는 것임을 강하게 암시하고 있다.

짝패 갈등을 낳는 경쟁의 좋은 사례로, 지라르는 "클라우제비츠를 사로잡고 있는 것은 항상 나폴레옹"이며 "클라우제비츠에게 나폴레옹은 모델-장애물"(p.104)이라고 여러 차례 지적한다. 사실 이런 관계는 도처에서 볼 수 있는데, 프리드리히 대왕과 볼테르의 관계도 르네 지라르 모방이론에 나오는 전형적인 모델이자 장애물의 관계다.

모방이론에는 원한(르상티망)이라는 개념이 나오는데, 르네 지라르는 클라우제비츠와 나폴레옹 두 사람의 관계가 이를 완벽하게 보여준다고 본다. 나폴레옹은 모방자에게 원한을 불러일으키는 매혹적인 모델의 이상적인 모습이다.

> 모방적 욕망에 사로잡힌 사람들이 그러하듯이, 클라우제비츠는 때로는 나폴레옹이라는 모델에 사로잡히지만 또 때로는 정반대로 나폴레옹을 증오하게 됩니다. (p.332)

클라우제비츠가 처음에는 전쟁에 들어 있는 경쟁의 측면을 직감해서 '전쟁은 극단으로 치닫기'라고 말하다가, 뒤에 가서는 계몽주의 이성을 따랐는지 '전쟁은 다른 수단에 의한 정치의 연속'이라는 명제로 방향을 돌린 것을 아쉬워한 르네 지라르가 클라우제비츠의 첫 직관을 끝까지 밀고 나가 완성하는 것이 이 책을 쓰게 된 동기라고 말했듯이, 지라르는 전쟁의 본질적 측면이 경쟁임을 여러 번에 걸쳐서 강조한다.

클라우제비츠의 전쟁에 대한 진술의 변화를 두고 지라르가 내리는 다음 설명에는 통찰이 들어 있다.

> 클라우제비츠가 전쟁에 대한 합리적인 정의 뒤에 **결투를 숨기는** 것이 그가 바라는 효과이기 때문입니다. 이렇게 되면 통치자는 국민의 열정을 '장악할' 전략을 '갖게' 될 겁니다. 클라우제비츠는 군사학교의 교수였고, 러시아의 차르 군대에서도 복무했다는 특이한 경력으로 신중할 수밖에 없었다는 것을 잊지 마십

시오. 이런 합리화 작업은 어떤 측면에서 보면, 신화 뒤에 자신의 폭력을 감추던 원시사회의 방식과 유사합니다. 지금은 신화를 이데올로기가 대체했지만, 메커니즘은 크게 변하지 않았습니다. (pp.179-180)

전쟁에 대한 르네 지라르의 생각은, 전쟁은 '합리적 인간의 정치적 행위'라기보다는 '모방적 인간의 경쟁 행위'라고 한마디로 정리해볼 수 있다.

앞서 클라우제비츠와 나폴레옹이나 프리드리히 대왕과 볼테르의 관계와 마찬가지로, 시기·선망·질투와 숨은 원한을 낳는 모방적 인간의 모습이 이 책에서는 넘쳐나고 있다. 가령 제르멘 드 스탈 부인을 통해서는 19세기 초 프랑스가 고전주의에서 오래된 모델을 모방하고 있음을 드러내고 또 "독일인은 프랑스를 모방해야 한다고 믿었다"(p.352)는 것을 보여준다.

안으로는 모방을 하면서도 겉으로는 경쟁자가 되는 묘한 관계를 르네 지라르는 짝패라고 부르면서 인간사회의 모든 폭력은 궁극적으로 이런 짝패 갈등에서 나온다고 단언한다. 전쟁도 당연히 이 폭력에 속한다.

사람들은 폭력적인 전염에 노출되어 있는데, 이 폭력의 전염은 대부분 복수의 순환이나 폭력의 연속으로 귀결된다. 그런데 이 복수나 폭력은 서로를 모방하기에 모두 아주 많이 닮아 있다. 그래서 나는 갈등과 폭력의 진짜 비밀은 바로 욕망하는 모방, 모방적 욕망 그리고 여기서 나오는 격렬한 경쟁관계라고 단언한다.[3]

3) René Girard, *Celui par qui le scandale arrive*, Desclée de Brouwer, 2001(김진식 옮

르네 지라르의 시각에서 바라보면 갈수록 점점 더 닮아가는 오늘날 세계는 짝패 갈등에 더 깊이 빠져드는 위험한 사회일 수밖에 없고, '세계화 시대는 곧 전쟁의 가속화 시대'일 것이다.

> 세계화 시대, 다시 말해 전쟁의 가속화 시대에 접어든 1945년 이래로 모방이 영역을 넓혀가면서 지구를 뒤덮고 있다고 해서 놀랄 일이 아닙니다. 예컨대 오늘날 진행되고 있는 중국과 미국 사이의 갈등은 9·11사태 때 우리를 오도하려 했던 '문명의 충돌'과는 아무런 관련이 없다는 것을 오늘날 사람들은 다 알고 있습니다. 이런 일이 일어나는 것은 차이가 없는 곳에서 여전히 차이를 보려고 하기 때문입니다. 사실 점점 더 닮아가는 두 자본주의 사이의 대립이 진짜 문제입니다. (p.161)

6. 규칙도 명예도 없는 전쟁

제도로서 전쟁은 사라졌다. 모든 국민이 전쟁에 직접 참여하게 된 것이 가장 큰 변화일 것이다.

> 제도로서 전쟁이 사라지고 징병제와 국민개병제로 연결되면서 세상을 불바다와 피바다로 만들었다. 계속 이것을 경계하지 않으면 최악으로 내닫는 이 행진은 더 가속화될 것이다. (p.82)

르네 지라르는 예술도 아니고 제도도 아닌 오늘날의 전쟁이 하나의 이데올로기처럼 되어가고 있다고 한탄한다.

김, 『그를 통해 스캔들이 왔다』, 문학과지성사, 2007, p.24).

이런 점에서 클라우제비츠의 기록은 우리를 충족해줍니다. 하나의 제도로서 전쟁이 와해되는 순간에 그(클라우제비츠)의 기록은 이 오래된 메커니즘을 만천하에 드러내기 때문입니다. 클라우제비츠는 혁명의 근본적인 사건에 주목하는데 그것은 병역의무제입니다. 원한 덕분에 그는 자신의 체계를 세울 수 있었으며 다른 군사 이론가들은 보지 못하는 것도 드러낼 수 있었습니다. 그것은 바로 오늘날은 더 이상 귀족도 없으며 전쟁도 더는 예술이나 게임이 아니라 하나의 종교가 되고 있다는 사실입니다. (p.349)

오늘날 전쟁의 야만성이라 부를 수 있을, 규칙도 없는 전쟁 양상은 어디에서 나올까? 이 글 맨 앞에서 보았던 지라르의 질문처럼, 오늘날 전쟁은 전선이 따로 없는 테러리즘이나 전 국민이 관여되는 총체전의 모습을 띠고 있다. 무엇보다도 오늘날 전쟁에서는 명예가 사라졌다.

관타나모 캠프에서 알카에다 관련자로 의심되는 수용자들에 대한 미국의 수치스러운 행위는 전쟁법의 무시를 그대로 드러내 보여주고 있습니다. 포로의 권리를 존중하던 고전적인 전쟁은 이제 더 는 존재하지 않습니다. 20세기 분쟁에서는 포로의 권리가 남아 있었습니다. 당시 전쟁은 아직 약간의 계약 형태를 띠고 있었습니다. 20세기 전쟁의 폭언 속에서도 포로의 권리를 꾸준히 지켜왔다는 사실은 이 권리가 아주 오래된 중세 귀족정치 시절부터 내려온 것임을 보여줍니다. 포로의 권리는 16-17세기에 제도화된 것입니다. (p.203)

전쟁법이 무시되고 있는 오늘날 전쟁은 포로의 권리도 존중하지 않는다. 앞선 인용문을 다시 떠올려보자.

> 우린 지난 3세기 동안 온갖 제의와 제도들이 붕괴하는 것을 목격하고 있습니다. 전쟁은 그 규칙과 코드를 통해 점점 더 넓은 지리적 영역에 걸쳐 새로운 균형을 유지함으로써 의미를 만들어내는 데 기여했습니다. 그 균형의 영향이 점차 더 넓은 지역에까지 미치고 있긴 하지만 말입니다. 그런데 '대략적으로 말하면' 제2차 세계대전 이후부터 전쟁은 이런 작용을 이제는 하지 않습니다. 이 작용이 어떻게 하다가 갑자기 고장이 났을까요? (p.94)

르네 지라르는 이런 상황은 프랑스혁명에서 시작되어 오랫동안 지속된 무절제한 전쟁의 결과라고 말한다. 전쟁의 양상은 바뀌었다. 명예도 사라졌다.

7. 오늘날의 딜레마 – 역설적 상황

오늘날은 희생양과 희생양 제도를 줄이고 없애나가는 사회다. 희생 제도를 없앤 것이 절대적으로 좋은 결과만 낳았을까? 어쩌면 "우리 사회는 인간 폭력의 물결을 막고 있는 둑을 깨뜨리는 호기를 부리는 인류역사상 최초의 사회"라는 장-피에르 뒤피의 지적처럼, 더 큰 폭력을 막아주던 제방을 허문 것은 아닐까?[4]

---

4) Paul Dumouchel et · J.-P.Dupuy, *L'Enfer des Choses -René Girard et la logique de l'économie*, Seuil, 1979, p.17.

실제로, 희생양을 만드는 것을 부정하고, 자신의 희생양을 갖지 않겠다는 태도는 널리 전파되어 있다. 이런 추세의 연장선상에서, 자기 주장의 정당성을 확보하는 데에는 스스로가 희생양이 되는 것만큼 좋은 방법도 없을 정도다. 이런 점에서 브누아 샹트르가 이 책에 덧붙인 새로운 서문에서 말하는 "교전국들은 모두 '스스로가 희생양이라는 명분으로' 숱한 희생양을 만들어내고 있다"(p.52)라는 지적은 희생양에 대한 오늘날의 세태를 잘 보여준다.

희생제도를 없앤 사회를 폭력의 물결을 막는 둑을 허무는 호기를 부린다고 걱정할 정도로, 오늘날 사회는 희생양의 긍정적 효과를 상정하는 희생제도 자체를 부정하는 사회다. 그 결과는 어떠할까? 뒤피의 걱정처럼 지라르도 오늘날 문명은 가장 취약한 문명이자 '자멸할 위험'에 처해 있음을 지적하고 있다.

> 희생제도의 굴레에서 해방된 인간 정신은 학문과 기술 그리고 최선의 것과 함께 최악의 것도 만들어냈다. 오늘날의 인간 문명은 역사상 가장 창조적이고 가장 강력한 문명이다. 동시에 현대 문명은 가장 많은 위협을 받는 가장 취약한 문명이기도 하다. 오늘날의 문명에는 고대종교에 들어 있던 방책이 빠져 있기 때문이다. 넓은 의미의 희생제도가 없는 현대문명은 자멸할 위험에 처해 있는데, 이에 대한 만반의 주의를 하지 않으면 사태는 불을 보듯 뻔한 것 같다. (pp.84-85)

지라르는 "희생양을 갖는다는 것은 희생양을 가졌다는 것을 알지 못하는 것이다. 희생양을 가졌다는 것을 안다는 것은 영원히 희생양을 갖지 못하고서 해결책도 없이 모방적 갈등에 노출되는 것이다"(p.77)라고 말하는데, 이 말은 희생제도가 없는 순간 우리는 인간 본연의 상황인 '모방의 갈등'에 휘말리면서 상호모방에서 나오는 '시기·선망·질투·원한'과 같은 짝패 갈등에 빠지게 될 것을 경고하는 말이라 할 수 있다.

8. 르네 지라르의 일원론

희생제도의 파기가 의도하지 않은 이런 결과에까지 이를 수 있다는 것을 예감하는 순간, 우리는 잠시 모순을 느끼면서 갈피를 잃는 기분에 젖게 된다. 우리에게 절대적으로 좋은 것이 없고, 같은 말이지만, 절대적으로 나쁜 것도 없다는 말인가? 르네 지라르는 이런 역설적인 진실을 일찍부터 느끼고 있었다.

1972년『폭력과 성스러움』에서 지라르는, 하나의 대상에서 상반된 속성이 나타나면 흔히 '양면성이나 양가성이나 모순'이라고 낙인찍고 넘어가는 학계의 풍조를 비판한다.

> 그런데 우리의 머리는 이로운 것과 해로운 것의 결합을 단순히 논리적인 '모순'이라 여긴다. 이때 우리는 두드러진 성격과 그렇지 않은 성격 가운데서 하나를 택해야 한다고 믿고 있다. 그리고 소위 말하는 우리의 추리력은 이 두드러지지 않은 약화된 특징을, 당연히 잘못 끼어들어 쓸데없이 덧붙여진 것이라고 간주하게 된다. 또 제거되어야 할 것이라고 여긴다. 이제 외견상 서로 낯선 것처럼 보이는 두 제도의 문제를 해결할 순간이 왔다. 서양 학문의 원칙, 즉 자연과학에 의해서 자극된 서투른 모방의 산물인 차이라는 절대 법칙은 우리가 동질성을 인정하지 못하게 한다. 이러한 금기는 아주 단호하기 때문에 모든 제의들의 똑같은 기원을 밝혀내려는 지금 우리의 노력을 분명 근거 없는 '주관적

인 것'으로 여기라고 사주할 것이다.[5]

차이라는 절대 법칙만을 보는 시각은 우리가 모순이라 '여기게' 하
고, 택해야 한다고 '믿게' 하고, '간주하게' 하고, 인정하지 '못하게'
하고, 여기라고 '사주'한다. 서양 학문의 원칙이 된, 자연과학에 따라
자극된 서투른 모방의 산물인 차이라는 절대 법칙은, 곧 앞에서 살펴
보았던 '차이만을 볼 수밖에 없는 체제 안의 시각'으로 연결됨을 우
리는 느낄 수 있다.

차이라는 절대 법칙만으로 바라보는 시각에 대한 비판은 또한 이
책에서는 '상반된 것이 곧 동일한 것이 되는' 것을 보지 못하는 헤겔
비판으로 이어진다.

> 헤겔이 미처 보지 못한 것이 있습니다. 그것은 '상반되지만 곧
> 동일한 것이 되어버리는 견해의 진동은 곧장 극단으로 치달을
> 수 있다'는 것과 역경은 곧장 적의에 가까워지고 번갈아 나타
> 나는 교체는 곧장 상호성에 이를 수 있다는 것입니다. (p.140)

두 정신의학자 장-미셸 우구를리앙·기 르포르와 르네 지라르의
대담집인 『세상이 만들어질 때부터 숨겨져온 것』에서 정신과 의사
장-미셸 우구를리앙의 차이와 동일성에 대한 다음과 같은 통찰을 낳
는 것도 지라르가 말하는 '체제 밖의 시각' 덕분일 것이다.

> 가령 지성인 사회에서 유행은 차이의 풍문을 일으킬 때에만 위
> 력을 발휘하는데 그것은 결코 우연이 아니다. 모두 같은 방식으

---

5) 르네 지라르, 김진식·박무호 옮김, 앞의 책, p.458.

로 남들과 차이가 나기를 원한다. 하지만 얼마 지나지 않아 그들은 모두에게서 동시에 동일한 모습을 발견하게 되는데, 유행을 따르는 것처럼 유행을 단념하는 것 역시 유행이기 때문이다. 모든 사람이 유행에 반대하는 것도 이 때문이다. 왜냐하면 사람들은 모두 다른 사람들과 같이 모방할 수 없는 것을 모방하기 위해서 널리 퍼져 있는 유행을 단념하기 때문이다. 우리 지성계 스승들의 위력이 갈수록 단명해지고 그때부터 이 스승들이 지성계의 정신을 비난하는 것 또한 에스컬레이터 원칙에 따라 유행이 작동하기 때문이다. 사람들이 모두 이런 메커니즘을 잘 깨닫게 될 때부터 유행의 리듬은 빨라지고 유행의 포기 또한 거짓이 아니게 된다. 유행도 결국에는 유행에 뒤처지게 된다. 철학을 앞서가는 것이 오트쿠튀르다. 어느 디자이너가 해준 말처럼, 유행은 더 이상 존재하지 않는다는 것을 제일 먼저 알고 있는 것이 바로 패션업계다.[6]

장-미셸 우구를리앙의 이 말을 이어받은 르네 지라르는 사람들이 한결같이 획일화되는 것은 역설적이게도 타인과 다른 존재, 즉 차이가 나는 존재가 되고 싶은 욕망 때문임을 밝히고 있다.

모두가 똑같아지고 획일화되는 것은 **역설적이게도** 타인들과 차이가 나는 다른 존재가 되고 싶어 하는 욕망 때문입니다.[7]

앞서 『폭력과 성스러움』에서도 보았듯이 양면성이나 모순으로 치

---

6) René Girard, *Des Choses cachées depuis la fondation du monde*, Grasset, 1978, p.400.
7) 같은 책, p.401.

부하지 않고 역설, 즉 '부정적인 동시에 긍정적인 면'을, 다시 말해 패러독스를 싸안고자 하는 르네 지라르의 태도는 심지어 모든 것을 역설로 생각하기에 이른다.

저는 가끔 이런 생각을 해봅니다. 단 하나의 유일한 패러독스가 있거나 그게 아니면 혹시 모든 것이 다 패러독스로 되어 있는 것은 아닐까 하고 말입니다. 아주 중요한 패러독스 가운데 하나는 **성스러움은 부정적인 동시에 긍정적인** 현상이라는 사실에서 나오는 패러독스입니다. …만약 희생의 기능에 긍정적이거나 없어서는 안 될 그런 기능이 들어 있지 않았다면 역사에서 살아남을 수 없었을 겁니다.[8]

현실은 역설을 담고 있지만, 중간을 배척하는 배중률에 묶여 있는 계몽주의의 이성은 어떠한 역설에도 접근하지 못한다. 그 반면에, 지라르가 제안하는 '모방적 이성'은 우선 그것이 그 결과일 뿐 아니라 본질적으로 역설적이라는 점에서 '계몽주의 이성'과 구별된다. 타인과 차이가 나려고 애쓰지만 유사해지고 마는 결과 또한 역설이 아닐 수 없다.

알파 쪽을 향해 나아간 결과가 오메가 쪽으로 다가간다는 것은 역설이다. 기원을 이해할수록 우리를 향해 오고 있는 것이 바로 그 기원이라는 것을, 다시 말해 예수 수난이 걷어낸 초석적 살해의 빗장이 오늘날 지구 전체적인 폭력을 풀어놓았다는 것을, 그러

---

8) René Girard, *Les Origines de la Culture*, Desclée de Brouwer, 2004, p.233(김진식 옮김, 『문화의 기원』, 기파랑, 2006, p.235).

면서도 한번 열린 빗장을 다시 채울 수가 없다는 것을 우린 매일매일 깨닫게 된다. (pp.79-80)

달라지려는 노력이 같아지고 마는 결과를 낳고, 알파를 향해 나아간 결과가 오메가 쪽으로 다가가는 역설들을 이해하려면 일원론의 시각을 도입할 필요가 있다.

세상을 상반된 두 항의 대립으로 보는 세계관이 이원론(dualism)이라면, 현상적으로는 두 항이 대립되고 상반된 것처럼 보이지만 심층적·궁극적으로는 상호교체가 가능한 것이라고 보는 세계관은 일원론(monism)이다. 일원론의 시각에서 보면, 겉으로는 양분되고 상반된 것으로 보이는 것은 피상적으로만 혹은 일시적으로만 그렇게 보이는 것이지 깊은 곳에서는 혹은 궁극적으로는 같은 것으로 드러난다.

횔덜린의 은둔을 높이 평가한 것도 그런 태도가 이원론에서 벗어나는 것이었다는 암시를 르네 지라르는 이 책에서 직접 언급한다.

스탈 부인의 망명과 마찬가지로 횔덜린의 은둔도 흑백논리의 이원론에서 벗어난 것으로 생각해야 합니다. (p.360)

『클라우제비츠 전쟁론 완성하기』에서 지라르가 찾아 나선 새로운 이성을 이런 일원론의 시각과 연결해서 생각해보면 이 책의 새로운 의미가 돋아날 것이다.

앞서 보았듯이, 지라르는 일찍부터 모순이나 양면성이라고 단정하면서 상반된 두 양상 가운데서 어느 한쪽을 선택해야 한다는 양자택일의 논리를 비판했다. 이 책에서 계몽주의 이성을 비판한 것도 결국 만물을 상반된 두 항의 대립으로 보면서 그 대립이 영원히 지속된다고 보는 이원론적 시각에서 벗어나자는 주장이라 볼 수 있다. 흑백논리나 양자택일 같은 이원론적 시각이 우리가 처음에 살펴본 계몽주의 이성이나 계몽주의 합리성이라면, 지라르가 찾으려 시도했던 새로운 이성은 자신이 말하는 모방이론에 합당한 이성, 혹은 더 큰 범주에서 보면 일원론적 이성이라고 말할 수 있을 것이다.

이것은 폭력으로 진실을 억압하려는 낯설고 기나긴 전쟁이다. 폭력의 온갖 노력도 진실을 약화하지 못하고 오히려 더 많은 진실을 드러낸다. 진실의 빛도 폭력을 막지 못하고 오히려 더 자극할 뿐이다.

힘과 힘이 싸우면 더 강한 힘이 약한 힘을 이기고, 담론과 담론이 대립할 때는 참되고 설득력 있는 담론이 허영과 거짓의 담론을 물리친다. 하지만 폭력과 진실은 서로를 어쩌지 못한다. 그렇다고 같은 것이라고 말해서는 안 된다. 엄청난 차이가 있기 때문이다. 폭력이 진실을 공격하지만, 폭력도 하나님 질서가 정해놓은 과정에 불과하기에, 하나님에 의해 진실이 영광스럽게 되는 것으로 귀결된다. 진실은 영원히 존재해 결국은 적을 이기게 된다. 왜냐하면 진실은 하나님과 마찬가지로 영원하고 강력하기 때문이다.

● 파스칼

머리말: 새로운 폭력의 시대

2006년 봄, 르네 지라르와 함께 카를 폰 클라우제비츠의 『전쟁론』에 관한 책을 쓰기 위해 캘리포니아를 찾았을 때는 핵 재앙에 대한 전망은 아직 멀리 있던 때였다. 오랫동안 냉전의 한복판인 미국 동부에서 살다가 당시에는 미국 서해안 지방에서 살고 있었는데, 그가 살던 팔로 알토 공원 근처에는 대러시아 레이더의 커다란 접시 안테나가 장식물처럼 펼쳐져 있었다. 얼마 전에 유고슬라비아 내전을 겪은 '오래된 유럽'은 해묵은 갈등을 물리쳤다고 믿는 척하고 있었다. 이슬람 무장투쟁에 대한 작전은 아직 남아 있었다. 유엔 회의에서 행한 콜린 파월의 거짓말에도 불구하고 또는 그 덕분에 팍스 아메리카나의 신화는 여전히 유지되고 있었다.[1] 따라서 그 당시 우리는 우리 작업이 불러올 반향을 전혀 예상하지 못했다. 2007년 10월에 출판된 이 책

---

1) "현재 미국이 갖고 있는 로마제국과 같은 측면은 더 강화될 것이라는 게 제 생각입니다. 이 나라에서는 모든 것이 세계 지배의 방향으로 나아가고 있는데, 어디에서든 테러와의 전쟁을 펼칠 당위성도 그 가운데 하나일 것입니다." (René Girard, "L'envers du mythe. Entretiens avec Maria Stella Barberi," *Celui par qui le scandale arrive*, Desclée de Brouwer, 2001).

『클라우제비츠 전쟁론 완성하기』는 대학과 군사학계, 미디어 및 서점에서 큰 호평을 받았으며 여러 나라 언어로 빠르게 번역되었다. 한마디로 멋진 표현이 보장할 수 없는 성공을 누렸다. 유럽의 붕괴, 역사적 기독교의 좌절, 서구의 쇠퇴에 대한 의도적으로 묵시록적인 우리 대담은 휠덜린과[2] 보들레르에서 샤를 드골과 콘라트 아데나워에 이르는, 프랑스혁명 이후 프랑스와 독일 관계를 구현하고 있던 인물들에 대한 옹호로 끝나고 있다. 그렇지만 1962년 7월 8일 랭스대성당에서 있었던, 두 차례 세계대전을 거치면서 국가의 책임과 평화 건설에 대한 자신들의 역할을 인식한 두 국가 원수의 만남을 기억하는 사람은 많지 않은 것 같다.[3] 놀라움은 우리 말과 일치했는데, 그것은 지정학적 차원에서 서구 역사의 종말보다는 인류의 기원에 더 관심을 가졌던 작가를 아무도 기대하지 못했기 때문이다.

사랑과 전쟁의 게임

그래서 르네 지라르와 나는 1976년 레이몽 아롱의 해설 이후로 다소 망각되고 있던, 저자 사후인 1831년에 나온 클라우제비츠의 『전쟁론』을 오늘날 정황에 맞게 고쳐보려 했다.[4] 쿠바의 악몽과 베트남

---

2) 브누아 샹트르, 『튀빙겐의 종탑: 프리드리히 휠덜린의 생애』(Grasset, 2019) 참조. 이 책은 슈바벤 출신인 이 시인의 불안을 논의의 중심에 둔 『클라우제비츠 전쟁론 완성하기』의 후속편이라 할 수 있다(이 책, 5장을 참조할 것).
3) "그래서 나는 독일인과 프랑스인 우리 모두가 지금의 재앙에 책임이 있다고 감히 말해본다. 우리의 극단이 세계 전체가 되었기 때문이다. 화약에 불을 붙인 것이 바로 우리였다. 이슬람 세력이 냉전을 이어받았다고 30년 전에 말했다면 웃음을 샀을 것이다. 또 복음서의 군사적·환경적 사건들은 한데 연결된 것이라고 말하거나, 묵시록은 베르됭에서 이미 시작되었다고, 한 30년 전에 말했다면 사람들은 우릴 여호와의 증인 취급을 했을 것이다"(이 책, p.81).

의 공포가 지난 뒤 '다른 수단에 의한 정치의 연속'이라는 전쟁의 정의를 레이몽 아롱이 신뢰하고 있었다는 것을 잊지 말기 바란다.[5] 그러나 9·11 이후의 불확실한 상황은 우리가 이 책을 다르게 읽게 했다. 클라우제비츠는 영국의 군사 역사가 리델 하트 경이 성급하게 규정했던 '결전'의 사상가 이상으로, 우리에게는 전쟁 발발의 이론가로 보였다.[6] 그래서 우리는 여기서 그의 결투 개념에 대한 또 다른 내용, 즉 거기에 들어 있는 원한만이 '극단으로 치닫기'가 된 커다란 역사적 경향을 설명해준다는 것을 보여주면서 클라우제비츠를 '완성하려' 했다.[7] 따라서 이 프로이센 전략가에 대한 이러한 해석은 그를 모든 교전국이 서로가 먼저 시작했다고 계속 비난하는 '무한' 전쟁의 사상가로 볼 수 있게 해준다. 사실, 오늘날의 전쟁이란 격화된

---

4) Raymond Aron, *Penser la guerre, Clausewitz*, vol. 2 (t. I: *L'Âge européen*, t. II: *L'Âge planétaire*), Gallimard, coll. 'Bibliothèque des sciences humaines,' 1976.

5) Clausewitz, *De la guerre*, trad. Denise Naville, Minuit, coll. 'Arguments,' 1955, p. 67.

6) 바실 헨리 리델 하트(Basil Henry Liddell Hart, 1895~1970) 경은 적과 정면충돌을 피하는 간접전략 원칙을 공식화한 영국의 군사 역사가다. 간접전략은 모든 충돌에서 지배적인 위치에 이르기 위해 적의 가장 강력한 위치를 우회하는 것을 우선시한다. 리델 하트는 따라서 클라우제비츠가 작전과 계략을 잘못 이해해, '강자에서 약자가 아니라 강자에서 강자로의 공격이라는 직접적이고 잔인한 충격적인 전략'을 선택했다고 비판한다(Raymond Aron, 앞의 책, vol. 1, p.210).

7) 클라우제비츠는 죽기 몇 년 전인 1831년에 『전쟁론』을 다시 쓰면서 "제1권의 첫 번째 장은 내가 완성된 것으로 간주하는 유일한 장이다"라고 분명히 단언했는데, 그것은 전쟁 수단보다는 정치에 우선권을 주었기 때문일 것이다. 그러나 실제로 이 장의 많은 주제는『전쟁론』8권에 걸쳐 많은 규모를 차지하고 있다. 그러나 여기서는 정치의 우위보다는 '결전' '절대전쟁'의 '지표'와 도덕적 요인의 우위 또는 '눈앞의 대중'의 중요성을 더 강조하고 있다. 따라서 정치의 우위 뒤에는 열정과 증오도 있지만, 우리가 요란하게 듣는 것은 전쟁의 '장엄한 성격'이기도 하다.

방어 원칙이 지배하는 갈등일 뿐이다. 교전국들은 모두 '스스로가 희생양이라는 명분으로' 숱한 희생양을 만들어내고 있다.

이리하여 『클라우제비츠 전쟁론 완성하기』는 곧 '모방적 욕망'으로 불리게 되는 '삼각형적 욕망'을 주장하는 르네 지라르의 첫 번째 책의 중요한 발견을 다시 만나게 된다.[8] 르네 지라르의 모방이론은 인간관계가 돌이킬 수 없도록 악화되는 과정을 밝혀주고 있다. 모방이론이 묘사하는 '외적중개'의 시대에서 '내적중개'의 시대로, 즉 멀리 있는 모델을 존경하던 시대에서 가까이 있는 모델을 부러워하는 시대로의 이행은 후자가 전자로 되돌아가는 것을 허용해주지 않는다. 결투가 명예의 규범과 '고귀한 게임'에 기초한 제도라면, 막스 베버의 표현에 따르면, 17세기에 '정당한 폭력의 독점권'을 장악한 국가의 출현은 구성원들 사이의 관계를 결정적으로 규제했다.[9] 집단 구성원들은 외부세력으로부터는 그들 세력의 동맹에 필요한 적으로 규정되었기 때문에 그들 내부적으로는 친구가 되었다. 이런 식으로 개인의 가치보다 점차 국가의 가치가 더 우선시되었다. 클라우제비츠는 헤겔처럼, 개인은 사심 없는 희생으로 국가의 '윤리적 전체성'에 통합되던, 근대 영웅주의 시대에 속하는 사람이었다. 그런데 모델이 더는 초월적인 존재가 아니라 내재적인 존재가 되고, 정치도 더는 '귀족정치'가 아니라 '민주정치'가 될 때 전쟁은 대중의 문제가 되었다. 개인 간의 관계에 적용되던 것이 국가 간의 관계에도 그대로 적용되게 되었다는 말이다. 이리하여 관계의 비대칭과 갈등의 대량화가 나란히 나타났다.[10] 전통적인 갈등은 어쩌면 줄어들었을지 모르지만 원

---

8) René Girard, *Mensonge romantique et vérité romanesque*, Grasset, 1961, rééd. 'Les Cahiers rouges,' 2001.

9) Max Weber, *Le Savant et le Politique*, Plon, 1959.

10) 르네 지라르가 설명하는 '모방적 관계'는 헤겔 변증법에서처럼 주인과 노예

한의 영향이 엄청나게 확대된 오늘날 세계의 위협이 바로 여기서 나오고 있다. 그런데 르네 지라르는 현대사에 자신의 생각을 적용하는 지점으로 왜 클라우제비츠를 선택했을까? 우선 이 프로이센의 전략가가 1961년 지라르의 첫 저서 『낭만적 거짓과 소설적 진실』의 틀이 된 19세기를 현대사의 결정적 시기라고 생각했기 때문일 것이다. 그리고 다음 두 가지 다른 이유를 생각해볼 수 있다. 전쟁에 대한 클라우제비츠의 개념은 오늘날의 폭력을 이해할 수 있는 열쇠도 제공해주지만, 그 자체로 지라르 사상에 대한 뜻밖의 지름길을 제시해주기도 한다. 사실, 클라우제비츠에 대한 이 해석은 현대의 발생, 특히 폭력과 욕망의 관계에 대한 지라르의 사상과 자연스럽게 들어맞는다. 1961년의 지라르는 서문에서 인용한, 1920년대 예나대학의 교수였던 막스 셸러의 『원한의 인간』[11]의 자취에서 니체의 도덕 계보를 채택하고 있었다.[12] 그러므로 지라르는 셸러의 이 책에 응답하지만, 기독교에 대한 훨씬 더 분명한 변호라는 측면에서 그러했다. 니체는 기독교 도덕을 부르주아 도덕과 동일시하는 오류를 범했다. 부르주아 도덕만 '노예의 도덕'으로 간주할 수 있다. 왜냐하면 부르주아 도덕에서는 그를 능가할 수 없다는 무력감에 젖어 굴복하게 되는 타인이 우상이 되기 때문이다. 하지만 지라르는 셸러의 가치론에 대해 '삼각형적 욕망의 형이상학적 구조'라는 중요한 명제를 내놓는다. 지라르

가 대립할 때는 비대칭적이고, 각각이 상대방의 주인이자 노예일 때는 상호적이다. 그래서 지라르는 주체가 모델이 되고 모델이 주체가 되는 관계를 '이중 중개'라고 부른다. '극단으로 치닫기'는 욕망의 무절제에 의해 그 실체가 비워진 개인들의 갈수록 더해가는 추상화일 뿐이다.

11) Max Scheler, *L'Homme du ressentiment* (1912, 1915 et 1919), Gallimard, coll. 'NRF Idées,' 1970.

12) "인간은 신이나 우상을 소유하고 있다"(『낭만적 거짓과 소설적 진실』 서두에 붙인 셸러의 명구).

제시하는 이 구조는 모방적 상호성이 원한을 낳는다는 것을, 그리고 우리 모두가 욕망 주체이자 욕망의 모델인 이 세상에서 모든 찬미는 곧 경쟁으로 바뀌고 만다는 것을 밝혀낸다.

모든 인간관계와 연관되어 있기에 사회 전체로 전개될 수 있는 이 '존재론적 악'의 진행 과정을 우리는 다음과 같은 단계로 정리할 수 있다.

1) 타인이 내 옆에서 그것을 욕망하기 때문에 (또는 욕망할 수 있기 때문에) 나는 그 대상을 욕망한다.

2) 나는 그 대상보다 경쟁자의 욕망을 더 욕망한다.

3) 내가 결국 숭배하는 것은 내가 그러리라고 생각하는 이 대단한 경쟁자의 자율성이다.

타인의 욕망 대상을 소유하기 시작하면서 나는 결국 모델에 대한 '형이상학적' 의존상태에 놓이게 된다. 나의 욕망 대상에 대한 접근을 금지하고 저항하는 모델이 우리의 관계를 지배하게 된다. 그러나 '그의 모델의 발아래에 무릎을 꿇는' 주체가 이해하지 못하는 것은 그의 '민주적인' 모델이 욕망 주체의 발 앞에 이미 무릎을 꿇고 있다는 것이다. 욕망과 폭력에서는 이제 더는 주인도 없고 노예도 없다. 주인이 되고 싶은 노예만 있을 뿐이다. 타자로부터 나를 소외하려면 타자가 이미 나에게서 소외되어 있어야 한다. 이 소외는 자율성이니 무관심이니 하는 가면을 쓰고 있을 수 있다. 그러나 자율성과 무관심은 훨씬 더 깊은 소외의 징후다. 멋을 내거나 무관심한 사람들은 일시적인 승리자, 즉 사랑받기 위해 자신을 열렬히 사랑하는 사람들을 보여준다. 자신을 사랑함으로써 둘로 나뉘어 있으면서 타인의 시선에 사로잡혀 있는 연극이나 소설의 이 주인공들은 타인들이 자신을 욕망하기 때문에 자신을 욕망한다. 그러나 이 인물들은 이미 스스로를 욕망하기 때문에 타인들도 그들을 욕망한다. 매혹적인 타자의 분명한 듯한 자율성, 그에게 있을 것이라고 내가 굳게 믿는 절대적 자유는 자기 소외의 결과다. 노예는 자신이 주인이라는 것을 점점 더 증명하려는 싸움으로 다른 노예를 유혹한다. 이런 관계가 '극단으로 치닫게' 되는 것은 바로 이 관계의 '상호성'과 '비대칭성' 때문이다. 우리 욕망의 삼각형적 구조는 폭력이라는 타락한 욕망이 아니라면 결코 승리자가 없다는 것을 보여준다. 우리에게 감탄의 수단을 제공해주는 요즘 문화는 우리가 서로 미워하는 것을 막는 방법을 점점 더 모르게 한다.

분명히, 우리는 결코 자율적으로 욕망하지 않는다. 이것은 모델에 대한 우리의 존경이 증명한 것이다. 그러나 이런 모델들이 문화와 뒤섞일 때, 이런 진실은 스캔들을 일으키지 않았다. 르네 지라르는 스탕달을 세르반테스와 대조하면서 '지상으로 내려온' 그리스도가 신성함을 '손에 잡을 수 있는 것'으로 만들었다는 진실을 스캔들로 만든 것이 바로 기독교의 가르침이라고 암시한다.[13] 그렇게 되어 유일한 중개자의 초월성에 대한 믿음이 사라지면서 사람들은 '서로에게

---

13) "돈키호테는 자기 개인의 근본적인 특권을 아마디스를 위해 포기했다. 그는 이제 자기 욕망의 대상을 선택하지 않는다. 그를 대신해서 욕망을 선택하는 것은 아마디스인 것이다. 아마디스의 제자가 된 돈키호테는 그에게 지시된 대상을 향해, 또는 지시된 것처럼 보이는 대상을 향해 덤벼들게 되는데, 이때 이 대상들은 기사도 전체의 모델이라 하겠다. 우리는 이 모델을 욕망의 중개자라고 부를 것이다. 기독교인으로 사는 삶이 바로 예수 그리스도의 모방이라는 의미에서, 기사로 사는 삶은 바로 아마디스의 모방인 것이다"(르네 지라르, 『낭만적 거짓과 소설적 진실』, pp.40-41). "세르반테스 소설에서 중개자는 도달할 수 없는 하늘나라의 왕좌에 앉아 있고, 그의 충직한 제자에게 자신의 위엄을 다소 전달해준다. 그러나 스탕달 소설에서는 바로 이 중개자가 지상으로 내려왔다. 중개자와 주체 사이의 이 두 가지 유형의 관계를 명확히 구분하는 것은, 스탕달의 인물들 가운데 가장 비열하게 허영심이 많은 자들과 돈키호테 같은 인물을 구분해주는 거대한 정신적인 편차를 깨닫는 일이다(같은 책, p.48).

신'이 되기 시작한다. 경박하거나 무관심한 예는 욕망 구조의 불변성을 보여준다. 프로이트가 생각한 것과 달리, 사실 욕망은 한쪽에서 일어나 다른 쪽으로 내려가는 것(리비도의 양적 개념)이 아니라 '동시에 양쪽에서 생겨난다'(욕망의 모방적 개념).[14] 환심을 사려는 욕망이 많을수록, 스스로에 대해서 더 그러할수록 이 욕망은 자신보다 타인들에게 더 매력적인 것이 될 것이다. 폭력의 전염을 유발하는 것은 관계의 비대칭성과 상호성이다. 삼각형적 욕망으로 구성된 모방의 확대와 상승작용은 더 많은 사람을 악순환에 빠뜨린다. 그러므로 '정신이 홀린' 군중에게 둘러싸인 환심을 사려는 사람과 무관심한 사람들은 겉으로만 대단할 뿐이다. 내가 그들에게서 멀어질수록 그들은 그들 스스로에게서 더 멀어지기 때문이다. '극단으로 치닫기'의 끝에 가면, 몰리에르의 『인간 혐오자』에 나오는 셀리멘 같은 사람은 놀이를 그만두거나 아니면 『악령』에 나오는 스타브로긴 같은 사람은 자살을 하게 된다. 하지만 그사이에 이런 비대칭적인 상호관계는 널리 퍼지면서 세상을 오염시켰을 것이다. 사실상, 이런 '사이비 나르시시즘'이 널리 퍼지면 제도와 사회적 의식이 하나씩 무너지게 된다. 자존심이 지배하는 세상에는, 루소가 본 것처럼, 자기애는 없고 스스로와 타인에 대한 증오만 커져 간다. 타인의 욕망을 빼앗기 위한 위장된 무관심인 욕망에 대한 이런 '금욕주의'야말로 최악의 노예라 할 수 있다. 스스로 주인인 척하는 것은 자기 노예의 노예, 더 나쁘게는 자기 자신의 노예다. 이처럼 지라르의 심리학은 헤겔의 '이론적' 희망을 비난하게 된다. 우리는 더 이상 경쟁의 막다른 골목에서 벗어날 수 없으며 주인과 노예의 '치명적인 투쟁'은 더 이상 권리를 만들어내지 못할 것이다. 모두 자신이 먼저 욕망했다거나 타인보다 자신이 더 희생양

---

14) René Girard, "préface," *La Conversion de l'art*, Flammarion, coll. 'Champs,' 2010.

임을 증명하려 애쓰는 이 투쟁에서는 두 노예 모두 승리하지 못한다. 승리하는 것은 폭력일 뿐이다.

극단으로 치닫기

원한에 대한 이러한 분석에 비추어볼 때, 주인과 노예에 대한 헤겔의 변증법은 1792년 9월 20일 발미 전투와 1806년 10월 14일 예나 전투에서 프로이센이 패한 후 기사도 모럴을 세워보려는 마지막 노력처럼 보인다.[15] 민주주의 전쟁이 등장하면서 17세기와 18세기의 영웅적 가치의 전쟁은 막을 내리게 되었다. 따라서 르네 지라르는 목숨을 건 이 투쟁에는 여전히 '인정욕구'가 있을 것이라는 환상과 지배에 대한 헤겔의 주장에 맞서 클라우제비츠와 그의 '극단으로 치닫기'라는 개념을 내세운다. 적들이 서로 존경하고 배울 수 있다고 가정하던 '레이스 전쟁'이라는 코드는 무너지고 말았다.[16] 지라르가 강조했듯이, 클라우제비츠는 시기심이 가미된 민주적인 방식으로 나폴레옹을 존경했다. 전면전 시대의 지도자들 사이에는 더 이상 기품 있는 경쟁심은 없고, 서로를 적대시하도록 동원되는 '전사 대중', 혹은 클라우제비츠의 말을 빌리면, 본보기나 선전의 힘으로 단순하고 정치적인 '적의' 가운데서 불러일으키는 '적대감'만 남는다. 개인 간 관계의 속성에서 국가 간 관계의 속성이 나온다는 것을 알고 나면 이렇게 외교

---

15) 참조. Benoît Chantre, "Le moment 1806: Hegel, Clausewitz, Hölderlin," *Commentaire*, n° 140, Hiver 2012-2013. 2012년 6월 6-8일에 앙투완 콩파뇽 (Antoine Compagnon)과 마크 푸마롤리(Marc Fumaroli)가 주도한 콜레주 드 프랑스의 '1450-1945년: 전쟁 중 유럽의 평화와 예술' 학술대회 발표문.

16) 전쟁에 참여한 영주들의 가슴을 보호하는 흉갑을 레이스로 장식한 데서 나온 것으로, 17세기와 18세기에 체계화된 전쟁에 대한 기품 있는 귀족적 표현이기도 하다.

와 국제법이 악화되면서 국민국가의 원칙도 위태로워진다는 것을 알 수 있다. 이 생각을 군대의 역사에 원용하면, 르네 지라르의 첫 번째 책이 나온 2년 뒤에 로제 카이와가 말했던 것처럼, 민주주의 시대는 기갑부대를 보병에 용해하면서 명예 규약에 기반한 귀족적 영웅주의를 클라우제비츠라면 '적대감'이라 부를, 원한의 힘에 기반한 국가적 영웅주의로 변형시켰다고 말할 수 있다.[17]

『클라우제비츠 전쟁론 완성하기』와 함께 전쟁은 더 이상 하나의 메타포가 아니게 되었다. 우리는 비현실적인 심리학에서 군사 전략으로 이동했다. 그러나 이 책은, 르네 지라르가 1961년에 '존재론적 악'이라고 부른 것, 즉 문화를 구성하는 차이가 동요되는 새로운 단계를 밝혀내는 것에 항상 주력하고 있다. 왜냐하면 20세기 전체에 걸쳐 진행된 전쟁 제도의 변화는 이런 허무주의의 부상을 분명히 보여주기 때문이다. 실제로 정점에 달한 원한만이 테러를 정당화해주는데, 9·11 이후 우리가 그 증상으로 의심할 수밖에 없었던 군사적 개입의 타락한 형상이 바로 테러다. 대담을 시작할 때 매혹적인 동시에 무서운 '극단으로 치닫기'라는 개념부터 다룬 것도 이 때문이다.

한마디로 말해, 가장 개화된 나라도 강렬한 증오에 휩싸일 수 있다. …전쟁은 폭력 행위이고 '이 폭력의 발현에는 어떠한 한

---

17) "귀족들은 총기와 보병을 혐오하면서 전쟁의 심각성은 민주정에서 나오는 것이라고 느꼈던 것 같다. 참으로 이상야릇한 귀족들이다. 뛰어난 전사 계급은 군인의 소명으로 자신들의 오만과 특권을 정당화했다. 그러나 효과적인 살상 무기는 자신들의 가치관과 맞지 않기에 저속한 것으로 치부된다. …그렇기 때문에 현실적이고 열정적이며 무자비한 전쟁의 진전은 민주주의의 발전과 동시에 나타나며 보병과 총기에서 살상력의 중요성이 커지게 된 것도 이 때문이다"(Roger Caillois, *Bellone ou la Pente de la guerre*, La Renaissance du livre, 1963, rééd. Flammarion, coll. 'Champs,' 2012, pp.84-85).

계도 없다'고 거듭 말하는 것도 이 때문이다. 교전국들은 모두 상대방을 자신의 법으로 삼는다. 여기서 상호행위가 나오는데, 개념상으로 이 상호행위는 극단에까지 이르게 된다.[18]

　우리는 앞에서 레이몽 아롱이 클라우제비츠의 이 인용문에 기대어 절대전쟁은 '단지 개념일 뿐'이라는 생각을 신뢰하고 있다는 것을 확인했다. 그렇기 때문에 그는 이 묵시록적인 절정이 '무장 관측'으로 내려앉을 수도 있다고 예상할 수 있었을 것이다. 절대전쟁의 '지표'는 군사적 충돌의 모든 양상을 합리적으로 분류하는 것을 가능하게 해주었다. 이러한 외교 수완은 거의 주술처럼 되다시피 한 '전쟁은 다른 수단에 의한 정치의 연속'이라는 문장으로 요약된다. 그러나 이것은 정치 행위자들의 가능한 무리수와 '모호한 전쟁의 안개'를 재빨리 걷어내는 군비 기술의 발전을 충분히 고려하지 못한 것이었다.

　아롱의 해석과 달리, 르네 지라르는 역사 속에 순수한 상호성 원칙이 역사에 출현하는 결정적인 클라우제비츠의 직관을 명확히 드러낸다. 이리하여 '결투' '상호 행동' 또는 '극단으로 치닫기'라는 표현이 오늘날 분쟁의 위험한 비대칭을 지칭하게 될 것이다. 프로이센의 이 전략가는 정치가 폭력을 억제하기는커녕 이제부터는 전쟁의 뒤꽁무니를 쫓아다니고 전쟁 수단이 목적이 될 것임을 예상했을 것이다. 전쟁을 진정으로 원하는 사람은 자신을 방어하는 사람이라는, 공격에 대한 방어의 우위가 당시 폭력의 '폭발'이라는 생각을 거들어주었다. 사실, 공격의 필요성을 설득하기보다 방어 주장으로 국가 전체를 동원하는 것이 훨씬 쉬운 법이다.[19] 빼앗으려는 측보다 소유한 측, 먼저

---

18) Carl von Clausewitz, *De la guerre*, p.53.
19) 이런 방어의 우위는 국제법에 제도화되어 있어 모든 공격 전쟁을 불법으로 규정하고 있다. 2002년과 2003년 미국은 이라크 침공을 방어 전쟁이라고 표현했

공격하는 측보다 그것을 반격하는 측이 우위에 있다는 공격에 대한 방어의 우위가 분쟁의 비대칭을 만들어낸다. 그러나 우리는 호전적인 관계에서처럼 사랑의 결투에서 방어자의 우월성은 상대적이라는 것을 방금 보았다. 사랑의 결투는 자신이 호전적인 관계를 지배하는 것보다 호전적인 관계에 더 많이 지배당하고 있다. 방어가 전 국민을 더 잘 동원할 수 있다면, 총동원은 그 자체로 전쟁법의 훼손이고, 존경과 증오를 동시에 받고 있는 악마 같은 적에 의해 모든 구성원이 '장악된' 증상이다. 따라서 지라르는 클라우제비츠에게서 '이성적(합리적) 모델'이 아닌 '모방적 모델'이라는 나폴레옹의 근본적인 역할을 강조할 수 있다고 자신한다.[20] 황제와 프랑스에 대한 증오로 다시 뭉친 프로이센과 전체 독일의 통합이 가능해졌다는 것이다. 한편에는 '결투'와 '상호적 행동'이 있고 다른 한편에는 공격에 대한 방어의 우위가 있는데, 이것들은 모두 모방의 시각에서 이해될 수 있는 것이다. 이런 것만이 원한의 전쟁으로 인정되는 현대전에 대한 완전한 개념을 구성할 수 있게 해준다. 그러하기에 이런 유형의 갈등은 이성을 통해 적절한 생각을 할 수 있는 바로 그 순간에 이성을 벗어나게 된다.

그러나 클라우제비츠는 더 나아간다. 그는 전략과 전술의 목표를 결정짓는 것은 더 이상 '정치적 목표'가 아니고 '상대적 척도'나 '대치하고 있는 민중'들의 관계라고 주장한다. 실제로 정치적 목적이 민중에게 영향을 미치는 것이 아니라 '민중의 성격'이 정치적 목적에 영향을 미친다.[21] 민중들이 '무관심'하면 대치 상태를 '무장 관측' 상태

고, 그로부터 20년 뒤인 2022년에는 우크라이나나 유럽 연합의 선제 공격 위협이라는 블라디미르 푸틴의 말과 같은 왜곡도 여기서 나왔다는 것에 유의할 필요가 있다.

20) 이 책, pp.309-317.

21) "대중들이 행동의 강화 요인인지 약화 요인인지에 따라 결과가 완전히 달라진다는 것을 쉽게 이해할 수 있을 것이다"(Clausewitz, 앞의 책, p.59).

로 긴장을 완화할 수 있지만, 민중들이 다시 적대적이 되면 사소한 사건도 불쏘시개 역할을 해 화약고는 폭발할 수 있다. 이 순간 클라우제비츠는 정치학보다 사회물리학에 더 가까운 뒤르켐의 직관과 만난다. 여기서 르네 지라르는 1940년의 '이상한 패배'에 대한 모방적 해석을 발견하는데, 이때 클라우제비츠 『전쟁론』의 지적 여정이 시작되었다.[22] 그래서 교전국 가운데 한편의 평화주의, 즉 전체 국민의 '의기소침'이나 '무기력'이 늘어나면 상대방의 호전성을 자극할 수 있다.[23] 클라우제비츠가 '놀라운 삼위일체'라는 이름으로 시도한 종합에서 알 수 있듯이, 이러할 때 정치적 자유의 '불확정성'(즉, 행동반경)은 극도로 불안정해진다.[24] 민중의 '열정'과 전략가의 '계산'과 정치가의 '분별력'을 유기적으로 연결하는 이 삼위일체가 전쟁에 대한 엄격하게 합리적인 개념을 세울 수 있게 해주어야 한다. 그러나 지라르에 따르면, 나폴레옹에 대한 질투심이 프리드리히 2세에 대한 존경을 능가하는 데서 볼 수 있듯이, '모방적 모델'로 인해 '이성적 모델'이 무너지는 클라우제비츠의 텍스트에서는 그러하지 못하다. 여기서 이 프로이센 전략가는 우리가 외적인 모델로 되돌아갈 수 있다고 믿는데, 이것은 환상일 뿐이다. 그가 제안하는 '영웅적인' 종합은 언제나 열정이 지배하고 있다.

---

22) René Girard, 「1940-1943년, 프랑스에 대한 미국의 여론」(American Opinion of France, 1940-1943), 1950년 6월 인디애나대학교 역사학과 박사학위 논문. "운명의 장난인지, 인디애나대학교에서 한 제 첫 작업은 바로 이 문제, 특히 미국 여론은 1940년 프랑스의 패배를 어떻게 보는지가 주된 관심사였습니다"(이 책, p.396).
23) 서방 국가들이 나토(NATO)의 목표를 의심하고 러시아의 호전성을 과소평가하고 조지아의 나토 가입을 무기한 연기함으로써 블라디미르 푸틴이 2008년에 남오세티야를 '해방'하도록 도와준 것도 여기에 해당된다.
24) Clausewitz, 앞의 책, p.69(이 책, p.180 이하 참조).

클라우제비츠에 대한 이 새로운 해석은 사람들의 기대와 일치했다. 이 책이 출판된 지 15년이 지난 지금도 군사학자와 전략가들[25] 말고도 철학자, 인류학자들 사이에서 계속 번져가고 있는 관심이 르네 지라르의 첫 저서인 『낭만적 거짓과 소설적 진실』을 발간했던 '첫 출판사'로 르네 지라르의 전기 출판을 준비 중인 그라세 출판사에서 개정 확장판을[26] 낼 엄두를 내게 해주었다고 말할 수 있다.[27] 하지만 맥락은 많이 달라졌다. 2007년에 클라우제비츠의 『전쟁론』을 다시 읽으면서 살펴본 것은 이슬람 지하드 성전의 자살테러였다. 7년 후 러시

25) 국방고등군사교육원장인 베누아 뒤리외(Benoît Durieux) 장군의 『클라우제비츠 전쟁론 완성하기』 연구로 결론을 내리고 있는 논문 「프랑스의 클라우제비츠. 1807-2007. 전쟁에 관한 성찰 2세기」(Clausewitz en France. Deux siècles de réflexion sur la guerre, 1807-2007), Economica, 2008 말고도, 2018년 3월 27일 군사학교 전략연구소(IRSERM)와 팡테옹-아사스(Panthéon-Assas) 파리 2대학과 프랑스 지라르학회(ARM)가 공동 주최해 소르본대학에서 열린 '『클라우제비츠 전쟁론 완성하기』 10년 후'라는 제목의 학술대회를 들 수 있다. 이 학술대회에서 발표된 브누아 샹트르·폴 뒤무셀·장-피에르 뒤피·에두아르 졸리·에르베 피에르의 글이 Les Champs de Mars. Revue d'étude sur la guerre et la paix(n° 33, 2019.2)로 묶여 간행되었다. 또한 총서 『20-21세기의 군인』(Le Soldat xxe-xxxie siècle, dir. François Lecointre, Gallimard, coll. 'Folio,' 2018, pp.266-281) 17장에 실린, 중앙아프리카공화국의 폭력 사건에 대한 '지라르 이론 적용'의 좋은 사례인 에르베 피에르의 「너는 너의 형제를 학살할 것이다」라는 글도 참조할 수 있다. 또 최근의 성과로는 지중해 전략연구재단 연구소인 FMES의 소장 아드미랄 파스칼 오쇠르(Admiral Pascal Ausseur)의 논문 「『클라우제비츠 전쟁론 완성하기』 재독」(Relire Achever Clausewitz de René Girard)(FMES 웹사이트, 2021)을 들 수 있다.
26) 이 개정판 부록에서 이 대담집의 원고를 완성하던 2007년 5월 22일 르네 지라르가 나에게 보낸 편지를 볼 수 있다. 이 편지는 우리가 이 책을 쓸 때의 정신과 분위기를 잘 반영하고 있다.
27) 『클라우제비츠 전쟁론 완성하기』는 이 전기의 첫 단계를 구성하게 되었다(이 책 7장 참조). 그다음 내용은 2008년 3월부터 이 일에만 매달릴 수밖에 없었던 2009년 12월 사이에 르네 지라르와 진행한 대담으로 완성되었다.

아의 크림 침공은 상대적인 무관심을 불러일으켰는데, 당시에는 푸틴의 정복보다는 이슬람 국가(IS)의 설립을 더 걱정했기 때문이다.[28] 그러나 서방에 대한 이슬람 테러로 열린 틈을 비집고 등장한 2022년 2월 24일 러시아의 우크라이나 침공은 미국과 유럽연합의 우크라이나에 대한 지원과 함께 1945년 이래 최대 규모의 분쟁을 예고하고 있다. 우리는 이제 이라크 전쟁과 시리아 전쟁 이후 1960년대와 1970년대보다 훨씬 더 큰 위험과 함께 '전면전'보다 더한 '절대전'의 가능성을 더 뚜렷이 드러내는 새로운 폭력의 시대에 들어선 것 같다.[29] 클라우제비츠의 이론에 비추어보면, '전면전'은 사회관계망 조작에 능

---

28) 2004년 2월 18일에서 2월 23일 사이에 일어난 (2004년 '오렌지 혁명'이 일어난 우크라이나 키이우의 광장 이름에서 따온) '마이단혁명' 몇 주 후 친러시아군대는 우크라이나 크림반도를 침공했다. 2014년 3월 16일의 국민 투표에 따라 크림반도는 러시아연방의 일부가 되었다. 3월 27일에 열린 유엔 총회에서 미국과 유럽연합은 이런 상황을 비난했지만 다른 많은 국가는 투표에 참여하지 않았다.

29) '절대전 또는 이상적인 전쟁'은 클라우제비츠에서 '마찰'이나 '알력'이 없는 분쟁, 즉 시공간적 한계를 없애고 두 교전국의 파괴를 유발할 수 있는 전쟁을 전제로 한다. 이러한 유형의 분쟁은 클라우제비츠가 역사 속에서 '전복 전쟁' 또는 '말살 전쟁'이라고 부르는, 전 국민을 동원하는 고강도의 분쟁으로 예시되었다. 미국인들은 '절대전쟁'이라는 개념을 핵전쟁 시대에 맞게 현대화해 '상호확증파괴'(MAD)라고 표현하고 있다. 또한, 클라우제비츠에 따르면 "우리 (이론의) 의무는 전쟁의 절대적 형태에 지표처럼 첫 번째 지위를 부여함으로써 이론적으로 무엇을 배우고자 하는 사람은 누구든지 결코 그것을 놓치지 않도록 하는 것이며, 그리고 '할 수 있는 것'이나 '해야 하는 것'에 이르기 위해 그것을 자신의 희망과 두려움의 근본적 척도로 간주하게 하는 것이다"(『전쟁론』, 앞의 책, 8권, p.673. 강조는 인용자). 이 인용만으로도 레이몽 아롱이 친애하는 절대전쟁은 '단지 개념일 뿐'이라는 생각에 의문을 제기하게 한다. 실제로 르네 지라르는 이 프로이센 장군에게 절대전쟁은 '도달해야 할 이상'이라고 단언한다. 이 문제에 관해서는 Clausewitz, *De la guerre*, livre I, Flammarion, coll. 'GF,' 2014, pp.xviii–xxviii에 실린 브누아 샹트르의 「안개 같은 전쟁」(Le brouillard de la guerre)을 볼 것.

숙한 새로운 차르가 여론에 불러일으킨 '적대감'에 따른 것이라 하더라도 사실 '절대전쟁'을 미리 나타내 보여주고 있다.[30] 1989년 이후의 번영 속에서 러시아인과 미국인이 샌프란시스코만 기슭에서 악수하던 시대는 이제 끝났다. 두 블록이 다시 대치하고 있고, 그 배후에 있는 러시아와의 합의가 입증된 중국이 미국으로부터 세계 주도권을 빼앗으려 하고 있다. 행복한 세계화의 꿈이 무너지자 우리는 이라크·코소보·리비아에 대한 서방의 군사 개입을 경험하고 있는데, 이것이 잠자던 러시아 제국의 꿈을 깨워주었다. 이슬람 국가(IS) 이후, 이번에는 러시아 정교회 키릴 총대주교의 축복하에 전체주의의 새로운 얼굴이 나타난다. 이라크에서 미국의 '십자군' 전쟁 이후에 새로운 이데올로기 전쟁이 시작되는데 극도로 정교한 핵무기에 기대는 만큼 훨씬 더 위험한 이데올로기 전쟁이 전개된다. 장-피에르 뒤피는 4년 전에 '핵의 형이상학에 관한 에세이'를 발표할 때 스스로는 그렇게 잘하고 있다고 생각하지 않았다.[31] 이 글을 쓰고 있는 지금, 러시아를

---

30) 블라디미르 푸틴이 현재 우크라이나 군에 통합된 네오 나치 계열 초민족주의의 준군사 부대인 '아조프 연대'의 존재에 기대서 오늘날 우크라이나의 '탈나치화' 신화를 동원하는 방식은 무엇보다도 스탈린그라드 전투의 기억을 되살려 러시아의 이미지를 높이는 것을 목표로 한다. 그리고 이런 선전이 효과를 보는 것은 분명하다.

31) Jean-Pierre Dupuy, 『일어날 수 없는 전쟁』(*La guerre qui ne peut pas avoir lieu*, Desclée de Brouwer, 2018) 및 2019년의 예고 기사 "1945년 8월 6일과 9일에 원자폭탄 두 개가 일본의 히로시마와 나가사키를 방사능 재로 만들었다. 그 이후로 사람들은 다음은 언제, 어디서, 어떻게 될지를… 궁금해한다. 그들은 사망자가 십만 명이 아니라 적어도 수억 명이 될 것이라는 사실을 알고 있다. 약 2년 전까지… 클린턴 대통령의 전 국방장관이었던 윌리엄 페리는 이것은 테러 행위가 될 것이라고 답했다. 그는 지구 전체 무기의 90퍼센트 이상을 보유한 두 핵 강대국인 미국과 러시아가 대결한 결과가 그렇다고 짐작하면서, 우리는 최악의 냉전 시기로 되돌아가고 있다"라고 보고 있다(장-피에르 뒤피, 「다가오는 핵전쟁」 AOC, 2019년 2월 26일). 뒤피는 또한 이 '불가능한 전쟁'의

위한 북한의 변화에 관한 이야기가 나오고 있다.

영웅의 황혼

이처럼 과도한 폭력을 어떻게 피할 수 있을까? 이를 위해 나는 이 책에서 르네 지라르가 채택하고 있는 묵시록적 시각에 다소 가려져 있지만 이 책이 프랑스와 해외에서 낳은 수많은 논쟁에서 승인된 분석을 조심스럽게 제시하고자 한다.[32] 클라우제비츠에 대한 자신의 해석을 끝까지 밀고 나가는 지라르는, 세상 사람들이 기독교의 가르침을 부정하면서 희생양을 갈수록 더 많이 제시하고 또 이런 추세가 방어의 우위를 더 심화하고 있다고 본다. 세상 폭력의 수위가 계속 높아지는 것은 기독교가 희생양 메커니즘의 소멸을 승인했기 때문일 것이다.[33] 이제는 더 이상 제3자를 통해 화해할 수 없게 된 적대자들은 침략에 대한 책임을 물어 더욱 강력하게 서로를 비난하게 될 것이다.[34] 따라서 희생자의 무고함이 밝혀진 것이 끊임없는 희생자의 증

성격은 행위자들의 의도에서 벗어난 것임을 이렇게 명시한다. "오늘날의 틀린 계산이나 잘못된 해석 또는 사고가 결정적인 역할을 하는 반자동 격발 시스템이 '묵시록적인 장치'로 결정되고 있다"(『일어날 수 없는 전쟁』).

32) 모방이론의 프리즘을 통해 분석된 현대 폭력의 미래에 대한 이 질문에 대해서는 프랑스 지라르학회(ARM)에서 주최한 회의와 세미나를 웹사이트(www.rene-girard.fr)에서 볼 수 있다.

33) 모방적 욕망과 희생제도 다음으로 르네 지라르의 세 번째 테제는 기독교 계시가 희생양의 무고함을 드러냄으로써 이 무고함에 대한 집단적 무지에 기반한 희생양 메커니즘을 붕괴시켰다는 것이다. 만인이 한 사람에게 죄를 전가하는 것이 더 이상 일어나지 않게 되자 만장일치의 폭력은 출구를 잃게 되고 백주대낮에 모방 경쟁이 펼쳐진다.(René Girard, *Des choses cachées depuis la fondation du monde*를 참조할 것.)

34) 2022년에 다시 등장한 핵 위협은 임박한 것으로 보이는 공격에 대한 예상 대응인 '선제 공격'이라는 아이디어가 재등장하게 한다. "푸틴이 폴란드나 발트

가와 함께 희생자의 도구화도 촉발했을 것이다. 우리는 언제나 그들보다 우리가 '더 희생자'라고 말함으로써 우리의 적을 섬멸할 권리를 더 정당화하고 있다.[35] 기독교의 역설적인 성공이 희생양 메커니즘의 피로의 원인이든 결과이든, 그것의 중요한 증명이 엄청난 효과를 가져왔다는 것은 변함없다. 우리는 '사탄이 사탄을 추방한다'는 지라르의 말을 알고 있다.[36] 음지에서는 '부정적인 초월'이 작용했기 때문에 희생 시스템의 자동제어는 수천 년 동안만 작동한 것 같다. 그러나 폭력이 이렇게 성스러운 형태로 표현되면서 결국 규제 효과도 상실하게 되었다. 초기 사회의 화해를 가능하게 한 것이 희생양의 무고함에 대한 무지였다면, 희생양의 무고함을 알려준 성서의 가르침은 그 대가로 강력한 부정을 낳았다. '희생이라는 목발을 잃은' 사람들은 갈수록 자신의 눈에 있는 들보도 보고 싶어 하지 않았다. 갈수록 '공격당한 자'를 희생양으로 보고 '공격자'를 악마화하는 태도는 오늘날의 분쟁, 특히 테러 행위라는 투사풍의 캐리커처를 정당화해주고 있다. 이것은 더 이상 생명을 구하려고 죽음의 위험을 무릅쓰는 것이 아니라 죽음을 늘리기 위해 자살하는 것이기 때문이다.[37]

해 연안 국가 중 한 곳에서 핵 미사일을 발사한다면, 그것은 선제공격이 될 것이고 우리는 제3차 세계대전으로 들어설 것이다"(장 피에르 뒤퓌, 「우크라이나 위기의 종점으로서의 핵전쟁」, *Philosophie Magazine*, 2022년 3월).

35) 그에게 호의적인 서방 평화주의자들에 의해 되풀이되고 있는, 푸틴의 우크라이나 침공의 주요 동기 중 하나는 30년 동안 나토에 의해 '굴욕'을 당했다는 것이다. 1989년 이후 미국 대통령들이 확실히 그들의 섬세함으로 빛을 발하지 않은 것은 사실이지만, 스스로를 희생양으로 여기는 러시아의 이런 태도는 나토가 2008년 부쿠레슈티 회담이 조지아와 우크라이나의 나토 가입을 분명히 반대했다는 사실과, 1990년대부터 러시아가 서방의 보조금으로 큰 혜택을 받았다는 사실 등을 숨기고 있다.

36) René Girard, *Je vois Satan tomber comme l'éclair*, Grasset, 1999.

37) "이러한 관점에서 보면 자살테러는 원시 희생의 기이한 반전입니다. 자살테

묵시록적 시각은 지라르 사상의 본질적인 것이며 그것을 새로운 버전의 진보주의와 연결 지으려는 것은 이를 배반하는 것이라고, 『폭력과 성스러움』의 저자는 종종 경고한 적이 있다. 공관복음 해석에서 르네 지라르가 단언한 '선택된 소수'만이 알고 있는 정치-군사적이라기보다는 훨씬 더 형이상학적인 '민족 대 민족, 왕국 대 왕국' 사이의 적대적 관계의 상승작용이 진행되는 중이다.[38] 그러나 그가 종말론을 그렇게 주장하는 것은 이 극단으로 치닫기로 역설적으로 그의 희망이 더 단단해지기 때문일 것이다. 이로써 우리는 니체와 셸러가 원한의 도덕이라고 묘사한 기독교 도덕의 허무주의적 풍자화를 뛰어넘어 결투의 또 다른 논리를 깊이 생각하게 되고, 이럴 때 우리는 우리 시대가 요구하는 저항의 윤리를 규명할 수 있을 것이다. 실제로 르네

러는 타인을 구하기 위해 희생양을 죽이는 것이 아니라 타인들을 죽이기 위해 자신을 희생합니다. 그 어느 때보다 거꾸로 된 세상입니다."(이 책, p.194), 폴 뒤무셀(Paul Dumouchel), 「자살 공격의 군사적 측면과 사회적 측면」(2007년 11월 23일 퐁피두 센터, ARM 웹사이트에서 볼 수 있는 '전쟁에 반대하는 테러리즘' 심포지엄)을 볼 것. 우리는 핵 미사일 시대를 IS 같은 테러 국가의 행위가 예고했다고 생각하지 않는다. 폭력을 위한 폭력을 원하는 IS는 지구 전체는 아니더라도 세계의 많은 부분에 폭력을 부과해야 한다고 주장하기 때문이다. 진짜 블랙홀 같은, 와해되고 있는 신학-정치적 제도의 이 해로운 결과인 IS는, 부분적으로는 제국주의에 의해 이슬람의 오래된 법 문화에 도입된 손상 때문에, 제국이나 칼리프 왕국을 다시 세울 수 없음을 보여주고 있다(다음을 참조할 것. Benoît Chantre, "Terrorism and Democracy," *The Philosophical Journal of Conflict and Violence*, n° 1, 2017; ARM 홈페이지 2017년 5월 29일 파리 가톨릭 연구소에서 행한 강연에서 발췌한 기사). 키릴 대주교의 축복으로 정치적 메시아주의로 변한 푸틴 전쟁의 맹점이 논리에 맞는지 의문을 제기할 수 있다. 키예프나 마리우폴의 파괴는 전략적 목표를 넘어 그 자체로 목적이 되었다.

38) 「마태오의 복음서」 24장 및 "'한 민족이 일어나 다른 민족을 치고, 한 나라가 일어나 다른 나라를 칠 것'이라는 모방적 짝패가 일으키는 극단으로 치닫기는 많은 사람의 사랑을 싸늘하게 식힐 것입니다"(이 책, p.282) 참조. 그리고 이 책 부록에 실린 르네 지라르의 미공개 서한 참조.

지라르는 기사도의 이상 이후에 나타난 노예의 모럴은 기독교의 가르침으로 촉발된 고대 영웅주의 붕괴의 새로운 단계이자, 그 속에서 '그리스도 모방'이라는 궁극적인 매개가 일어날 수 있는 필연적인 분해 단계라는 암시를 『클라우제비츠 전쟁론 완성하기』에서 끊임없이 하고 있다. 지라르가 이것이 완전한 파괴만큼이나 현실적이라고 말했기에 우리가 탐구해야 하는 것은 바로 이 가능성일 것이다. 지라르의 저서들이 그 중요성을 지적은 하지만 제대로 주제로 삼은 적이 없는 영적 영역의 모방을 '깊은 중개'로 명명할 것을, 지라르와의 대담 중에 내가 제안했던 것도 이 때문이었다.[39] 그런데 베르그송처럼 표현해서 이러한 '열린 모럴의 영웅주의'[40]만이 우리가 오늘날 목격하고 있는 가치 해체 속에서 더 이상 폭력의 산물이 아닌 인간 사이의 '살 만한 삶'[41]을 가능하게 해줄 것이다. 우리는 이런 기독교 급진주의를 공유할 필요는 없지만 그것이 요구하는 철학적 작업은 고려할 필요가 있다. 한편으로는 평등주의가 서구적 가치 타락의 동인이라는 것을 인식하면서 다른 한편으로는 우리가 당연히 격분하지 않는 뛰어난

---

39) "깊은 중개"라고 부르면 어떨까요?" "네, 그게 좋겠습니다. 항상 나쁜 상호성으로 변질될 수 있는 내적중개의 변화를 전제로 하면, 성 아우구스티누스가 '내 가장 깊은 신'(Deus interior intimo meo)이라 말할 때의 의미로 '깊은 중개'라고 부를 수 있을 것입니다"(이 책, p.314). '깊은 중개'는 성 아우구스티누스의 'Deus inside intimo meo'(내 내면보다 더 내면에 계시는 하나님)에 충실한 기독교 전통이, 보이지 않는 모델 혹은 스스로를 장애물처럼 감춘 모델에 대한 모방인, '예수 그리스도의 모방'이라 부르는 개방성을 모방적 관계 속에서 생각하는 것을 가능하게 해준다. 모방의 덫을 피할 수 있을 이런 역설적인 모방은, 실제로 파괴적이지 않으면서 복음서에서 고집스럽게 '왕국'이라고 부르는 공통의 세계를 이룰 수 있는 타인과의 동일시를 생각할 길을 제공해줄 것이다.

40) Henri Bergson, *Les Deux Sources de la morale et de la religion*, PUF, 1932.

41) 이 표현은 1979년 언론인 장-루이 세르방 슈라이버와 텔레비전 인터뷰에서 르네 지라르가 한 말이다.

가치가 있을 수 있다는 것을 받아들이는 것이야말로 우리에게는 없는 타인이 가진 것을 존경할 기회를 우리 스스로가 갖는 것이다.

　모방의 '열린' 양식이라 할 수 있을 존경이 이 평화로운 관계를 규정해주고 있다. 이와는 반대로, '닫힌' 모방, 즉 경쟁은 상대방의 거짓된 자율성을 모방하고 있다. 모방적 관계에서 우리는 우리를 모방하기를 거부하는 사람이나 우리의 모방을 거절하는 우리를 모방하는 사람을 모방한다. 헛된 차이를 쫓는 두 경쟁자는 점차 실체를 잃어간다. 관계가 이렇게 '관념화'되어가면서 '극단으로 치닫기'도 같이 나타나는데, 르네 지라르는 이런 것이 우리 운명의 형식이 되었다고 생각한다. 그럼에도 지라르는 등대나 예언자와 같은 '위대한 작가들'이 제시하는 다른 길이 가능하다고 생각할 여지를 제공해주고 있다. 지라르가 신뢰한 것은 위대한 작가들의 작품 속에서 나타나 있는 '근본적 개종'의 효과였다. 그러므로 우리는 '문학 덕분에' 꼭 부러움이 수반되지 않는 관계의 토대를 세울 수 있을 것이다. 그러나 타인과 세상에 대한 이 새로운 관계는, 어렴풋한 기억의 시간에 속물근성을 피하는 『되찾은 때』 화자의 '순수 자아'처럼 단지 덧없이 나타날 뿐이다. 우리가 속한 상황, 여기서는 오늘날 전쟁의 모습으로 드러나는 타락 속에서 그 새로운 관계를 드러내는 일이 우리에게 달려 있다고 생각한다. 새롭게 갱신한 존경의 능력만이 모방 성향에 대한 영웅주의를 만류할 수 있게 해주고 꼭 소유 투쟁으로 이어지지 않을 비교의 충동을 다시 펼칠 수 있게 해줄 것이라는 사실을 우리는 알게 되었다. 오랫동안 미국에 방어를 위임하고 있던 유럽에 섬멸전이 다시 등장한 것은 전쟁을 더 이상 '지배를 위한 투쟁'이 아니라 '비교를 위한 투쟁'으로 간주하는 이런 윤리에 대해 생각해보는 것이 시급하다는 것을 알려주었다.

　나는 지라르와 대담을 계속하면서, 제1차 세계대전 직전에 코르네유를 묵상한 샤를 페기의 품격을 이어받아야 한다고 생각했다.[42] 오늘날의 모방 경향에 역행하는 이런 '긍정적' 평가 방식은 타인과 자기 자신으로부터도 해방되는 주체 형성의 서곡이 될 것이다. 이런 결투 개념에서는 실제로 적대자들 모두 긍정적으로 '변화'되고 자기 특성을 심화하면서 나타날 수 있을 것이다. 그리고 명예의 규칙에 근거한 도덕적 관계는 섬멸의 논리를 전복할 수 있을 것이다. 사실, 원한 효과를 제어하는 존경이라는 이 정책은, 횔덜린식으로 말하면, '위험이 있는 곳에서' 행할 수 있는 유일한 정책이다.

이것이 미래를 향해 열려 있는 우리 대담의 소실점인데, 영웅적 가치를 잘 믿지 않는 르네 지라르는 코르네유의 추종자가 아니기 때문이다. 지라르는 이를 좀처럼 숨기지 않는다.[43] 그렇지만 지라르는 비폭력의 신봉자도 아니다. 지라르는 프랑스 레지스탕스와 드골 장군이 펼치는 '큰 정치'에 끊임없이 존경을 표했다. 승리에 부여된 우위가 전투에 부여된 우위에 대한 풍자화라면, 지라르의 리얼리즘은 새로운 형태의 영웅주의에 호소하는 것 같다.[44] 이렇게 되면 치명적으

---

42) 결투를 '두 종족' 사이의 '가치의 영원한 대결'로 묘사하는 페기(Péguy)의 말을 인용해보자. "자신의 시간과 힘을 자아 형성에만 사용하는 측이 때리는 것에 몰두하는 측을 어떻게 견딜 수 있을까? 사실은, 이들이 충격을 견뎌냈고, 적에게 결코 전멸되지도 않았다. 비교 시스템인 이 세상의 첫 번째 시스템은 학살의 시스템인 두 번째 시스템에 의해 실제로 결코 근절되지 않았다" (Charles Péguy, *Œuvres complètes*, tome III, Gallimard, coll. 'Bibliothèque de la Pléiade,' 1992, pp.1342-1348). 유럽의 방어가 마침내 이루어지고 있는 이 순간, 20세기 전쟁을 '지배'했을 클라우제비츠 모델에 대한 이런 코르네유식의 비판이 타당성을 갖고 있다는 것을 지적할 필요가 있을까?

43) "영웅주의는 우리가 신뢰를 보낼 수 없을 정도로 너무 오염된 가치입니다. 어떤 점에서 보면, 특히 나폴레옹 이후에 평범한 사람들은 항상 영웅주의에 잘 현혹됩니다"(이 책, pp.266-267).

44) "승리의 최고봉은 약자의 승리다. 전쟁의 승리는 오히려 더 중요한 개종의 서막일 뿐이다"(이 책, p.90).

로 자존심을 건드리지 않는 비교가 가능할 것이다. 몽테뉴나 페기처럼 말하면, 이렇게 '자기를 측정'하는 사람들은 결국 타인을 평가하면서 헛된 자율성에 매달리지 않게 되고, 또 이런 사람들은 언제나 전리품처럼 경쟁자에게서 빼앗으려 하는 신성함으로부터도 해방될 것이다.[45) 이렇게 침착을 되찾은 대치는 쌍둥이 사이의 폭력에 빠지지 않는 짝패와의 긍정적인 동일시가 가능해질 것이다.

조심스러운 이 논의에 비추어 볼 때, 귀족적 기풍과 대등하지는 않지만 흉내를 낸 풍자화라는 모방 관계의 본모습이 더 잘 나타나는 것 같다. 우리는 여기서 니체를 비판하는 셸러의 생각을 만나게 된다. 부르주아 도덕은 기독교 도덕이 아니다. 반면에 기독교의 주장은 가깝고도 먼 신은 내 형제이기도 한 타자 안에서 항상 되찾아야 하는 신이라는 것이다. 가까이 있는 신으로 갈등이 임박하게 될 때, 짝패와의 이런 긍정적 동일시에는 그 존재가 과도하거나 '괴물 같은' 성질을 가질 가능성이 들어 있다. 시중의 도덕과 상반되기에 터무니없는 것으로 보일 수 있는 '원수를 사랑하라'라는 성서의 명령은 오히려 비범한 지평에서 평범한 삶을 재단하는 것이 목표인 것처럼 보인다.[46) 기독교 주장의 핵심에 있는 왕국이라는 개념은 타인과 내가 거기에 자리를 잡으려고 애쓰는 평등의 지평을 드러낸 것일 뿐이다. 코르네유의 영웅주의와 그의 '명예를 위한 투쟁'은 순수한 폭력으로 변할 수도 있었을 마음이 돌연 반대의 길을 택하면서 성자로 변모하는 이 새로운 종류의 중개의 길에 있었다고 볼 수 있다. 그러나 르네 지라르는

---

45) cf. Pierre Manet, *Montaigne, la vie sans loi*, Flammarion, 2014.
46) 르네 지라르는 1965년 루아요몽(Royaumont) 수도원에서 한 강연에서 "이웃의 발견은 곧 타자의 비초월성의 발견"이라고 말했다("Une analyse d'Œdipe roi," *Critique sociologique et critique psychanalytique*, Éditions de l'Institut de sociologie de l'Université libre de Bruxelles, 1970, p.158).

날 만나러 오는 타인에게서 형제를 볼 수 있게 해주는 이는 그리스도라는 중개자뿐이라는 사실을 상기시킨다. 전면적인 불신으로 정의될 수 있는 허무주의의 시대에 타인에 대한 새로운 믿음을 열어주는 이런 도덕적 관계는 잠재적 형제와의 완벽한 일체화일 것이다. 이것은 또한 인간이 만들어낸 발명품이다.

따라서 베르그송과 지라르식의 '열린 도덕'은 폭력적 상호성과 그것의 모방적 함정의 횡단, 즉 영웅적 가치를 받아들임과 동시에 극복할 것을 전제로 한다. 모방은 내면적으로 다시 다듬어야 하고 존경은 그 의미를 더 깊이 파고 들어가야 할 것이다. 타인이 소유한 것을 원하지 않고 자신이 가진 것을 타인이 소유하기를 바랄 때 우리는 이미 소유의 욕망 바깥으로 한 발짝 내딛게 된다. 우리가 취해야 할 것은 바로 이 '첫걸음'이다. 분명히, 신성함은 한동안 승리의 열정으로 상징되고 비범한 사람들에 의해 유혹되었다는 사실은 부정할 수 없을 것이다. 클로델은 폴리엑트를 두고 "천국과 대처한다는 것은 어리석은 허장성세로 말하는 것이 아니다"라고 했다. 그러나 그것은 이 신성함이 넘을 수 없는 '본보기'의 힘을 믿는 문화 속에서 경험되었기 때문이다. 그런데 전쟁 제도의 붕괴는 생태 위기와 함께 오늘날 시대의 징후 가운데 하나가 되었다. 죽음을 퍼뜨리는 자살테러를 감행하는 테러리스트의 금욕주의는 기품 있는 가치가 퇴조하고 있으며 그런 가치들이 여전히 효력이 있다고 여기는 우리의 믿음도 사라지고 있는 시대를 증언한다. 그렇기에 유럽의 방어가 다시 한번 중요해지는 이 시기에 우리는 폐쇄적인 모방이 아니라 모방이 스스로를 능가하는 존경의 덕목에서 모든 도덕성의 기초를 찾아야 할 것이다.[47] 우

---

47) 에마뉘엘 레비나스의 저작은 이 책에서 자주 언급되고 있다. 그의 『총체성과 무한성』은 르네 지라르의 『낭만적 거짓과 소설적 진실』과 같은 해인 1961년 출판되었다는 것을 기억할 필요가 있다. 국민국가의 황혼녘에 나타나서 인

상들은 전복되어서 깨진 것이 아니다. 아직도 여기에는 의존과 원망의 태도가 남아 있다. 표현에서 알 수 있듯이 '영웅적' 신성함은 오랫동안 그 모델에 의존하고 그 인물에 너무 집착하지만 아직도 충분히 '신성하지' 않다. 우리 눈앞에서 영웅주의가 황폐화되고 있다는 사실이 사람들이 말하는 재앙이 아니라 지금 일어나고 있는 변화에 대한 행복한 신호라면, 또 9·11 이후에 자주 등장하는 자살테러가 우리가 이제 막 깨닫기 시작하는 이 새로운 윤리의 실마리를 열어준다면, 어떠할까?

르네 지라르가 펼치고 있는 '소설적 변증법'은 추상적인 지식의 구조물 속으로 도피하지 않으면서 서구적 가치의 몰락을 가장 가까이서 포착하고 있다는 점에서, 니체 사상을 역이용함으로써 니체 사상을 첨예화하는 힘든 일을 해냈다고 볼 수 있다. 유대-기독교 가르침의 진실을 드러내는 데서, 르네 지라르가 끊임없이 말하는 원한에 대

류사회의 갈등을 논하는 이 두 사람은 전쟁의 폭력도 외면하지 않으면서, 헤겔과 달리 타인과의 대면이라는 문제를 해결하려고 노력했다. 지라르가 생각한 '모방적 관계'와 레비나스가 생각한 '윤리적 관계'라는, 도덕적 경험을 제한하는 이 두 가지 과도한 관계 사이에서 결투는, 타인과 자신에게 존경할 만한 존재가 되도록 강요하는, 평등한 수준에서의 비교로 정의될 수 있을 것이다. 모방이 많은 가능성을 열어주는 측정과 비교의 관계인 이 존경의 정책은 주인과 노예나 타인과 그의 하인이 아니라 다른 주체와 대면하는 주체인 서로 동등한 두 주체를 연결해준다. 자신과 타인에 대한 이런 이중 평가는 마조히스트적인 동의와 함께 모욕감을 주는 모델이자 장애물인 존재 앞에서 주체의 마비와 항상 자신을 얼어붙게 할 위험이 있는 '단순한 타인' 앞에서의 마비라는, 두 가지 난관과 마비 현상을 피할 수 있게 해준다. 피에르 마낭(Pierre Manent)의 멋진 표현을 빌려 말하면 '존경이라는 정책'은 '모방' 열정과 '윤리적' 열정이라는 두 열정 사이에 있게 될 것이다. Benoît Chantre, "La question du duel: Montaigne, Girard et Levinas," *Totalité et Infini. Une œuvre de ruptures*, dir. Éric Hoppenot, Michel Olivier et Joëlle Hansel, Manucius, coll. 'SIREL / Actualités de Levinas,' 2017을 참조할 것.

한 완벽한 분석은 타의 추종을 불허한다고 해도 지나친 말이 아닐 것이다. 이러할 때, 타인에게 점점 더 예속되었음을 의미하는 원한은 타인에 대한 긍정적 평가와 봉사로 이해되는 새롭고 역설적인 존경의 모습으로 나타난다. 경쟁과 우상 숭배의 위험에서 벗어난 존경으로만 우리는 타인에 집착하는 예속상태에서 벗어날 수 있을 것이다. 개종에 대한 지라르 인류학은 순진한 비폭력에 빠지지 않으면서 오히려 영웅주의를 결정적으로 마비시킨다. 이 책 7장 「프랑스와 독일」에서 높이 치고 있는 항독 레지스탕스의 공적을 인정하기 위해서라도 우리는 지라르의 이런 표현을 잘 이해할 필요가 있다.[48] 1940년 프랑스에서 이 '실패하지 않은 마지막 것'이라는 문학에 관해서 말하면, 지라르는 '은밀한 페탱주의 신화'와 달리 '문학을 하지 않은' 드골 장군이 가진 내적인 힘이 문학에 있다고 생각한다.[49] 1940년부터 1945년 사이 '자유 프랑스'의 이 지도자는 '소설적 차원' 이상의 '서사시 주인공'같이 대단한 존재였다. 지라르는 그의 첫 번째 저서에서부터 "진실된 소설의 모든 결말에서 정신인 죽음은 정신의 죽음에 당당하게 맞서고 있다"라고 지적하지 않았는가?[50] 패배주의에 대한 용기나 항상 복수심에 불타는 지배의 맛을 지닌 전투 의식처럼 말이다. 이제는 마무리된 르네 지라르의 지적 작업을 조망하는 눈길을 제공해주는 이 책 『클라우제비츠 전쟁론 완성하기』의 역설적인 결론은 다음과

---

48) 이 책, pp.403-411을 참조할 것.

49) "드골이 페탱 치하의 프랑스를 복구시켰으며, 드골에게 런던은 광란이나 문학의 도시가 아니라 합리적 선택지였다고 말해야 합니다. 반면 문학에 대한 그의 취향은 정치적 선택에서 나온 것입니다. 프랑스에서 실패하지 않을 마지막 것이 문학이라고 보았던 셈이지요. …프랑스 사람들에게 제대로 파고들지 못한 모든 이데올로기는 그들 대신에 드골이 한 것을 두고 맹렬히 원망했습니다. 거인을 낮추는 것은 난쟁이를 키우는 법입니다"(이 책, pp.409-411).

50) *Mensonge romantique et vérité romanesque*, 앞의 책, p.364.

같을 것이다. 테러리스트는 아마도 우리에게는 없는 반-모델이자 기독교 신비의 높이까지는 오르지 못하는 맹렬한 금욕주의이자 오늘날 영웅주의의 자기 파괴를 말하는 종말론적 지표라는 것이 그것이다.

브누아 샹트르

서론: 클라우제비츠 완성하기

이 책은 정말 기이한 책이다. 독일 쪽에서는 이 책을 하나의 소일거리나 지난 두 세기 동안 독일과 프랑스의 관계 보고서로 볼 수도 있다. 동시에 이 책은 지금까지 말해진 적이 한 번도 없었던 폭력의 구조와 이것이 요구하는 빛도 다루게 될 것이다. 그 과정에서 유럽의 종말 '가능성' 혹은 서구 세계, 아니 전 세계의 종말 '가능성'을 언급하게 될 것이다. 이 가능성은 오늘날 거의 현실적인 것이 되었다. 이 책은 일종의 묵시록과 같은 것이라는 말이다.

지금까지 내 작업은 흔히 비교인류학을 통한 고대종교 연구로 소개됐다. 나는 또한 수만 년에 걸쳐서 동물에서 인간으로 진화해온 이른바 인간화 과정을 밝혀내고자 했다. 이때 나의 가설은 모방이었다. 왜냐하면 우리 인간은 다른 동물보다 훨씬 많이 서로를 모방하고 있고 또 그래서 사회의 소멸을 유발할지도 모를 전염성 강한 획일화를 해결할 방법을 찾아내야 했기 때문이다. 모두가 타인과 유사해지는 바로 그 지점에서 차이를 다시 만들어내는 메커니즘이 바로 희생이다. 인간은 희생의 산물이다. 그래서 종교적이다. 프로이트를 이어서 무질서의 원흉이자 질서의 복원자인 희생양 살해로 우리가 초석적 폭력이라 부르는 것은 모든 인간 제도의 기원인 제의 속에서 끊임없이 되풀이되고 있다. 인류 초기부터 무고한 희생양들이 숱하게 살해되어왔다. 그런데 그 목적은 동족의 생존을 위한 것, 아니 그보다는 자멸을 막으려는 것이었다. 이것이 바로 성스러움의 냉혹한 논리다. 그런데 이 논리는 예전에는 신화가 곧잘 감추어왔지만, 인간의 스스로에 대한 이해가 늘어남에 따라 점차 더 많이 드러나고 있다. 이런 변화를 가져온 결정적 계기는 기독교의 가르침이었다. 그런데 기독교의 가르침은, 말하자면 인간들에게 당신 아들을 통해서 폭력의 메커니즘을 그토록 늦게 알려준 것에 대해 용서를 구하는 하나님의 속죄라고 볼 수 있다. 인간은 처음에는 제의에서 차츰 이를 알게 되었지만 이제는 갈수록 제의가 필요하지 않게 되었다.

종교의 신비를 벗겨낸 것이 기독교다. 이 탈신비화가 절대적으로는 좋다고 말할 수 있지만 상대적으로는 나쁜 것으로 확인되었다. 우리가 그것을 받아들일 준비가 아직 안 되어 있었기 때문이다. 우리는 사실 충분히 기독교적이지 못하다. 이 패러독스를 달리 표현하면 기독교는 머지않아 자신이 실패할 것을 예견하고 있는 유일한 종교라고 말할 수 있다. 이 예견을 두고 사람들은 묵시라 한다. 자신이 행하는 폭력의 메커니즘을 갈수록 외면하는 사람들의 탓인 인간의 과오와는 반대로, 하나님의 말씀이 더 잘 드러나는 것은 사실 묵시록이라는 기록에서다. 인간이 자신의 과오에서 벗어나지 못할수록 황량한 세상에서 이 목소리의 위력은 더 잘 드러나게 될 것이다. 공관복음과 바울의 서간문에 많이 들어 있는 묵시록적인 기록을 사람들이 읽으려 하지 않는 것도 모두 이 때문이다. 이는 또한 우리가 소홀히 넘긴 하나님 말씀의 결과로 이 기록들이 우리 눈앞에서 실현되고 있다는 사실을 아무도 인정하고 싶어 하지 않는 이유이기도 하다. '만인의 동일성이라는 진실'이 일단 공표되자, 사람들은 자신들의 헛된 차이에 더 집착하면서 그 말을 들으려 하지 않는다.

두 번에 걸친 세계대전, 원자폭탄의 발명, 몇 차례의 인종 학살, 절박한 환경 재앙도 묵시록의 기록이 예언적 의미는 없지만 지금 진행 중인 대재앙을 이야기한다는 것을 사람들이 믿게 하는 데에는 충분치 못하다. 기독교인들이라고 해서 사정이 나은 것이 아니다. 사람들이 이를 알아들으려면 어떻게 해야 할까? 나는 똑같은 말을 되풀이하면서 내 이론을 모든 것의 원인으로 여기는 등 나의 이론을 너무 물신화한다는 비판을 수도 없이 들어왔다. 하지만 내 이론은, 학습에서는 배우는 것보다 모방이 가장 중요한 본질적인 방법이라는, 신경학 분야의 최근 발견이 확인한 메커니즘을 설명하는 데에 잘 들어맞는다. 모방의 위험을 이해할 때에만 타인과의 진정한 일치를 생각할 수 있다는 법칙을 이해할 때에 우리는 모방에서 벗어날 수 있다. 그러나 개인의 단자화가 극에 달하고 폭력의 정도가 한층 더해가는 순간에도 우리는 도덕적 관계가 무엇보다 우선한다는 것을 의식하고 있다.

폭력은 오늘날 지구 전역에 걸쳐서 분출되면서 묵시록이 예고하는 것을 유발하고 있다. 자연이 만든 재앙과 인간이 만든 재앙의 혼동, 자연적인 것과 인위적인 것의 혼동, 지구 온난화와 수면 상승 등은 오늘날 더 이상 단순한 수사가 아니다. 성스러움을 만들어내던 폭력이 지금은 더 이상 폭력 이외의 것은 만들어내지 못하고 있다. 나는 지금 같은 말을 중언부언하는 것이 아니다. 내가 만든 것이 아니라 2,000년 전에 말해졌던 이 진실에 들어맞기 시작하는 것은 바로 지금의 현실 그 자체이기 때문이다. 우리는 모순과 혁신이라는 고정관념에 차 있기에 우리 현실이 이 진실과 일치한다는 것을 이해할 수도 없을 뿐 아니라 그것을 이해하기를 원하지 않는지도 모른다. 알파 쪽을 향해 나아간 결과가 오메가 쪽으로 다가간다는 것은 역설이다. 기원을 이해할수록 우리를 향해 오고 있는 것이 바로 그 기원이라는 것을, 다시 말해 예수 수난이 걷어낸 초석적 살해의 빗장이 오늘날 지구 전체적인 폭력을 풀어놓았다는 것을, 그러면서도 한번 열린 빗장을 다시 채울 수가 없다는 것을 우린 매일매일 깨닫게 된다. 예수 수난 이후로 모든 희생양은 무고하다는 것을 우리가 잘 알고 있기 때문이다. 예수 수난은 인간 사회의 기원이 희생에 바탕을 두고 있다는 것을 정말 명쾌하게 밝혀놓았다. 예수 수난은 그러므로 성스러움의 폭력을 드러냄으로써 성스러움을 해체했다고 말할 수 있다.

하지만 그리스도는 모든 종교에 들어 있는 신적인 것도 확인해주고 있다. 예수 수난이 신성함과 함께 폭력도 풀어놓았다는 것은, 쉽게 받아들이기 힘든 정말 믿을 수 없는 패러독스가 아닐 수 없다. 2,000년 후에 다시 등장한 이 성스러움은 그러므로 예전의 성스러움이 아니고, 우리 의식으로 '사탄화된' 성스러움이고 그 과도함으로 예수 재림이 다가왔음을 말해주는 그런 성스러움이다. 그뿐 아니라 애초에 일어난 것을 묘사하는 데 쓰일 법한 상황이 현재 진행 중인 것들과 갈수록 더 들어맞고 있다. 세상을 파괴할 정도로 폭력이 증가하는 것을 볼 때 이 '점점 더'라는 표현이야말로 인간관계의 핵심 법칙이라 할 수 있다. 헤라클레이토스는 "폴레모스(polemos)[51]는 모든 것의 아버지이고 왕이다"라고 썼다.

인간관계의 이 법칙은 나폴레옹이 실각하고 몇 년 후에 베를린의 군사학교에서 다시 거론되었다. 여기서는 '극단으로 치닫기', 다시 말해 폭력의 상호증가, 즉 상호모방에 따른 폭력의 상승을 정치가 막지 못하는 현상을 상세히 연구하고 있다. 저자인 카를 폰 클라우제비츠는 그 책을 완성하지 못하고 죽는다. 이 책은 아마도 전쟁을 논한 책

---

51) '투쟁'이라는 의미의 그리스어. 헤라클레이토스는 투쟁을 만물의 보편적 법칙으로 파악했다—옮긴이.

가운데서 가장 위대한 책으로, 영국·독일·프랑스·이탈리아·러시아 그리고 중국에서도 19세기 말부터 지금까지 여전히 읽히고 있다. 클라우제비츠의 유고작인『전쟁론』은 흔히 전략서로 소개되고 있다. 이 책은 오늘날과 같은 '극단으로 치닫기'의 시대에도 일치하고 있다. '극단으로 치닫기'는 항상 당사자도 모르는 사이에 행해지는데, 한때 유럽 전체를 파괴했던 이것이 지금은 세계 전체를 위협하고 있다.

클라우제비츠는 자신의 특수성이 책 속에 자주 나오는 여러 가지 함축적 의미와 관련이 있지만 마치 전체와 무관한 듯이 말한다. 그는 '프로이센주의'라고 부를 만한 것을 아주 불안한 형태로 묘사하고 있는데 '극단으로 치닫기'의 결과를 생각한 것은 아니었다. 극단으로 치닫기 현상을 그다지 두려워하지 않았던 그는 단지 이런 현상의 양태를 생각해볼 것을 권했을 뿐이다. 클라우제비츠는 1806년 프로이센의 몰락으로부터 1940년 프랑스 패전 사이 프랑스와 독일의 전체적인 관계를 검토하고 있다. 이 책이 쓰이던 때는 유럽의 전쟁이 재앙에 이를 정도로 모방적으로 번져나가던 시기였다. 그런 점에서『전쟁론』을 두고 단순히 기술적인 책으로만 보는 것은 완전하지 못한 시각일 수 있다. 클라우제비츠가 단순한 전술로 숨기기 전에 그 가능성을 엿보았던 그 극단에 도달하는 순간에는 어떤 일이 일어나고 있었을까? 그는 이에 대해서는 말하지 않았다. 이것은 바로 지금 우리에게 제기된 문제다.

그래서 나는 독일인과 프랑스인 우리 모두가 지금의 재앙에 책임이 있다고 감히 말해본다. 우리의 극단이 세계 전체가 되었기 때문이다. 화약에 불을 붙인 것이 바로 우리였다. 이슬람 세력이 냉전을 이어받았다고 30년 전에 말했다면 웃음을 샀을 것이다. 또 복음서의 군사적·환경적 사건들은 한데 연결된 것이라고 말하거나, 묵시록은 베르됭에서 이미 시작되었다고, 한 30년 전에 말했다면 사람들은 우릴 여호와의 증인 취급을 했을 것이다. 하지만 전쟁은 기술 진보의 유일한 동력이었을 것이다. 제도로서 전쟁이 사라지고 징병제와 국민개병제로 연결되면서 세상을 불바다와 피바다로 만들었다. 계속 이것을 경계하지 않으면 최악으로 내닫는 이 행진은 더 가속화될 것이다.

클라우제비츠는 역사에서 갑자기 속도가 빨라지는 과정을 직감했지만, 기술적이고 학문적인 논조를 위해 이 직감을 곧 묻어버렸다. 그래서 우리는 클라우제비츠 스스로 멈추어 선 그 직감의 끝까지 밀고 나가서 클라우제비츠를 '완성'해야 한다. 이를 위해 우리는 클라우제비츠의 이 기록뿐 아니라 좀처럼 읽히지 않았을 것 같은 묵시록적 기록물들까지 살펴보았다. 클라우제비츠의 『전쟁론』을 통해서 묵시록적 기록물의 변별력이 분명히 드러나고 있었다.

우리는 스탈린이나 아주 유명한 클라우제비츠 주해자의 한 사람인 리델 하트가 그랬던 것처럼, 클라우제비츠를 하나의 희생양으로 보지 않지만 그렇다고 해서 레이몽 아롱이 높이 평가하려 했던 클라우제비츠의 점잖음에 만족하는 것도 아니다. 클라우제비츠의 이 책에 대한 우리들의 이해 자체가 불완전한 것은 아마도 우리가 이 책을 너무 공격했거나 아니면 너무 옹호만 했기 때문일 것이다. 이 모든 것은 클라우제비츠의 책이 감추려 했던 중요한 직감을 온전히 이해하길 거부한 결과인 것 같다. 이 끈질긴 거부가 우리의 관심을 끈다. 유감을 이야기하는 모든 작가가 그러하듯이, 클라우제비츠도 어디에 '사로잡힌 사람'이다. 클라우제비츠가 터무니없는 비합리적인 현실을 느닷없이 건드리는 것은 스스로가 이전의 전략가들보다 더 합리적이기를 바랐기 때문이다. 그 순간 그는 뒤로 물러서서 제대로 보지 않기 시작한다.

『전쟁론』의 해석을 완성한다는 것은, 이 책의 의미가 종교적이라는 사실과 함께 종교적 해석만이 이 책의 핵심에 도달할 수 있다는 것을 의미한다. 클라우제비츠에게 철학이 있다면 그것은 계몽주의의 이성일 테지만 그는 인간 사이의 모방적 관계를 생각했다. 세상이 갈수록 더 빨리 극단을 향해 치닫고 있음을 증명해 보이려고 그는 모든 수단을 강구하지만 그때마다 계몽주의적 상상력이 개입해 그의 직관을 방해하고 제한했다. 클라우제비츠와 그의 주해자들은 합리주의에 사로잡혀 있었다. 그가 얼핏 보았던 것의 실체를 알기 위해 의지한 것은 다른 유형의 합리성이라는 것이 그 증거다. 오늘날 사회는 스스로가 완벽하게 파괴될 수 있다는 것을 아는 최초의 사회다. 하지만 우리에게 이런 사실을 떠받쳐주는 믿음은 부족하다.

우리를 새로운 합리성의 길로 접어들게 한 것은 신학자들이 아니라 51년간의 몰이해 속에서 죽어간 전략가이자 프랑스 · 영국 · 소련이 미워했던 군사이론가이자 매력적인 작가이기도 했던 카를 폰 클라우제비츠다. 그 주장에는 미래가 들어 있지 않다. 오히려 텍스트 이면에 흐르는 생각들은 우리 현실의 감추어진 면들을, 비록 완벽한 형태는 아니지만, 어느 정도 밝혀낼 수 있을 것이다. 우리가 해독해야 하는 것도 바로 이것이다. '상호작용에 의한 외부 어둠을 향한 노력'이라고 표현하는 클라우제비츠는 단순히 묵시록적인 표현을 발견했을 뿐만 아니라, 자신도 모르게 이것이 모방에 따른 경쟁, 즉 모방적 경쟁과 관련이 있다는 것을 깨달은 사람이다. 모방적 경쟁의 무수히 많은 결과를 여전히 보지 못하는 이 세상에서, 이런 참된 목소리를 어디서 들을 수 있단 말인가? 헤겔이나 다른 학자들과 달리 클라우제비츠가 옳았을 뿐만 아니라 여기에는 인류에게 끔찍한 의미도 들어 있다. 이 호전주의자는 자신에게 보이는 것만 보았다. 이런 사람을 악마로 여기는 것은 화산 위에서 잠드는 것과 같다.

횔덜린식으로 말하면, 우리가 미치지 않고 이런 실상을 직면할 수 있도록 해준 것은 바로 그리스도라고 생각한다. 묵시록은 세상의 종말을 예고하는 것이 아니라 희망의 토대를 제공하고 있다. 오늘날 현실을 '본' 사람은 생각지도 못했던 오늘날의 모습에 완전히 절망하는 것이 아니라 의미 있는 세상을 찾을 것이다. 당면한 위험에 대해 우리가 작정하고 생각할 때만 희망이 가능하다. 그런데 이 희망은, 모든 것은 단지 말뿐이라고 여기는 허무주의자들과 날마다 우리를 황폐하게 만들면서도 우리를 구원한다고 주장하는 위정자·금융가·투사 들처럼, 진실에 도달할 수 있는 지성을 인정하지 않는 '현실주의자'들을 거부할 때에 가능할 것이다.

*　　*　　*

스스로의 십자가를 받아들임으로써 그리스도는 '세상 처음부터 감추어져왔던' 것을 백일하에 드러낸다. 다시 말해, 세상 설립 자체라 할 수 있을 만장일치의 살해가 십자가를 통해서 처음으로 만천하에 드러난 것이다. 고대종교들은 자신의 역할을 수행하려고 자신들이 저지른 초석적 살해를 숨길 필요가 있었다. 그런데 초석적 살해는 제의적인 희생 속에서 무한히 되풀이되면서 인류사회를 그 자신의 폭력으로부터 보호해주었다. 기독교는 초석적 살해를 폭로함으로써 이런 고대종교에 꼭 필요한 무지와 미신을 파괴했다. 이전에는 상상할 수도 없었던 어마어마한 지식의 도약을 기독교가 가능하게 해주었던 것도 이 때문이다.

희생제도의 굴레에서 해방된 인간 정신은 학문과 기술 그리고 최선의 것과 함께 최악의 것도 만들어냈다. 오늘날의 인간 문명은 역사상 가장 창조적이고 가장 강력한 문명이다. 동시에 현대문명은 가장 많은 위협을 받는 가장 취약한 문명이기도 하다. 오늘날 문명에는 고대종교에 들어 있던 방책이 빠져 있기 때문이다. 넓은 의미의 희생제도가 없는 현대문명은 자멸할 위험에 처해 있는데, 이에 대한 만반의 주의를 하지 않으면 사태는 불을 보듯 뻔한 것 같다.

「고린토인들에게 보낸 첫째 편지」에서 바울은 "이 세상 통치자들은 아무도 이 지혜를 깨닫지 못했습니다. 만일 그들이 깨달았더라면 영광의 주님을 십자가에 못 박지는 않았을 것입니다"(「고린토인들에게 보낸 첫째 편지」, 2:8)라고 말했다. 사도 바울이 과대망상증에 걸렸을까? 나는 그렇게 생각하지 않는다. 바울이 '권능과 권세'라고 부르는 '이 세상 통치자들'은 국가의 조직체들인데 이들은 초석적 살해에 근거해 있다. 그런데 초석적 살해는 감춰져 있을 때만 효력이 있다. 무엇보다 먼저 로마제국에서 초석적 살해는 절대적 관점에서는 당연히 나쁜 것일 테지만 상대적 관점에서는 불가피한 것으로 받아들여졌다. 사회 전체의 파멸보다는 초석적 살해가 나은 것이라는 점에서 그러했는데, 그리스도의 폭로로 지금 우리에게 위협을 주는 것이 바로 이 전체의 파멸이다. 다시 강조하지만, 그렇다고 해서 그리스도의 폭로가 나쁘다는 말은 절대 아니다. 그리스도의 폭로는 전적으로 옳았다. 하지만 그것을 제대로 감당해내지 못하는 것이 바로 우리다.

우리가 그를 유죄라고 믿는 동안에만 희생양은 계속 유효하다. 희생양을 갖는다는 것은 희생양을 가졌다는 것을 알지 못하는 것이다. 희생양을 가졌다는 것을 안다는 것은 영원히 희생양을 갖지 못하고서 해결책도 없이 모방적 갈등에 노출되는 것이다. 이것이 바로 '극단으로 치닫기'라는 가혹한 법칙이다. 십자가 이야기가 예수와 모든 희생양의 무죄를 드러내면서 마침내 없애게 되는 것은 바로 희생양을 보호하는 시스템이다. 그리하여 폭력적인 희생이 없는 교육과정이 완성되고 있지만, 거의 언제나 무의식적으로 그리고 아주 느리게 진척되고 있다. 이 교육과정은 요즘 우리의 편리와 안락이라는 측면에서 볼 때는 대단하지만 지구의 미래를 생각하면 갈수록 위험한 결과를 낳고 있다.

희생양이 무고하다는 것을 폭로한 사실을 아무런 위험도 없는 완전히 좋은 것으로 만들려면 우리 인류는 그리스도가 권하는 '복수를 피하고 극단으로 치닫기를 단념하라'는 가르침을 행하기만 하면 된다. 만약 일정 기간 복수와 극단으로 치닫기가 행해지는 순간 지구상의 모든 생명은 곧 소멸의 길로 접어들 것이기 때문이다. 레이몽 아롱이 클라우제비츠에게서 보았던 것도 바로 이런 가능성이었다. 그래서 레이몽 아롱은 자기 내면에서 일어나는 묵시록적인 생각을 몰아내기 위해, 그리고 어떤 일이 있어도 최악의 경우는 피해야 하며 항상 '억제'가 이긴다는 걸 스스로 믿기 위해, 아주 인상적인 저서를 집필한다. 종교적 의미가 들어 있는 이런 통찰력은 일반인의 생각보다는 훨씬 뛰어났지만 그것으로 충분한 것은 아니었다. 이를 보완하려면 레이몽 아롱의 해석에서 더 나아가야 한다. 이 말은 그의 해석을 '완성'해야 한다는 말이다.

『낭만적 거짓과 소설적 진실』의 '소설적 개종' 이래로 내가 쓴 책은 명시적이든 암시적이든 정도 차이는 있지만 모두 기독교에 대한 옹호론이라 할 수 있다. 내심으로는 더욱더 명시적이길 원했는지도 모른다. 내 이야기는 시간이 갈수록 사람들에게 더 잘 이해될 것으로 생각한다. 왜냐하면 우리 사회는 분명, 이 세상의 파멸을 향해 점점 더 빨리 나아가고 있기 때문이다. 기독교는 제의적이고 희생적인 종교가 되려면 감추어야 할 것을 오히려 널리 밝히고 있다는 점에서 거꾸로 된 초석적 폭력이라 할 수 있다. 사도 바울이 고대종교를 어린이의 먹을거리에, 기독교를 어른들의 먹을거리에 비유한 것도 이런 의미에서였다. 니체가 그리스인들에게서 이따금 '어린이 같은' 느낌을 받았던 것도 같은 맥락에서 이해할 수 있다. 하지만 상황이 더 꼬이게 된 것은, 역설적이게도 기독교의 가르침 자체가 자신이 전해준 지식의 희생양이라는 것이다. 어처구니없게도 사람들은 기독교를 신화와 혼동하기도 한다. 그래서 기독교는 적과 신도들로부터 이중의 오해를 받고 있다. 기독교는 스스로가 신비의 허울을 벗겨내고 있는 고대종교의 하나로 간주되기도 한다. 그런데 알다시피 모든 거짓의 폭로는 기독교에서 나오고 있다. 아니 더 정확하게 표현하면, 유일하게 참된 종교는 고대종교의 신비를 벗겨내는 종교다.

그리스도는 희생양을 대신하려고 이 세상에 왔다. 말하자면 그리스도는 감추어진 세상 동력을 밝혀내기 위해 그 시스템의 핵심에 자리잡았다고 볼 수 있다. 바울의 표현을 따라 말하면 이 '두 번째 아담'은 '첫 번째 아담'이 어떻게 왔는지를 우리에게 보여주었다. 예수 수난은 인간은 희생에서 나왔으며 그래서 인간은 종교적인 존재라는 것을 우리에게 가르쳐주었다. 자연 상태 최초의 인간사회를 파괴했을 여러 갈등을 제어할 수 있었던 것은 종교뿐이었다. 하지만 그리스도의 폭로는 종교를 파괴하지 않았다. 모방이론이 입증하려는 것은 신화의 공허함이 아니다. '예수 수난과 고대종교의 불연속성과 근본적인 연속성'을 밝히는 것이 모방이론이 바라는 것이다. 십자가 이전 그리스도의 신성은 고대종교와 근본적인 단절을 보여주지만, 그리스도의 부활은 모든 형태의 이전 종교와 완벽한 연속성을 이루고 있다. 종교에서 벗어나면 이런 희생이 따르게 된다. 신에 대한 훌륭한 이론에서 출발할 때만 인간에 대한 훌륭한 이론이 나올 수 있다.

희생양 메커니즘에 사로잡힌 사람들은 무슨 생각을 했을까? 그들은 아마 그들을 그에게 폭행하게 한 자는 분명 살아 있는 존재라고 생각했을 것이다. 그 존재가 그들을 서로 적대시하게 한 다음에 다시 화해시키기 때문이다. 그리고 그들이 죽지 않았기 때문에 그 존재자도 부활한다. 아직 완전한 인간이 아닌, 교육과정에 있는 인간은 자신을 신과 비교해 측정할 때만 완전한 인간이 될 것이다. 이 신이 인간에게 온전히 드러날 수 있는 순간이 온다. 사도들에게 그리스도가 두려운 존재였다는 것은 널리 알려져 있다. 하지만 동시에 그리스도는 사람들이 신과 합당한 거리를 두게 했던 유일한 존재이기도 하다. 그리스도는 당신의 왕국이 이 세상에 있지 않으며, 인간이 자신의 폭력의 메커니즘을 이해하고 나면 피안에 대해 올바른 직관을 가질 수 있다는 사실을 알려주려고 왔다. 스스로의 폭력을 포기할 때 우리는 모두 그리스도의 신성에 참여할 수 있을 것이다. 그런데 지금 우리는 인간은 폭력을 포기하지 않을 것이라는 사실을 잘 알고 있다. 여기에는 클라우제비츠의 도움도 없지 않을 것이다. 극단으로 치닫기가 유일한 역사법칙으로 부과되는 이 순간에 우리가 복음 메시지를 제대로 파악하기 시작한다는 것은 패러독스가 아닐 수 없다. 기독교 계시는 현대 세계가 거부한 신성과의 관계 속에서 모든 종교를 검증하기 위해 왔다. 다시 말해 그리스도의 계시는 이런 종교들이 얼핏 보았던 것을 '확인'해주고 있다. 어떤 의미에서는 그리스도가 진정으로 부활한 것은 거짓 부활의 틀에 들어갔기 때문이라고 말할 수 있다. 평화와 질서를 되찾아주는 고대의 부활에서 이득을 보는 자들은 실재하는 성스러움과 밀접한 관련을 맺고 있었다. 모든 신화에는 기독교적 요소가 이미 들어 있었다. 그러나 희생양의 무고함을 드러냄으로써 예수 수난은 신화에서 부정적인 평가를 받던 자를 긍정적인 자로 바꾸었고, 이때부터 희생양은 유죄가 아닌 것이 알려졌다. 그리스도의 개입으로 사탄은 악마로 정체가 드러난 성스러움의 이름이 된다. 제2차 바티칸 공의회가 악의 실재가 아니라 하나님의 폭력성을 제거하는 단호한 결정을 내렸던 것도 이 때문이었다.

하지만 이 순간에도 대학교수를 비롯한 '현자들과 학자들'은 기독교가 곧 소멸할 것이라고 다시 한번 자축하면서 기독교 비판에 열중하고 있다. 하지만 이들은 불행히도 자신들의 회의론 자체가 기독교의 산물이라는 것은 못 보고 있다. 진보를 촉진하기 위해, 인류 진보의 발목을 잡는 것을 제거하기 위해, 우리의 삶을 더 안락하게 하는 발명과 생산을 촉진하기 위해, 예전 희생양 메커니즘의 자질구레한 것들을 제거하는 것이 좋긴 하지만 자질구레한 이 희생제도들은 여전히 인류의 공멸을 막고 있는 제도들이다. 지금, 이 순간에 우리가 가장 아쉬워하는 것이 바로 이런 제도들이라는 것은 정말 패러독스가 아닐 수 없다.

여전히 묵시록을 이야기하는 유일한 기독교인은 근본주의자인데 그들은 그것에 대해 완전히 신화적인 생각을 하고 있다. 그들은 종말의 순간 무서운 신이 꼭 있어야 하고 그 신으로부터 폭력이 나올 것으로 생각하고 있다. 이상하게도 그들은 우리 머리맡에 쌓아두는 폭력이 최악의 상황을 초래하는 모든 특성을 가지고 있다는 사실을 보지 못하고 있다. 말하자면 그들은 유머 감각이 없다.

*　　*　　*

브누아 샹트르와 오랫동안 진행한 토론에 기초한 이 책은 전적으로 샹트르가 다시 손을 보고서 빛을 보게 되었다. 최종원고는 함께 결정했는데, 우리는 클라우제비츠의 텍스트를 철저히 따라갔다. 놀라움과 만남의 편안한 은총을 입는 것 같았다. 작가들과 시인들 혹은 특별한 사람들이 차츰 나타났다. 밤하늘의 성운 같은 이 작가와 사상가 무리가 마침내 모습을 드러냈다. 그것은 내가 성자들의 모임이라 부르고 있는 것과 유사했다. 하나의 텍스트에서 시작해서 우리가 제기했던 거대한 문제들이 이런 인물들을 불러냈다고 믿을 수밖에 없었다. 그 가운데서도 가장 핵심 인물은 시인 횔덜린이었다. 클라우제비츠와 헤겔과 정확히 동시대인인 횔덜린은 유럽 갈등의 한가운데서 예수 수난과 고대종교, 그리스인과 그리스도 사이에서 본질적인 것이 작동하는 것을 직접 보았던 사람임이 틀림없다.

이 묵시록적인 순간은 클라우제비츠『전쟁론』에 대한 정확한 이해와 유럽 운명에 대한 고찰 사이의 회전축 역할을 하고 있다. 우리는 인류학·역사학·문학사·심리학·철학 혹은 신학에서 차용한 분석도구를 제안하면서, 유럽의 정세가 취약한 이 시기에 프랑스와 독일 간의 진정한 대화를 간청한다. 따라서 이 두 나라의 불가사의한 증오가 유럽의 알파와 오메가가 될 것이다.

대담 중에 우리는 사람의 관계는 상호성 속에 있으며 전쟁의 부정적 의미를 상호성이 잘 '드러내고 있다'는 것을 끊임없이 강조했다. 그런 것이 바로 '시간의 징후'일 것이다. 미래는 현재 가운데서 판독되고 예언자는 전략가처럼 미래의 징표를 읽을 줄 알아야 한다. 폭력은 게다가 언제나 승리하고 있기에 정말 끔찍한 적이라 할 수 있다. 전쟁을 원하는 태도는, 클라우제비츠에 따르면 거짓과 지배, 즉 평화를 원하는 사람들에게 대항하는 수비자들의 전형적 태도라서, 하나의 정신적 태도가 될 수 있다. 그리스도도 "뱀보다 더 영리해야" 한다고 충고하지 않았던가? 그러므로 전쟁이 없는 지금이야말로 우리는 그 어느 때보다 더 전쟁 중에 있다고 말할 수 있다. 우리는 그 어떤 것으로도 통제되지 않는 폭력과 싸워야 한다. 그러나 승리하는 것이 중요하지 않다면, 전쟁 자체가 승리보다 더 중요하다면, 어떻게 될까?

승리의 최고봉은 약자의 승리다. 전쟁의 승리는 오히려 더 중요한 개종의 서막일 뿐이다. 이것이 바로 우리가 다시 재건하려 했던 그야말로 멋진 용감무쌍한 태도일 것이다. 이런 태도만이 폭력과 화해를 이어줄 수 있고, 더 정확히 말해서 세상의 종말과 인간 화해의 가능성을 동시에 보장해줄 수 있다. 이 양면성에서 벗어나서는 안 된다. 그 어느 때보다 난 역사에는 의미가 있다는 확신에 차 있다. 그 의미는 끔

찍할지 모르지만 "위험이 커가는 곳에는 우릴 구원하는 힘도 커가고
있다"라는 확신 말이다.

르네 지라르

1장 극단으로 치닫기

대규모 결투

샹트르　르네 지라르 선생님, 선생님의 저작은 문학비평, 고대사회와 종교연구, 인류학적 시각에서 보는 복음서와 유대 예언서에 대한 재해석에 기반을 두고 있습니다. 선생님의 이런 기반을 생각할 때, 별다른 관심도 받지 못하고 베를린에서 1831년에 죽은 한 프로이센 장군의 글에 대해 선생님이 이토록 열정적으로 관심을 갖게 된 연유가 무엇인지 궁금합니다. 어떻게 카를 폰 클라우제비츠에 대해 관심을 갖게 되었는지요?

지라르　최근 미국에서 나온 클라우제비츠 『전쟁론』의 축약판을 우연히 보게 되었습니다. 말씀대로 이 프로이센 장군이 우리와 아주 비슷한 직관을 갖고 있다는 것을 알게 되었습니다. 그래서 제 모방이론의 주요 원칙들을 역사, 특히 최근 두 세기의 역사에 적용해볼 생각을 하게 되었습니다. 제 책, 특히 『폭력과 성스러움』에서 전쟁을 다룬 적이 있지만, 그때는 엄격하게 인류학적인 관점에서만 보았을 뿐, 순자에서 마키아벨리, 기베르,[1] 삭스[2]나 조미니[3]를 거쳐 마오쩌둥에 이르는 위대한 전략가들처럼 이론적으로만 접근할 수는 없었습니다. 그들 가운데서도 저는 클라우제비츠가 특별한 자리를 차지하고 있다고 생각합니다. 그는 두 전쟁의 접점에 있으면서 폭력이 처한 새로운 상황을 목격했기 때문입니다. 그런 점에서 그의 고찰은 다른 사람들보다 기술적인 면은 좀 떨어질지 몰라도 깊이는 더 있었습니다. '전쟁의 종말'을 별도로 다루어볼 생각을 한 것은 그러므로 최근의 일입니다. 폭력을 제어하고 통제하던 예전의 제도들이 갈수록 사라지는 요즘의 분위기로 제 가설이 더 분명해지는 것 같습니다. 우린 지난 3세기 동안 온갖 제의와 제도들이 붕괴하는 것을 목격하고 있습니다. 전쟁은 그 규칙과 코드를 통해 점점 더 넓은 지리적 영역에 걸쳐 새로운 균형을 유지함으로써 의미를 만들어내는 데 기여했습니다. 그 균형의 영향이 점차 더 넓은 지역에까지 미치고 있긴 하지만 말입니다. 그런데 '대략적으로 말하면' 제2차 세계대전 이후부터 전쟁은 이런 작용을 이제는 하지 않습니다. 이 작용이 어떻게 하다가 갑자기 고장이 났을까요? 정치적 이성은 왜 이처럼 무능하게 되었을까요? 우리를 사로잡는 것은 바로 이런 질문들입니다.

곧 프랑스어 번역판을 구해서 클라우제비츠를 읽기 시작했습니다. 읽으면 읽을수록 때로는 무미건조하기도 하지만 단순한 군사이론만을 다루지 않는 이 책이 말하는 것이 바로 지금 오늘날 세

---

1) 기베르 백작(Jacques-Antoine-Hippolyte, Comte de Guibert, 1743-90). 프랑스의 장군이자 군사작가—옮긴이.
2) 삭스 백작(Maurice, comte de Saxe, 1696-1750). 프랑스의 장군—옮긴이.
3) 조미니 남작(Antoine-Henri Jomini, 1779-1869). 프랑스와 러시아의 장군—옮긴이.

계의 비극이라는 사실에 저는 더 매료되고 말았습니다. 물론 저는 1970년대 말에 나온 레이몽 아롱의『전쟁, 클라우제비츠를 생각한다』라는 책을 읽은 적이 있습니다.[4] 하지만 그때는 제가 매달려 있던 다른 연구가 급해서 클라우제비츠에게 제대로 관심을 기울일 수가 없었습니다. 아롱의 너무 지나친 '합리주의적' 독법이 클라우제비츠와의 만남에 빗장을 질렀다는 것도 하나의 이유임을 이제야 알게 되었지만 말입니다. 클라우제비츠는 실제로 아롱이 전해주는 것과는 전혀 다른 이야기를 하고 있습니다. 이 눈부신 저술에는 그의 시대가 들어 있는데, 이런 그를 두고 비난할 수는 없다고 생각합니다. 핵 포기와 함께 정치의 유의미성을 믿었던 냉전 시대를 떠올려보면 알 수 있을 것입니다. 정치는 더 이상 대단한 것을 만들어내지 못합니다. 지금 우리가 정치학보다는 인류학이 더 유효한 도구가 되는 시대로 접어들고 있다고 확신하게 된 것도 바로 이 때문입니다. 우리는 앞으로 우리의 해석을 근원적으로 변화시켜야 합니다. 계몽주의적인 합리적 인간은 더 생각해서는 안 되고, 결국 폭력의 근원을 고찰해 예전과는 전혀 다른 유형의 합리성을 만들어내야 할 것입니다. 실제 현실이 이를 요구하고 있고, 클라우제비츠가 우리에게 권하는 것도 바로 이런 것입니다. 다른 사람들도 지금 우리의 대화로 문을 연 이 공론의 장에 들어와서 활발한 토론이 계속되었으면 하는 것이 제 바람입니다.

샹트르 『전쟁론』에 바로 들어가기 전에 우선 역사적 사실을 간단히 훑어보기로 하죠. 카를 폰 클라우제비츠(1780-1831)는 군인의 아

---

4) Raymond Aron, *Penser la guerre, Clausewitz*, tome 1, *L'âge européen*, tome 2, *L'âge planétaire*, Gallimard, coll. 'Bibliothèque des sciences humaines,' 1976.

들로서 군인 말고는 아는 게 없는 프로이센 장교입니다. 동료들과 마찬가지로 조국에 대한 강력한 자부심을 느끼던 그는 1806년 나폴레옹군에 의한 예나(Iéna)의 패전을 재앙으로 받아들입니다. 프랑스군이 전 국토를 점령할 때 동프로이센으로 도주한 프리드리히 빌헬름 3세의 패주는, 장교들로 하여금 1792년 9월 20일의 발미 전투에서 당했던 치욕을 다시 느끼게 했습니다. 특히 자신의 삼촌이자 볼테르의 친구이기도 한 프리드리히 대왕의 뒤를 이은 프리드리히 빌헬름 2세가, 프랑스 시민의용군이 프랑스 정부군을 도와주는 낯선 광경을 본 브룬스비크 공작이 퇴각을 명하는 것을 보았을 때 특히 더 그러했습니다. 이는 결국 유럽 전역에 혁명의 기운을 전파하는 계기가 되었습니다.

지라르 클라우제비츠가 바로 그 브룬스비크 공작 군대에 소속되어 발미 전투에 참가했다는 사실을 기억하기 바랍니다. 그야말로 포탄의 불바다였던 이 전투의 중요성을 그가 곧 깨닫게 되었다는 것을 여기저기서 읽을 수 있었습니다. 이 전투는 프랑스 군대가 혁명군이 된 첫 번째 전환점이기도 합니다. 여기서는 앞선 두세 번의 전투에서처럼 혼비백산해서 도망가지 않고 저항을 잘했습니다. 브룬스비크 공작은 퇴각했지만 피해는 그렇게 크지 않았습니다. 역사가들도 모두 여기에 동의하리라 생각합니다. 또한 이 전투의 중요성에도 동의할 것입니다. 이때부터 혁명군은 패배하지 않고 잘 저항했기 때문입니다. 정부군을 돕기 위해 발미에 온 마르세유 시민들은 그들 조국에 국가를 바치는 데에 머물지 않고 국민개병제의 새로운 시대를 예고합니다. 예나-아우어슈테트 전투는 나폴레옹이 거둔 신속한 승리 가운데 하나인데, 여기서는 단 3분 만에 적군을 격퇴합니다.

샹트르 클라우제비츠는 그러니까 징병에 의한 시민군이라는 새로운 현상을 아주 빨리 이해했다는 말이군요. 혁명을 파급시키자는 원칙은 1792년 11월 17일 국민의회에서 투표로 결정되었다는 것을 상기할 필요가 있을 것 같습니다. 그 결정은 벨기에와 라인강 서부의 라인란트 지역을 1793년 3월부터 혁명군이 점령할 수 있게 해준 생쥐스트가 "자유의 적에게는 자유가 없다"라고 천명한 바 있는 당시 행정부의 정책보다 앞서는 것이었습니다. 혁명의 결정적 성과가 되는 정복에 대한 이런 집착은 러시아에서 스페인에 이르는, 영국에 저항하는 대륙의 블록 형성과 헤게모니 쟁탈이라는 목표를 향한 질주와 같은 나폴레옹의 모든 정책에 영향을 미치게됩니다.

지라르 1806년 예나 전투의 치욕을 이해하려면 당시 상황을 살펴볼 필요가 있습니다. 프로이센은 갑자기 막강해진 군사력에 긍지를 갖고 있었지만 중앙집권적인 정치체계가 한순간에 무너졌습니다. 그래서 모든 것을 복원하고 다시 세워야 했습니다. 프로이센과 나폴레옹 간의 일시적인 동맹으로 1811년에서 1814년까지 조국을 떠나 러시아 군대에 가 있을 수밖에 없었던 클라우제비츠는 샤른호르스트가 전해준 프로이센 개혁의 염원을 갖고 평생을 살아갈 결심을 했습니다. 그러나 이런 개혁의 꿈은 빈 회의 이후 프리드리히 빌헬름 3세의 반동 정책으로 불가능해집니다. 프로이센에서는 어떤 법률도 통과되지 않게 된 것입니다. '계몽군주' 프리드리히 대왕의 철학적인 꿈은 이리하여 완전히 매장되고 맙니다.

클라우제비츠는 쿠투조프의 전략에 영감을 주었다고 흔히 알려져 있습니다. 하지만 클라우제비츠는 베를린 군사학교에서 가르치는 일조차 하지 않은 채 학교장으로 자신의 경력을 마치려 했습니다. 그의 동료들은 전쟁을 계속하는 것이 옳았다는 그의 주장을 용서하지 않았습니다. 그의 주장이 합당한 것으로 판명이 날수록 더했습니다. 클라우제비츠는 자신이 원했던 정치적 역할을 행할 수가 없었습니다. 이때 그는 자신이 경험한 군사 작전 등에서 교훈을 받아서 죽을 때까지 이 대단한 저작에 매진하게 됩니다. 생전에 완성되지 못했던 이 저작은 사후에 그의 부인이 유고집으로 발간합니다. 1권 첫 장만이 클라우제비츠가 만족스럽게 여겼던 부분입니다. 책 전체 내용을 요약하고 있는 「전쟁의 속성」이라는 제목의 1권 첫 장이 사람들에게 자주 인용되는 것도 이 때문인 것 같습니다.

샹트르　「전쟁이란 무엇인가?」라는 제목의 그 첫 장은 사실 아주 기본적인 내용으로 되어 있습니다. 클라우제비츠가 죽기 몇 년 전인 1831년에 다시 손질한 것도 이 부분이고, 레이몽 아롱이 군인보다는 정치인의 감각으로 모든 것을 다시 생각해보려는 의도를 읽어낸 것도 바로 이 부분입니다. 레이몽 아롱은 이 책의 전체와 1권 1장 사이에는 단절이 있다고 말할 정도였습니다. 이 1장은 책 전체 내용을 담고 있다고 말할 수도 있을 것 같은데, 선생님 생각은 어떻습니까?

지라르　이렇게 심각한 문제부터 시작하지 않기로 하지 않았나요? 우리로서는 '단절'을 강조하는 그런 주장들에 의문을 제기하지 않을 수가 없습니다. 제 생각으로는 레이몽 아롱은 이 책의 통일성을 볼 생각이 없었던 것 같고, 최종 수정본도 이를 문제 삼지 않았던 것 같은데요. 그리고 이 책 전체의 논조를 이 첫 장에서 그대로 볼 수 있습니다. 1장에서는 이 책의 핵심적인 관심 분야를 드러내면서 전체적인 긴장도 유발하고 있습니다.

샹트르 전쟁의 정의부터 이야기를 시작할까요.

지라르 경쟁으로서 전쟁이죠.

샹트르 먼저 원문을 보겠습니다.

전쟁에 대해 처음부터 너무 무겁거나 현학적인 정의를 내리는 것으로 시작하지 말고, 그 본질적인 것, 즉 경쟁에 대해 생각하는 것부터 하자. 전쟁은 큰 규모의 경쟁일 뿐이다. 여러 경쟁을 하나의 개념으로 파악하려면 당연히 우리는 싸우고 있는 두 사람을 생각하게 될 것이다. 각자는 자신의 물리력을 이용해서 상대방을 자기 의지에 굴복시키려고 애를 쓴다. 그의 직접적인 의도는 어떠한 저항도 할 수 없도록 상대방을 쓰러뜨리는 것이다. 전쟁은 그러므로 상대방이 우리의 의지를 행하도록 강제하는 폭력행위다.[5]

지라르 다시 살펴보게 될 전쟁의 정의 뒤에 나오는, 독자들을 불안하게 하는 다음 대목도 같이 살펴보았으면 합니다.

박애주의자들은 심하게 피를 흘리지 않게 하면서도 상대방의 무장을 해제할 수 있는 방법이 있고, 이것이야말로 전쟁의 진정

---

[5] Carl von Clausewitz, *De la guerre*, trad. Denise Naville, Minuit, coll. 'Arguments,' 1955, p.51.

한 기술이라고 쉽게 생각할 수도 있을 것이다. 이런 것이 아무리 바람직스럽게 보일지라도 이런 생각은 범해서는 안 될 실수일 뿐이다. 전쟁이라는 위험천만인 행위에서 선량한 마음에서 나오는 이런 실수는 정확히 말하면 최악의 실수다.[6]

여기서 클라우제비츠는 우리에게 무엇을 말하고 있을까요? 두 가지입니다. 흔히 레이스 전쟁이라 불리는 18세기식의 전쟁은 이미 지나갔다는 사실과 간접 전술은 '선량한 마음에서 나오는 실수'라는 사실입니다. 두 번째 주장은, 별로 놀랄 일은 아니지만, 전투를 시작하기도 전에 전투를 이기는 것을 목표로 하는 중국의 전술을 클라우제비츠가 전혀 모르고 있었다는 것을 말해주고 있습니다. 하지만 그 나름대로는 분명한 판단을 하는 것 같습니다. 간접 전술을 많이 사용하는 것은 대부분 자신의 무력함을 고백하는 것이라는 게 그것입니다. 그러므로 무력을 억제하느냐 않느냐가 문제가 아닌 이상, 총명한 사람은 무력을 사용해야 한다는 것입니다.

힘의 사용이 지능의 도움을 배제하는 것이 아니듯이, 힘을 무자비하게 사용하면서 어떠한 상황에서도 물러서지 않는 사람은 상대방이 그렇게 행동하지 않으면 그 상대방을 이기게 된다. 따라서 그는 상대방을 지배하게 된다. 그래서 모두 상대방을 막다른 극단으로 밀어붙이는데, 이 극단의 한계는 상대방의 반응에 따라서만 결정된다.[7]

---

6) 같은 책, p.52.
7) 같은 곳.

여기서 우리가 모방 갈등이라 부르는 것과 흡사한 '극단으로 치닫기'라는 경쟁에 대한 멋진 정의가 나오고 있습니다. 전쟁의 현실은 전사들의 열정인 '적대감'이 싸우려는 합리적 결정인 '적의'를 항상 넘어서는 것을 보여줍니다.

> 한마디로 말해, 가장 개화된 나라도 강렬한 증오에 휩싸일 수 있다. …전쟁은 폭력 행위이고 '이 폭력의 발현에는 어떠한 한계도 없다'고 거듭 말하는 것도 이 때문이다. 교전국들은 모두 상대방을 자신의 법으로 삼는다. 여기서 상호행위가 나오는데, 개념상으로 이 상호행위는 극단에까지 이르게 된다. 이것이 바로 우리가 보는 첫 번째 상호행위이며 첫 번째 극단이다.[8]

클라우제비츠의 책이 문자 그대로 제 마음을 움직였던 것은 바로 이 대목 때문입니다. 그 순간 저는 이 구절에 오늘날 세계의 비극을 이해해야겠다는 느낌을 받았습니다. 저는 지금 클라우제비츠는 중요한 저자라고 믿는데 그 이유는 레이몽 아롱이 내세우는 이유와는 아주 다릅니다. 결투에 대한 이 정의가 제 마음을 끄는 동시에 두렵게 한다는 것을 인정합니다. 그것은 제 분석을 가로질러 제가 상상하지 못했던 힘으로 그것들을 역사 속으로 파고들게 하기 때문입니다.

샹트르 '폭력의 무한정한 사용'이 클라우제비츠가 경쟁을 정의하기

---

8) 같은 책, p.53. 나는 특히 "교전국들은 모두 상대방을 자신의 법으로 삼는다. 여기서 상호행위가 나오는데, 개념상으로 이 상호행위는 극단에까지 이르게 된다. 이것이 바로 우리가 보는 첫 번째 상호행위이며 첫 번째 극단이다"라는 구절을 강조하고 싶다.

위해 언급한 최초의 상호행위입니다. 그 뒤를 이어서 극단으로 치닫기로 끝나고 마는, 상호성에 대한 유형이 두 개가 나오는데, 양 진영 모두가 공유하고 있는 '상대방의 무장해제'라는 목표와 점점 더해가는 파괴의 의지인 '무력의 극단적 행사'가 그것입니다.

지라르 그런데 갑자기 3페이지에서부터 클라우제비츠는 이 첫 번째 정의와 모순되는 것처럼 보입니다. 또는 오히려 그는 스스로가 망설임 없이 '낙관적'이라고 수식하는 전쟁에 대한 그러한 개념이 너무 많은 긴장을 암시하고 상상을 극단으로 밀어붙여서 현실감을 잃게 만든다고 주장합니다. 매우 놀라운 변화입니다. 우리는 갑자기 개념에서 현실로, 결투의 폭력적인 상호작용에서 클라우제비츠가 '무장 관측'이라고 부르는 평화로운 상호작용으로 내려옵니다. 이 순간부터 클라우제비츠는 자신이 열어놓은 균열을 막으려 합니다. 이제 '극단으로 치닫기'는 실제 현실과 맞지 않는 순전히 '논리적 환상'인 것으로 정의됩니다. 심지어는 이런 표현을 한 것을 후회하는 것 같은 인상도 줍니다. 그리하여 클라우제비츠는 '절대전쟁'이 가장 호전적인 것에서 가장 정치적인 것에 이르는 다양한 모든 갈등을 포괄할 수 있다는 이유로 이 개념을 현실과 분리합니다. 결투로서 전쟁이라는 생각은 하나의 '기준점'이 될 뿐입니다. 클라우제비츠 생각의 양면성은 바로 여기에 있습니다. 실제로 클라우제비츠는 현실이 개념과 분리되어 있다고 말하지 않고, 실제 전쟁은 '이 기준점을 향하는 경향'이 있다고 말합니다.

레이몽 아롱은 그러나 '절대전쟁'은 '하나의 관념'이라는 점에 착안해서 논평을 합니다. 그래서 아롱은 결투로서 전쟁 개념과 실제 전쟁 사이에는 건널 수 없는 단절이 있다고 주장합니다. 아롱이 이런 말을 하던 1976년은, 정치가 핵전쟁이라는 묵시록적 상황을 억제할 수 있던 시기인 냉전의 마지막 10년을 보낼 때입니다. 아롱은 클라우제비츠의 텍스트가 아니라 자기 시대와 완벽하게 밀착되어 있었습니다. 이 같은 이성의 저항에는 이성의 마지막 불꽃이 분명 들어 있습니다. 그 불꽃은 분명 존경스러운 것이기는 하지만 현실적이지는 않습니다.

샹트르 하지만 레이몽 아롱은 클라우제비츠의 원전을 충실히 따르는 것 같습니다. 사실, 클라우제비츠는 인간의 정신은 최악을 상상하거나 전쟁의 기술을 '완벽한' 수준으로 유지할 능력이 없는 것으로 보고 있다는 느낌을 강하게 줍니다. 그래서 우리는 상호행위를 '실제' 전쟁의 시공간 속에서 생각해야 할 것 같습니다.

지라르 네. 아닌 게 아니라, 한쪽 극단에서 다른 극단으로, 관념에서 현실로, 폭력적 상호성에서 평화로운 상호성으로 돌연한 이행은 정말 수수께끼 같은 것이기는 합니다. 그렇다고 레이몽 아롱의 해석에 전적으로 동의하는 것은 아닙니다. 하지만 클라우제비츠의 시대에는 '극단으로 치닫기'가 적용될 만한 환경이 조성되지 못해서 묵시록적 상황에 들지 않았지만, 첫 번째 정의대로의 전쟁 실현인 그 절대적 상황으로 점점 더 다가가고 있으며, 사람들은 말하자면 실제 전쟁과 자신의 관념을 일치할 능력이 아직은 없지만 언젠가는 그런 순간이 올 것이라고, 말할 수는 있을지 모릅니다. 그런 생각은 클라우제비츠 텍스트에 대한 가능한 해석이라고 생각합니다. 이상이 제가 그 순간 느꼈던 생각들입니다. 짧지만 무시무시한 묵시록적인 계시를 제시한 후에 클라우제비츠가 다시 정신을 차린 것처럼 슬픈 현실로 되돌아왔을 것 같다는 이상한 인상을 제가 느꼈던 것도 이 때문입니다.

하지만 관념에서 현실로 넘어가면 모든 게 전혀 다른 형태를 띠게 된다. 관념 속에서는 모든 것이 낙관적으로 보일 수밖에 없다. 두 진영은 완벽을 지향할 뿐 아니라 완벽함에 도달한다고 생각하게 마련이다. 실제 현실에서는 어떠할 때 이럴 수 있을까? 다음과 같은 경우에 그러하다.

i) 과거와는 아무런 관련성도 없이 갑자기 발발한 완전 독자적인 전쟁일 경우

ii) 전쟁이 유일하거나 여러 결정으로 이루어져 있을 경우

iii) 그 자체로 완벽한 결정을 유발하는 전쟁이면서 거기서 파생되는 정치적 상황을 고려하지 않는 전쟁일 경우[9]

그런데 우선 "전쟁은 결코 독자적 행위가 아니다."[10] 적이 알려져 있기에 우리는 적을 관념으로 간주하지 않고 이미 적에 대해 마음을 정하고 있기 때문입니다. 두 번째로 이야기할 것은 다음 구절입니다.

전쟁은 지속되지 않는 단 한 번의 타격으로 이루어지지 않는다. …따라서 상호작용 중 두 진영 가운데 한쪽 진영이 멈추어야… 양쪽 군대가 동시에 동원되지 않을 것이다.[11]

더 나아가서 클라우제비츠는 실존하는 힘(군사·영토·동맹군)과

---

9) 같은 책, p.55.

10) 같은 곳.

11) 같은 책, p.56.

그 행사의 "성격 자체가 그것들의 동시 행사를 불가능하게 하며 그래서 한순간에 이 모든 힘을 동시에 행사하는 것은 전쟁의 성격에 맞지 않는다"라고 명확하게 지적합니다. 그러고는 이렇게 덧붙입니다.

그것이 첫 번째 결정에 대한 노력 강도를 줄이는 이유가 아니다. …그러나 과도한 노력을 하기를 싫어하는 거부감 때문에 사람들은 최종 결정의 가능성으로 도피하게 된다.[12]

이렇게 되면 어떻게 될까요? 아주 간단히 말해서 상대방도 이쪽 편을 '모방합니다.'

이런 식으로, 상호행위 덕분에 극단으로 치닫던 경향은 다시 일정한 수준의 노력으로 줄어들게 된다.[13]

이제 드디어 세 번째 구절입니다. 이것은 전쟁이 극단적인 결정으로 이어지지 않고 항상 상대적인 결말로 끝이 나는 단계입니다. 이렇게 되면 확률계산이 묵시록적인 상상을 대신하게 됩니다. 이때 사람들은 적의 특성·제도·상황·조건과 같이 적에 대해 경험한 바에 따라 행동하게 됩니다.

샹트르 관념에 현실이 감추어져 있고 '극단으로 치닫기' 법칙이 우세한 '이론적' 전쟁에서는 차이들이 희미한 반면에, 실제 전쟁에서 고려되는 것은 상대방과의 차이라고 결론을 이끌어낼 수 있지 않

---

12) 같은 책, p.57.
13) 같은 곳.

을까요? 그 시간과 장소가 동일하다고 말할 수 있을 때 말입니다.

지라르 정확한 지적입니다. '극단으로 치닫기'는 사실 이론으로만 생각할 수 있는 개념입니다. 적도 우리와 완벽하게 똑같을 경우에만 가능하다는 말입니다. 이제 이 개념을 '차이소멸'이라는 모방 이론의 용어로 정확하게 지칭하면서 우리는 클라우제비츠 시대에는 차이소멸 조건이 아직 완비되지 않았고 그 뒤에 어느 날 갖추어지게 되었다는 것을 지적하기로 합시다.[14] 정치적 목적이 다시 나타나는 실제 전쟁에서 유효한 법을 찾아야 할 의무가 여기서 나옵니다. 클라우제비츠는 물론 노력을 다합니다. 말하자면 그는 자신의 본성을 억제하면서 독자들을 안심시키려 애씁니다. 이런 노력은 특히 레이몽 아롱이 신뢰하던 1장에 잘 나타나는데, 레이몽 아롱은 이런 수정에 의존해 클라우제비츠가 1831년에 콜레라로 쓰러지지 않았다면 썼을 수도 있을 전체 논지를 재편하는 데에 클라우제비츠의 수정본을 신뢰했습니다. 정말 대단하다는 것은 인정할 수밖에 없습니다. 바로 여기에 레이몽 아롱의 휴머니즘이 있지만 동시에 그의 한계도 있습니다.

그래서 다시 원문으로, 특히 1장의 11번째 문장으로 돌아가봅시다. 여기서 클라우제비츠는 극단으로 치닫기라는 논리적인 '환상'이 지나가면 '정치적 목표가 되살아난다'라고 썼습니다. 따라서 클라우제비츠는 이 수정된 텍스트에서 정치에 의한 전쟁 억제를 상상해보려 하지만, 전쟁이 다시 정치를 장악하는 것이 분명히 드러납니다. 이 문단의 첫 번째와 두 번째 구절의 논조 차이를 봅

---

14) 차이소멸은 '모방 위기'에 의해 위협받는 사회 집단의 상태를 설명하기 위해 『폭력과 성스러움』에서 사용했던 용어다. 폭력이 집단에 너무 널리 퍼지면서 사회와 가족과 개인 차원의 모든 차이가 사라지는 현상이다.

시다. 우선 정치의 부활 부분입니다.

여기서 우리가 두 번째 문단에서 잠시 미루어두었던 주제인 '전쟁의 정치적 목표'가 다시 우리의 관심을 끈다. 지금까지 이 목표는 적을 무장해제하고 격파하려는 극단의 법칙에 휩싸여 있었다. 이 극단법칙의 힘이 줄어들면서 목표를 상실하게 되면 전쟁의 정치적 목표가 필연적으로 다시 나타난다. 우리의 모든 고려가 특정한 사람과 상황에서 시작하는 확률계산으로 넘어가면 애초의 동기인 정치적 목표가 제일 중요한 요인이 된다.[15]

정치적 목표가 다시 등장하는 것은 '전체가 차이가 없어질 때'인데,[16] 이를 클라우제비츠식으로는 '적대감의 의도'가 '적대감'을 능가할 때라고 말할 수 있을 것입니다. 그러나 문제는 나폴레옹 전쟁과 연이은 전체 전쟁은 상황을 완전히 변화시킨다는 것입니다. 뜻밖에 맞닥뜨린 두 적대국의 대면 순간에 극단으로 치닫기가 다시 나타납니다.

이 대중들이 작용을 강화하는 요인인지 약화하는 요인인지에 따라 결과가 완전히 달라지는 것은 쉽게 이해할 수 있을 것이다. 두 나라 주민 사이에는 긴장과 적대감으로 인한 아주 미미한 전쟁 요인이 어마어마한 결과를 낳는 진짜 분쟁으로 폭발할 수도 있다.[17]

---

15) 같은 책, p.58.
16) 같은 책, p.59.
17) 같은 곳.

그다지 위험한 표현은 아닌 것 같습니다. 이 구절의 결론 부분을 볼까요.

그런데 전쟁행위는 정치적 목표와 동등한 것인데, 정치적 목표가 약해지면 대체로 전쟁행위도 줄어들고, 정치 목표가 중요할수록 전쟁행위도 늘어난다. 이것은 섬멸전부터 단순한 무장 감시에 이르는 온갖 강도의 전쟁이 있을 수 있는 이유를 설명해준다.[18]

이것은 무슨 말일까요? 대중이 차이가 없어질 때 정치적 목표가 약해지고, 대중이 더 이상 차이가 없을 때 정치적 목표가 강해진다는 것을 의미하는 것 같습니다. 다른 말로 하면, 정치는 전쟁을 뒤쫓아간다고 할 수 있습니다. 레이몽 아롱의 합리주의에는 실례되는 말이지만, 세상을 움직이는 것은 열정입니다. 그런데 이런 열정은 나폴레옹 같은 혁명적인 전쟁과는 무관합니다. 그때까지 억제되어 있던 잠재된 전쟁 원칙이 풀려났습니다. 아니 그보다는 '풀려날 뻔했다'라고 말해야 좋을 것 같습니다. 실제 전쟁은 '아직은' 그 개념에 적합하지 않기 때문입니다. 1814년 빈 회의는 유럽대륙의 상대적 안정을 도입하는데, 이 안정은 1870년 전쟁과 1914년 제1차 세계대전까지 유지됩니다. 우리는 방금 '상대적 안정'이라고 표현했습니다. 왜냐하면 식민지의 대학살, 프롤레타리아의 '호전적 계급'으로 조직화, 의식세계 속에서 사회적 다원주의의 성공… 이 모든 것은 20세기의 세계적 재앙을 예고하기 때문입니다. 나폴레옹이 예나에서 모스크바까지, 더 많은 군인을 유인

---

18) 같은 책, p.60.

하고 사람들을 동원하면서 절망적으로 추구했던 것이 언제나 평화였지만, 전쟁은 항상 전쟁을 부릅니다. 헤겔이 예나의 창가에서 보았던 것이 이런 '사람들의 정신'이었을까요? 역사의 보편적 기록이라기보다는 유럽의 황혼이 아니었을까요. 성령의 변신론이 아니라 진행되고 있던 끔찍한 차이소멸 현상이 아닐까요. 제가 클라우제비츠에게서 감동과 동시에 오싹함을 느끼는 것도 이 때문입니다.

상호행위와 모방원칙

샹트르   정치가 전쟁을 열심히 뒤쫓는다면 상호행위를 '극단으로 치닫기를 자극하는 동시에 지연하는 행위'로 생각해야 하는 것 아닐까요? 모델도 모방자가 되면서 선생님이 '이중 중개'라고 부르는, 두 경쟁자의 더 큰 갈등을 낳는 모방원칙과 이런 상호행위를 선생님 책에서는 역사의 자율적 동인이라고 규정하지 않았나요?

지라르   상호행위와 모방원칙을 같은 것으로 보는 당신 말이 맞습니다. 적대자를 점점 더 같은 사람으로 만드는 강력한 모방의 동인은 모든 신화와 문화의 뿌리에서 볼 수 있습니다. 그래서 클라우제비츠가 볼 수 있었던 것도 바로 이 모방원칙입니다. 그런데 이 지적의 결론은 정말 대단합니다. 당신은 약간 건너뛰었는데 당연히 그럴 수 있습니다. '상호행위'는 칸트의 범주 목록에서 빌려온 개념입니다. 하지만 이를 개인의 영역, 정확하게 말해서 사람들 사이의 상호모방 관계에 기초한 모방 인류학에 그대로 적용할 수 있습니다.

자율성이라는 주장에 반대하는 모방이론은 자기성찰의 가능성마저 상대적으로 보는 경향이 있습니다. 내면으로 깊이 내려간다는 것은 언제나 제가 의식하지 못하지만 제 욕망의 고삐를 쥐고 있는 중개자라는 타인을 발견하는 것입니다. 이러할 때 군대의 자율성과 그토록 작동을 잘하는 적군과 상호작용이 일어납니다. 20세기의 전체주의 체제와 '전면전'을 두고 사람들이 '민간의 병영화'라고 표현했던 것도 이 때문이라 생각합니다. 이처럼 정말 끔찍한 현실은 아주 새로운 어떤 것이 일어났다는 것을 말해주고 있습니다. 나폴레옹 전쟁은 유럽 사회의 변화를 부추긴 큰 격변입니다. 심지어 저는, 일단 분쟁이 해결되어 조문화되고 나면 사회의 병영화가 계속되는 차이소멸화의 한 요인이 된다고 생각합니다. 클라우제비츠가 '파르티잔 전쟁'이라는 이름으로 정리한 것의 결말이 바로 테러리즘입니다. 테러는 상대방 공격에 대한 방어라는 뛰어난 명분에서 힘을 얻고 있습니다. 언제나 테러는 공격에 대한 대응이라고 자신을 정당화합니다. 말하자면 테러는 상호성에 기초합니다.

이상하게도 클라우제비츠는 한 번도 모방이라는 표현을 사용하지 않지만, 상호작용과 모방원칙은 동일한 현상에 관한 것입니다. 클라우제비츠는 또한 그다음 페이지에서 "두 진영 가운데 어느 한 진영의 문제가 아니고, 전체적인 전쟁행위가 문제"라는 사실을 강조합니다.[19] 전쟁은 사회 전체의 현상입니다. 이런 점에서 클라우제비츠의 분석은 사회학자 뒤르켐의 분석을 능가합니다. 클라우제비츠는 '군중'의 폭력과 전염 현상에 대해 우리에게 말해줄 것이 있습니다.

상호행위가 극단으로 치닫기를 부추기는 동시에 지연한다는 당

---

19) 같은 책, p.60.

신의 정당한 지적을 살펴봅시다. 상반된 두 결과를 낳는 것은 사실 모방의 결과입니다. 양면성은 근본적인 것으로서 사람들 사이의 상호작용을 고유한 원칙으로 만드는 데에 기여합니다. 클라우제비츠가 말하는 '고립된 행위'나 결과에 절대적인 '단 한 번의 완벽한' 결정과 같이, 시간과 공간이 동일하다면 상호행위는 곧 '극단으로 치닫기'를 부추길 것입니다. 그런데 상호행위는 또한 극단으로 치닫기를 지연하고 '절대전쟁'과의 차이 속에 '실제 전쟁'의 감추어진 동인을 형성할 수도 있습니다. 이때 우리는 상대의 의도에 대한 다양한 예측 게임에 들어가게 됩니다. 그러므로 상호행동은 교환이자 거래이고 폭력적인 상호성입니다. 같은 페이지에서 클라우제비츠는 "한쪽이 행동하는 게 유리하면 다른 쪽은 기다리는 것이 유리하다"라고 썼습니다.[20] 그러므로 실제 전쟁은 장소, 기후, 다양한 알력, 피로도 등과 같은 시공간적인 여러 차원을 고려하기 때문에 절대전과는 거리가 멉니다. 이때의 두 진영은 극단으로 치닫지 않고 동일한 시공간에서 서로에게 맞추어서 대응합니다. 이렇게 지연된 전쟁은 어떤 면에서는 정치의 승리 혹은 클라우제비츠가 '무장관측'이라 부르는 것입니다. 이를 자세히 살펴봅시다.

샹트르 이 대목에서 클라우제비츠의 '이분법 원칙'이 나타나는데 이것은 흔히 제로섬게임이라 부르는 것입니다. '한편의 승리는 상대의 승리를 없애버린다'가 그것입니다.[21] 향후의 수정을 지시하는 '1827년 노트'가 '첫 번째 전쟁'이라 부르는 것인데, 이 전쟁은

---

20) 같은 곳.
21) 같은 책, p.62. 제로섬게임은 한편의 승리와 다른 편의 패배가 상쇄된다는 것을 의미한다.

'상대를 정치적으로 없애버리거나 어떤 대가를 치르더라도 현 상황을 평화로 받아들이도록 강요하면서 무장해제하기 위해서 상대를 격파하는 것'이 목표인 전쟁입니다.[22] 전복 전쟁은 '절대전쟁'의 묵시록적인 분위기를 눈에 띄게 약화합니다.

지라르 우리는 분명히 클라우제비츠에 대한 최종 교정으로 돌아와야 할 텐데, 이 작업은 '관념'을 현실과 마찰시켜 무디게 만들면서 그것의 의도를 이해하려고 애쓰는 노력일 것입니다. 여기서 우리는 전복 전쟁 혹은 '전면전'의 개념 뒤에는 언제나 나폴레옹이 있다는 것을 잊지 말아야 할 것입니다. 클라우제비츠를 사로잡고 있는 것은 항상 나폴레옹인데 클라우제비츠에게 나폴레옹은 우리가 모델-장애물이라 부르는 것과 똑같은 역할을 합니다. 도스토옙스키가 잘 묘사하고 있는, 우리를 끌어당기는 동시에 밀어내는 모델이라는 말입니다.

　당시 클라우제비츠만 그런 것이 아니었습니다. 예를 들면 바이온에서 나폴레옹에게 무릎을 꿇은 스페인 왕 카를로스 4세와 그의 아들 페르난도 7세는 유럽의 지배자 앞에서 서로를 없애려고 합니다. 여기에는 악령에 홀린 사람들에서 나오는 히스테리의 측면도 있습니다. 왜냐하면 당시 나폴레옹은 아주 막강해 유럽 전체를 지배하는 것 같았기 때문입니다. 나폴레옹이 1806년에 프레드릭 빌헬름 3세에게 승리한 뒤에는 '예나의 관용'이라는 소문이 돌았습니다. 사실 나폴레옹 황제는 베를린에 입성한 뒤에 프로이센의 신뢰를 얻으려 애썼습니다. 나폴레옹은 폭군처럼 행동하지 않으면서 승리의 이득을 취합니다. 프로이센과 함께 서둘러 대러

---

22) 같은 책, p.42.

시아 동맹을 맺은 나폴레옹은 프로이센 사람들에게 증오와 찬양을 동시에 받게 됩니다. 이것은 아주 중요합니다. 양면성이야말로 '모델'을 구성하는 중요 요소이기 때문입니다. 처음에 '전쟁의 신'이라 불리는 나폴레옹의 재능에 이끌렸던 클라우제비츠는 예나 패전 이후에는 러시아의 차르 군대와 연합해 나폴레옹을 공격하게 됩니다. 이를 두고 훗날 프로이센 왕실 주변에서는 클라우제비츠를 비난합니다. 하지만 클라우제비츠는 프로이센에 남아 있을 수 없었을 것입니다. 자신이 나폴레옹과 유사하다는 친근감과 나폴레옹과 연합해 러시아에 대적한다는 생각 자체가 클라우제비츠를 미치게 했을 것입니다. 클라우제비츠는 베를린에서 경력을 끝내면서 죽을 때까지 『전쟁론』에 매달립니다. 여기서 우리는 자신이 꿈꾼 정치적이거나 군사적인 역할을 이루지 못한 사람 특유의 원한과 유감을 절대로 잊어서는 안 됩니다.

클라우제비츠가 만약 빅토르 위고를 읽었다면 어떻게 반응했을지 궁금합니다. 두 사람의 태도를 비교해보는 것은 아주 흥미로울 것 같습니다. 클라우제비츠는 나폴레옹에게 악의에 찬 정념을 갖고 있었습니다. 모방이론식으로 말하면 클라우제비츠는 나폴레옹과 내적중개의 관계에 있었던 데 비해 위고는 그 강도가 훨씬 덜한 관계에 있었다고 말할 수 있습니다. 내적중개는 모델과의 유사한 시공간을 전제로 하는데 클라우제비츠와 나폴레옹의 경우가 여기에 해당합니다. 하지만 위고는 1806년에 겨우 네 살이었고 예나에도 있지 않았습니다. 저한테는 클라우제비츠가 이런 점에서 더 흥미로운데, 훨씬 더 모방적이기 때문입니다. 그는 이 말의 두 가지 의미에서 나폴레옹에 '대항해서' 생각합니다. 그것을 '이론화'할 정도로 그의 원한이 아주 깊었다는 것을 알 수 있을 것입니다.

클라우제비츠는 전체주의를 예고하는데, 이것은 그가 나폴레옹에 '대응'하려는 방식에 들어 있는 것입니다. 스탕달, 토크빌, 그리고 표적은 빗나갔지만 니체도 보았던 대표적인 근대적 정념인 원한에는 아주 깊은 어떤 것이 있습니다. 그리고 도스토옙스키의 『지하생활자의 수기』1부에서도 원한을 확인할 수 있습니다. 이들 모두는 기이할 정도로 아주 가깝습니다! 클라우제비츠에게서 우리의 관심을 끄는 것은 나폴레옹과의 관계입니다. 그는 물론 전혀 다른 차원의 것을 열어주기도 합니다. 그러나 클라우제비츠는 '상호행위'를 완벽하게 분석하지는 못했습니다. 그 스스로가 모방에 완전히 사로잡혀 있었기 때문입니다.

그러므로 '상호행위가 극단으로 치닫기를 부추기는 동시에 지연한다'는 것은 옳은 지적입니다. 쌍방이 똑같이 상대의 전략과 정책을 모방하면서 상대방에게 '즉각적으로 대응'하는 상호행위는 극단으로 치닫기를 부추깁니다.[23] 그러나 다른 한편으로 쌍방이 상대의 의도를 생각하고 시간이나 공간이나 안개나 병사의 피로뿐 아니라, 실제 전쟁을 정의하는 변함없는 상호작용 등을 고려하면서 나서거나 물러나거나 주저하게 되면 극단으로 치닫기를 지연하게 됩니다. 적군 안에서도 마찬가지이지만, 같은 군대 안에서도 개인들은 끊임없이 상호작용을 합니다. 전쟁에 임하는 장수의 자질을 평가하는 기나긴 분석도 바로 여기서 나오는데, 이에 대해

---

23) 클라우제비츠에게 전술은 전략의 수단이고 전략은 정치의 수단이다. '전투를 이끄는 기술인 전술'은 '전투 수행에 필요한 작전구상 기술'인 전략을 실현하고, 전략은 정치를 실현한다. 다시 말해, 전략은 전술로 획득한 승리를 정치적 목적을 위한 수단으로 이용한다. 반대로 '극단으로 치닫기'에는 전투수단이 정치적 목적에 영향을 주는 것이 내포되어 있다. '극단으로 치닫기'는 그러므로 '전쟁은 다른 수단에 의한 정치의 연속이다'라는 클라우제비츠의 유명한 말을 뒤집고 있다고 볼 수 있다.

서는 뒤에 살펴보기로 합시다. 따라서 상호행위는 차이소멸의 원인이 될 수도 있고, 차이를 만들어내는 원인이 될 수도 있으며, 전쟁의 도발자인 동시에 평화의 요인이 될 수도 있습니다. 상호작용이 극단으로 치닫기를 부추기고 촉진하면 그 시공간에 있던 고유한 '불화'는 사라지는데, 이런 상태는 제가 고대사회에 대한 글에서 '희생위기'라고 부른 것과 아주 유사합니다. 그 반면에 극단으로 치닫기를 지연하는 상호작용은 새로운 의미와 차이를 만들어내려 합니다. 그런데 오늘날 세상은 제가 여러 번 밝혔듯이, 제동을 걸어 속도를 지연하는 것이 아니라 속도를 더 높이는 폭력적인 모방이 제압하는 것처럼 일이 흘러가고 있습니다. 오늘날 갈등에는 이런 사례가 많습니다. 어떤 갈등이 진정되는 것은 언제나 겉으로만 그러할 뿐이며 더 강하게 재연될 가능성을 열어주고 있다는 사례를 살펴보는 것부터 시작합시다.

있는 것을 있는 대로 보는 리얼리스트적인 태도 덕분에 클라우제비츠는 인간의 상호행위 속에서 모방원칙을 엿볼 수 있었습니다. 클라우제비츠는 프로이센 사관학교에서 자기 위상에 합당하게 공격과 방어, 전술과 전략, 정치를 이야기해야 했기 때문에 모방원칙을 바로 이론화하지 않았습니다. 바로 여기에 다소 모순적이기에 더 감동을 주는 1장의 매력이 있습니다. 여기서 클라우제비츠는 자신의 명상에서 교훈을 끌어내고 있습니다. 이 장은 그 자체로 전체를 이루고 있는데, 이것이 다른 부분과 모순되기 때문이 아닙니다. 다른 나머지 부분은 레이몽 아롱의 생각보다 훨씬 빨리 나타나고 있습니다. 전에도 말했듯이 클라우제비츠는 정치학보다는 인류학에 더 많은 이바지를 했다고 저는 생각합니다. 제가 오래전부터 클라우제비츠의 잠재적인 인류학자 면모에 끌렸던 것도 이 때문입니다. 불연속적인 것이 아닌 연속적인 것에 대한 사유와 차이가 아닌 차이소멸에 대한 그의 사유가 돋보입니다. 제1장의 14번째 문장을 봅시다.

전쟁행동의 연속성이라는 것이 실제 존재한다면 모든 것은 또 다시 극단에 이르게 될 것이다. 연속적인 군사행동으로 양편의 감정과 전쟁은 전체적으로 더욱 고조될 것이다. 그러나 이런 일은 논외로 치더라도, 행동의 연속성은 더 엄격한 사건의 연결고리를 만들어 인과관계는 더욱더 긴밀한 것으로 된다. 이런 엄밀한 조건 아래서는 그 어떤 행동도 더 중요한 의의가 있고 따라서 더 큰 위험을 안게 될 것이다.[24]

여기서 사용된 가정을 나타내는 조건법에 속아서는 안 됩니다. 전쟁행위의 '연속성'인 극단으로 치닫기의 위협은 언제나 작전·망설임·협상·휴식 등과 같은, 실제 전쟁의 불연속성 뒤에 잠재합니다. 그래서 클라우제비츠는 제가 모방원칙이나 상호성 원칙이라 부르는, 동일한 것의 가속화된 균형으로 여겨지는 '상호행위'가 공공연히 날뛸수록 위험하다는 느낌을 분명히 가졌다고 저는 생각합니다. 제가 『폭력과 성스러움』에서 언급했던 그리스인들의 전리품인 '쿠도스'와 같은 차이가 두 적대국 사이를 점점 더 빨리 오가고, 전투를 위해서는 자신의 차이를 믿어야 하는 승리와 패배의 교차가 상호성에 접근할 때, 사람들은 제가 희생위기라고 부른 상태로 들어서게 됩니다. 교전국의 손에 핵무기를 쥐여주는 카오스 상태에 들어서는 것도 바로 이 결정적인 순간인데, 이것은 결코 어느 집단의 문제가 아니라 지구 전체의 문제가 될 것입

---

24) 같은 책, p.61.

니다.

　그래서 저는 상호성을 비상호적인 순간들의 총합으로 규정하고자 합니다. 상호성은 갈등 당사자가 아닌 외부자의 시선에서만 볼 수 있습니다. 내부 당사자들은 '항상 자신의 차이를 믿고' 점점 더 빨리 그리고 더 강하게 상대에 반응하기 때문입니다. 외부의 시선에서 보면 당사자들은 있는 그대로의 모습인 단순한 짝패들로 보입니다. 이 순간은 차이의 왕복운동이 가속화되어 말하자면 추상적 관념으로 변해가면서 '교대와 상호성의 합일'이라는 전쟁 본연의 개념과 일치하는 순간입니다. 이 뜻밖의 논리에 클라우제비츠가 끌린 것은 부인하기 힘들 것 같습니다. 예나 전투의 패배를 되돌아보면서 러시아의 차르 군대와 동맹을 맺어 나폴레옹에게 대적하려 했을 때 클라우제비츠는 중요한 발견을 했던 것 같습니다. 그래서 저는 상호행위는 전쟁 시기에는 극단으로 치닫기를 지연하지만, 상호행위가 더 감추어져 있지 않을 때에는 극단으로 치닫기를 가속한다고, 방금 언급한 그 구절을 뒤집어 말하고 싶습니다. '모방원칙은 이제 감추어져 있지 않고 만천하에 드러나 있습니다.' 클라우제비츠가 대표적인 증인입니다. 모방원칙을 드러내는 데에는 물론 시한폭탄의 효과도 있지만 기독교가 결정적인 역할을 했습니다. 복음서는 점점 더 역사가 되는 현실을 '예언'하고 있습니다. 이러한 모방원칙이 나타나면서 차이가 점점 더 흔들리는 현상이 바로 우리가 지난 3세기 동안 목격해온 역사의 가속화를 촉진한 것입니다. 그의 책 서두에서부터 나오는 상호작용의 측면을 놓치면 클라우제비츠를 제대로 이해할 수 없습니다.

공격과 방어: 지연되는 이분법

샹트르 선생님이 『폭력과 성스러움』에서 행한 분석은, 실제 전쟁이 의도와 무관하게 접근하는 '절대전쟁'을 어떤 식으로든 감추고 있다는, 클라우제비츠의 첫 직관을 아주 잘 검증하고 있습니다. 복수가 재복수로 이어지듯이, 승리와 패배의 교대가 상호성을 감추고 있는 것이 그것입니다. 클라우제비츠와 마찬가지로 선생님 생각에서는, 격렬한 상호성 속에서 연속적인 제로섬게임이 상대의 '말살'을 향하면서 하나의 극점은 더 끔찍한 다른 극점을 감추고 있는 듯이 진행되는 것 같습니다.

지라르 그런데 이분법은 그렇게 단순하지 않고 아주 복잡합니다. 이편의 공격이 꼭 저편의 패전을 의미하지는 않습니다. 공격과 방어 관계를 연구할 필요성이 여기서 나오는데, 1장 16번과 17번 단락을 살펴보기로 합시다. 공격 측은 방어 측에 대해 종종 '잠정적' 승리만을 얻습니다. 클라우제비츠는 "이분법은 공격과 방어 자체에 있는 것이 아니라, 둘이 함께 관련된 것, 다시 말해 저편과 이편의 결심에 있다"라고 결론을 내립니다. 언제나 더 많은 무력으로 공격할 수밖에 없었던 나폴레옹을 봅시다. 그 반면에 방어하는 측은 공격하는 측보다 더 강한 역습을 준비할 수 있습니다. 이분법이 적용될 수 있는 것은 바로 이런 경우뿐입니다. 이 지점은 완전히 중요한 지점인데 여기서 우리는 역설의 모습을 띤 '정복자는 평화를 원하고 방어자는 전쟁을 원한다'는 클라우제비츠의 두 번째 직관을 만나게 됩니다.

나폴레옹을 논한 자크 벵빌의 책에는 나폴레옹의 발언이 많이 들어 있습니다. 예컨대 러시아 전투 전야에 나폴레옹은 이런 말을 합니다.

하지만 내가 전쟁을 원하지 않고 특히 폴란드의 돈키호테가 되길 원치 않기에 적어도 나는 러시아가 충직한 동맹으로 남아있기를 요구할 권리가 있다.[25]

나폴레옹은 대영 봉쇄전략을 위해 대륙 전체를 무력으로 지배할 수밖에 없는 강압 정책으로 들어서고 있습니다. 러시아의 알렉산드르 황제가 다시 영국과 협상을 체결하려 하면서 틸지트 조약을 파기하고 또 쿠투조프 장군이 러시아 대군의 퇴각을 돕기 위해 모스크바를 소각했기 때문입니다. 이런 생각을 더 잘 이해하려면 클라우제비츠의 책 6권의 7장 「공격과 방어의 상호작용」을 자세히 살펴볼 필요가 있습니다.

전쟁 발생을 철학적으로 고찰해보면, 본디 전쟁은 공격과 함께 발생하는 것이 아니라는 사실을 알 수 있다. 공격은 전투보다는 오히려 적국 영토의 탈취를 절대적인 목적으로 하기 때문이다. 따라서 전쟁의 개념은 방어와 함께 발생하는데, 방어는 전투를 직접 목적으로 하기 때문이다. …그렇다면 전쟁의 본령인 전투를 우선 개시하는 것, 또 적과는 상관없는 자신의 처지에서 우선 피아를 판단하는 자가 곧 전쟁 형식을 최초로 규정하는 자이고, 그자가 바로 방어자인 것은 당연하다.[26]

---

25) Jacques Bainville, *Napoléon* (1931), Gallimard, coll. 'Tel,' 2005, p.424.
26) Clausewitz, 앞의 책, p.424.

그러므로 방어자는 전쟁을 시작하는 동시에 끝을 내는 주체입니다. 방어자는 방어 요새와 군대의 특성에 따라 향후 공격을 개시할 명령을 결정합니다. 방어자는 민중 지지와 전투 장소를 선택하면서 첫 순간의 강력함이 당연히 줄어들 수밖에 없는 상대 공격력의 약화추세를 이용할 수 있습니다. 결국 방어자는 역공할 순간을 결정합니다. 그런 점에서 '빼앗는 것보다 지키기가 더 쉽다'는 명제처럼, 게임의 주도자는 방어자입니다. 여기서 우리는 방어의 개념에는 공격의 개념도 '포함'되어 있고 방어 개념은 공격 개념과 그대로 일치한다고 추론할 수 있습니다. 클라우제비츠는 '소유한 자들은 행복하도다'(Beati sunt possidentes)라는 말을 여러 번 썼습니다. 그런데 이것이 모방이론과 잘 들어맞는다는 사실에 주목해야 합니다. 곧 자신을 방어하게 될 모델은 자신의 이익을 취하거나 재탈환하려는 자이기에 '결과적으로' 자신의 법을 타인에게 강요하는 자, 즉 지배하는 자입니다. 극단으로 치닫기에도 이중 중개가 들어 있습니다. 누가 먼저 공격했는지 알아내기는 언제나 어렵기 때문입니다. 어떤 면에서 보면 처음 공격한 자는 언제나 공격하지 않은 자이기도 합니다! 피고인보다는 그 희생자가 진짜로 잘못을 범한 경우가 많은 형사사건과 흡사합니다. 폭력의 과실은 언제나 쌍방에 있는 경우가 많습니다. 나폴레옹이 알렉산드르를 매료한 만큼 알렉산드르도 나폴레옹을 매료하고 있었습니다.

공격자의 행동을 명하는 소유 모방도 대응을 의미할 수 있으며 이것은 방어 수단인 역공이 될 수도 있습니다. 그러므로 이 역공에 대비해야 하는 자의 처지에서 보면 여기에는 방어의 측면도 들어 있다고 볼 수 있습니다. 클라우제비츠는 이 모든 것을 잘 묘사하고 있습니다. '처음부터' 방어 측이 경기를 지배한다는 사실은 여전합니다. 이럴 때 상대적 이분법에 따라 절대적 이분법이 준비된다는, 이분법의 원칙이 적용됩니다. 공격보다 방어가 우선인 상황에서 우리는 자멸의 위험보다는 폭력의 승리를 더 많이 이야기해야 할 것 같습니다. 폭력은 점점 더 승리할 것입니다. 이것이 방어 우월성의 원칙입니다. 그래서 클라우제비츠는 그에 대한 가장 비판적인 20세기 논평가 리델 하트[27])가 생각하는 것처럼 전면전을 옹호하지 않지만, 방어는 공격에 대해 '자기 법칙을 명한다'는 것을 보여줍니다. 이는 결과는 같더라도 매우 다른 것입니다. 여기서 클라우제비츠는 '현대전은 상호적이기에 그렇게 폭력적이지 않다'는 것을 잘 이해합니다. 에른스트 윙거가 제1차 세계대전에 관해 썼던 것처럼, 동원 체계는 '전면전'이 될 정도로 갈수록 더 많은 사람을 끌어들입니다.

얼마 지나지 않아 역사는 클라우제비츠가 옳았음을 증명합니다. 히틀러가 전 국민을 동원할 수 있었던 것은 베르사유 조약과 라인란트 점령의 치욕에 '대응'한다고 말했기 때문이고, 스탈린이 히틀러에 대해 결정적 승리를 거둔 것은 독일의 점령에 '대응'한다고 말했기 때문입니다. 빈 라덴 세력이 9·11과 그 후속 조치를 이어나가는 것도 미국에 '대응'하기 때문입니다. 승리는 즉각적이지 않으며 '후에' 전면전이 될 것이라는 의미에서, 어떻게 보면 연기된 이분법과 같이 전쟁에 상호성 원칙이 등장하는 것이 방어의 우월성이라고 볼 수 있습니다. 방어를 준비하면서 폭력을 제어한다고 믿는 자는 사실 폭력에 지배받는 자인데, 이것은 아주 중요한 지점입니다. 이 점에 대해 당신은 조금 전에 상호행위는 극단으로 치닫기를 부추기는 동시에 지연한다고 제대로 지적했습니다. 협

---

27) Basil H. Liddell Hart, 영국의 전략장교. 그의 『나폴레옹의 유령』(1935)은 나폴레옹에 대한 클라우제비츠의 해석이 솜 전투와 플랑드르 학살에 책임이 있다고 평가한다.

상의 여지를 곧장 제공해줄 수 있는 즉각적인 반격보다 실은 더 위험한 것인 '점진적으로' 올라가는 것이 극단으로 치닫기의 속성일 것입니다. 우리가 깊이 파고들 수 있는 것을 클라우제비츠가 주고 있다는 것은 하나의 역설입니다. 직접적이지 않은 것의 직접성과 지연될수록 더 끔찍해지는 양극성이라는 역설이 그것입니다. 이론으로 정리하지는 않았지만 벵빌도 이를 잘 느끼고 있었습니다.

페테르부르크에서 일어난 일을 알려면 파리에서는 2주를 기다려야 했다. 정부의 조처에 대해 민중들은 사후에 대응할 수밖에 없었다. 서로에 대한 신중함이 상대에 대한 도발이 되기도 하는 상호대응을 해가면서, 나폴레옹과 알렉산드르가 협정을 맺고 있다는 생각만큼 허황한 생각도 없었을 것이다. 무선전신을 이용한 최후통첩이나 즉각적인 동원령, 몇 시간 만에 돌이킬 수 없는 상황을 만들어내는 그런 시대는 아직 아니었다. 두 황제는 멀리 떨어져서 사태 변화를 뒤쫓아갔는데, 이 모든 것을 고려할 때 충돌이 일어나기까지 거의 2년이 걸렸다.[28]

하지만 충돌은 '지연되면' 더 끔찍할 것입니다. 이 충돌은 히틀러가 나폴레옹과 똑같은 실수를 범한 20세기 러시아 전투를 예고하고 있습니다. 당시는 스탈린이 자기 사무실에 차르나 백전노장 쿠투초프의 커다란 초상화를 걸어두던 시대입니다. 공산주의의 장막 뒤에 낡은 러시아가 다시 나타나고 있었던 것입니다. 상호작용으로 한층 더 강화되어 나타나는 모방이론은 우리에게 역사를 대규모 집단과 장기간의 진동에 따라 볼 것을 권하고 있습니다.

---

28) Jacques Bainville, 앞의 책, p.440.

나폴레옹은 무선으로 최후통첩을 하는 시대의 사람이 아니라 말하자면 18세기 전쟁 시대의 사람입니다. 하지만 그 시대는 그 시대였고 지연된 갈등이 그 안에 들어 있는 상호성 원칙을 더는 감추지 못하게 하는 정확한 조치에서 이를 처음으로 이해한 사람 가운데 하나가 클라우제비츠입니다. 폭력은 결코 폭력으로 사라지지 않습니다. 폭력은 더 비워낼 수 있는 것이 아닙니다. 우리가 잊지 말아야 할 것은 이런 근본적 사실입니다.

바로 여기서 우리는 중요한 인류학적 발견을 하게 되는데, 그것은 '공격성은 존재하지 않는다'는 사실입니다. 동물에게는 포식 욕구와 함께 암컷에 대한 타고난 경쟁이 있습니다. 그러나 사람은 누구도 공격성을 드러내지 않는데 만사에 상호성 원칙이 작용하기 때문입니다. 그러나 모든 의미에서 아주 사소한 차이로도 극단으로 치닫기가 촉발될 수 있습니다. '공격하는 사람은 항상 이미 공격을 받은 사람입니다.' 그런데 우리는 왜 경쟁 관계를 한 번도 대칭적인 것으로 느끼지 않을까요? 왜냐하면 사람들은 항상 자신이 먼저 공격하고도 상대방이 먼저 공격했다고 느끼기 때문입니다. 개인주의는 엄청난 거짓말입니다. 우리가 먼저 내보냈던 공격성의 징후를 타인에게서 발견하게 되는 것도 개인주의의 영향 때문입니다. 개인주의는 공격에서 벗어나는 것도 공격으로 해석할 것입니다. 이런 방식은 여러 군데서 지속됩니다. 갈등이 터지는 순간이 오는데 그때 먼저 시작하는 사람은 스스로를 약한 위치에 놓습니다. 따라서 그 차이는 처음에는 너무 작아서 아주 빨리 사라지기에 상호적인 것으로 인식되지 않고 항상 일방적인 것으로 인식됩니다. 『전쟁론』 1장의 끝부분에서 클라우제비츠가 전쟁을 '다른 수단에 의한 정치의 연속'으로 생각하는 것은 '경쟁이라는 직관을 놓치는 것'이자 공격과 반격이라는 생각을 거부하는 것이고, 극단으로 치닫기를 지연시킴과 동시에 촉진하는 상호작용, 더 정확히 말하면 촉진하려고 지연하는 상호작용을 망각한 것입니다.

인간은 그러므로 언제나 질서 속에 있으며 동시에 언제나 무질서 속에 있고, 전쟁 속에 있으며 동시에 평화 속에 있습니다. 프랑스혁명 전까지는 법전과 제의로 되어 있던 이 두 현실 사이에서 오늘날 인류는 갈수록 결단을 내리지 못하고 있습니다. 오늘날은 이제 차이가 없습니다. 상호작용은 세계화에 따라 너무나 증폭되어서, 지구 전체의 상호성은 아주 사소한 사건도 지구 반대편 사람의 원한을 살 수 있게 되면서 언제나 폭력이 앞서는 세상이 되었습니다. 하이데거가 기술이 항상 우리의 통제에서 벗어나는 것을 보여주듯이, 정치는 폭력을 뒤쫓고 있습니다. 그래서 우리는 나폴레옹에서부터 빈 라덴에 이르기까지 이런 '극단으로 치닫기'의 양상, 즉 역사의 유일한 동인으로 격상된 공격과 방어를 자세히 살펴볼 필요가 있습니다. 이런 점에서 클라우제비츠는 매력적인 동시에 두려움도 주는 것이 사실입니다. 이제는 상대적인 승리는 있을 수 없고 모든 승리는 총체적인 승리일 수밖에 없습니다. 이렇게 지연된 재앙의 움직임이 바로 이분법 원칙입니다. 클라우제비츠가 '섬멸전'의 지평을 이야기할 때 우리는 이 말을 20세기가 부여한 의미로 받아들여야 합니다. 그것은 하나의 이분법은 다른 이분법을 숨기고 있다는 것입니다. 더 정확히 말하면 클라우제비츠가 말하는 이분법은 제가『폭력과 성스러움』에서 규정하려던 '양극화 현상'을 숨기고 있다는 의미입니다. 예전에는 질서 회복을 가능하게 해주는 희생양에 대해서 양극화 현상이 일어났습니다. 그런데 양극화 현상은 오늘날 극단으로 치닫기와 혼동되고 있습니다. 오늘날 우리는 이제 희생양을 두고 만장일치로 유죄로 보지 않기 때문입니다.

클라우제비츠에게서 이분법은 평화의 회복을 의미하는데, 그것은 '영원한 평화'는 묘지의 평화라는 의미에서 그러합니다. 그래서 우리는 항상 교차하는 것에서 상호성을 보고 '실전'에서 '절대전'을 볼 필요가 있습니다. 비록 상호성과 절대전이라는 표현이 관념적으로 보이기는 하지만 말입니다. 결국 종말론은 추상의 실현이자 현실과 개념이 일치하는 것일 뿐입니다. 그리고 온전한 정신을 갖고 관찰하면 사람들은 이 소멸을 향해 나아가고 있다고 말할수 있습니다. 이것은 또한 공격에 대한 방어의 우월성에서 상세히 밝히고 있는 냉혹한 경쟁의 법칙이기도 합니다. 인간은 이런 점에서 동물과 구분되는데, 동물은 민족학자들이 '우성 네트워크'라 부르는 것 속에 자신의 폭력을 억제·유지하는 데 성공합니다. 그에 비해 인간은 상호성을 억제·유지하는 데 이르지 못하고 있습니다. 왜냐하면 인간은 서로를 너무 모방해갈수록 더 많이 그리고 더 빨리 서로를 닮아가기 때문입니다.

이렇게 '구체적인 원인으로' 인류 최초의 집단이 자멸했다고 상상해볼 필요가 있습니다. 하지만 이 집단은 아주 미미해 세상 다른 사람들에게 미친 상호작용은 거의 없었습니다. 그러나 오늘날의 종말론은 실제로 위협적인데 상호성 원칙이 표면화되고 추상적 관념이 구체적인 것이 되었기 때문입니다. 클라우제비츠가 지금이 18세기이고 전쟁이 여전히 하나의 제도인 것처럼 전쟁법 설명으로 피신하기 전에 알아낸 것은 다음과 같은 것입니다. 그가 '결투를 숨기고' 겉으로 제시하는 국가 간 적대의식은 더 이상 시대상을 반영하지 않습니다. 오히려 결투는 폭력 분출을 예고합니다.

클라우제비츠는 이를 말하지만 말하지 않습니다. 그는 양면적입니다. 그러나 『오이디푸스 대왕』에서 상호성을 발견하면서 오이디푸스는 정말 약간은 유죄인 것 같다는 인상을 주려는 소포클레스 역시 양면적입니다. 아니, 오이디푸스는 무고하고 정말 죄를 저지른 자는 집단입니다. 그 법칙을 이해하고 폭력은 상호적이라서 '되돌아온다'는 것을 깨달으면서 폭력은 두려움을 불러온다는 사실을 잊지 않아야 합니다. 예전의 이런 작은 사회들은 어떻게 했을까요? 그들은 해결책을 찾아냈습니다. 그들은 희생양에게 폭력을 집중함으로써 문제를 해결하는 희생제도를 무의식적으로 만들어냅니다. 하지만 그들은 희생양 선정이 터무니없다는 것을 알아채지 못했습니다. 그들은 위기에서 탈출하기 위해 매번 상호적인 폭력을 일인에 대한 만인의 분노 집중으로 전환했습니다. 그럴 때마다 상호성을 보는 외부의 시선과 차이만 보려는 내부의 시선은 서로 다르지만 동시에 일어나야 했습니다. 만인이 일인에게 반대하는 것은 바로 이럴 때입니다.

섬멸전

샹트르 그렇다면 선생님 말씀대로 모방 메커니즘이 지구적으로 확대되어 희생이라는 해결책을 행할 수가 없는 오늘날 이 위기에서 벗어날 수 있는 출구가 있겠습니까? 희생이라는 해결책을 행하더라도….

지라르 인류가 소멸하지 않는다면… 이라고요? 네, 그렇습니다. 그것은 하나의 '가능성'입니다. 20세기에 있었던 숱한 인종 학살과 민간인 학살이 이미 우리에게 알려주려고 했던 것이 바로 그것입니다. 여기에 호전적인 흑백논리가 감추고 있는 양극화가 있습니다. 이러한 상대적인 승리는 언제나 더 큰 폭력을 수반하는 다른 전쟁을 불러올 뿐입니다. 물론 고대 역사에도 인종 학살이 있었습니다. 또한 통째로 사라진 문명도 있었습니다. 하지만 그때는 지금은 다시는 작동하지 못하는 일종의 종교적인 영원회귀나 무궁무진한 재생의 가능성 속에서 그러했습니다. 표현하기는 힘들지만, 오랫동안 머리에 맴도는 직관이 하나 있습니다. 상호성 원칙이 일단 한 번 풀려나면 예전에 행했던 무의식적인 기능을 다시는 행사할 수 없다는 생각이 그것입니다. 오늘날 우리는 파괴하기 위해서만 파괴하지 않는 것일까요? 요즈음 폭력은 주도면밀하고 '극단으로 치닫기'는 학문이나 정치에서 더 많이 일어나는 것 같습니다.

이런 것은 소멸을 마치고는 전혀 다른 것을 향해 열리는 죽음의 원칙일까요, 아니면 하나의 운명일까요? 저는 명확히 알지 못합니다. 제가 말할 수 있는 것은, 폭력이 스스로를 정당화하고 감추는 데 필요한 조그만 신화도 만들어내지 못한다는, 그래서 갈수록 폭력의 무용성이 확인되고 있다는 사실입니다. 클라우제비츠가 경쟁 법칙 뒤에서 본 것은 분명 이런 차이소멸의 창궐입니다. 오늘날 우리가 목격하는 민간인 학살은 폭력으로 폭력을 해결할 수 없고 상호성도 완전히 추방하지 못하는 불가능과 무능을 보여주고 있습니다. 희생양에 대한 양극화는 불가능해졌고 모방에 따른 경쟁은 전염병처럼 퍼져나가는데 이는 무엇으로도 막을 수가 없습니다.

'극단으로 치닫는' 두 집단이 갈등 해결에 실패하는 것은 흔히 볼 수 있습니다. 유고슬라비아와 르완다의 실패는 익히 보아왔던 것입니다. 오늘날 우리는 이라크와 레바논에서 시아파와 수니파의 충돌을 두려워해야 합니다. 사담 후세인의 교수형은 이런 양자

대결, 즉 결투를 부추기기만 할 뿐입니다. 이런 점에서 부시 대통령은 묵시록적으로 사고할 능력이 없는 무능한 정치인이라는 풍자를 받을 만합니다. 부시가 성공한 것이 하나는 있는데, 원수-형제 사이로 그럭저럭 유지되어오던 공존을 완전히 끝냈다는 것이 그것입니다. 시아파와 수니파가 극단으로 치닫고 있는 중동의 사정은 더 나쁩니다. 아랍 국가와 서구 세계 사이에도 이런 상승작용이 일어날 수 있습니다.

그런데 이런 상승작용은 이미 시작되었다는 것을 지적할 필요가 있습니다. 계속 일어나는 테러와 미국 '개입'의 되풀이는 상대방에 대한 반응으로 더 가속화되고 있습니다. 폭력은 계속 일어날 것입니다. 미국과 중국의 대결이 뒤따를 것입니다. 처음부터 군사적인 것이 아닐 수 있지만 모든 것이 이미 제자리에 있습니다. 클라우제비츠가 떠오르는 직관을 감추고 화제를 돌리려고 정치 영역으로 돌아간 것도 이 때문입니다. 극단 치닫기는 완전히 불합리한 현상인데, 기독교만이 이 현상의 불합리를 설명해줄 수 있습니다. 희생의 유용성을 믿고 싶어 하는 사람에게는 실례되는 말이지만 벌써 2,000년 전부터 희생의 무용성을 밝혀낸 것이 기독교이기 때문입니다. 예수 그리스도는 희생이라는 버팀목에서 인간을 건져낸 다음 폭력을 믿을 것이냐 아니면 더 이상 폭력을 믿지 않을 것이냐, 하는 아주 중요한 선택의 갈림길에 인간을 던져놓았습니다. 기독교는 당연히 폭력을 믿지 않습니다.

샹트르 선생님이 방금 하신 말씀은 선생님 이론을 거부하는 사람들의 생각처럼 선생님 이론이 추상적이거나 '체계적'이지 않고 오히려 일상의 사건들에 잘 들어맞고 있음을 말해주는 것 같습니다. 선생님 이론은 역사적 사건, 특히 에른스트 놀테나 프랑수아 퓌레가 선생님 이론과 유사한 개념으로 보았지만, 그 근거는 밝혀내지 못했던 역사적 사건의 근거를 설명하는 열쇠가 될 것 같습니다.

지라르 네, 에른스트 놀테의 『유럽의 시민전쟁』과 프랑수아 퓌레의 『환상의 과거』를 언급할 필요가 있겠군요. 이들의 역사연구서는 모방이론이 열쇠를 제공해주는 사건들을 잘 묘사하고 있습니다. 에른스트 놀테는 볼셰비즘과 나치즘을 긴밀히 연결해주는 모방을 '밀어내는 모델'이라고 표현했습니다.[29] 놀테는 나치즘을 볼셰비즘에 대한 모방적 반응이라고 봅니다. 이것은 모방이론이 '모델–장애물'이라고 부르는 것과 정확히 일치합니다. 이 역사적 발견은 중요합니다. 하지만 놀테에게는 자신의 직관을 더 잘 표현할 수 있었을 인류학적 관점이 없다는 것이 아쉽습니다. 이런 악순환을 이해하기 위해 1914년 전쟁의 내상까지 되돌아볼 때, 민족적 선입견이 없는 프랑수아 퓌레는 훨씬 더 설득력이 있습니다.

사실 몇천 년 뒤로 되돌아가볼 필요가 있습니다. 이로써 우리는 폭력 원칙을 발견할 수 있을 것입니다. 그래서 끝나지 않는 복수가 원죄라는, 원죄에 대한 인류학적 해석도 존재할 수 있는 것입니다. 원죄는 경쟁자 살해로 시작됩니다. 그리고 원죄와 함께 살아

---

29) Ernst Nolte, *La Guerre civile européenne(1917-1945)*, Editions des Syrtes, 1997. "그러나 6월 22일 전쟁에 들어간 것은 독일도 아니고 러시아도 아니었다. 그들은 러시아 볼셰비스트와 독일의 나치였다. 이들은 서로를 끄는 동시에 밀어내는 '밀어내는 모델'이었다"(pp.362-363). "소비에트 연방은 히틀러의 정치 활동 내내 때로는 모델 역할도 했지만 동시에 냉대했다"(p.493). "'특성의 교환'이라는 표현을 전쟁 중에 볼셰비스트가 나치의 면모를 취하고 나치가 볼셰비스트의 면모를 취했다는 의미로 이해하면 안 된다. 그래도 이 두 적대국 사이에 내적으로 상호적인 접근하는 경향도 여전히 볼 수 있었다. 그렇다고 적대감이 그만큼 약해진 것은 아니며 오히려 강화되었다"(p.559).

갈 수 있도록 해주는 것이 바로 종교입니다. 종교가 없던 사회가 스스로 멸망했던 것도 이 때문입니다. 동물에게는 복수가 없기 때문에 동물은 복수의 위험에 빠지지 않습니다. 지성과 폭력을 겸비했을 때만 원죄를 이야기하고 동물과 인간의 진정한 차이라는 생각을 정당화할 수 있습니다. 이런 현실에서 모든 종교의 위대성이 나오지만, 기독교는 예외입니다. 기독교는 희생의 기능을 파기해 버립니다. 언제가 될지는 모르지만, 인간은 희생 없는 폭력을 포기하거나 지구를 폭파해버릴 것입니다. 은혜를 받고 있거나 죽음에 이르는 죄악을 저지르고 있을 것입니다. 종교가 희생을 만들었지만 기독교는 희생을 지워버렸다고 말할 수 있습니다. 인간을 규정하는 것이 바로 원죄라고 주장하는 파스칼은 이런 점에서 아주 근본적이고 철저한 사람 같습니다.

분명 원죄라는 교리만큼 심하게 거슬리는 것도 없을 것이다. 하지만 이해할 수 없는 이 수수께끼가 없다면 우리는 자신을 알 수 없을 것이다. 우리 조건의 매듭은 이 심연에서 접혀서 돌고 있다. 그래서 인간이 이 수수께끼를 상상할 수 없는 것보다 이 수수께끼 없는 인간을 더 상상할 수 없을 것이다.[30]

앞으로 우리에게는 파스칼이 정말로 필요할 것입니다. 파스칼은 이 세상 설립의 '심연'을 이해했습니다. 파스칼에게 데카르트가 '무용하고 불확실하게' 보인 것은 코기토 위에 무언가를 세우고 하늘과 별을 끌어낼 수 있다고 생각했기 때문입니다. 그런데 누구도 은혜에 의하지 않고는 어떤 일이든 시작할 수가 없습니다.

---

30) Pascal, *Œuvres*, Gallimard, coll. 'Bibliothèque de la Pléiade,' 2000, p.582.

원죄는 바로 '자기 스스로' 무언가를 할 수 있다고 믿는 것입니다. 우리는 결코 무엇을 시작하지 않고, 항상 무엇인가에 반응할 뿐입니다. 나를 대신해서 결정하면서 자기에게 반응하도록 하는 것은 항상 타인입니다. 그리고 개인을 대신해서 집단이 결정합니다. 이런 것이 종교의 법칙입니다. 사회적으로 명백한 이런 사실에 대한 거부와 개인적인 긴장 속에서만 '현대인'은 존재합니다. 이를 깨달은 뒤르켐은 정말 위대한 학자입니다. 그러므로 제가 하는 일은, 뒤르켐의 주장을 되풀이하면서 가브리엘 타르드와 함께 더 근본적인 방식으로 '사회적' 구성의 원동력인 모방을 추가하는 것입니다.

하지만 타르드는 모방의 폭력성을 보지 못했습니다. 또한 인간관계의 다른 얼굴인 폭력적인 모방도 지적하면서 희생양 메커니즘에 근거해 있는 모든 제도의 뿌리에 모방이 있다는 것도 보여주어야 할 것입니다. 모방적인 폭력의 순간이 있습니다. 이 폭력은 모든 사람이 갈수록 상징적으로 변해가는 대상을 획득하려고 후에 경쟁자가 될 타인을 모방하는 데서 나옵니다. 폭력은 집단 속에 아주 많이 퍼져나가는데, 하나가 된 집단은 너무 두드러져서 걱정스러운 한 개인에게 자신들의 폭력을 집중함으로써 자멸을 무의식중에 피하게 됩니다. 모방은 이처럼 위기의 원인이기도 하지만 동시에 위기 해결의 동력이기도 합니다. 희생되고 난 뒤의 희생양은 항상 신격화됩니다. 신에 대해서만 말하고 '신의 예전 모습인 희생양에 대해서는 절대로 말하지 않는' 신화는 그러므로 초석적 린치를 감추고 있는 거짓입니다.

그런 다음 제의는 사람을 동물이나 다른 제물로 바꾸는 대체 희생을 행하면서 첫 번째 희생을 반복합니다. 제의의 반복에서 제도가 생겨나는데, 이것이야말로 종말을 지연하기 위해 인간이 발견한 유일한 수단입니다. '평화스러운 모방'은 이미 오래전에 만들어져서 정착한 제도의 틀 안에서만 가능한 것도 이 때문입니다. 평화스러운 모방의 기초는 반복된 체험에서 오는 지속적인 학습 과정과 문화 코드입니다.

우리는 절대 혼자서는 안 되고 항상 '타인들과 함께' 무엇을 세울 수 있습니다. 이것이 만장일치의 법칙인데 만장일치는 폭력적입니다. 제도의 역할은 우리가 만장일치의 폭력성을 잊게 하는 것입니다. '창설의 위대성'을 옹호하던 '신사'의 책략을 언급할 때 파스칼은 이것을 잘 알았습니다. 집단만이 어떤 제도를 창설할 수 있지 한 개인은 절대 세울 수 없습니다. 이 지점이 아주 중요합니다. 한 번 더 말합니다. 집단들만 어떤 것을 수립할 수 있습니다. 왜냐하면 그런 메커니즘이 더 이상 작동하지 않기 때문입니다. 사르트르의 관심을 끌었던 혁명기에 '하나가 된 집단'의 무익함을 우리는 이미 잘 알고 있습니다. 폭력은 오래전부터 효력을 잃었습니다. 하지만 우리는 이를 거의 깨닫지 못하고 있습니다. 오직 윤리적 관계만이 여전히 무언가를 발견할 수 있지만, 자신이 자유롭다고 믿고서 자신의 거짓 차이에 맹렬히 집착하는 개인들의 과도한 모방으로 뒤로 밀려나고 맙니다. 전염성 강한 과도한 모방은 그 역시 아주 오래된 제의가 기원인 도덕의 틀도 깨뜨리게 됩니다. 이것이 바로 섬멸전의 동력입니다.

샹트르 방금 선생님은 '모방 폭주는 전염성이 강하다'는, 아주 중요한 말씀을 했습니다. 『폭력과 성스러움』에 따르면 테베를 휩쓴 페스트는 차이소멸의 명백한 징후였습니다. 일단 추방되면 그 도시에 평온과 질서를 다시 가져오는 희생양을 지명하기에 앞서 이런 '차이소멸'이 먼저 나타납니다. 전염병에 대한 이런 모방적 해석이 오늘날 우리를 위협하는 재앙에도 해당되는 것일까요?

지라르   그런 해석은 오늘날에는 그런 희생적 해결책이 이제는 가능하지 않다는 한 가지만 제외하면 여전히 가능합니다. 기독교가 만장일치 메커니즘의 실상을 밝혀낸 이래로 희생은 더 이상 기능하지 않습니다. 고대종교는 사실 만장일치에 대한 비판이 전혀 없는 상태에 기초해 있다고 말할 수 있습니다. '탈무드의 교훈'에서 레비나스가, 어떤 피의자가 만장일치로 유죄라는 평가를 받으면 그는 무고한 자이기 때문에 풀어주어야 한다고 말한 것도 이 때문입니다.

다른 것에 대해 말하자면, 페스트라는 전염병은 언제나 집단 소멸이 촉박하고 모두가 모두의 경쟁자가 되는 일반화된 폭력의 상호성이 도래했음을 말해주는 상징입니다. 페스트는 차이소멸의 상징이고 그 증상입니다. 소포클레스도 『오이디푸스 대왕』에서 모든 제도의 기원을 밝히는데, 희생이라는 예방접종만이 막을 수 있는 바이러스처럼 폭력이 집단 안으로 퍼지는 순간보다 더 적절한 이미지를 찾지 못했습니다. 자신이 폭력을 받음으로써 위협받던 집단 통합이 재건되는 희생양은 그리스어로 '파마코스'라고 불립니다. '치료제'이자 '독'인 희생양은 무질서의 원인이자 질서의 회복자입니다. 폭력이 한순간 멈추게 되는 것은 바로 성스러움의 고유한 이 양면성 덕분입니다.

오늘날 우리를 위협하고 있는 테러 전쟁과 여러 유행병은 테베의 페스트를 방불케 합니다. 불과 몇 시간 만에 칠면조 수백 마리를 죽일 수 있는 조류독감의 원인인 치명적인 H5N1 바이러스는 물론 철새 이주 때문에 발생하기도 하지만 특히 공기 흐름 때문에 생기기도 합니다. 며칠 만에 수십 만의 죽음을 몰고 오는 이런 유행병은 오늘날 지구상에서 진행되고 있는 차이소멸의 전형적인 현상입니다. 오늘날의 모든 차이점과 마찬가지로 국경의 느슨함을 생각할 때 백신을 부유한 국가에만 제한하지 않고 널리 공유하는 방법을 안다면 백신으로 대응할 수도 있습니다.

이런 유행병은 오늘날 '지구촌 무역'이라고 부를 정도로 축소된 인간관계에 대해 어떤 것을 말해주고 있습니다. 무역과 전쟁 사이에는 속성의 차이는 없고 정도의 차이만 있다고 말할 때 클라우제비츠는 이런 사실을 알고 있었는데, 이것은 뒤에 다시 살펴보기로 합시다. 사실, 테러는 기차나 비행기에서 자주 일어나는데, 이것은 우연이 아닙니다. 모든 상호성에는 불안과 공포가 내재되었습니다. 고대사회의 오래된 두려움이 오늘날 새로운 얼굴로 다시 솟아나고 있습니다만 어떠한 희생도 우리를 이 두려움으로부터 구해줄 수 없습니다. 그러므로 우리로서는 지금 어떠한 제도로도 막지 못하는 이 뜻밖의 폭력을 막을 수 있는 전략을 찾아내는 것이 무엇보다 시급한 일입니다. 그러나 이 전략은 더 이상 군사적이거나 정치적인 전략이어서는 안 됩니다. 재앙이 긴급하게 이성에 통합되어야 할 이 재앙의 시대에는 새로운 윤리가 꼭 필요합니다.

우리 대담에서는 어떠한 처방전도 나오지 않을 것입니다. 저는 단지 우리 대담이 모방이론이 밝혀낸 구체적인 문제를, 지난 2세기 동안의 특히 나폴레옹 이후 프랑스-독일 관계에 비추어서 더 잘 이해할 수 있기를 바랄 뿐입니다. 여기는 오늘날 가장 격렬한 모방의 도가니 가운데 하나이기에 있는 그대로 분석할 필요가 있습니다. 독일과 프랑스의 관계를 이해하는 데에는 클라우제비츠의 텍스트가 아주 결정적인 자료입니다. 클라우제비츠의 이 저서는 정치적·철학적·정신적으로 어떠한 맥락에서 해석되었을까요?

그리고 왜 지금까지 미완으로 남아 있을까요? 그리고 클라우제비츠의 이 저서는 어떻게 수용되었고 또 향후에는 어떻게 될까요? 이 질문들은 모두 중요한데, 여기에 대해 저는 조예 깊은 답변을 할 수는 없습니다. 그래서 저는 당신과 함께 이 책에 의문을 제기하고, 또 이 책의 미덕과 위험을 이해해 마침내 새로운 형태의 합리성을 찾아볼 생각입니다.

어떤 대화나 토론도 없는 내적 유폐 상태에서 쓰인 클라우제비츠의 이 책은 폭력의 독재가 임박했음을 선언합니다. 전쟁은 자신의 본분을 실현할 만큼 충분히 폭력적일 때 효력이 있다고 보는 데서 드러나듯이, 클라우제비츠에게는 전쟁을 신성화하는 분위기가 있습니다. 나폴레옹을 증오했던 사람으로는 아주 이상하게도 그를 실망하게 하는 전쟁 쇠퇴 분위기 속에서 제국의 위상이 떨어지는 것을 두려워합니다. 클라우제비츠는 프로이센 군국주의를 밝혀내는 동시에 격분시킨 계몽주의의 기묘한 화신이라 할 수 있습니다. 그러므로 그것은 군사적 종교의 문제인데, 왜냐하면 희생양의 신격화 때문에 그 메커니즘이 가려져 있음에도 모든 신화가 그 흔적을 담고 있는 '짝패의 비극적 결투'를 엿보았기 때문입니다.

이제 우리는 클라우제비츠의『전쟁론』이 가진 현실성을 보여주려 합니다. 이를 위해 클라우제비츠를 조금 멀리 놓고 그와 동시대인을 포함한 여러 저자와 대화를 시켜보려 합니다. 이런 방식은 엄격하게 군사적인 클라우제비츠의 텍스트를 처음으로 넓게 해석한 레이몽 아롱의 공적을 철저하게 밀고 나가는 것이 될 것입니다. 동시에 우리는 이런 폭력의 악순환 속에서, 제의 때문에 점점 더 억제되다가 이제는 폭력과 혼동되는 성스러움의 영원회귀를 포기할 수 있어야 할 것입니다. 우리는 이렇게 풀려난 모방 한가운

데서 작업해야 합니다. 다른 길은 없습니다. 그러므로 탈신비화된
종교인 기독교 안에서만 일어날 수 있는 종교의 출구로 되돌아가
는 것이 필요합니다.

2장 클라우제비츠와 헤겔

경쟁과 적대세력의 동요

샹트르 선생님은 나폴레옹이 역사에 정신을 새긴 것과는 다른 것을 구현했다고 말함으로써 클라우제비츠가 동시대인인 헤겔과 상반된다는 것을 암시했습니다. 차이소멸이 극단으로 치닫고 있는 오늘날 세상은 선생님 주장을 뒷받침해주고 있습니다. 이게 바로 선생님의 강력한 직관이라고 할 수 있습니다. 괜찮으시다면 저는 양면적 모델인 나폴레옹과 둘 다 1806년 예나에 있었고 1831년에 베를린에서 죽은 두 해설자를 묶어주는 삼각형 이야기로 되돌아갔으면 좋겠습니다.

지라르 이야기를 하다가 떠올랐던 생각을 끝까지 밀고 나가야겠군요. 그러려면 저한테는 없는 철학 지식이 필요할 것 같습니다. 저는 헤겔보다는 헤겔 철학에 반대합니다. 강조해야 할 점이지만 클라우제비츠는 철학자가 아닙니다. 하지만 이 두 사람을 비교하는 것은 의미가 있습니다. 그에 반해 헤겔의 『정신현상학』은 우리가 이제 막 벗어나고 있는 인상적인 철학적 환상을 처음으로 사용하고 있습니다. 그리고 동시에 이 환상은 프로이센이 나폴레옹에게 패배한 1806년에 나왔습니다. 셸링과 횔덜린과 함께 튀빙겐신학교에 있을 때 파리 사태를 뒤따라가면서 프랑스혁명의 이상에 감탄했던 헤겔은 나폴레옹의 몸짓이 이러한 이상을 공간과 역사에 역설적으로 새긴 것이라고 이해했습니다. 어떻게 보면 독일인들은 나폴레옹에게 점령당하지만, 그와 동시에 해방되었다고도 말할 수 있습니다. 예나에 있던 헤겔이 창 밑으로 '세계정신이 말을 타고 지나가는 것'을 보았을 것이라는 유명한 말도 이래서 생겨났던 것입니다. 이 말은 전설처럼 되었습니다. 헤겔은 동시에 자신이 그 안에서 성장한 '아우프클레룽'(Aufklärung), 즉 계몽사상을 믿지 않는 사상가입니다. 그러므로 헤겔의 사상과 관련해서 언제나 등장하는 상투적인 표현은 피하려고 노력해야 할 것입니다.

샹트르 1820년 『권리의 철학』 서문에서 헤겔이 "합리적인 것은 현실적인 것이고, 현실적인 것은 합리적이다"라고 쓸 때의 현실은 우리가 지각하는 현실이 아니라 본질과 실존의 합일을 말한다는 것을 기억해야 할 것 같습니다. 이 말은 그러므로 헤겔이 보기에 나폴레옹이 구현하고 있다고 여기는 '역사 방향'과는 아무런 관련이 없는 것 같습니다. 헤겔 철학은 절대적 정신의 수준뿐 아니라 자기 목숨의 위험을 무릅쓰고 자기 정신을 드러내는 자기희생 차원에서도 우리에게 자신의 비극을 감추고 있습니다. 헤겔이 '정신의 골고다 언덕'에 대해 이야기한다는 것을 잊지 말아야 할 것 같습니다.

지라르 헤겔에게는 단 하나의 화신이 있는데 그것은 역사라는 신의 화신입니다. 그에 따르면 이 '신의 중개'만이 진정한 합리성을 출현할 수 있게 해줍니다. 그래서 헤겔의 변증법은 하나님의 계시를 모방하게 됩니다. 여기서 우리는 '정·반·합'이라는 한결같은 도식에서 벗어나야 합니다. 헤겔 변증법은 이것과 상관이 없습니다. 변증법은 자기양보로 들어갔다가 상반된 둘 사이의 화해인 상승과 고양(Aufhebung)으로 나옵니다. 변증법은 하나의 입장을 제시한 다음 그 입장의 '부정'을 제시하고 마지막으로는 그 '부정의 부정'을 제시합니다. 타인에게 자신을 열고 자기양보로 자신을 벗어나는 것은 현실에 대한 참된 접근이자 모든 주관적 성향에서 벗어나 진정한 합리성에 도달하는 '자신으로의 복귀'를 준비하는 것이라 할 수 있습니다. 우리는 여기서 그리스도의 죽음과 부활의 철학적 회복을 느낍니다. 헤겔 철학의 모든 힘과 애매함은 이 평행선에 놓여 있습니다.

기독교 계시에서 헤겔은 이중의 화해와 고양의 필요성을 느끼는데, 인간 사이의 화해와 인간과 신 사이의 화해가 그것입니다. 그러므로 평화와 구원은 연결된 두 개의 운동인데, 그것은 헤겔이 교회는 인간 의지의 상호작용을 조정하는 데 실패했다고 생각하고서 이 임무를 특정한 국가와는 무관한 '구체적 보편자'인 국가에 할당하기 때문입니다. 이 국가의 합리적 보편성은 실제로 세계적인 조직이 되어야 합니다. 하지만 그사이에 특정 국가는 호전적인 관계를 계속 유지할 것입니다. 이러한 전쟁의 연속에는 역사의 본질적인 우연성이 있습니다.

그러나 헤겔에게 전쟁은 이성으로 환원될 수 없는 우발적 사건에 불과하지만, 그가 전쟁을 매우 심각하게 생각했다는 것은 부인할 수 없습니다. 변증법은 우선 사람들 사이의 화해가 아닙니다. 그것은 오히려 '상반된 정체성'과 인정을 위한 결투와 투쟁과 같은 것입니다.

샹트르　이제 우리 주제의 핵심에 도달한 것 같습니다. 하지만 저는 극단적인 입장들은 서로 관계를 유지하지 않고 절대로 해결되지 않으면서 헛된 왕복운동에 빠진다고 생각합니다. 이런 저울질은 서로를 배제하면서 왕복운동 속에서 서로 똑같은 것이 되는 두 입장인 두 개의 관념을 대립시키는데, 이런 식의 판단은 관계를 분리하고 악화하는 것 같습니다.

지라르　튀빙겐대학에서 계몽주의를 공부하면서 인간 지성이 신앙과 상반되는 것처럼 계몽사상은 종교와 상반된 것이라는 것을 알게 되었을 때 헤겔은 이런 사실을 잘 알았습니다. 헤겔의 합리주의는 변증법을 사용해 전능한 이성이라는 신기루에서 벗어나게 하려는 것을 목표로 합니다. 그렇게 되면서 헤겔은 관념을 피할 수 있게 해주고 인간에게 구원과 평화를 줄 수 있는 화해를 기독교로부터 이어받습니다. 그런데 방금 질문에 대한 답이 될 수도 있을, 헤겔이 미처 보지 못한 것이 있습니다. 그것은 '상반되지만 곧 동일한 것이 되어버리는 견해의 진동은 곧장 극단으로 치달을 수 있다'는 것과 역경은 곧장 적의에 가까워지고 번갈아 나타나는 교체는 곧장 상호성에 이를 수 있다는 것입니다. 헤겔의 사상에는 비극적인 면은 있지만 파국적인 면은 있지 않습니다. 그의 사상은 변증법에서 화해로, 상호성에서 신뢰하는 관계로 넘어가는데, 그 과정에서 자신의 출발점을 망각한 듯한 인상을 줍니다.

　헤겔의 생각은 종교와 희생, 그리스도의 죽음과 부활, 인류학적으로 말하면 희생제도에 의지하는 모든 보호책의 완벽한 전복으로부터 나옵니다. 그런데 헤겔은 그리스도가 몸으로 입증한 것을 망각했습니다. 기독교 인류학에서 출발한 헤겔이 도중에 이를 놓아버린 것이라 할 수 있습니다. 물론 정신은 자신을 객관적으로 인식하기에 정신입니다. 하지만 헤겔에게서 정신은 불확실한 역사 너머에서 일어납니다. 이런 의미에서 클라우제비츠는 필연적 역사와 우발적 역사의 구분을 거부하면서 마르크스보다 먼저 '변증법을 준비'했다고 말할 수 있습니다. 헤겔이 로고스에 대한 인간 이성의 적합성을 생각하는 바로 그 순간에 클라우제비츠는 당시 전쟁 상황에서 결투와 진동에 관련된 것이 무엇인지 알려줍니다. 클라우제비츠는 이 진동이 극단까지 올라갈 수 있고, 교체는 상호성으로 넘어갈 수 있으며, '이런 진동은 더 이상 성령의 신정론으로 통합될 수 없을 것'이라고 알려줍니다. 저는 이 지점이 이 두 사상가의 차이를 보여준다고 생각합니다.

샹트르 지금 이야기는 선생님 생각이 어떤 맥락에 근거해 있는지를 말해주는 아주 중요한 지적 같습니다. 선생님이 고대종교를 연구하면서 '희생위기'라는 말로 묘사한 것처럼, '상반된 정체성'의 갈등에 대해 헛된 차이가 고조되는 것은, 1930년대 말 헤겔을 수용하던 프랑스의 철학적 분위기를 상기시키는군요.

지라르 1961년에 『낭만적 거짓과 소설적 진실』이 나왔을 때 저를 대표적인 헤겔 연구자인 코제브의 후계자처럼 보려던 사람이 많았던 것도 그 때문인 것 같습니다. 헤겔 사상에 대한 새로운 해석이라는 말도 있었습니다. 사람들은 모방적 욕망은 헤겔 인정욕구의 재판이라고 생각했는데, 그것은 제 이론이 낡아빠진 것으로 시대에 뒤처진 논쟁만 불러일으키는 것이라는 혐의를 암시하려는 의도라고 생각합니다. 물론 저는 강하게 이의를 제기했습니다. 하지만 헤겔의 지평이 거기 있었던 것은 부정하기 힘들 것 같군요.

당시 프랑스에서 코제브의 영향은 대단했습니다. 프랑스 고등연구원에서 열린 코제브의 강연에는 레이몽 아롱, 조르주 바타유, 자크 라캉 등이 참석했습니다. 그들은 『정신현상학』을 바탕으로 욕망이라는 주제를 많이 생각하게 되었습니다. 코제브를 통해 당시 사람들이 많이 알게 된 것은 헤겔이 인정욕구를 사유했던 주인과 노예의 변증법이라는 개념입니다. 당시 사람들은 모두 '자아의 의식'이라는 말을 자주 거론했는데 이것은 '타인의 인정'이 있어야만 가능한 개념입니다. 노예는 주인을 인정할 수밖에 없습니다. 그러므로 이 변증법이 저의 소설 해석과 제가 '소설적 진실'이라 부르는 것에 영향을 주었다는 생각에는 진실한 면이 있습니다. 저는 당시에 헤겔처럼 우리는 어떤 대상보다는 그것을 바라보는 타인의 시선을 더 많이 욕망한다고 말하곤 했습니다. 말하자면 '타인의 욕망에 대한 욕망'이 문제라고 말입니다.

그렇지만 저는 다른 사람과는 무관하게 변증법을 보고 있었습니다. 제 생각에 미친 헤겔의 영향이 무엇인지도 말할 수 없었습니다. 어쩌면 모방의 영향을 욕망이라는 이름으로 표현할 생각도 하지 못했을지 모릅니다. 돈키호테의 기사도를 감히 이런 식으로 규정한 것도 중요했습니다. 또한 그 대상이 무한이 이어지는 욕망, 항상 타인의 존재를 전제로 하는 만족할 줄 모르는 욕망에도 헤겔이 '나쁜 무한'이라 부르던 것이 있을 것입니다. 헤겔의 '불행한 의식'은 인간은 전쟁 시에만 화해에 다가갈 수 있는 욕망과 증오에서 '동일한 존재'라는 것을 인정하는 방법의 하나입니다. 그러므로 저는 이런 철학과 무관하지 않다는 것은 부인할 수 없을 것 같습니다.

하지만 우리 연구는 근본적인 차원에서 헤겔의 사상과는 차이가 납니다.

'타인의 욕망에 대한 욕망'은 타인이 소유한 것에 대한 욕망인 '모방적 욕망'과는 거의 관계가 없습니다. 이것은 어떤 대상이나 동물이나 남자나 여자일 수도 있지만 고유한 존재, 본질적인 특성일 수도 있습니다. 제가 간단하고도 효과적으로 자신을 방어하지 못한 것은 당시 분위기에서 제가 너무 구체적이어서 실망을 줄 것이라 생각했기 때문입니다. 저는 당시 저 자신의 산문적인 평범함에 대해 약간 부끄러워했던 것 같습니다. 사람들은 '실제' 대상 때문에 서로 반목한다고 말할 수 없을 것 같습니다. 제가 형이상학적 욕망이라 부르는, 주체가 자기 모델과 같은 '존재가 되고자 하는' 욕망을 쉽사리 변질시키는 것은 인정욕구라기보다는 소유의 욕망이라 생각합니다. 이것은 '그 대상을 소유함으로써 타인과 같은 존재가 되기를' 원한다는 말입니다.

이런 일이 어떻게 일어날까요? 이런 일은 '인정욕구'보다 더 구체적이고 더 강력하게 일어납니다. 저는 어떤 대상을 자연발생적으로 욕망하지 않고, 타인이 그 대상을 욕망하거나 욕망한다고 여기기 때문에 저도 그 대상을 욕망합니다. 그러므로 타인이 저에게 다가오는 순간 저는 그가 욕망하는 그 대상에 가까이 다가섭니다. 이때 타인은 제 모델이 되면서 저는 처음에 욕망한다고 믿었던 그 대상을 완전히 망각하게 됩니다. 모든 행동은 상호적이기에 제 경쟁자도 같은 경험을 합니다. 그는 자기 가까이에 있는 어떤 대상을 제가 욕망하는 것을 보고서, 저라는 경쟁자가 없었을 때는 완전히 망각했던 그 대상을 다시 욕망하게 됩니다. 똑같은 대상을 향한 길에서 제가 그를 만나는 것처럼 그도 저를 만나게 됩니다.

이것이 바로 제가 '이중 중개'라 부르는 것으로, 두 경쟁자가 서로에게 모델인 동시에 걸림돌이 되는 상황입니다. 경쟁 관계는 쌍등이들 관계처럼 되고 경쟁자들은 점점 더 닮아갑니다. 둘 가운데 한쪽이 앞서나가면서 자율성이라는 환상을 가질 수 있고 다른 쪽은 상대를 신격화할 정도로 굴복할 수도 있습니다. 원한에 따른 모든 증상 밑바닥에는 이와 같은 매력과 척력이 있습니다. 모델-장애물에 대한 숭배와 형이상학적 욕망은 우리를 살인에 이르게 할 수도 있습니다. 그의 능력을 저도 갖고 싶어서 그 앞에서 겸손해지면서 숭배하던 모델은 차츰 견딜 수 없는 존재가 되면서 결국 제거해야 할 낯선 사람으로 변합니다. 그러므로 『낭만적 거짓과 소설적 진실』에는 모방이론의 싹이 들어 있었다고 말할 수 있습니다. 집단을 파멸할 위험이 있는 수많은 원수 형제들의 폭력을, 갑자기 해로운 것처럼 보인다는 이유로 선택된 제삼자에게 집중한 것이 바로 사회질서의 모방적 기원일 것입니다. 만인의 폭력을 일인에게 집중하는 것은 모방의 끔찍한 모습입니다. 원한의 증상과 마찬가지로 숭배와 미움을 받는 이때의 희생양은 대단한 사람인 동시에 하찮은 사람입니다. 이처럼 고대종교의 뿌리에는 모방적 욕망이 있습니다.

샹트르 상호성에 대한 선생님의 분석은 항상 인정받고자 하는 욕망으로 기능하는 헤겔의 '목숨을 건 투쟁'보다 훨씬 더 폭력적입니다.

지라르 인정을 받으려면 그의 눈길만으로도 나를 존재케 해주는 주인이 제거되어서는 안 된다는 것은 자명한 사실입니다! 인간 의식은 이성이 아니라 욕망으로 획득됩니다. 적대자들은 인정을 받으려고 충돌합니다. 인정욕구는 상대를 죽이지 못하게 하는데, 상대가 죽거나 모두가 죽으면 어떻게 서로를 인정할 수 있겠습니까? 어떤 결투에서든 한쪽은 상대를 두려워하면서 자신의 주인으로 받아들이고 스스로 그 주인의 노예란 것을 인정해야 합니다. 여기서 1945년 이후 드골의 정책에 영향을 준 코제브에게는 근본적으로 보이는 제국의 개념이 나타나는데, 이는 뒤에 다시 이야기할 기회가 있을 겁니다. 이런 의미에서 주인과 노예의 변증법은 언제나 평화에 도움이 되는 것으로 보였습니다. 이것은 동물행동학자들이 말하는 동물사회의 우성 네트워크와 비슷합니다.

헤겔 사상의 위험은 역설적이게도, 처음에는 폭력에 대한 충분히 급진적인 개념을 갖고 있지 않았다는 데서 나옵니다. 헤겔과 클라우제비츠를 같이 읽어야 하는 까닭도 여기에 있습니다. 현실과 관념의 일치가 헤겔에게서는 평화로 이어지고, 클라우제비츠에게서는 극단으로 치닫는 것으로 이어집니다. 클라우제비츠는 군대에서 경력을 쌓았지만, 헤겔은 군사 작전에 참여한 적이 한 번도 없습니다.

샹트르 절대전이라는 개념이 클라우제비츠를 두려워하게 했던 것 같습니다. 관념과 현실 사이의 괴리를 묘사하려는 클라우제비츠의 태도는, 현실과 관념의 일치인 '구체적 보편자'를 지향하는 헤겔의 변증법에 역행하는 것이기 때문입니다. 헤겔은 개인적 관심에서 보편적 차원으로의 이행을, 개인은 국가라는 보편성 속에서 실현되어야 한다고 생각합니다. 헤겔이 전쟁에 우월적인 지위를 부여하는 것도 이런 차원에서인데, 전쟁은 자신의 사적 이익에만 몰두해서 국가에서 멀어진 사람들을 국가라는 총체성 속으로 되돌려놓는다는 것입니다. 전쟁으로 국가는 때때로 개인에게 개인적 이익을 희생하도록 요청하면서 그 개인을 '보편자'에 다시 가입시킵니다. 영웅은 생물학적인 것을 거부함으로써 자신을 정신으로 나타냅니다. 이런 과정을 거쳐 사리사욕 없는 영웅적인 태도에 기반을 둔 권리가 실현됩니다. 헤겔이 생각하는 것은 전쟁이라는 우발적 사태를 극복해야 하는 국가라는 '구체적 보편자'에서 사적인 것과 공적인 것, 현실과 생각의 일치입니다. 그것을 위해 목숨을 희생할 가치가 있는 객관화된 보편자가 바로 권리입니다. 권리는 다른 '윤리적 총체성'과는 상반된 '윤리적 총체성'처럼 민중을 형성합니다. 클라우제비츠는 전쟁을 분리, 즉 전쟁과 그 개념 사이의 크거나 작은 간극으로 생각합니다.

지라르 이 두 사상가는 그러므로 유사하면서도 상반됩니다. '정치는 인격화된 국가의 지성'이라는 클라우제비츠의 말처럼,[1] 국가를 인정한다는 점에서는 유사하지만, 역사를 바라보는 시각은 상반됩니다. 헤겔이 미래에 실현될 것이라고 생각한 것은 현실과 생각의 합일인데, 클라우제비츠는 이것을 두려워하는 동시에 바라고 있습니다. 그것은 아마도 이 합일은 한 사람에게는 역사의 불확실한 종말에 있고, 다른 사람에게는 모순의 중심에 있는 것으로 보였기 때문일 것입니다. 이런 점에서 클라우제비츠는 절대지식과 이 지식을 향한 관념적인 진보라는 야망을 파괴하러 나타났다고 말할 수 있을 것입니다. 클라우제비츠는 인간은 언젠가 세상을 파괴할 수 있다는, 역사의 본질적 폭력을 떠올리게 합니다. 여기서 나폴레옹이라는 인물의 양면성이 나옵니다. 나폴레옹은 헤겔에게는 정신 기록의 화신이고 클라우제비츠에게는 자신이 응수해야 하는 '전쟁의 신'이었습니다.

---

1) Carl von Clausewitz, *De la guerre*, trad. Denise Naville, Minuit, coll. 'Arguments,' 1955, p.68.

역사의 두 개념

샹트르 하지만 두 사람은 차이점에도 불구하고 국가를 신격화하고 보편적인 모든 윤리를 거부한다는 점에서 공통점이 있는 것 같습니다. 클라우제비츠에게 전쟁은 하나의 이상이라면 '표면적 역사'와 '진정한 역사'를 구분해야 한다고 주장하는 헤겔에게 전쟁은 필수적입니다. 진정한 역사는 개인의 희생으로 이루어진 것입니다. 개인들은 권리의 모습을 한 정신의 도래에 이바지합니다. 명백한 표면적 역사와 그것의 상호적인 동력은 오히려 클라우제비츠에게 유일한 현실입니다. 그러므로 여기서 우리는 절대에 대한 상반된 두 표현을 만나게 됩니다. 클라우제비츠에게는 전쟁이라는 재앙으로 그 개념에 합치되는 것이고, 헤겔에게는 생각이 '순수 개념을 포착'할 때 시간이 정지되는 것입니다. 둘 다 희망의 여지를 많이 남겨두지는 않고 있습니다!

지라르 사실 이 두 사람은 위대한 전쟁 사상가로 볼 수 있습니다. 나폴레옹이라는 인물 주변에는 예나에서부터 베를린까지 분명 전쟁의 묵시록과 철학적 묵시록의 묘한 동시성이 있습니다. 이것은 정말 이상한 현상인데, 당시 시대와 관련이 있습니다. 그 당시에는 헤겔과 클라우제비츠뿐 아니라 셸링과 피히테도 있었는데 이들 모두 나폴레옹을 바라보고 있었습니다. 『독일 국민에게 고함』에서 독일 민족주의에 미친 피히테의 역할을 떠올려보기 바랍니다. 제르멘 드 스탈 부인과의 관계와 함께 슐레겔에 대해서도 같은 이야기를 할 수 있습니다.

낭만주의는 개인의 자율성에 대한 과도한 믿음에서 나왔습니다. 그러나 다른 한편으로 생각해보면, 낭만주의는 원한·호혜성·

결투의 법칙을 파악하는 데, 즉 어떤 모델도 우리를 보장할 수 없는 내적중개의 세계로 우리가 들어갔다는 것을 이해하는 데 필요한 통로이기도 합니다.

폭력에 '대처'해야 합니다. 바로 여기서 제르멘 드 스탈 부인을 비롯한 당시의 사람들에게서 '종교만이 방책을 내놓을 수 있다'는 중요한 직관이 나옵니다. 따라서 증오와 매혹으로 가득 찬 프랑스와 독일의 관계에 오늘날 세계를 이해하기 위한 결정적인 무언가가 있습니다. 여기서 나폴레옹은 중요한 촉매제 역할을 했습니다. 유럽과 세계 역사에 큰 영향을 미치게 된 독일 통일이 실현된 것은 바로 나폴레옹에 반대하는 일로 시작되었다는 것을 잊지 맙시다.

클라우제비츠는 나폴레옹 지지파인 동시에 나폴레옹 반대파입니다. 그는 근대적 개인주의의 근원에 위치하면서도 모방에 대한 예리한 의식을 갖고 있어 그의 책을 읽는 재미가 쏠쏠합니다. 클라우제비츠의 합리성은 그러므로 양면적입니다. 헤겔은 전쟁을 영웅적이고 이성적으로 사적 이익을 극복하는 자기희생으로 보는 데 반해, 클라우제비츠는 더 강력한 거래라고 보는 아주 냉정한 태도를 갖고 있습니다. 영웅의 죽음은 헤겔 정신의 도래에 참여합니다. 영웅은 자신의 생명을 걸고 자신의 자연성과 동물성에서 벗어납니다. 희생이 그를 정신적인 존재로 만듭니다. 이성은 이렇게 분쟁에 술책을 쓰는데, 분쟁 속에서도 이성은 질식하지 않습니다. 클라우제비츠의 군사적 영웅에게는 이런 성향이 전혀 없고, 군대가 처할 수 있는 모든 우발적 사태에서 성공적으로 벗어날 수 있는 사람입니다. 예외적인 개성을 살리려고 이런 상호작용을 감추는 것 속에도 낭만주의가 있는데, 이 낭만주의는 얼음처럼 차가운 이론적인 낭만주의입니다. 우리의 열정과 욕망은 타인에게서 나오지 결코 우리 자신의 깊은 곳에서 나오지 않습니다. 적이 적대적이기 때문에 저도 그렇게 되는데 그 반대도 마찬가지입니다.

클라우제비츠는 그러므로 군인의 영웅주의를 자기 극복이 아니라 모방이 고조된 것으로 봅니다. 예컨대 참호구축이나 수색이나 첩보활동 같은 군대의 일상적 행위를 새롭게 혁신한 것일수록, 즉 예상하지 못한 것일수록, 반격은 훨씬 더 효과적입니다. 훌륭한 장군은 이런 극단적 상호주의 상황을 아주 냉정하게 지배하는 장군입니다. 그렇다고 해서 그 장군이 자율적이라는 말이 아닙니다. 방어 전략에 통달할수록 그 장군은 폭력에 더 예속되면서 극단으로 치닫기를 더 부추기게 됩니다. 독일 민족주의가 들끓기 시작하던 한가운데서, 현실과 관념의 유일하게 가능한 일치이자 순수한 상호성인 절대전 앞에서 클라우제비츠가 두려움에 한 걸음 물러선 것같이 만사가 진행됩니다.

클라우제비츠에게는 전쟁에 대한 매력과 함께 반감도 있습니다. 그런데 이런 현상도 이론화되어 있습니다. 이런 식으로 클라우제비츠는 전체주의적 희망과 정치적 신중함을 동시에 유지할 수 있었습니다. 그래서 저는 클라우제비츠 『전쟁론』의 첫 장을 헤겔 개인주의에 대한 비판으로 해석하는 것은 충분히 설득력이 있다고 생각합니다. 하지만 이런 비교의 결과는 엄청납니다. 하이데거가 훗날 '기술에 의한 세계의 배열'이라고 부르게 되는, 헤겔이 말하는 정신의 현현과는 아무런 관련이 없는 약진의 동인이 본질적으로 상호성에서 나온 것임을 클라우제비츠는 알아챘을 수 있습니다. 반대로 극단으로 치닫기는 어떤 화해도 불가능하게 만듭니다. 헤겔은 사람들이 같아지면 화합이 잘될 것이라 기대했지만, 같아질수록 사람들은 오히려 더 분열될 뿐 화합하지 못합니다.

샹트르 그러니까 선생님은 클라우제비츠 역을 맡아서 헤겔을 비판
하시는 것이군요. 아니 그보다는 클라우제비츠 덕분에 헤겔의 신
정론에 의혹을 제기할 수 있게 되었다고 말할 수 있겠군요. 특히,
정신이 인간의 열정에 작용해 자신의 목적에 봉사하게 만든다는
주장에 대한 의혹 말입니다. 모든 것이 최악으로 흘러간다는 선생
님 생각은 과연 어디에서 나올까요?

지라르 헤겔의 변증법을 의미 없는 것으로 보았던 클라우제비츠가
헤겔보다 더 현실적이라는 생각에서 나왔습니다. 저의 확신은 그
러므로 완전히 합리적입니다. 그것이 클라우제비츠『전쟁론』1장
의 의미입니다. 여기서 클라우제비츠는 직관의 힘으로 헤겔의 이
론을 넘어섭니다. 그에게는 더 구체적이고 더 참된 의미가 있습
니다. 우리는 오버행 자세를 취할 수 없어 사건을 위에서 볼 수가
없습니다.『세상이 만들어질 때부터 숨겨져온 것』을 쓰면서 기독
교가 폭력을 판단할 수 있는 시각을 제공해준다고 생각할 때 저
자신도 이런 시각을 갖고 있었습니다. 그런데 '진실한 역사'만큼
반-희생적인 영역도 없습니다.

　저는 제 안에 있던 '근대적인 것'과 반-기독교적인 것의 전부
였던, 바울의「히브리인들에게 보낸 편지」에 대한 비판을 수정하
게 되었습니다. 제가 헤겔식으로 포착했다고 여겼던 '본질적 기독
교'를 위해 '역사적 기독교'를 비판한 것은 정말 엉뚱한 것이었습
니다. 오히려 기독교는 본질적으로 역사적인 것으로 보아야 하는
데, 여기에 클라우제비츠가 도움이 되었습니다. 솔로몬의 재판은
이에 관해 모든 것을 이야기합니다. 여기에는 고대의 희생인 타
인희생도 있고, 기독교 희생인 자기희생도 들어 있습니다. 그것은
언제나 희생을 이야기하고 있습니다. 언제나 모방에 젖어 있는 우

리는 타인의 소유물에 대한 욕망인 우리 욕망의 함정에서 벗어나야 합니다. 되풀이해서 말하지만, 절대적인 지식은 없습니다. 이제 우리는 역사 한가운데 머물러 있으면서 폭력 한가운데서 처신할 수밖에 없습니다. 그 메커니즘을 잘 알기 때문입니다. 아는 만큼 그 메커니즘을 잘 피할 수 있을지는 잘 모르겠습니다.

헤겔은 군대에 대해서 잘 모릅니다. 그래서 클라우제비츠가 경험해 이론화하려고 애를 썼던 이 모든 상호작용을 헤겔은 느끼지 못합니다. 하지만 전쟁의 상호작용을 이해하려 애쓴 덕분에 클라우제비츠는 중요한 것을 포착할 수 있었는데, 그 자신이 관찰자이자 행위자로 직접 참여했고, 우리도 경험하고 있는 '극단으로 치닫기'가 그것입니다. 이를 제대로 이해하려면 우리 설명에 기대어서 독일에 미친 나폴레옹 군대의 엄청난 충격을 상기할 필요가 있습니다. 클라우제비츠는 나폴레옹에게 끌렸는데, 이를 설명해줄 수 있는 것은 모방이론입니다. 전 국민이 동원되는 전면전 상황에서 클라우제비츠는 전쟁이 만든 새로운 상황과 나폴레옹에 '대응'할 수밖에 없었던 프로이센의 반응을 직접 목격했습니다. 하지만 클라우제비츠와 같은 원한이 없는 헤겔은 이런 것을 보지 못했습니다. 그리스와 로마를 이어받아 '객관적 진실이자 자유로서 화해'를 나타내야 하는, 헤겔 스스로 '게르만 제국'이라 부르는 것이 실은 프랑스와 오스트리아에 대항해서 독일을 통일함으로써 실현하려는 프로이센의 모방적 분노의 산물이라는 것을 알지 못했습니다. 절대정신의 도래와는 무관한 극단으로 치닫기가 실현되는 것은 바로 독일-프랑스 간의 이런 상호성 때문이라는 것을 헤겔은 보려고 하지 않았습니다. 클라우제비츠는 이 실상을 느끼고 있었지만, 독자들에게 전쟁은 여전히 18세기적이어서 정치가 전쟁을 막을 수 있는 것처럼 믿게 합니다. 이상하게도 자신의 직관을 감추고 있습니다. 이것은 어쩌면 클라우제비츠에게 들어 있는 계몽주의자의 측면 같습니다. 하지만 우리가 이미 그 실상을 짐작하는 데서 알 수 있듯이, 그가 드리운 장막은 제 역할을 다하지 못한 것 같습니다.

샹트르　모방에는 이성이 보고 싶어 하지 않는 이유가 있는 것 같습니다. 『전쟁론』의 독자인 카를 슈미트는 나폴레옹 실각 이후 클라우제비츠가 열렬히 참여했던 프로이센의 개혁은 본질적으로 프랑스혁명에 대한 반응이라는 것을 잘 보여주었습니다.

지라르　사실 오래전부터 프랑스혁명을 꿈꾸었던 독일은 이런 무기력에서 벗어나야 합니다. 독일은 프랑스혁명에는 유럽을 고양할 위대한 변화가 있다고 생각했습니다. 1806년 예나 패전 상황으로 돌아가봅시다. 프로이센의 거의 모든 국토가 점령당했습니다. 이어서 1807년 6월 프리틀란트 전투에서 러시아의 패배가 있었고, 네만강 가에서 나폴레옹과 러시아 알렉산드르 황제의 틸지트 회담이 있었습니다. 티에르가 "나폴레옹에게 패한 영광은 승리와 같았다"라고 쓴 것은 나폴레옹의 영향력이 절정이었기 때문입니다. 차르는 "나는 이 사람보다 더 사랑한 것이 없다"라고 말했을 것입니다! 클라우제비츠의 논리를 빌려 말하면, 전략과 전술의 승리를 정치적으로 활용하는 모든 기술은 바로 영국에 대항하는 대륙봉쇄에 거의 성공한 이 황제의 저항할 수 없는 매력에 있었습니다. 나폴레옹은 실각한 후에 나타난 적들이 만들어낸 난폭한 정복자가 아니라 외교의 달인이었습니다.
　그런데 이 순간 만약 나폴레옹이 프리드리히 빌헬름에게 영토를 되돌려준다고 제안했다 하더라도 프로이센은 굴욕감과 함께 매력을 느꼈을 것입니다. 프로이센은 군대문화가 강한 나라였기에 나폴레옹을 완전히 미워할 수가 없었던 것입니다. 거기에서 벗어나려면 어쩔 수 없이, 볼테르를 모방했던 프리드리히 대왕처럼, 나폴레옹을 모방할 수밖에 없었습니다. 그런데 여태까지 이런 현상을 학자들은 왜 연구하고 싶어 하지 않았을까요? 클라우제비츠의 생각은 언제나 나폴레옹에 '대응하는' 것이었습니다. 이렇게 해서 클라우제비츠는 다른 사람들과 함께 비스마르크, 특히 슐리펜 계획의 기안자이자 1914년 이후 힌덴부르크의 참모장이던 루덴도르프로 연결되는 운동의 기원에 있었습니다. 루덴도르프는 1923년 뮌헨 폭동에 가담함으로써 히틀러와 연결됩니다. 앞서 보았듯이 클라우제비츠의 사상은 훨씬 복잡할 뿐 아니라 『전쟁론』 1장에서처럼 하나의 주장을 내놓을 때는 반드시 다른 주장도 제시했는데도 리들 하트가 클라우제비츠를 무차별 전쟁 옹호자로 본 것은 『전쟁론』에 대한 교조적 해석 때문입니다. 그러나 확률이나 지휘관의 용기와 같은 현실적 관점을 검토하기 위해 전쟁을 결투로 생각하는 전쟁의 이론적 정의를 거부하는 것과 전쟁의 열기 속에서 '절대적인 수학적 요소'를 본 것은 별개의 것입니다.[2] 프랑스 혁명군에서 그 전조를 보았던 '전면전' 때문에 클라우제비츠는 어쩔 수 없이 새로운 유형의 갈등에 대한 미래 대응으로 '절대전'의 가능성을 생각하지 않을 수 없었습니다. 클라우제비츠는 실제 사건에 대한 반응으로만 생각할 수 있기 때문입니다.

공격에 대한 수비의 우위는 이런 근본적 태도를 이론화한 것일 뿐입니다. 그런데 1870년의 역습 후에 1914년의 역습 그리고 1936년 라인란트 재무장을 준비했던 독일을 보면, 이 이론화는 곧 흐지

---

2) Clausewitz, 앞의 책, p.65.

부지되고 말았다고 볼 수 있습니다. 수비에 대한 이런 생각이 실제로 옳은지 아닌지는 중요하지 않습니다. 수비에 대한 이런 생각만이 『전쟁론』식으로 말하면 '적의'를 '적대감'으로 변화시킬 수 있고 또 적에 대항해서 전 국민을 동원해낼 수 있습니다. 여기서 이런 생각은 말하자면 현실에 꼭 필요한 지평과 같은 것입니다. 그러나 이것은 관념에 너무 경도되어 현실적인 역사 법칙을 도출해낼 수 없는 헤겔 같은 방식의 것은 전혀 아닙니다.

샹트르 1914년 제1차 세계대전 선전포고가 나올 때 앙리 베르그송은 자신의 감정을 이렇게 묘사했습니다.

> 내 격변에도 불구하고, 비록 승리를 거둔 전쟁이 나에게는 파국처럼 느껴졌지만, …관념적인 것이 쉽게 현실이 되는 그 용이함에 대한 감탄의 감정도 느끼고 있었다. 이처럼 끔찍한 사건이 아무런 장애도 없이 현실 세계로 쉽게 들어서리라고 누가 감히 생각할 수 있었을까?[3]

오늘날도, 과거에 불가능으로 여겨졌던 것이 생각하기 어려울 정도로 쉽게 실현되었던 것처럼, 만사가 일어나는 것 같습니다.

지라르 방금 든 인용은 정말 완벽합니다. 베르그송의 이 말은 인간의 이성이 얼마나 최악을 예상하지 못하는지를 잘 말해주고 있습니다. 헤겔의 변증법에 들어 있는 관념적인 모든 것에 대한 훌륭한 해독제가 클라우제비츠라고 부르는 이유가 바로 이것입니다. 클

---

3) Henri Bergson, *Œuvres*, Éditions du centenaire, PUF, 1991, pp.110-111.

라우제비츠는, 우리가 엄밀히 합리주의자일수록, 다시 말해 현실과 역사를 망각할수록 이것들은 우리의 기억에 더 빠르고 더 강렬하게 떠오를 것이라는 사실을 제때에 상기해주러 온 것 같습니다. 클라우제비츠는 현실주의자입니다. 그는 역사의 가속화된 움직임과 함께 이성을 상실한 역사가 미쳐가는 것을 끔찍할 정도로 명석하게 관찰합니다. 『전쟁론』에는 이런 긴박함을 알리는 조건법 구문이 자주 나타납니다. 예컨대 1장의 23번 단락을 봅시다.

전쟁은 항상 정치적 상황에서 정치적 요인에서만 생겨난다. 그래서 전쟁은 정치적 행위다. 그렇지만 전쟁이 그 순수한 개념에서 추출할 수 있는, 어떠한 방해도 받지 않고 절대적인 폭력을 행사하는 완벽한 행위라면, 정치로 촉발될 때부터 전쟁은 정치의 지위를 차지하고는, 일단 파고 들어가면 처음에 작정한 길 말고는 다른 길로 파고 들 수 없는 광산처럼, 완전히 독자적인 것이 되어 자신의 법칙만을 따르게 될 것이다. 정치와 전쟁행위의 부조화에서 이런 이론적 구분이 일어날 때부터 이 문제는 지금까지 이렇게 접근되어왔다. 하지만 이런 생각은 근본적으로 잘못된 것이다. 긴장이 한순간에 풀어지는 것을 보더라도, 전쟁은 그런 극단이 아니라는 것을 현실에서 우리는 이미 보았다. …하지만 그렇다고 정치의 목표가 전제적 입법자인 것은 아니다. 정치적 목표는 종종 자신을 완전히 변화시키는 자기 도구의 속성에 자신을 맞추어야 한다. 그렇지만 정치는 우리 관심의 첫 번째 자리를 차지하고 있다. 이런 식으로 정치는 전쟁에 일정한 영향을 행사하면서 거기서 행사되는 폭발력에 따라 전체 전쟁행위에 스며들게 된다.[4]

---

4) Clausewitz, 앞의 책, pp.66-67. 강조는 인용자.

이 문장은 아주 흥미롭습니다. 여기에는 상호성 원칙이 나타났다가 사라지지 않을 것이기에 더 이상 합리적인 것이 없는데도 자신의 기질을 억누르면서 합리적인 것을 되살리려는 클라우제비츠의 긴장과 노력이 엿보입니다. 앞서 보았듯이, 상호적 행위가 나타남으로써 역사의 동력이 파손된 것이 아니라 해방된 것입니다. '폭발'의 임박성과 정치적 목적에 대한 전쟁의 영향력 행사 실패가 여기서 나옵니다. "정치적 목표는 자신이 사용하는 도구의 속성에 자신을 맞추어야 한다"라는 말이 그것입니다. 이어서 전쟁을 '다른 수단을 이용하는 정치의 단순한 지속'이라고 정의하는 유명한 24번 단락이 나오고, 그 다음 25번 단락에서 클라우제비츠는 두 종류의 전쟁을 언급합니다.

전쟁의 동기가 대단하고 강력할수록 국민의 삶에 더 많은 영향을 주고 전쟁에 앞선 긴장이 강력할수록 전쟁은 관념적 형태에 더 가까워진다. 적의 파괴에 주력할수록 군사적 목표와 정치적 목표가 더 들어맞으면서 전쟁은 '정치적인 것은 덜하고 순전히 군사적'인 것처럼 보이게 될 것이다. 그러나 전쟁의 동기와 긴장이 약할수록 전쟁의 폭력 성향은 정치적 목표와 덜 들어맞고… 전쟁은 더 정치적인 것처럼 보일 것이다.[5]

전쟁이 정치처럼 '보이는' 것은 정치는 겉으로 보이는 것 이상의 것이 아니기 때문입니다. 여기서 26번 단락의 결론이 나옵니다.

다른 전쟁에서는 전면에 나타나는 정치가 어떤 유형의 전쟁에

---

5) 같은 책, p.67. 강조는 인용자.

서는 완전히 사라진 것처럼 보이더라도 우리는 그 전쟁 역시 정치적이라고 볼 권리가 있다.[6)]

여기서 클라우제비츠가 본 것은 오늘날 '이데올로기 전쟁'이라 부르는 것입니다. 레닌주의는 안팎의 '적대계급' 섬멸을 전제하면서 역사의 방향에서 암시받은 절대전쟁으로, 레이몽 아롱의 말을 빌리면 군사적 헤겔주의의 한 형태일 뿐입니다. 역사가 폭력적으로 되풀이되는 것도 바로 이 때문입니다. 이성은 폭력에 저항하지 못하고 폭력을 정당화하면서 길을 열어줍니다. 마르크스와 엥겔스가 의도한 것도 결국에는, 클라우제비츠로부터 정치에 대한 전쟁의 명백한 종속을 이어받는 것이 아니었을까요? 그러나 이번에 전쟁이 복무해야 할 것은 내전으로 국가 간 전쟁을 대체하는 계급 투쟁이 될 것입니다. 레닌주의가 전쟁의 정의에 가한 이런 굴절은 전쟁의 일반화를 부추긴 것 같습니다. 그래서 내전은 아주 빨리 유럽과 전 세계로 확산했습니다.

이런 의미에서 이데올로기 전쟁은 고전적인 국가 사이의 전쟁을 오늘날 우리가 경험하고 있는 절대 예측할 수 없는 문자 그대로 '무차별적' 폭력으로 바꾸어놓았다고 말할 수 있습니다. 그러므로 지금 우리는 헤겔에서 아주 멀리 떨어져 있습니다. 투치족과 후티족 사이에는 '인정욕구'가 아니라 극단으로 치달아 인종 학살로 변질된 쌍둥이 경쟁이 있습니다. 중동의 시아파와 수니파의 학살은 갈수록 더 격렬해지고 있습니다. 여기서도 한쪽이 다른 쪽으로부터 '인정'받기를 원한다고 말할 수는 없을 것입니다. 상대를 섬멸하길 원하는 것은 인정받는 것과는 아주 다른 것입니다. 도끼

---

6) 같은 책, p.68.

질과 미사일 사격 사이에는 속성의 차이는 없고 정도의 차이만 있습니다.

역사에는 더 이상 이성이 작동하지 않는다고, 클라우제비츠는 자기 나름으로 우리에게 말해주고 있습니다. 어디서나 점점 지구화되어가는 분쟁에 정치와 학문과 종교가 이념의 색깔을 씌우고 있습니다. 이로써 상호성 원칙은 여러 가지 명분으로 정당화되었습니다. 무차별 현상이나 차이소멸 경향은 서구 세계가 사용하는 온갖 군사기술로 더 강화되고 있습니다. 이런 차이소멸 경향은 기술이 정치를 '추월'하고 있음을 말해주는 것이라 할 수 있습니다.

레닌과 스탈린은 그래도 현실에서 클라우제비츠의 주장과 헤겔 주장의 유사성은 깨닫고 있었습니다. 이것은 클라우제비츠와 헤겔 사이에서 일어나는 것이 결정적이라는 것을 말해주는 증거이기도 합니다. 레닌과 스탈린은 역사의 방향을 명하고 엄격하게 군사적인 수단으로 이 방향을 실현하려 합니다. 제가 정치군사적인 것을 말하고는 있지만 여기서 정치의 여지는 거의 없습니다! 나치는 이런 현상을 관심 깊게 관찰합니다. 19세기 프로이센 개혁주의자들이 스페인 게릴라를 보고 사회 전체의 군사화를 완수하려고 마음먹었던 것을 나치들은 똑같이 실행하게 됩니다. 이렇게 해서 우리는 그보다 더 모방적일 수가 없을 경쟁적인 동서 진영으로 갈라서서는, 1939년의 불완전한 협정이 깨지자마자 서로를 적대시하게 되었습니다. 이리하여 이들은 '절대전'을 행할 수 있을 정도로 점점 더 서로서로 닮아갈 것입니다.

유럽은 정말로 이런 폭연에서 회복되었을까요? 너무나 분명합니다. 이 대륙이 세계 운명에서 차지한 중요성을 알 때 우리는 겁을 먹을 수밖에 없습니다. 세계 운명에서 유럽 대륙의 중요성을 생각하면 정말 놀랄 수밖에 없습니다. 그러므로 나치즘을 볼셰비즘에 대한 반응으로, 스탈린주의에서 히틀러주의에 대한 반응으로 본 에른스트 놀테의 시각은 옳았다고 할 수 있습니다. 1814년 프랑스군 참패 이상인 그것은 그때까지 보지 못한 새로운 전쟁 현상이자 새로운 사회계약이라 부를 수 있을, 민간 영역의 완전한 군사화입니다. 이것이 바로 유럽의 심장부를 파괴한 '극단으로 치닫기'였습니다. 이데올로기 전쟁의 위력이 요즘은 많이 줄어들었는데, 폭력을 진정으로 정당화하는 노력을 예전처럼 많이 하지 않기 때문입니다. 이데올로기 전쟁은 글로벌 원칙인 상호성 원칙이 출현하는 한 단계에 불과한 것일지도 모릅니다. 이 총체적인 폭력의 예측 불가능성에서 우리는 종말의 또 다른 이름으로 제가 전쟁의 끝이라고 부르는 것을 볼 수 있습니다. 우리는 헤겔 낙관론의 최신 분파인 후쿠야마의 '역사의 종언'과는 거리가 멉니다.

샹트르   프랑수아 퓌레는 제1차 세계대전을 절대전의 기원으로 봄으로써 놀테의 주장을 설득력 있게 수정합니다. 절대전의 시작은 볼셰비키가 아니라 이전에는 없던 참호전이라는 대사건입니다. 이 전쟁에 대한 기형적인 반응이 전체주의입니다.

지라르   베르됭에서 무슨 일이 일어났는지 보고 싶지 않은 한 가지 방법은 종말의 진행을 재촉해 종말을 막는 것입니다. 프랑수아 퓌레의 생각이 옳지만 나폴레옹과 루이 14세까지 더 멀리 올라갈 필요가 있습니다. 클라우제비츠의 말은 틀리지 않습니다. 신성로마제국에 대한 프랑스와 프로이센의 증오까지 올라갈 필요가 있습니다. 지금 우리는 엄청난 연구 분야를 반쯤 열고 있을 뿐입니다. 요즘 저는 모방적 역사를 만들 필요가 있다고 확신합니다. 이것은 오늘날 사회의 문제점을 이해하는 데 도움을 줄 것입니다.

이 점에서 드레퓌스 사건에서 열렬한 왕당파였던 모라스와 실증주의를 아마도 저보다 더 반대하는 사람도 없을 것입니다. 저는 천재적인 '프랑스를 만든 왕 40명'의 천재성도 전혀 믿지 않습니다. 모라스는 사건들을 군대처럼 줄 세우고 프랑스 역사를 자기 마음대로 처리하는 데 매우 능합니다. 오랫동안 지속된 프랑스의 이런 실증주의는 프랑스가 1940년대 이래로 세계를 이끌던 강대국 대열에서 벗어났다는 사실을 인정하지 않을수록 더 우스꽝스러운 것이 되었습니다. 유럽은 지금 과거 로마제국 시절의 그리스 도시나 나폴레옹 3세 때까지의 이탈리아 같은 초라한 신세이거나 앞으로 그렇게 될 것 같습니다. 이런 점에서 제1차 세계대전은 이미 다른 강대국을 따라잡으려는 터무니없는 노력이었다고 볼 수 있습니다.

간단히 말해서, 클라우제비츠는 실증주의자들이 국가의 필요성이나 진보주의라는 말로 희화화하는 역사인 '표면적 역사'의 도약 뒤에서 헤겔이 보고 있는 '진정한 역사'라는 것을 절대 믿지 말라고 알려주고 있습니다. 번갈아 일어나는 승패의 교대 뒤에 잠재된 전쟁의 진정한 원칙과 전쟁의 '철학적 경향'과 전쟁의 '순수 논리'와 '속성'은 이성적인 계략이 아니라 결투입니다.

그러므로 생사를 건 투쟁은 단순한 인정욕구 이상의 것입니다. 그것은 주인과 노예의 변증법이 아니라 '쌍둥이들의 인정사정없는 결투'입니다. 에른스트 놀테가 엿보고도 훌륭한 결론을 도출하지 못한 것은 인간 욕망이 모방에서 출발한다는 모방가설을 끝내 발견하지 못했기 때문입니다.

그는 독일에 면죄부를 주는 대신, 소련과 제3제국의 맹렬한 상호모방이 무고한 사람 수천만 명을 죽인 이 '절대전'을 촉발했음을 보여주어야 했습니다. 이 전쟁에서는 기존에 있던 유럽의 전쟁 제도도 죽었습니다. 클라우제비츠는 최악의 순간에도 완전한 몰락을 두려워하지 않았을 것입니다. 우리는 필요한 모든 방법론적 예방 조치를 이용하면서 이 모방적 해석을 모든 인류 역사로 확장해서 적용할 수 있을 것입니다. 9·11사태가 났을 때 한 프랑스 신문과의 대담에서 제가 이슬람 사람들과 서구인들의 유사성을 언급했던 것도 이런 과정의 하나입니다. 하지만 이것은 새로운 것이 아닙니다.

오늘날 우리가 유럽과 중동에서 겪고 있는 무슬림의 성전, 지하드는 어느 정도는 13세기의 과도했던 십자군 운동에 대한 모방적 대응이 아닌지 자문해볼 수 있을 것입니다. 빈 무덤을 정복하는 데 얼마나 많은 에너지가 낭비되었을까요! 극단으로 치닫기의 양식을 다양한 수준에서 장기간에 걸쳐 역사적으로 연구할 필요가 있습니다. 그런 연구로 우리는, 점점 더 줄어드는 것을 유지하기 위해 전쟁 제도가 점진적으로 만들어진 것은 바로 이런 이 무거운 경향을 막기 위해서라는 사실을 깨닫게 될 것입니다. 폭력의 확산은 폭력을 행하는 사람도 모르게 진행됩니다. 이런 무지의 원칙은 이성의 계책이라는 생각과 모순됩니다.

그러므로 세계화 시대, 다시 말해 전쟁의 가속화 시대에 접어든 1945년 이래로 모방이 영역을 넓혀가면서 지구를 뒤덮고 있다고 해서 놀랄 일이 아닙니다. 예컨대 오늘날 진행되고 있는 중국과 미국 사이의 갈등은 9·11사태 때 우리를 오도하려 했던 '문명의 충돌'과는 아무런 관련이 없다는 것을 오늘날 사람들은 다 알고 있습니다. 이런 일이 일어나는 것은 차이가 없는 곳에서 여전히 차이를 보려고 하기 때문입니다. 사실 점점 더 닮아가는 두 자본주의 사이의 대립이 진짜 문제입니다. 오래된 군사문화를 간직한 중국인이 3,000년 동안 상대를 이기기 위해 상대의 힘을 사용해야 한다는 사실을 이론화해왔다는 사실만 제외하고는 그렇습니다. 그래서 중국인은 서구에 대해 그다지 큰 매력을 느끼지 않기에 서구를 이기려고 서구를 모방하지 않습니다. 중국인들이 모방을 제대로 알고서 통제할수록 그들의 정책은 어쩌면 더 무서울 수 있습니다. 이런 의미에서, 이슬람 세력의 테러는 서양에 대한 동양의 훨씬 더 강력한 '대응'의 전조에 불과한지 모릅니다.

홍콩 반환 시에 여기에 해당하는 기호가 있었는데, 거대한 시계가 홍콩 반환 시간을 표시하고 있었습니다. 중국 국민은 이 일을 아주 중요하게 생각했습니다. 여기서 우리는 정치에 대해 말하지 않고 정치를 하는 영국인의 지능을 봅니다. 현재 전쟁은 없으며 많은 합의가 이루어지고 있습니다. 중국인이 없으면 세계 금융이 무너질 것을 알았기 때문입니다. 그들의 아킬레스건은 부패였을 겁니다. 하지만 서구의 불안을 덜기 위해 부패 수치를 줄여나가던 중국은 2006년에 국민총생산의 10퍼센트 성장을 발표합니다. 중국의 산업지대가 국토의 10퍼센트를 차지한다는 점을 고려하면 미래가 있어 보입니다.

예를 들어, 구리가 도처에서 대량으로 도난당하고 있다는 소식을 들어보셨습니까? 되팔기 위해 훔치는 것인데 이게 프랑스에서 최근에 일어난 일입니다. 엄청난 건설 때문에 엄청난 구리가 필요한 중국 때문입니다. 모두 '중국으로 출장을 가느라고' 작년에 미국 한 대학에서 몇몇 사업이 중단된 일이 있습니다. 오늘은 구리이지만 내일은 석유가 될 것입니다. 유가 상승의 원인은 이제 전쟁의 공포가 아니라 중국일 것입니다. 중국인들은 멈추지 않을 것이며 미국을 능가해 미국보다 더 많은 자동차를 원합니다. 언제나 자신의 모델보다 더 호화로운 셈인데, 이것은 널리 알려진 이야기입니다. 이것은 이슬람의 테러를 어느 정도 상대화하는 우리 역사의 넘을 수 없는 지평입니다. 제가 고대종교를 연구하면서 신화에서 끌어냈던 차이소멸의 메커니즘을 클라우제비츠에게서 확인하는 것도 이 때문입니다. 이 때문에라도 클라우제비츠를 읽어야 할 것입니다. 클라우제비츠의 냉철한 비관주의는 지금 진행되고 있는 퇴행에 대해 누구보다도 잘 알려주고 있습니다.

불가능한 화해

샹트르 선생님의 종말론적 성향은 일부 사람들을 불쾌하게 하면서, 이렇게 미친 세상이 되어가는 것을 설명하기 위해 선생님이 제시했던 여러 개념의 효력을 제대로 보지 못하게 하는 것 같습니다. 선생님은 헤겔주의에 대한 불신 속에서 혹시 클라우제비츠에게 끌리는 것은 아닌가요? 클라우제비츠가 나폴레옹에게 끌렸던 것처럼 말입니다.

지라르 모든 사람을 만족시키기보다는 몇 사람과 충돌하는 게 더 나을 겁니다. 저를 그들 자신의 무지의 희생양으로 삼은 지식인들이 많습니다. 하지만 그런 것이 오늘날 역사의 현실 아닐까요? 제가 헤겔주의를 거부하는 것은 극단으로 치닫기 때문입니다. 제가 클라우제비츠를 거부하면서 극복하려 할수록 클라우제비츠 특유의 직관에 더 끌리는 것이 사실입니다. 클라우제비츠의 극복은 클라우제비츠 시대를 감쌀 수 있어야 한다고 생각합니다. 하지만 이 극복은 카를 슈미트처럼 법적으로 규정된 전쟁을 옹호하기 위해서도 아니고, 충분히 종교적이지도 않은 것 같은 저 유명한 '지양'이라는 헤겔식 화해로 곧장 달려가기 위해서도 아닙니다. 클라우제비츠의 이점은 아주 역설적이게도, 그에게 생기를 불어넣는 원한과 그가 항상 부딪치는 나폴레옹이라는 모델-장애물에서 나옵니다. 여기서 우리는 구체적으로 표명할 수 있는 아주 뛰어난 법칙을 얻게 됩니다. 클라우제비츠를 읽으면서 우리는 나폴레옹과 함께 일어난 일들은 모두 새로운 것이라는 사실을 알고 있습니다. 따라서 우리는 여기서 우리의 안락함의 근간을 위협하는 클라우제비츠의 놀라운 현실 해석을 목격하고 있습니다. 가끔 그의 놀라운 현실 포착이 우리의 편안한 시각에 위협이 되기도 합니다. 극단으로 치닫기는 클라우제비츠의 것이 아니라 현실입니다.

샹트르 헤겔과 클라우제비츠를 너무 대립시키는 것보다 이들을 통해서 사람들의 화해, 즉 갈등을 일으키지 않는 일치를 생각해보는 것은 어떨까요?

지라르 우리가 앞으로 시도해볼 것도 사실 그런 것이라고 생각합니다. 하지만 이 두 사상가 사이에 우리가 설정했던 것이 대조라는 것을 잊지 말아야 합니다. 그래서 우리는 상호행위의 법칙, 즉 모방이라는 흔들리지 않는 법칙에 의지해야 할 것입니다. 우리는 오늘날 욕망과 열정의 논리를 더 잘 이해하기 때문입니다. 그런데 아우슈비츠와 히로시마 이후에도 화해는 여전히 생각해볼 수 있는 것일까요? 헤겔의 범주에서는 전혀 아닌 것 같습니다. 그래서 저는 클라우제비츠와 묵시록에 의지합니다. 오늘날 사람들이 모두 똑같고, 신화도 모두 유사하고, 온갖 구분도 평준화되고 있는 현상을 우리는 분명히 목격하고 있습니다. 그런데 이런 현상은 제가 희생위기라고 부르는, 희생양을 향한 집단폭력에 앞서서 일어나는 짝패 갈등의 산물들입니다. 고대종교의 이런 원초적 장면에서 신·제의·제도가 생겨났습니다. 하지만 오늘날 수많은 사람의 목숨을 앗아가는 이런 폭력 장면은 음산한 코미디에 불과할 뿐입니다. 하지만 우리는 헤겔에게서 일치하는 광경이 철학 지식과 평등과 박애의 지식이 될 수 있다는 것을 보았습니다. 그래서 우리는 여기서 일치를 다르게 생각해볼 필요가 있습니다. 일치는 역전된 모방, 긍정적인 모방이라고 말입니다. 이것은 언제나 해법도 없는 극단적인 갈등으로 변할 수 있는 상호성에 대한 내부 비판을 전제로 합니다.

헤겔이 거의 자동적으로 만인의 화해를 믿은 것은 사람을 믿었기 때문입니다. 하지만 그것은 역사의 근본적 폭력에 근거해 있습니다. 인간 갈등의 긍정성을 주장하는 헤겔의 변증법은 그래서 근대 폭력의 정신적·철학적 상승의 한 단계를 이룹니다. 왜냐하면 마르크스가 폭력을 스스로 받아들이라고 요구했던 것은 헤겔의 이상주의를 비판하면서였기 때문입니다. 레닌은 또 자기 나름대로 충분히 폭력적이지 못하다고 마르크스를 비판합니다. 이런 식으로 폭력은 점점 더 인간사회의 평화 유지에 없어서는 안 되는 필수적인 것이 됩니다. 레닌보다 한술 더 뜨는 사르트르는 '융화집단'을 분석하면서 초석적 살해를 발견하기에 이릅니다. 이렇게 클라우제비츠는 격화된 폭력에서 후기 헤겔주의가 보았던 것을 강하게 주장하고 있습니다. 극단으로 치닫기는 모든 화해와 지양의 신비를 벗겨냅니다. 평화를 창조하는 폭력이라는 환상은 역사적 현실에서 이 모든 사건의 어리석음을 보여줄 것입니다.

헤겔이 살인과 복수가 끔찍하게 되풀이되고 있음을 알고 있었다는 것을 물론 부인할 수 없습니다만, 헤겔은 사람들은 결국 서로를 품을 것이라고 믿었습니다. 헤겔 스스로 자신의 작업에서 화해를 제외했는데, 이것이 바로 헤겔의 수수께끼 같은 천재성이 발휘되는 지점입니다. 사람만 믿는다면, 역사가 끝날 때까지 화해를 믿어야 할 것입니다. 이전의 지혜에 대한 헤겔 '현자'의 우월함은 그가 결코 자신의 지혜를 시험하지 않고 화해 실현의 임무를 역사에 넘겼다는 사실에 있습니다. 그는 자신의 시간을 수동적으로 기다렸습니다. 자신에 대한 논쟁이 벌어지는 동안 자신은 '논란 위에' 있었습니다. 헤겔은 예전 사람들처럼 반대자들과 화해하려고 애쓰지 않았습니다. 세상이 여전히 어둠에 빠져 있다는 것을 알았기 때문입니다.

사람들의 필연적인 화해에 대한 굳건한 믿음이야말로 오늘날 제가 놀라는 것 가운데 하나입니다. 말하자면 제가 그런 믿음의 희생자라고 할 수 있는데, 제 책『세상이 만들어질 때부터 숨겨져온 것』은 폭력에 대한 보편적 지식에 대한 믿음을 충분히 보여주고 있습니다. 하지만 지금은 전혀 그렇게 생각하지 않습니다. 그때는 몰랐지만 방금 설명했던 이유로 그러합니다. 횔덜린의 침묵에 의문을 제기해야 하는 정확한 이유도 바로 여기에 있습니다. 이 시인은 클라우제비츠와 헤겔과 동시대 사람입니다. 튀빙겐대학을 마치고 사제서품이라는 기존 과정을 포기한 것은 절대에 대한 포기와 유럽에 떠돌던 호전주의에 들어 있는 모든 낙관주의에 대한 단호한 거리감으로 이해해야 합니다. 아마 가톨릭보다 보호를 덜 받았을, 어찌할 수 없이 슬픈 개신교도였던 횔덜린은 갑자기 동시대 사람들과 말문을 닫아버립니다. 우리는 횔덜린의 이 침묵의 높이에 올라야 한다고 생각합니다. 저는 지금 헤겔이 말해주지 않은 진실을 횔덜린에게서 찾고 있습니다.

샹트르 그래도 선생님은 헤겔이 우리를 유대-기독교 세계에 연결한다고 생각하시는 것 같은데요.

지라르 기독교 세계와 연결된다는 것은 부인할 수 없지만, 성서 세계에 연결되는 것은 다른 문제 같습니다. 헤겔은 '질투하는 신'이라는 말하자면 계몽주의식의 아주 관례적인 태도를 취하고 있습니다. 저는 우리가 절대 잊어서는 안 될 이 두 전통의 연속성을 헤겔이 제대로 이해했다고는 생각하지 않습니다. 그 반면에 평화로운 일치를 바라는 오늘날의 지혜는 조화와 평화가 곧 올 것이라는 미래에 대한 희망과 전망에서 나온 것이라고 보아야 할 것입니다. 평등과 민주주의에 대한 계몽주의 사상과 혁명적인 모든 사상은 본질적으로 그리스적이지 않고 유대에서 나온 사상입니다. 왜냐하면 이것들은 모두 궁극적으로 일치와 형제애라는 시각에 기초하기 때문입니다. 역사의 변천과 그 행동을 매개로 형제애의 희망이 빛난다는 의미에서 이것은 이른바 메시아적인 생각이라 할 수 있습니다. 그렇다고 이것을 헛된 꿈이나 현실도피라고 보아서는 안 됩니다. 일치에 대한 이런 시각은 신화를 '되풀이'하는, 즉 흔들리는 차이와 차이소멸 영역으로 들어가고 있는 서구 역사의 산물입니다. 새로운 질서에 대한 이런 시각은 싸우는 사람들을 구분하거나 싸우는 사람들을 어떤 영역으로 구분하는 '아무것도 아닌 것'에 기초합니다. 이 '아무것도 아닌 것'은 반드시 사람들의 통합이 되어야 하는데 비록 지금은 갈등을 막지는 못하지만 언젠가는 사람들의 통합을 막을 수 없는 어떤 것입니다. 오늘날의 지혜가 화해를 이루기 위해 극복해야 할 차이나 갈등이나 장애물을 다시 끌어들이는 것은 예상되는 차이소멸이라는 측면을 이해하지 못하기 때문입니다.

이들은 언제나 역사의 끝에 가서 모든 것이 해결되기를 바라고 있습니다. 이들이 많은 차이를 만들어내는 것은 일치와 화해를 포기하지 않기 위해서입니다. 그런데 이렇게 만들어낸 차이는 진정한 일치에 도달하기 전에 다 없애야 합니다.

우리는 헤겔이 국가 간 갈등을 넘어선 세계 국가의 도래를 생각했다는 것을 보았습니다. 그의 이미지에 따라 오늘날 사람들은 나쁜 상호성이 좋은 상호성의 징조라고 보는 시각을 포기하지 않으려 합니다. 하지만 세계평화를 뒤로 지연하는 방법인, 화해 이전에 극복해야 하는 마지막 장애물이라는 알리바이를 받아들이게 되면 폭력이 증가하는 것은 필연적일 수밖에 없습니다. '화해 이전에는 항상 더 많은 폭력이 필요하다'는 식입니다. 아우슈비츠와 히로시마가 알려주는 것이 바로 이런 것입니다.

그러므로 우리는 이제 이런 식으로 생각하면 안 됩니다. 무의식적이자 묵시록적인 이런 논리는 극단으로 치닫기에서 잘 드러납니다. 우리는 이제 폭력을 즉시 포기하지 않고 뒤로 미루는 것이 항상 폭력을 키운다는 것을 압니다. 다시 말하지만, 폭력은 결코 폭력으로 사라지지 않습니다. 그럼에도 사람들은 매번 새로운 차이와 새로운 갈등을 다시 끌어들이지만, 그것이 끌고 올 재앙은 여전히 보고 싶어 하지 않습니다. 이 무지는 모방과 같은 것인데, 모방은 우리 자신의 폭력을 부인하고 있습니다.

샹트르 선생님 말씀에 따르면, 극단으로 치닫기는 그러므로 화해 직전에 맞아야 하는 폭력, 그것도 화해할 수 없을 정도로 심한 폭력적인 시간이 되겠네요?

지라르 우리는 화해를 어떤 것의 결과가 아니라 극단으로 치닫기의 역으로 생각해볼 필요가 있습니다. 화해는 실제 가능성으로 존재하지만 아무도 그것을 보려 하지 않습니다. 왕국은 이미 있는데 사람들의 폭력이 점점 더 가리고 있습니다. 이것이 지금 세상의 역설입니다. 그러므로 묵시록적 사고는 순전히 인간 수준에서 접근할 수 있는 평화로운 일치와 형제애를 믿는 오늘날의 생각에 반대합니다. 동시에 일치를 오로지 파괴적인 획일성이나 평등의 순응주의로만 여기고 차이를 복원하려는 모든 반동적인 생각에도 반대합니다. 묵시록적 사고는 일치를 갈등의 원인으로 봅니다. 하지만 묵시록적 사고는 또한 소음과 열정 뒤에 감추어져 있는, 압도하지는 못하지만 은밀하게 작용하고 은밀하게 지배하는 '당신과 같은' 존재를 봅니다. 평화로운 일치는 가장 비밀스러운 가능성으로 폭력적 일치의 핵심에 있습니다. 이 비밀이 종말론의 힘입니다. 헤겔은 불화와 파괴적 허영과 끔찍한 갈등에서 일치와 사랑의 목소리가 나올 수 있다는 것을 기독교에서 깨달았습니다. 하지만 헤겔은 현명한 사람들도 이런 목소리가 성공을 거두게 하는 데에는 이미 실패했다는 생각은 하지 못했습니다. 헤겔과 오늘날의 지성계는 기독교 계시가 예상했던 이런 좌절을 보고 싶어 하지 않았습니다. 이런 무지가 사태를 더 악화했습니다. 대칭이 강조되고 차이소멸이 나타나고 원수 형제를 갈라놓는 어떤 것이 끈질기게 결합 가능성을 암시하는 결정적인 순간에 가서야 현대사상이 생겨날 수 있었습니다. 사람들이 화해하는 데에는 그들을 갈라놓는 본질적인 장애물이 없다는 것을 인식하는 것으로 충분해야 했습니다. 현대 사상가들은 지나친 낙관론을 바로잡으려 노력했습니다. 오늘날 사상가들은 차이가 사라졌다고 여겼던 곳에 역사 발전의 차이, 교육의 차이, 사회·경제적 차이, 심리적 차이와 같이, 타고난 차이가 아닌 문화적 차이, 그래서 우리가 없앨 수 있는 차이들이 남아 있다는 것을 발견했습니다. 오랫동안 새로운 질서 출현은 이런 차이를 제거하느냐 못하느냐에 달려 있었습니다. 그러나 즉각적으로 나타나는 우리 주변의 일치는 진정한 화해를 낳지 못하는데, 이런 일치는 피상적인 거짓 일치이기 때문입니다. 피상적인 일치를 더 '실적적인 일치'로 바꾸어야 합니다. 점점 더 많은 폭력을 요구하는 프로메테우스적인 이런 노력은 결과적으로 전체주의의 부상을 가져왔습니다.

오늘날 사람들은 화해의 새로운 장애물을 발견하거나 장애물을 새롭게 만들어내서 화해를 아주 멀리 내던지다가 마침내는 화해 자체를 단념하기에 이르렀습니다. 화해는 이제 존재하지 않습니다. 사실, 기독교는 화해가 가능하지 않다는 것을 오래전에 알고 있었습니다. 이것이 그리스도가 평화가 아니라 전쟁을 가져왔다고 말한 이유입니다. 기독교는 자신의 묵시록적 좌절을 예견했을까요? 물론 그렇게 생각할 수 있습니다. 이 실패는 곧 세상의 종말입니다. 이러한 관점에서 우리는 "사람의 아들이 사람들 사이로 돌아올 때 믿음을 찾아볼 수 있겠느냐?"라는 구절에는 아직 희망이 가득 들어 있다고 말할 수 있습니다. 말하자면 하나님의 계시는 실패했는데, 그 이유는 제대로 전달되지 않았기 때문입니다.

물론 묵시록도 기독교에 의한 인류의 성공을 부정할 수는 없을 것입니다. 지금은 사라졌지만, 화해에 대한 이런 생각으로 그래도 지금껏 세상을 변화시켜온 모험을 잘해낼 수 있었습니다. 기독교의 정수를 이루는, 사람은 똑같다는 생각에서 인류가 극복해야 할 수많은 장애물이 나왔을 것입니다. 만약 그렇지 않다면 차이만 있을 뿐, 역사에는 의미도 없고 진실도 없다는 말이 될 것입니다. 일치와 화해에 대한 희망과 염원이 오랫동안 역사의 의미가 되었는데, 이데올로기로 응고된 이 의미는 온갖 테러 수단으로 우리에게 강요되었습니다.

저도 한때는 모든 장애를 넘어서 이런 현상이 나타날 수 있는 것은 만인의 동일성이라는 생각 덕분이라고 생각한 적이 있었습니다. 만인의 동일성은 원수 형제들을 '당연히' 화해해주리라는 것이었습니다. 하지만 이런 생각은 그리스 비극의 교훈을 망각한 것입니다. 에테오클레스와 폴리니스는 절대 화해하지 않습니다. 대중들의 기대만이 이런 비극을 끝내기를 바라지만 이들의 기대는 달성되지 않는다는 것을 우리는 알고 있습니다. 사람은 혼자서 자신을 이길 수 없습니다. 지상낙원의 기회는 번번이 좌절되었습니다. 신의 인내는 우리 능력을 초월해 있지만 그렇다고 무한한 것은 아닙니다.

　제가 유대교에서 나온 기독교는 일치에 관해 다른 종교와는 다른 독특한 사유체계를 갖고 있다고 생각하는 것도 이 때문입니다. 기독교 비판론자들에게는 실례가 되겠지만 기독교에 의지해야 하는 것도 이 때문입니다. 역사가 갈등을 유발하는 상호성으로 수렴하는 것을 처음으로 본 것도 기독교입니다. 그런데 갈등을 빚는 상호성은 평화적인 상호성으로 변하지 않으면 절대적인 폭력에 빠지고 맙니다. 모두가 요구하고 바라는 이런 변화에 실질적으로 의미 있게 반대하는 것은 전혀 없다는 것을 처음으로 지적한 것도 기독교입니다. 그런데 "이미 화해의 순간이 제시되었지만 실제로 실현되지 않았다"라고 단언하는 기독교는 일치에 관한 오늘날의 사상과는 다릅니다.

　다른 사상과 달리 기독교는 우리가 항상 화해에 대해 나누어서 생각하는 두 가지, 즉 법적 가능성과 사실상의 불가능성을 동일한 시선으로 봅니다. 원수 형제를 갈라놓을 수 있는 것이 아무것도 없고, 그들의 생명 자체가 이 단결에 달려 있기에 모든 것이 그들이 단결해야 한다고 암시하는 순간, 지적 증거도 상식이나 이성이나 논리에 호소하는 것도 소용이 없습니다. 평화는 오지 않을 것입니다. 왜냐하면 전쟁은 정확히 말해서, 싸우는 사람들 사이에만 존재하는 '아무것도 아닌 것'과 그들의 '동일성' 자체에서 자양분을 얻기 때문입니다. 이렇게 해서 우리는 폭력을 최종 '논리'로 여기는 전쟁의 황혼기인 엄청난 적대감의 시대로 접어들게 되었습니다.

샹트르 선생님은 망설이다가 가끔은 아직도 왕국을 믿는다고 느끼게 합니다. 그러나 중요한 대목에 가서는 최악의 경우로 기울어지십니다. '동일성의 출현'이 왜 반드시 묵시록적인 경향을 가질 것으로 생각하시는지요?

지라르 복음서에서 그렇게 말하고도 있지만 '지금은' 감출 수 없을 정도로 이 진실이 너무나 분명해졌기 때문입니다. 절대적인 새로운 것은 그리스도의 재림이고 그것은 곧 묵시록입니다. 그리스도의 승리는 우리가 장소나 시간을 정의할 수 없는 저 너머에서 일어날 것입니다. 그 전에 일어나는 재앙은 이승의 것입니다. 묵시록은 신과 사람의 전쟁이 아닌 사람들 사이의 전쟁을 이야기하고 있습니다. 근본주의자들에게서 묵시록을 빼앗아야 합니다. 사태의 긍정적인 면에 비하면 이런 재앙은 하찮은 것입니다. 어떤 의미에서 재앙은 사람에게만 관련된 것으로 내세의 것은 어떤 것도 건들지 않습니다. 인간 폭력은 성스러움을 만들어내지만, 거룩함은 인간의 광기에 절대 더럽혀지지 않을 것이라는 기독교인들이 굳게 믿고 있는 그 '피안'으로 이끕니다.

샹트르 그렇다면 극단으로 치닫기는 피할 수 없는 것인가요?

지라르 클라우제비츠를 자세히 읽어보면 조금씩 알게 될 것입니다.

우리는 이 책의 시의성을 보면서 레이몽 아롱과는 다른 방식으로 이해하기 시작했는데, 이 방향으로 계속 나아가야 합니다. 클라우제비츠가 어떤 점에서 기독교에 반대하는지, 그와 동시에 그는 어떤 점에서 헤겔의 이성이 그의 추종자들도 수용할 수 없는 법칙을 발표하는지 우리는 점점 더 잘 알게 될 것입니다.

오늘날 헤겔 추종자는 이제 없습니다. 우리는 더 이상 현대사상이 오랫동안 해왔던 '지연시키는' 일을 할 수 없습니다. 사람들은 모두 당위에서나 실존에서나 평등합니다. 그러므로 우리는 결정적인 선택의 기점에 와 있습니다. 이제 머지않아 우리 행동을 규제하는 어떤 제도나 제의나 '차이'도 없을 것입니다. 우리는 서로를 파괴하거나 사랑하게 될 것입니다. 걱정되는 것은 사람들은 서로를 파괴하는 것을 더 좋아한다는 것입니다. 세상의 미래는 우리능력 밖에 있지만, 지금은 우리 손안에 있습니다. 바로 여기에 우리가 깊이 생각해야 할 것이 있습니다. 제가 개인적으로 할 수 있는 유일한 일은 신약성서의 계시로 되돌아가는 것입니다. 제가 놀라면서 끌리는 것은 이 메시지가 만나는 엄청난 수동적 저항입니다. 오늘날 헤겔의 별도 지나가고, 더 이상 미룰 수도 없게 된 동일성이 명백해질수록 이 저항은 더 대단할 것입니다. 그럴 때 저는 성서의 계시를 향할 것입니다. 이 계시는 우리에게, 화해는 인류 역사의 움직임에 내재된 것이 아니란 것을 알려줍니다. 이런 점에서 우리에게는 헤겔보다 파스칼이 훨씬 더 가깝다고 할 수 있습니다.

샹트르 자비가 마지막 수단일 수 있을까요?

지라르 우리는 폭력을 낳는 모방에서 평화로운 모방으로 전환하면서 모방 인류학이 이 관계를 확립하려는 방식으로 되돌아와야 할 것입니다. 하지만 이런 특수한 관계를 생각하려면 유대교와 기독교, 파스칼이 말하던 '육체'와 '정신' 사이에, 또 다른 절대적으로 필수적인 관계를 재편성해야 할 것입니다. 기독교인들이 두 개의 성경을 부르는 이름이 이 둘을 구분하는 동시에 한데 묶어주는 특별한 관계를 헤겔이 이해하지 못하고 있다는 사실에 저는 특히 놀랐습니다. 여기에는 깊이 생각해야 할 본질적인 변화가 있는 것 같습니다. 요한의 로고스에서 '질서'와 '계율'을 보면서 하이데거는 헤겔까지 올라가는 현대사상의 전통으로 들어갑니다. 헤겔은 율법의 하나님을 짓밟는 하나님, 오만한 지배의 하나님으로 만듭니다. 이것은 바로 성서에 대한 오해 때문인데 이 오해는 두 성서의 동일성을 파악하지 못한 기독교인들의 무능에서 나온 것입니다. 그 첫 번째 싹은 사도 바울까지 올라갑니다.

헤겔의 성서 해석은 정체된 죽은 해석인데, 본질적으로 미래를 향하는 텍스트에서 미래를 떼어내는 것이 그런 것입니다. 하지만 복음서에서 온전히 밝혀진 공정함과 동포애에서 말씀과 평화로운 동일성 같은 것은 헤겔도 인정하지 않을 수 없었을 것입니다. 헤겔을 이어받은 추종자들의 생각은 모든 폭력에 들어 있는 당연히 성서적일 수밖에 없는 토양을 대놓고 망각하면서, 헤겔의 실수를 역으로 더 과격하게 밀고 나갑니다. 사람들은 집단에 저항하는 '개인'의 명분으로, 다시 말해 똑같은 다른 폭력의 명분으로, 폭력을 고발합니다. 헤겔, 그리고 프로이트까지 성서의 기원에 있다고 보았던 폭력은 주석가들의 생각 속에서 신약으로 번져가면서 확장되는 경향이 있습니다. 비판 활동이 신화의 활동처럼 되었습니다. 합리주의는 스스로 신화를 벗겨냈다고 믿고 성서 전체를 다시 신화화합니다. 모든 것에 자신의 지배력을 넓혀가다가 마침내는 폭력이 승리하지 못하는 유일한 기록인 성서에까지 자신을 투사하고 있는 것이 바로 폭력의 논리입니다.

샹트르 복음서와 신화에서 희생양이 살해되고 신격화되는 중요한 역할을 한다는 점에서 복음서와 신화가 유사하다는 점을 고려해볼 때, 그런 움직임은 피할 수 없는 것이 아닐까요?

지라르 사실 이 유사성이 오해를 불러일으킵니다. 합리주의는 신화에 대한 오래된 반사 작용을 되풀이하면서 함정에 빠집니다. 기독교를 다른 모든 종교와 같은 것으로 보는 것이 그것인데, 이렇게 되면 기독교는 필연적으로 다른 종교와 같이 폭력적인 종교가 되고 맙니다. 이 문제는 다음에 더 자세히 살펴보기로 합시다. 우리는 횔덜린의 도움을 받아서 기독교와 고대종교 사이의 필연적인 유사성과 차이점을 상기할 필요가 있습니다. 성서의 기록이 신화적이라고, 심지어는 오이디푸스 신화보다 더 신화적이라고 말하는 것은 거기서 신이 행사하는, 인간사와는 어울리지 않을 것 같은 최고권한의 역할 때문입니다. 그런데 지배하는 신은 아버지라는 위계적인 차이 속에 육화된 신입니다.

그에 반해서 동의한 희생양에서 나오는 신은 완전히 알려지지 않은 신인데, 이런 신은 인간과 가장 멀고도 가장 가까운 신이며 '가장 신적인 동시에 가장 인간적인' 신입니다. 위대한 메시아와 동의한 희생양이라는 구조가 이런 조건을 실현하고 있습니다. 역사가 점점 더 그것에 따라 결정됨에도 서구세계가 그 영향을 아직 인식하지 못하던, 정말 놀라울 정도로 새로운 사실은 '이때부터 신은 희생양 편에 서 있다'는 것입니다. 신은 성스러운 차이에 따라 작동하는 도시 바깥에 있는데, 동일성에 대한 두려움 때문에 현대사상이 이런 차이를 다시 끌어들이고 있습니다. 이런 사실은 현대사상이 그만큼 세상 물정을 모르고 또 그만큼 폭력적이라는 것을 말해주는 듯합니다. 이 모든 것의 끝은 죽음과 무의미뿐입니다. 그러나 이제 여호와는 성전 밖에 있습니다. 하나님의 진실은 고대 도시나 선민 속에 있는 것이 아니라, 희생양과 함께 인간의 도시 밖에 던져져 있습니다.

「이사야」에서 고통받는 여호와의 종은 이런 구조가 완성된 것입니다. 희생양 추방은 세상 전체의 파멸이라는 전망과 함께 항상 악순환에 빠지기 때문입니다. 동의하는 희생양의 위치를 발견하는 것은 십자가 외의 경험과 연관되어서는 안 되는 엄격하게 정신적인 작업입니다. 예언서 기록이 모든 개별적 사건이나 특정 사람이나 집단에 대한 언급 없이 하나의 종에게 주어지는 것도 이 때문입니다. 종을 이스라엘과 '동일시'하려는 노력은 모두 허사로 드러납니다. 마찬가지로 희생양이라는 주제는 예언자에게는 항상 뜨거운 주제이지만 예언자는 그것이 여호와의 종이라고는 절대로 말하지 않습니다.

그리스도는 모방받기를 원하는 자들인 적그리스도의 위험을 알려주고 있습니다. '그리스도에서 모방할 것은 뒤로 물러섬이다.' 횔덜린은 정말 대단한 것을 찾아냈습니다. 가령 티레시아스와 오이디푸스와 같은 테베의 두 예언자 사이의 결사적인 투쟁을 성서에서 볼 수 없는 것도 이 때문입니다. 성서에서는 애초부터 이런 투쟁이 불가능합니다. 왜냐하면 자칭하는 자신의 차이를 내려놓는 것이 성서에 정확하게 있기 때문입니다. 그래서 기독교의 성가에서는, 물론 때로는 하나님의 종이 자기 이름을 말하고 또 때로는 그를 비난하다가 결국에는 자신들의 행동을 깨닫는 집단도 있지만, 개인이 아닌 익명으로 나타나고 있습니다. '진정한 예언과 가짜 예언을 구분 짓는 것은 무엇인가?'라는 질문에는 지금으로서는 가능한 단 하나의 선명한 대답이 있습니다. 그것은 진짜 예언은 동의하는 희생양의 진실에 근거한 예언이라는 것입니다. 진정한 예언은 진실을 구현한다고 주장하지 않습니다. 진실은 다른 곳 특히 도시 밖의 장소에 있다고 말합니다. 그러나 그 예언자가 진실인 것은 아닙니다. 그렇지 않다면 다른 예언자가 그것을 잡으려 할 것입니다. 진정한 예언자는 진실을 증언하고, 진실을 알려주고 진실보다 앞서가고 또 어떤 면에서는 진실을 뒤따르는 자입니다.

3장 결투와 상호성

놀라운 삼위일체

샹트르 결투와 극단으로 치닫기를 발견하면서 지금 우리 대담의 주
요 쟁점인 재앙을 늦추거나 막을 가능성을 예측할 수 있게 된 것
같습니다. 클라우제비츠가 그렇게 애를 쓴 것처럼 일이 진행되는
것 같습니다. 극단으로 치닫기라는 법칙을 규정한 후 클라우제비
츠는 전쟁에 대한 정치적 정의를 내리려고 애씁니다. 이것이 그의
『전쟁론』의 1권 마지막 장의 종결부를 이해하는 유일한 방법입니
다. 이 종결부는 열정과 계산과 분별력으로 이루어진 '놀라운 삼
위일체'라는 전쟁에 대한 정의로 끝맺고 있습니다. 클라우제비츠
는 전쟁에 대해 세 번째이자 마지막으로 내린 이 정의가 전쟁에 대
한 완벽한 정의이기를 바랐던 것 같습니다. 그러나 클라우제비츠
는 그 과정에서 다른 것을 발견한 것 같습니다.

지라르 클라우제비츠는 사실 우리가 아직도 국가 간의 고전적인 분
쟁 시대에 있다고 설득하려 합니다. 그것은 실은 클라우제비츠가

전쟁에 대한 합리적인 정의 뒤에 결투를 숨기는 것이 그가 바라는 효과이기 때문입니다. 이렇게 되면 통치자는 국민의 열정을 '장악할' 전략을 '갖게' 될 겁니다. 클라우제비츠는 군사학교의 교수였고, 러시아의 차르 군대에서도 복무했다는 특이한 경력으로 신중할 수밖에 없었다는 것을 잊지 마십시오. 이런 합리화 작업은 어떤 측면에서 보면, 신화 뒤에 자신의 폭력을 감추던 원시사회의 방식과 유사합니다. 지금은 신화를 이데올로기가 대체했지만, 메커니즘은 크게 변하지 않았습니다. 따라서 극단으로 치닫기가 한번 표명된 이상 클라우제비츠는 정치가 여전히 전쟁을 억제한다고 주장하기가 힘들게 되었습니다. 저항할 수 없을 정도로 빠르게 진행되는 역사의 흐름이 우리의 이성을 점점 더 벗어날 것이라는 생각을 받아들여야 합니다.

샹트르 클라우제비츠는 1권 첫 장 28번째 문단에서 자신이 만든 '이론의 결과'를 제시하는데, '결투'와 '두 종류의 전쟁'(전복 전쟁과 정치에 의해 변하는 전쟁) 다음으로 전쟁에 대한 세 번째 정의가 그것입니다. 그것은 '놀라운 삼위일체'라는 정의인데, 그가 보기에 이 정의는 극단으로 치닫기에서 무장관측에 이르는 다양한 형태의 전쟁을 가장 잘 밝혀주고 또 포괄하는 정의로 보고 있습니다.

그러므로 전쟁은 항상 성격을 바꾸는 진정한 카멜레온일 뿐만 아니라, 중요한 경향으로 볼 때 대체적 현상인 '놀라운 삼위일체'이기도 하다. 전쟁은 우선 맹목적인 충동으로 보아야 할 증오와 적개심과 원초적인 폭력이 나타나고, 다음에는 전쟁을 영혼의 자유로운 활동으로 만들어주는 개연성과 우연의 작용이 있고, 마지막으로는 이를 통해 전쟁이 순수이성에 속하게 되는,

정치에 종속된다는 성격이 나타난다.

이 세 가지 측면 가운데 첫 번째 측면은 특히 국민의 관심 대상이고, 두 번째 측면은 지휘관과 군대에 해당되고, 세 번째 측면은 정부의 관심 대상이다. 전쟁에서 타오르도록 요청을 받는 열정은 국민들에게 미리 존재해야 한다. 우연과 우여곡절 속에서 용기와 재능의 활약은 지휘관과 군대의 성격에 달려 있다. 정치적 목적은 정부 단독으로 결정한다.

…전쟁에 대한 열정은 국민에게 이미 존재해야 하며, 우여곡절이 심한 영역에서 용기와 재능이 발휘되는 정도는 지휘관과 군대의 성격에 달려 있고, 정치적 목적은 정부만이 결정한다. …그러므로 이 이론을 세 개의 인력 중앙에 정지된 것처럼 이 세 경향의 가운데서 잘 유지할 필요가 있다.[1]

클라우제비츠가 '공식'이라 부르는 '전쟁은 다른 수단에 의한 정치의 연속'이라는 정의와 함께 이 '놀라운 삼위일체'는 그의 생각을 엿볼 수 있는 결정적인 열쇠입니다. 전쟁은 정치의 한 부분일 뿐이라는 것입니다. 클라우제비츠는 전쟁에는 나름의 '문법'은 있지만 '고유한 논리'는 없다고 말합니다. 전쟁은 이 말의 두 가지 의미에서 항상 '포함·억제'될 것입니다. 그런데 우리의 해석 방법은, '상호행위'라는 똑같은 단 하나의 현실을 위해 전쟁보다 정치가 우위에 있다고 생각하는 데에는 이의를 제기할 수밖에 없는 것 같습니다.

클라우제비츠는 무력 충돌을 유발하는 국가 간의 대결은 때로

---

[1] Carl von Clausewitz, *De la guerre*, trad. Denise Naville, Minuit, coll. 'Arguments,' 1955, p.69.

는 호전적인 측면을 띠지만, 때로는 무장관측 수준으로 긴장을 '낮추면서' 충돌을 지연하는 정치적 측면이 있다고 설득하려 합니다.

우리는 상호작용이 극단으로 치닫기를 유발하고 또 지연한다는 것을 이해합니다. 공격과 방어는 지연된 극성으로 볼 수 있는 극단으로 치닫기의 두 가지 양식입니다.

지라르 무장관측으로 긴장을 '낮추는' 것은, 이를 제안한 측에서 보면, 전투를 거부하면서 자신이 약하다는 것을 인정하는 것입니다. 그 결과 자신이 피하고 있다고 생각한 갈등을, 지연되어 있었기에 더 증폭된 형태로 유발할 것입니다. 분쟁은 '긴장완화'로 지연될수록 만만찮습니다. 1940년의 '이상한 패배'를 연구하면 이런 현상을 보게 될 것입니다.[2] 하지만 클라우제비츠는 정치가 총을 침묵시킬 수 있다는 생각을 여전히 이어갑니다. 그러나 우리는 텍스트는 다른 말을 하고 있다는 것을 곧 느끼게 됩니다. 방어 전략이 선전포고를 미루면서 충돌을 지연하는 방식에는 무서운 것이 들어 있습니다. 라인란트에서 '프랑스의 공격'에 대응한 다음 프랑스를 침공한 것이 바로 히틀러가 한 일입니다. 이 수준에서는 무장관측으로 내려오는 것이 아니라 극단으로 치닫게 될 것입니다. 한 진영이 물러서면 다른 진영은 상호작용에 따라 상대를 모방해 자기도 물러나거나, 승리를 확신하고서 더욱더 폭력적으로 공격하는 경향이 있을 것입니다.

샹트르 결투가 일어나면, 실제 현실은 국민·전략·국가원수의 '삼

---

2) 이 책, 7장 「프랑스와 독일」을 참고할 것.

위일체'라는 종합은 불가능한 것처럼 진행됩니다. 갈등에 들어 있는 본질적인 모방성과 피할 수 없는 상호성 때문에 폭력은 자신도 모르는 사이에 '상승'하게 됩니다. 하지만 우리는 '결투'와 '이상한 삼위일체'라는 클라우제비츠가 내린 전쟁에 대한 두 정의를 잊지 않으면서 실제 현실은 어떠한지 비교 검증해볼 필요가 있을 것 같습니다.

지라르 클라우제비츠는 두 개의 정의를 상호보완적인 것으로 제시하지만 이 두 정의는 모순적인 것 같습니다. 사실 두 번째 정의를 첫 번째 정의의 수정으로 보는 경향도 있습니다. 하지만 첫 번째 정의는 언제나 있는 것입니다. 그래서 두 번째 정의는 첫 번째 정의로부터 이해해야 할 것입니다. 상호성이 한번 나타나면 더 이상 감출 수가 없습니다. 상호행위와 극단으로 치닫기의 힘은 너무나 강력해 군 지휘관의 머리를 떠나지 않게 됩니다. 클라우제비츠는 전쟁 이야기만 하지만 지금 우리는 의식적으로 클라우제비츠에게서 사회적인 것과 의식적으로 사회를 변형시키는 방식에 대한 이야기를 듣고 싶어 합니다. 간단히 말해서 그의 군사 보고서가 세상 전체에 대한 보고서가 된 지금 세상은 클라우제비츠 때보다 훨씬 더 폭력적이기 때문입니다. 그가 전쟁의 상호성에 대해 말한 것은 모방이론이 사회의 메커니즘에서 추론해낸 것과 일치합니다. 군대 대결은 인간관계의 논리로 되돌아오는데, 이 논리는 인류학의 비교연구로 설명할 수 있습니다. 그리고 상호성 논리에 따르면 서로 대립하는 사람들은 점점 더 닮아가게 됩니다. 따라서 극단으로 치닫기는 돌이킬 수 없습니다. 모든 행동은 반응을 불러오는 법이고, 모든 범죄행위는 복수를 초래하고, 그 잠복기가 길수록 복수는 더 끔찍해집니다.

하지만 사람들 사이의 관계는 벽난로와 안락의자의 관계와 다릅니다. 상호성을 이해하려면 공간 속에 있는 대상의 동시성에서 시간 속에 있는 사건의 연속성으로 넘어가야 합니다.

이렇게 해서 우리는 전쟁의 첫 번째 정의에서 두 번째로 넘어갑니다. 결투는 양측 군대의 즉각적인 대결이자 교전이고 목숨을 건 투쟁입니다. '놀라운 삼위일체'는 갈등을 지연하는 권력인 통치자에 의해 결투가 제어되는 것입니다. 권력은 갈등을 지연하지만, 갈등을 더 결정적인 것으로 만드는 결과를 낳습니다. 중국의 전술가가 아닌 클라우제비츠는 싸우지 않고 이기기를 바라지 않습니다. 그는 전투를 원하면서 방어의 우위를 주장합니다. 그는 영광스러운 승리를 원합니다. 우리 짐작대로, 너무 모방적이어서 원한이 가득 차 있는 클라우제비츠는 결투를 피하는 길을 찾을 수가 없습니다. 클라우제비츠에 대한 리델 하트의 비난처럼 클라우제비츠는 공격 전쟁보다는 훨씬 더 '극단으로 치닫기를 원합니다.' 그에게는 결투가 바로 전쟁의 현실이기 때문입니다. 그러므로 클라우제비츠에게는 단 하나의 유일한 상호행위가 있습니다. 상호행위는 때로는 전투 개입으로 결투를 재촉하기도 하고 또 때로는 더 결정적인 개입을 준비하려고 결투를 지연하기도 합니다. 전쟁을 피려면 '중국식으로' 곧장 공격할 수 있어야 합니다. 이런 가능성은 1936년의 알베르 사로와 1940년의 샤를 드골에게서 볼 수 있는데, 이에 대해서는 뒤에서 살펴보기로 합시다. 하지만 그 가능성이 실현되지는 않았는데, 그 까닭을 이해해야 합니다. 저는 이런 것은 예방의 태도이지만 극단으로 치닫기 법칙 때문에 비현실적인 것이 되고만 것이라 생각합니다. '놀라운 삼위일체'는 결투를 정치의 통제하에 두지 않고 시간 속에 편입시킵니다.

'상호작용'은 이렇듯이 항상 작동하고 있는데, 아직 전투가 일어나기 전에도 양 진영은 서로를 관측하면서 '적대감'이 커질수록 점점 더 서로를 닮아갑니다. 함께 물러서는 것은 후에 상대를 더 잘 공격하기 위한 것이고, 한쪽이 물러서는 것은 상대에게 공격 신호를 보내는 것이 될 것입니다. 여기서 한 가지 분명한 사실은 분쟁은 일어날 것이라는 것인데, 두 진영의 차이소멸이 더 이상 돌아오지 못할 지점에 이르게 되는 순간 분쟁이 끼어들게 될 것입니다. 상호성과 차이소멸은 동전의 양면입니다. 그래서 저는 『폭력과 성스러움』에서 공동체 내부의 시선이 모두 차이만을 본다고 믿는 순간, 공동체 '외부의 시선'만이 그것들의 유사성을 볼 수 있다고 암시했던 것입니다. 원시사회에서 '희생위기' 상황에서 혼란의 책임자라고 지목된 제삼자에게 원수형제들이 화살을 돌리는 현상을 볼 수 있는 것이 바로 이 외부의 시선입니다. 상호성의 방어책인 제의가 와해될 때 우리는 평화로운 교류 관계를 떠나서 무차별적이고 폭력적인 동시성, 문자 그대로 희생의 공간으로 들어가게 됩니다. 클라우제비츠가 '상호작용'이라 부른 것은 전혀 의식하지 못한 채 서로를 모방하는 인간의 모방 능력과 뒤섞여 있습니다. 이렇듯이, 경쟁과 상호작용과 극단으로 치닫기는 결국 같은 것입니다. 이것들은 제가 '무차별화'라고 부르는 것과 정확히 일치합니다.

전쟁과 교류

샹트르　사람들 사이의 교류나 상거래나 적대관계와 같은 상호작용에 대한 클라우제비츠의 생각은 경쟁을 모든 사회현상의 감추어진 구조로 인식한다는 것을 의미한다는 것인가요?

지라르 저는 그렇게 생각합니다. 모방이론의 직관만이 무차별화를 인식할 수 있습니다. 무차별화는 행위의 동시성이나 주고받는 승패 속에서 일어나는 극단으로 치닫기나 거래 관계의 상호성과 같이, 여러 가지 방식으로 말해질 수 있습니다. 전쟁에 대한 이론적 관점으로 클라우제비츠는 경쟁을 구체적인 추상 개념이나 실현 가능한 생각이라고 볼 수 있게 되었습니다. 결투는 이런 동시성이고 이런 대면입니다. 잠재적으로는 군사행동이 지연되거나 중단될 때가 실질적으로는 군사행동이 지속되고 극단으로 치달을 때입니다. '상호행위'와 '교류'라는 두 가지 의미로 '상호작용'이라는 용어를 사용했다는 사실에 우리는 클라우제비츠가 전쟁과 화폐 거래를 왜 같은 것으로 보았는지 그리고 왜 이 두 행위의 차이를 부각하지 않았는지를 이해할 수 있을 것입니다. 이런 점에서 클라우제비츠에게는 "무역은 전쟁의 은유가 아니라 '동일한 현실'에 관한 것"이라는 마르크스의 유명한 예언이 들어 있다고 할 수 있습니다.

오늘날 세상은 교역이 무력 충돌을 피할 수 있게 해준다고 보았던 몽테스키외의 생각과는 정반대되는 세상입니다. 클라우제비츠는 프랑스혁명이 지나치게 흥분되었고 또 개인적 행동을 무시했다고 비난합니다. 반면에 그는 프로이센 사람들이 '똑같은 행위'인 전쟁보다 무역에 덜 신경을 쓴다고 생각합니다. 무역을 평화에 도움이 되는 것으로 보는 몽테스키외의 시각이 오늘날 경제학자들에게 아주 많이 나타나지만, 오늘날 경제학자들은 돈이 전쟁을 막는 역할을 한다는 것을 종종 보지 못한다는 사실에 주목하기 바랍니다. 영웅적인 투사 모델이 폐기되면서 유럽의 귀족들이 사업가로 변한 것은, 이런 점에서 우연이 아닙니다. 프랑스는 곧 영국에 뒤처졌습니다. 영국이 실질적으로 세상을 정복하고 있을 때 루이 14세는 여전히 유럽 제국의 꿈을 꾸고 있었습니다. 무역은 죽음이 적기 때문에 더 무서운 전쟁입니다. 프랑스 귀족들이 1789년에 가난했던 것은 엄격히 경제적인 이유 때문이고, 영국과 독일이 마침내 나폴레옹에게 승리한 것도 같은 이유에서였습니다.

샹트르 인류학자들이 밝혔던 '주기'와 '되돌려주기'라는 왕복운동을 떠올리면서 전쟁과 교역의 일치를 더 자세히 알아볼 필요가 있을 것 같습니다. 이런 교환은 지연된 상호성을 전제로 한다는 것이 근본적인 생각입니다. 왜냐하면 주기와 되돌려주기가 지연되지 않고 이어서 일어나면 그것은 곧 비교가 가능한 것이 되면서 상호성 원칙이 나타나고 전쟁도 일어날 수 있기 때문입니다.

지라르 타인이 저에게 준 선물은 이전에 제가 그에게 한 선물과 결코 똑같은 것이 아닙니다. 값어치가 더하거나 덜할 수도 있지만, 되돌려주기가 곧장 일어나지 않으면 아무도 이를 깨닫지 못할 것입니다. 역으로 되돌려주기가 너무 빨리 일어나면 처음에는 단순한 오해나 잘못된 해석에서 시작된 복수를 유발할 수 있습니다. 당사자들은 각자 상대가 갖고 있다고 추정하는 적의에 과장된 반응을 나타냄으로써 '좋은 상호성'이 '나쁜 상호성'으로, 화합이 불화로 아주 빠르게 변하게 됩니다. 심지어는 나쁜 상호성에서 벗어나려고 상대를 죽이기까지 할 수 있습니다. 무역 규정들이 그렇게 복잡한 것도 이 때문입니다. 이 규정들은 언제나 다시 나타나는 경쟁의 '최고 법칙'인 상호성을 감추려 합니다.[3]

이런 점에서 화폐는 대단한 발명입니다. 화폐는 중립적인 교역

---

3) Clausewitz, 앞의 책, p.83.

수단입니다. 당신이 바게트빵을 만들면 저는 곧장 그 빵을 당신에게서 시장 가격으로 삽니다. 이때 우리는 개인적으로는 아무런 연결고리가 없습니다. 거래는 결제가 되고, 더 이상 저는 당신에게 되돌려줄 필요가 없어집니다. 모두가 만족한 채로 돌아갑니다. 그러나 방금 이야기했듯이 클라우제비츠는 몽테스키외가 아닙니다. 그는 실제로 화폐 거래도 경쟁을 숨길 수 없다고 생각했습니다. 화폐 거래는 외교가 전쟁을 대신하는 것 같은 기능이 없습니다. 아니 오히려 '화폐 거래 역시 하나의 전쟁'입니다.

크고 작은 모든 작전에서 무기로 행하는 결정은 금융거래에서 현금 지불과 같은 역할을 한다. 이런 관계가 모호하더라도 드물지만 일을 완전히 해결하지 못하는 것은 아니다.[4]

상거래를 은유 정도로 사용하지만 클라우제비츠는 화폐에는 희생적이고 전투적인 면이 있으며, '결제'는 엄밀한 의미의 전쟁에서는 드물게 나타나고 상업 교역에서 자주 나타난다는 차이점만 제외하면, '결정적인 전투'와 '현금 지불'은 여전히 같은 것이라는 사실을 알고 있었습니다. 어떤 면으로 보면 무역은 저강도의 '연속적인' 전쟁이고, 정치에 의해 다소 제어되는 전쟁은 대부분 '불연속적인' 것이라 할 수 있습니다. 전쟁이 지속적인 상황이 되면 우리는 극단으로 치닫게 됩니다. 교역에는 그러므로 전쟁의 모든 특징이 들어 있습니다. 무역에 대한 좋은 규제가 맹렬한 경쟁으로 변질되면 무역 전쟁은 한순간에 전쟁이 될 수 있습니다. 한 국가가 경쟁에서 이기지 못하면 불공정한 경쟁 탓으로 돌리는 경

---

4) 같은 책, p.79.

향이 있습니다. 보호무역주의는 경쟁이 군사적 충돌로 확대될 수 있는 순간을 알려줍니다. 클라우제비츠는 당연히 영국에 대한 나폴레옹의 증오를 생각했습니다. 나폴레옹이 유럽을 황폐화하고 영국에 대해 그렇게 격렬한 전투를 벌인 것은 무역 문제 때문이었습니다. 나폴레옹 전쟁은 무역 경쟁에 들어 있는 난폭함으로 많은 사람으로부터 원한을 사게 됩니다. 전쟁과 교역의 관계는 상거래와 상호성 원칙의 관계와 같습니다. 사정이 이러한데 낙관적인 신자유주의자들의 생각처럼 교역이 전쟁을 제어할 수 있을까요? 어쩌면 어느 정도는 가능할 것입니다. 우리가 합당한 자본주의에 머물러 있다면 말입니다.

샹트르 화폐가 되돌려주기, 다시 말해 비교와 상호성이 나타나는 것을 어느 정도 피하게 해주기 때문에, 화폐의 '완화 경향'을 인간관계의 역사에서 중요한 발견으로 보아야겠군요.[5]

지라르 그렇다고 화폐가 모든 것을 해결해주는 것도 아니고, 화폐의 메커니즘이 작동이 안 될 수도 있습니다. 사람들 사이를 순환하면서 사람들의 관계를 도와주는 화폐 본래의 기능이 중단되는 기능장애의 하나가 화폐에 대한 물신숭배입니다. 사람들 사이의 연결과 완력을 쓰는 것을 피하는 것을 상징하는 화폐에는 그러므로 성스러운 기원이 들어 있습니다. 화폐는 예전 사람들이 그것에 기대서 화해를 만들어냈던 희생양을 대체하고 있습니다. 초기에 저에게 많은 도움을 준 뤼시엥 골드만은 욕망을 이야기하는 소설 세

---

5) Mark Rogin Anspach, *À charge de revanche. Figures élémentaires de la réciprocité*, Seuil, coll. 'La couleur des idées,' 2002를 참조할 것.

계와 시장경제를 즐겨 비교했습니다. '질적' 교환이 '양적' 교환으로 변화하면서 사람과 사물, 그리고 사람과 사람의 관계가 '순전히 양적인, 타락한 교환가치의 관계로 바뀌고 말았다'는 것이 그것입니다.[6] 이런 생각은 예전의 교환이 '질적'이었다는 것을 전제로 합니다만, 저는 이런 전제에 동의하지 않습니다. 오히려 교환은 언제나 '양적'이었는데 이런 특징이 자본주의에 들어와서 더 격심해졌다고 말하는 것이 정확할 듯합니다. 사람들은 서로 치고받지 않기 위해 상품을 교환하는데, 상품교환에는 예전의 치고받은 기억이 언제나 들어 있습니다. 교역에서든 전쟁에서든 교환은 스스로를 보호하는 수단이자 하나의 제도입니다. 그런데 이렇게 하나의 제도인 화폐를 목적으로 오인하면 우리는 폭력적인 상호성에 빠지고 말 것입니다. 우리의 감정과 정신은 경제와 똑같은 구조를 갖고 있습니다. 화폐를 성령과 정신계의 열등한 상징으로 여겼던 교부철학자들은 그러므로 마르크스와 그렇게 멀지 않았습니다.

화폐의 흐름이 중단되면 관계가 단절되면서 축재(蓄財)가 일어납니다. 이렇게 되면 우리는 빠르게 교역에서 전쟁으로 넘어가고, 이제는 '현금 지불'과 같은 전통적인 전쟁이 없는 오늘날에는 교역에서 극단으로 치닫기로 넘어가게 됩니다. 이런 점에서 점점 가까이 다가오는 중국과 미국의 충돌에 대해 당연히 걱정하지 않을 수가 없습니다. 중국인들은 무력 경쟁보다는 교역과 외교에 더 뛰어납니다. 도덕적 관계와는 아무런 관련이 없는 교역 관계는 상호성을 화폐로 결제하는 것인데, 이것은 아주 다른 것입니다. 상호성은 항상 갈등으로 비화될 수 있습니다. 물론 재판이 화폐의 역할을 대신할 수 있습니다. 하지만 재판은 화폐가 피할 수 없는 것

---

6) Lucien Goldmann, *Pour une sociologie du roman*, Gallimard, 1964.

을 막지 못하는 약한 제도로 밝혀질 수 있습니다. 그래서 여기서는 정확히 식별하고, 특히 경제학자들을 소환해서 다른 제의와 비교해 이 제도를 다듬을 필요가 있습니다. 교역은 폭력을 억제하기 위한 제도라는 것을 잊지 말기 바랍니다. 도덕적 관계는 다른 범주의 것인데 이것은 '용서', 즉 '완전한 선물'을 전제로 합니다.

선물에는 언제나 독이 들어 있는 것도 이 때문입니다. 선물을 의미하는 독일어 '기프트'(Gift)는 독(毒)을 의미하기도 하는데, 그것은 아마 화폐를 통한 완화 과정을 거치지 않았기 때문인 것 같습니다. 선물은 언제든지 싸울 수 있는 두 사람을 등장시킵니다. 말하자면 선물은 타인이 내려놓으려는 물건과 교환하는 우리가 내려놓으려는 물건이라 할 수 있습니다. 여기서 우리는 성스러움의 양면성을 보게 됩니다. 이를 통해 우리 삶을 힘들게 하는 것이 제거되는데, 이것은 타인의 삶을 힘들게 하기보다는 우리 삶을 견딜 수 있는 것으로 만들기 위해서입니다. 손에서 손으로 넘어가는 '뜨거운 감자'처럼 이렇게 해서 우리는 난처한 문제에서 벗어나게 됩니다. 이것이 잘 조정되던 원시 시대의 교환법칙입니다. 자기 가족의 여인보다는 다른 가족의 여인과 같이 사는 것이 더 쉽습니다!

교환의 리듬이 빨라지면 경쟁의 법칙처럼 진짜 상호성이 나타납니다. 모든 전통사회의 교환에서 당사자들이 '현금 지불'을 가능한 한 뒤로 미루었던 것도 이 때문입니다. 이런 것은 아주 평범한 시장에서도 볼 수 있는데, 소나 집을 사고팔 때 너무 빨리 합의에 도달하는 것은 좋지 않다는 것이 그것입니다. 일반 형사사건과 같이 이혼소송에서도 '질질 끄는' 재판 관행의 의미도 바로 여기에 있을 것입니다. 이런 지체는 표면적으로는 정당화되지 않지만, 인류학에서는 의미를 인정받고 있습니다. 지체는 복수에 대한 제동장치이자 결정적인 '마찰력'으로 관계의 속도를 늦추어서 상호성으로 비화되는 것을 막아줍니다. 교환은 말하자면 날것 그대로의 모습인 상호성으로 나타나서는 안 됩니다. 이것이 바로 함께 살아가는 방법입니다. 상호성이 날것 그대로 나타나지 않을 때만 우리 삶도 살 만한 것이 됩니다. 차이의 복합성과 사회적 규칙을 묘사하는 데 누구보다 뛰어난 레비스트로스를 비롯한 많은 인류학자마저 사회 규범은 오로지 상호성이 나타나는 것을 피하기 위한 것이란 것을 알아보는 데 힘들어하고 있습니다.

클라우제비츠는 교환을 구성하는 것이 상호성이며 전쟁 법칙이 모든 인간관계를 은연중에 지배하고 있다는 것을 보여주고 있습니다. 이런 인식은 갈수록 결투의 구도를 잘 감추지 못하는 전쟁과 교역의 제도들이 붕괴되고 있음을 말해주고 있습니다. 클라우제비츠가 '상호작용'에서 시작하는 것이 정말 대단하다고 생각하는 것도 이 때문입니다. 알다시피 '상호적'이라는 말은 불가능할 수 있습니다. 정확한 의미도 모를 수 있습니다. 해수에 대한 달의 작용과 같은 우주적인 의미일 수도 있습니다. 이것은 항상 마음에 걸렸는데, 일상의 소소한 전쟁이 모두 세상 법칙과 일치하는 것 같았기 때문입니다. 만약 그렇다면 세상 법칙이 장기적으로 탈이 나서 충분히 세상에 영향을 미쳤을 것입니다. 그래서 상호성 효과는 전염병처럼 널리 퍼지는 경향이 있습니다. 『전쟁론』의 1장이 전체를 대신한다고 말하는 것은 그가 바로 상호작용을 이야기하기 때문입니다. 잠시 뒤 클라우제비츠는 다시 전략가가 됩니다. 기나긴 전개를 이어나가자 처음의 긴장감이 약간 떨어지는데, 이 긴장감에는 그 뒤에 오는 두 세기를 암시하고 있음을 우리는 보게 됩니다. 하지만 레이몽 아롱은 우리가 밝혀냈던, 분쟁이 임박했다는 사실을 생각할 수가 없었는데, 그렇게 되면 아롱 자신의 합리주의가 무너지기 때문입니다. 그런데 이 책의 시의성은 불행히도 냉전과는 아무런 관계가 없습니다. '놀라운 삼위일체'에서 가져온 '한 줄기 불빛'은 우리 시대를 전혀 다르게 비춥니다.[7] 우리가 이들의 생각을 물리치고 언제나 새롭게 말할 내용이 있는 것은 바로 위대한 기록들 덕분입니다. 그래서 우리의 놀라움은 아직 끝나지 않았다고 말할 수 있습니다.

금기의 논리

샹트르 그렇다면 선생님은 레이몽 아롱의 합리주의가 그 시대 인류학자들의 합리주의라고 생각하시는 것입니까?

지라르 물론입니다. 우리는 최근 인류학의 합리주의에서 나오는 편견을 아롱에게서도 뚜렷이 볼 수 있습니다. 최근 인류학은 종교적 논리를 이해하기를 거부하고 있습니다. 우리는 조금 전에 『폭력과 성스러움』에 대한 몇 가지 분석을 살펴보았는데, 저한테는 아주 중요한 작업이었던 이 책으로 되돌아가고 싶습니다. 수천 년 전으로 거슬러 올라가야 하더라도 이것은 우리 주제에 잘 맞습니다. 최근 인류학이 오래된 금기에 관한 연구를 중단한 것은 그런 금기가 폭력을 막으려는 것이라는 것을 알지 못하기 때문입니다. 그런 다음 정신분석학에 달려든 그들은 '섹스를 두려워한 것은 바로 입법자들의 콤플렉스'라고 말하고 있습니다. 하지만 자세히 들여다보면 금기는 결코 성을 거부하는 것이 아니고, 성은 단지 그 대상이거나 계기일 뿐인 모방적 경쟁을 거부하는 것이라는 사실을 알

---

7) Clausewitz, 앞의 책, p.69

게 될 것입니다. 이것은 아주 다른 것입니다.

그래서 우리는, 동물의 지배 네트워크를 깨고 전염성 강한 복수를 풀어놓을 만큼 이러한 내적 경쟁이 충분히 강해졌을 때 인간화가 시작되었다고 추론해낼 수 있습니다. 자멸의 위험을 막아주는 종교적 금기가 충분히 일찍이 생겨났기 때문에 인류는 '태어나고 또 생존할 수 있었다'고 말할 수 있습니다. 그런데 이런 금기는 어떻게 생겨났을까요? 이를 암시해주는 것은 건국 신화나 기원 신화들뿐입니다. 이 신화들은 대개 상징화된 위기 이야기로 시작합니다. 오이디푸스 신화에서 위기는 페스트라는 전염병이고 다른 신화에서는 가뭄이나 홍수 혹은 젊은이를 잡아먹는 괴물이기도 합니다. 이런 테마 뒤에는 홉스가 '만인에 대한 만인의 전쟁'이라 부르는 사회적 연결망의 해체가 있습니다.

이렇게 되면 무슨 일이 일어날까요? 이런 혼란이 닥치면 사회 구성원들은 모두 '차이가 없어지면서', 그 어느 때보다 강해진 모방은 여러 가지 결과를 낳게 됩니다. 집단이 군중이 될 때 군중은 모방으로 다시 하나가 됩니다. 대체 작용이 개입하면서 군중의 폭력은 점차 소수 집단을 향하다가 가장 소수인 인물에게 집중됩니다. 마침내 혼란의 원인을 찾아냈다고 믿는 군중은 이때부터 모두의 적이 된 한 사람에게 달려들어 린치를 가하게 됩니다. 반대할 경쟁자가 충분히 있는 한 큰 소란을 피웠던 모방 에너지는 결국 하나의 희생양에 대항해서 전체 공동체를 하나로 통합합니다. 그러면 공동체에는 평화가 다시 찾아오게 됩니다.

화해를 되찾은 사람들은 기대하지도 않았는데 느닷없이 찾아온 이 평화를 초자연적인 존재의 선물이라고 여기게 됩니다. 이런 선물을 줄 수 있는 유일한 존재는 바로 그들을 다시 하나로 묶어준 그 희생양밖에 없다고 생각하기 때문입니다. 희생양들이 흔히

'낯선 손님'으로 지칭되는 것도 이 때문입니다. 원시 사회는 아마도 아주 멀리 떨어져 있었을 겁니다. 뜻밖의 '낯선 손님'의 출현은 두려움이 들어 있는 엄청난 호기심을 불러일으켰을 것입니다. 이 낯선 사람의 기대치 않았던 작은 행동 하나도 아주 강한 결과를 낳으면서 사람들은 이 낯선 손님을 새로운 신으로 믿게 되었을 겁니다. 모방위기 상황의 폭력 행사에서 새로운 신이 나왔다고 말할 수 있을 것입니다. 후에 공동체에 분쟁이 일어날 때마다 사람들은 과거의 기억을 떠올리면서 분쟁과 관련된 사람의 모든 접촉을 피하는 방도를 만들어냈을 것입니다. 폭력이 다시 나타나는 것은 신이 분노한 것으로 해석되었습니다. 이렇게 되면 이 신의 명성에 기대어서 사람들은 실효성 있는 금기를 만들어냅니다. 오랫동안 실행되던 이 금기는 차츰 시스템으로 변하게 되는데, 이런 시스템은 일관성이나 지속성에서는 차이가 납니다.

종교적 금기는 분명 폭력의 상승작용을 막았습니다. 하지만 금기가 불러일으키는 두려움이 무뎌지면 금기 위반을 막는 능력도 차츰 무뎌지기 마련입니다. 신의 분노를 진정시키려는 금기와 희생제의의 목표는 폭력을 집단 외부에 묶어두는 것입니다. 이런 점에서 저는 고대종교의 중요한 두 제도인 금기와 희생이 영장류의 자멸을 막았기에, 인간 이전 사회가 인간 사회로 넘어오는 과정에서 아주 중요한 역할을 했다고 생각합니다. 일거에 모든 폭력적 상호성을 다 제거할 수 없었을 것이기 때문에 고대의 시스템들은 모두 잿더미 속에서 주기적으로 생겨났을 것이 분명합니다. 이런 사실들은 그리스와 인도 종교의 뛰어난 직관으로 알 수 있습니다.

반면에 근본적으로 다른 두 종교가 언젠가는 종교의 영원회귀에 종지부를 찍을 것이라는 점은 예견할 수 없었습니다. 처음으로 군중의 우월성이 전복되고 폭력적인 만장일치가 뒤바뀐 것은 사실 기독교 성경의 전통 속에서입니다. 상호주의 원칙이 아주 명확하게 드러난 것도 바로 이 전통에서입니다. 마지막 선지자 그리스도를 통해서 인류는 끔찍한 갈림길 앞에 있습니다. 모든 인간 행동을 지배하는 것이 경쟁이라는 것을 계속 보지 않으려 하는 것이 하나의 길이고, 긍정적 상호성과 사랑의 논리라는 타인의 이로움을 위해 숨겨져 있는 이 논리를 피하는 것이 다른 쪽 길입니다. 이런 점에서 부정적 상호성과 긍정적 상호성이 아주 유사하다는 것을 알게 되는 것은 충격적입니다. 이것들은 거의 같은 유형의 차이소멸 현상인데, 둘 다 세상 구원에 관한 것입니다. 이런 것이야말로 우리가 생각해야 할 진정한 역설이라고 생각합니다. 왜냐하면 앞으로 유죄판결을 받는 것은 더 이상 희생양이 아니라 역사의 심판을 받을 위험을 무릅쓰는 인류 그 자체이기 때문입니다. 지금 우리는 현재 상황을 클라우제비츠의 '이상한 삼위일체'보다 더 명확히 보여주는 유일한 전망인, 종말론적 전망의 시대에 들어서고 있습니다.

샹트르 고대의 작은 사회들은 항상 위협을 받고 있었습니다. 선생님은 종종 기독교가 희생이라는 목발에서 우리를 해방해주었다고 말하십니다. 하지만 그와 동시에 우리는 우리 운명에 책임이 있는 존재가 되었습니다. 우리가 벗어난 이 '목발'은 위협에 대처하는 유일한 방법이 아니었을까요? 달리 표현하면, 재앙이 과학적으로 예측 가능한데도 우리가 더 이상 재앙을 믿지 않게 된 것도 기독교 가르침의 결과 가운데 하나가 아닐까요?[8]

---

8) Jean-Pierre Dupuy, *Pour un catastrophisme éclairé*, Seuil, coll. 'Points,' 2002; *Petite métaphysique des tsunamis*, Seuil, 2005를 참조할 것.

지라르 정확한 말씀입니다. 진보주의는 기독교에서 나왔지만 기독교를 배반하고 있습니다. 더 정확히 말하면, 진보주의는 종말론적 감정이 무뎌졌을 때만 나올 수 있습니다. 기독교가 현실 세계에서 영향력을 잃은 것은 점차로 종말론적인 의미를 잃어갔기 때문이라고 저는 생각합니다. 종말론의 생각이 기독교인의 의식에서 완전히 사라진 것은 분명 히로시마 때부터인 것 같습니다. 서양의 기독교인들 특히 프랑스의 가톨릭 신도들은 추상적인 것이 현실에 들어오고 현실이 종말론의 개념에 정확히 들어맞을 때조차도 더 이상 종말론을 말하지 않았습니다.

관념이 너무나도 쉽게 현실이 되는 과정에 대한 베르그송의 깊은 통찰에 대해 샹트르 선생도 언급한 적이 있습니다. 재앙이 일상적인 것이 된 것은, '절대전'을 단순한 개념으로 보았던 레이몽 아롱과 같은 우리 시대의 소위 '합리주의' 때문에 가능했다고 저는 생각합니다. 있는 것을 있는 것으로 보지 않고 현실을 왜 인정하지 않는지, 저는 지난 40년 동안 너무나도 궁금했습니다. 현실을 인정하지 않는 이런 태도는 오로지 스스로 '야만적 사고'라 부르는 것과 신화만 보길 원하면서 제의와 희생을 보여주었던 레비스트로스의 무관심과 닮았습니다. 그의 업적은 훌륭하지만 아주 허약합니다. 신화가 무언가를 숨기고 있고 옷장에 시체가 있다는 느낌이 들자마자 저는 귀를 쫑긋 세우고 경계합니다.

이 점에서 저는 임박한 재앙을 보길 거부하는 이런 합리주의야말로 현실을 제대로 보지 않으려 하는 우리의 방식이 되어 있다는 말까지 할 것 같습니다. 페기의 말처럼 우리는 "가장 무례하고 가장 초보적인 신화학자"[9]입니다. 이것이 바로 헤겔의 변증법이 저

---

9) Charles Péguy, *Œuvres en prose complètes*, Gallimard, coll. 'Bibliothèque de la

에게 어울리지 않는 이유이고, 그것이 너무 합리주의적이며 충분히 비극적이지 않다고 생각하는 이유입니다. 헤겔의 변증법은 털끝 하나 손상하지 않고 분쟁을 통과했습니다. 클라우제비츠처럼 저도 결투 법칙에 발부리가 걸렸습니다. 그래서 저는 거기서 멈추어 서야 했습니다.

법의 종말

샹트르 선생님이 너무 폭력에만 집중한다고 보는 사람이 많습니다.

지라르 그들은 우리 주변에서 일어나는 일을 보려 하지 않는 사람들입니다. 바로 그래서 우리는 이 시대의 대치 국면과는 맞지 않는 국가 간 전쟁의 틀 속으로 피신하기 이전에 클라우제비츠가 살짝 엿보았던 것을 완성할 필요가 있습니다. 왜냐하면 오늘날은 정면으로 맞대놓고 하는 전쟁이나 '현금 지불'은 더 이상 존재하지 않고 그런 방식도 없기 때문입니다. 우리는 결투의 새로운 방식인 '정밀 타격' '제로 데스'의 기술전쟁 시대에 접어들었습니다. 우리는 이 명제를 뒤집어서 이런 비대칭 전쟁이 안보에 대한 새로운 개념에 기반을 두고 있다고 말할 수 있을 것입니다. 클라우제비츠가 전쟁의 궁극적 진실로 보았던 '현금 지불'과 '결정적 행위'를 우리가 포기한 것은 바로 이 같은 죽음을 보기를 거부했기 때문일 것입니다. 물론 제가 이런 생각을 아쉬워한다는 말은 절대 아닙니다. 그러나 적어도 우리는 부끄러워 얼굴을 숨기지는 않았습니다. 많은 전사자와 끝없이 이어지는 테러라는 재앙을 치르고서야 미국

Pléiade,' 1988, p.126.

이 빠져나올 수 있을 이라크의 수렁은 이런 망동의 뚜렷한 사례입니다. 전쟁법이 사라진 오늘날 우리에게는 공격과 방어, 침략과 침략에 대한 대응이라는, 똑같은 것들로 이루어진, 끔찍한 대안만 남아 있습니다. 대치 상태가 적대감을 점점 더 억제할 수 없을 것이라는 사실을 클라우제비츠는 잘 알고 있었습니다. 그가 원칙으로 세운 승리의 우월성은 '물리쳐야 하는' 적에 대한 경멸과 함께 더 격렬해집니다. 이런 태도는 명예 규칙의 모든 위반을 허용해줍니다.

클라우제비츠가 자신도 모르는 사이에 예언적이었던 것은 그가 총구에 코를 대고 '적군 섬멸'을 말할 때입니다. 확실히 그는 항상 승리는 적군을 패배시키는 데에, 심지어 국가를 전복하는 데 있다고 주장합니다. 그러나 그가 선언하는 정치가 전쟁의 배후에 있는 이데올로기 전쟁은 전 국민 학살을 조직함으로써 무서운 십자군처럼 작동할 것입니다. 적을 박멸해야 하는 악이라고 보는 '전쟁의 종교화'를 이야기하는 카를 슈미트는 이데올로기 전쟁의 이런 속성을 잘 알고 있었던 것 같습니다. 전쟁법을 회복하려는 그의 노력은 직접적으로 이런 사실에서 나왔습니다. 폭력 확산을 막기 위해서는 법적인 제한이 꼭 필요합니다. 슈미트는 그래서 적에 대한 올바른 법적 규정 자체가 하나의 진보라고 생각했습니다. 이것은 우파의 주장인데, 이런 주장은 오늘날 많은 사람이 새로운 위험을 염두에 두고 요구하는 '비상사태'에 대한 이론화로 이어집니다. 이것은 이런 생각의 강점이자 한계입니다. 그는 평화주의의 위험을 강조하는데, 전쟁을 완전히 불법으로 낙인찍는 것은 역설적으로 전쟁이 도처로 번져나가게 하고, 평화주의는 호전주의를 선동한다는 것이 그런 것입니다. 그러나 제2차 세계대전에 뒤이어서 극단으로 치닫기가 나타나는 것을 보더라도, 슈미트의 의지주의는 근거 없는 것으로 드러났다고 할 수 있습니다. 대의가 실종되었습니다. 더군다나 슈미트의 의지주의는 그가 나치에 협조한 사실과도 모순됩니다. 그래서 뻔히 질 것을 알면서도 하는 싸움이라 할 수 있습니다.

샹트르 그렇지만 슈미트는 한편의 종교전쟁과 다른 한편의 완전한 파멸을 갖고 올 기술 시대라는 두 개의 재앙 사이에 오늘날 전쟁이 있다는 아주 뛰어난 통찰을 보여주었습니다.[10] 따라서 그는 사라질 위기에 처한 전쟁법을 재고하고 갈등을 구조화하는 것이 시급하다고 생각합니다. 슈미트가 경쟁을 생각하고 있었다는 것을 부정하기는 힘들 것입니다. 그는 또한 『파르티잔, 그 존재와 의미』에서 파르티잔이 병사와 테러리스트, 반대와 적대 사이에서 가교 역할을 한다는 것을 보여줍니다. 이상하게 보일지 모르지만 슈미트는 전쟁을 찬양하는 사람들에 반대했습니다. 불가피한 것이라고 여기지 않는 흐름에는 저항하려 했던 것 같습니다.

지라르 테러리즘의 계보학에 대한 슈미트의 지적은 사실 설득력이 있습니다. 나폴레옹이 스페인에서 교착상태에 빠졌던 사건을 고찰함으로써 슈미트는 '정규군과 변칙적으로 싸운' 첫 번째 군대가 파르티잔, 즉 빨치산이라는 유격대라는 것을 잘 알았습니다. 빨치산 전쟁은 나폴레옹이 과거의 군대에 부과한 변화와 정확히 동시대적입니다. 따라서 프랑스혁명의 어떤 결과는 클라우제비츠가 해석했던 극단으로 치닫기 속에 오늘날에도 나타나고 있습

---

10) Frédéric Gros, *États de violence. Essai sur la fin de la guerre*, Gallimard, coll. `NRF-Essais,´ 2006을 참조할 것.

니다. 테러리즘의 기원은 혁명전쟁에서 찾을 수 있을 텐데, 나폴레옹의 정규전은 그것의 마지막 모습일 것입니다. 동시대의 산물인 정규전과 비정규전은 서로에게 힘을 실어주다가 결국에는 같아집니다. 이런 점에서 나폴레옹 군대의 침공에 대한 러시아 파르티잔의 대응은 스페인 파르티잔 작전과 같은 유형이라고 볼 수 있지만, 파괴력은 더 컸습니다. 9·11사태라는 상징적 재앙과 이에 대한 이라크 침공이라는 미국의 대응에서, 비정규전과 정규전이 똑같은 것이라는 사실이 명백히 알려지게 되었습니다. 이런 것이 바로 대응이 지체될수록 더 무섭다는, 진정한 상호성의 논리입니다. 우리는 지금 교환법칙의 근본적인 붕괴를 목격하고 있습니다.

오늘날 자주 발발하는 테러의 의미가 무엇인지 클라우제비츠를 통해서 깊이 들여다볼 필요가 있습니다. 기본적으로 그것은 히틀러와 스탈린의 의미에서 총력전의 확대입니다. 더 이상 정규군은 없고 무엇이든 할 준비가 된 러시아 빨치산만 있는 그런 전쟁입니다. 독일은 히틀러를 후방에서 공격했던 러시아군 같은 저항군을 한 번도 만난 적이 없었습니다. 테러리즘을 빨치산 이상의 것으로 묘사하는 데에는 카를 슈미트가 중요한 고리입니다. 두 번의 세계전쟁에서 빨치산의 역할을 비교해볼 필요가 있습니다. 기하급수적인 무력 증강을 비롯해 슈미트가 설명하는 모든 면을 보게 될 것입니다. 그리하여 그는 '군인에 대한 민간인의 승리'와 재래식 전쟁이 실제 전쟁으로 이행하는 현상을 지적한 명쾌한 분석가였을 것입니다. 슈미트의 빨치산 모델은 전쟁이 테러리즘으로 이행할 것을 예측합니다. 그리하여 '빨치산 이론'은 슈미트의 머릿속에서 현대전 이론이 되었습니다. 그러나 슈미트는 이 중간지역은 법적으로 잘 조절되는 공간이 될 수 있다고 믿었습니다. 그는 빨치산이 고전법에 종지부를 찍고 '친구'와 '적'에 대한 새로운 정의를 요구하는 새로운 법적·정치적 틀의 상징이라고 생각했습니다. 그는 세상에 종말이 오지 않는 한, 국민국가들이 붕괴한다고 해서 꼭 전통적 전쟁을 종식할 필요는 없다고 생각했던 것입니다.

그래서 슈미트는 현대전의 상황에 어둡습니다. 그는 예컨대 핵 억제력에서 무엇이 문제인지를 알지 못합니다. 1945년 이래 핵 억제력에 관해 이루어진 모든 것은 법적 수준이 아니라 마피아 수준의 협정으로 진행되었습니다. 다시 말해서 어떤 것도 법적으로 인정되지 않았고 어떤 것도 유엔에서 통과되지 않았습니다. 핵 억제력이 제대로 작동하려면 누구든 거기에 끼어들면 안 되었습니다. 그래서 일종의 마피아 협정 같은 것이라는 것입니다. 이 문제가 전쟁 종언의 핵심이라고 본 슈미트는 법률가로서 문제 해결에 접근했습니다. 그는 말하자면 의학을 과신하는 의사와 같습니다. 그러나 사람들은 전쟁을 전염병처럼 보지 않습니다. 물론, 슈미트는 전쟁과 평화 사이에서 결정을 내리지 않는 행위는 치유할 수 없는 전이를 유발한다고 생각했습니다. 옳은 시각이라 생각합니다. 역시 그는 점점 광기가 스며드는 기술의 역할을 과소평가했습니다. 하지만 그는 자살테러가 전쟁 억제를 방해한다는 것은 보지 못했습니다. 이러한 관점에서 보면 자살테러는 원시 희생의 기이한 반전입니다. 자살테러는 타인을 구하기 위해 희생양을 죽이는 것이 아니라 타인들을 죽이기 위해 자신을 희생합니다. 그 어느 때보다 거꾸로 된 세상입니다.

다음 단계는 더러운 폭탄에 핵폐기물을 장착하는 일이 될 것입니다. 이 순간에 소형 핵폭탄 연구에 몰두하는 미국 기술자들은 자기도 모르는 사이에 테러리스트들을 위해 일하고 있다고 말할 수 있습니다. 그러므로 우리는 지금 예측할 수 없는 전면적인 적대의 시대에 들어와 있습니다. 적들은 서로를 경멸하고 서로 말살하려고 합니다. 부시와 빈 라덴, 팔레스타인과 이스라엘, 러시아와 체첸, 인도와 파키스탄과 같은 적대자들이 같은 싸움을 벌이고 있습니다.

'불량 국가'라는 말이 나오는 것 자체가 우리가 전쟁의 법제화에서 얼마나 벗어나 있는지를 잘 말해줍니다. 부시 행정부는 국제 안보 유지라는 명분을 내세워서 아프가니스탄에서 자신이 원하는 것을 행했고, 러시아는 체첸에서 그렇게 했습니다. 그 대가로 이슬람의 테러는 세계 도처에서 일어나고 있습니다.

관타나모 캠프에서 알 카에다 관련자로 의심되는 수용자들에 대한 미국의 수치스러운 행위는 전쟁법의 무시를 그대로 드러내 보여주고 있습니다. 포로의 권리를 존중하던 고전적인 전쟁은 이제 더는 존재하지 않습니다. 20세기 분쟁에서는 포로의 권리가 남아 있었습니다. 당시 전쟁은 아직 약간의 계약 형태를 띠고 있었습니다. 20세기 전쟁의 폭연 속에서도 포로의 권리를 꾸준히 지켜왔다는 사실은 이 권리가 아주 오래된 중세 귀족정치 시절부터 내려온 것임을 보여줍니다. 포로의 권리는 16-17세기에 제도화된 것입니다. 이런 관점에서 보면 슈미트는 그로티우스와 푸펜도르프의 후예라고 할 수 있습니다. 이런 전쟁법이 사라진다는 것은 서구 사회가 자신의 모순에 말려들고 있다는 분명한 징후입니다.

샹트르 슈미트가 보기에 정말 큰 위협은 세상 종말보다는 전쟁법에 따라 조절되는 세상의 종말이었습니다. 오늘날은 과거보다 전쟁이 적다고 말할 수 있습니다. 더 나아가서는 전쟁이라는 제도가 뜻밖의 폭력적 행위로 대체되었기에 오늘날은 더 이상 전쟁이 없다고 말할 수도 있습니다. 선생님은 이런 상황에 종말론적인 것이 들

어 있다고 줄곧 주장하고 계신데, 오히려 폭력의 역풍으로 볼 수는
없을까요?

지라르 네, 타당한 생각 같습니다. 사실 전쟁의 쇠퇴기가 더 좋은 결
과로 이어질 수도 있지만 더 나쁜 결과로 이어질 수도 있습니다.
이런 영역에서 운명 같은 것은 없습니다. 인간은 자신의 폭력을 완
전히 포기할 수 있는 존재이기 때문입니다. 고대 인도인은 포기하
는 능력을 갖고 있었는데, 이런 것은 서구인은 생각도 하지 못하는
것입니다. 인도인에게는 아주 냉혹한 눈길이 있는데, 그것은 정확
히 인간 행위는 본질적으로 전쟁 영역에 있다는 것을 인정하기를
두려워하지 않기 때문입니다. 『일리아스』는 고대 인도의 대서사
시 『마하바라타』에 비할 바가 못 됩니다. 그러므로 꼭 비관론자가
되거나 현재의 심각성을 측정하려고 옛날과 오늘의 사상자 숫자
를 비교할 필요는 없습니다. 그 대신 새로운 것은 '폭력의 예측 불
가능성'이라는 사실을 깨닫는 것이 필요합니다. 낡은 제의의 마지
막 형태인 정치적 합리성은 실패했습니다. 우리는 지금 클라우제
비츠가, 물론 잠시 뒤에 다른 방향으로 틀긴 했지만, 한때 전쟁의
속성으로 보았던 완전한 상호성의 시대로 접어들었습니다.

더 이상 명확하게 규정된 적과 대면하지 않는다고 해서 나폴레
옹이 가졌던 이상과 유사한, 긍정적 상호성과 세계질서 실현은 여
전히 가능하지 않을 것 같습니다. 물론 이 말에는 냉소적인 의미
가 없는 게 아닙니다. 우리는 '만인에 대한 만인의 전쟁'이 아니라
'전부 아니면 전무'의 시대에 살고 있습니다. 그러므로 슈미트의
깊은 곳에는 전술을 정치의 수단으로 간주하는 클라우제비츠를
되풀이하는 면이 들어 있습니다. 그러나 이런 생각은 모두가 싸우
던 중에 사회계약을 한다는 생각과 유사합니다. 사회계약은 명백

히 잘못된 생각입니다. 그것을 행할 수 없을 때가 바로 그것이 필요한 때이기 때문입니다. 전쟁과 평화 사이에서 결단을 내리는 단호한 '군주의 결정'을 예찬하는 슈미트는 정치가 전체주의로 흐르지 않는 한 갈수록 유지하지 못하는 자율성을 전쟁이 획득했다는, 클라우제비츠가 엿보았던 것의 실상을 새롭게 보여주고 있습니다. 전쟁은 '이데올로기 전쟁'이나 '전면전'이 되었다가 지금은 황혼기를 맞이하고 있습니다. 어떻게 뒤로 돌아갈 수 있을까요? 여기서 정치학이 아무런 도움이 되지 않을까 봐 걱정입니다.

그런데 사람들은 가속화되고 있는 오늘날의 분쟁을 과거와 똑같은 시각으로 바라보고 있습니다. 그리고 클라우제비츠의『전쟁론』에서 경쟁은 보지 않는 합리주의식 해석이 여전히 통용되고 있습니다. 오늘날 우리는 너무나 과격한 형태의 전쟁을 향하고 있습니다. 진지하게 받아들일 수 없을 정도로 너무나도 과격한 오늘날 전쟁에 관한 이야기는 지나치게 비극적이거나 지나치게 희극적인 것이 될 수밖에 없게 될 정도입니다. 부시 대통령은 정치 금도를 벗어나서 미국이 행사할 전쟁의 폭력을 너무 강조해 희화화가 될 정도이고, 이에 대해 빈 라덴과 그 추종자들도 똑같이 '군주처럼' 대응하고 있습니다. 고백하건대, 이런 새로운 유형의 분쟁을 제대로 생각할 능력이 저에게는 없는 것 같습니다. 슈미트도 이런 근본주의 성향을 분명 보지 못했을 겁니다. 곧 손에 쥘 소형 핵무기를 아무런 규칙도 없이 순전히 상호성 원칙에 따라 사용함으로써 과거의 대립도 되살리고 새로운 대립도 만들어낼 이 새로운 가미카제들은 과연 어떤 사람들일까요? 클라우제비츠와 카를 슈미트가 파르티잔 전쟁이라 불렀던, 나라를 지키는 데 모든 시민과 군인을 끌어들이는 '전면전'이 모든 의례화에서 벗어나 있기에 엄격하게 전쟁이라 부르기도 힘든 폭력의 야만적인 폭주 현상인 테러리즘으로 곧장 떨어지고 있는 것을 지금 우리는 보고 있습니다.

테러 공격은 물론 잔인하지만 제한적입니다. 그렇다고 극단으로 치닫는 풍조가 사라진다고 결론을 내려야 할까요? 저는 그렇게 생각하지 않습니다. 오늘날 군사 장비 능력이 정치를 대신하는 것은 아주 분명합니다. '기술에 의한 검사'를 사람의 통제에서 벗어나는 데 꼭 필요한 일이라고 생각한 하이데거는 아주 뛰어난 사람 같습니다. 정치의 무력함을 보여주는 좋은 사례가 있는데 그것은 쿠바의 미사일 사건입니다. 러시아는 정치적 명분이 아니라 오로지 기술적 이유만으로 물러섰습니다. 핵무기로 충돌하면 자신들이 열세라는 것을 알았기 때문입니다. 그게 전부입니다.

저는 케네디 행정부와 가까운 사람을 알고 있습니다. 그는 그 순간이 정말 끔찍했다고 했습니다. 부시 측근들과 달리 호전주의자가 아니었던 케네디 측근들에게 쿠바 사태는 정말 두려운 경험이었습니다. 쿠바 사태는 냉전의 진짜 절정이었습니다. 그때부터 소련은 내리막길을 걷습니다. 전쟁만큼이나 강한 기술의 위협이 있는데, 이제는 기술이 힘 자체가 되었습니다. 하지만 서구 형이상학의 운명인 기술이라는 표현은 우리가 지금도 겪고 있는 비극을 나타내기에는 너무 추상적인 개념입니다. 헤겔과 특히 클라우제비츠 덕분에 우리는 역사의 동력을 좀더 구체적으로 엿볼 수 있게 되었습니다. 우리는 주인과 노예의 변증법이 극단 치닫기로 과격화하는 것을 보아왔습니다. 이렇게 해서 우리는 폭력의 중심으로 되돌아왔습니다.

소박한 삶으로 돌아가기?

샹트르 모순의 극복과 모두에게 필요한 화해를 원하는 헤겔의 '지양'이 나폴레옹이 보여주는 폭력의 진상을 외면하려는 듯할 때 클라우제비츠는 결투와 목숨을 건 투쟁의 실상을 줄곧 파고들었습니다. 모든 일은 마치 우리가 반드시 거쳐야만 했던 것처럼 진행됩니다.

지라르 왕국을 생각한다면… 네, 그것은 역설이 될 것입니다. 하지만 더 거친 반대를 생각한다면 좀 이해가 될 것입니다. 클라우제비츠를 읽고 또 읽다 보면, 화해는 절대 확실하지 않다는 것을 이해하게 될 것입니다. 극단으로 치달을 위험은 항상 있을 것입니다.

샹트르 클라우제비츠가 아내 마리아에게 보낸 편지가 보여주는 것이 그런 역설 가운데 하나입니다. 레이옹 아롱이 인용하는 구절인데, 여기서 클라우제비츠의 전기작가들은 클라우제비츠와 그 아내 사이의 친밀한 고백과 종교적 감정의 고백을 보고 싶어 했습니다.[11] 1807년 당시 클라우제비츠는 예나 전쟁에서 패한 후 프랑스의 포로가 되었습니다. 루브르를 방문하거나 다음과 같이 사랑하는 사람에게 편지를 쓰면서 시간을 보낼 정도로 평안한 유배 생활을 보내고 있었습니다.

사람과 국가의 운명을 다스리는 신의 섭리를 비난하지 않습니다. 신의 계획을 알지 못하는 우리가 신을 비난할 권리도 없다

---

11) Raymond Aron, *Penser la guerre, Clausewitz,* tome I, Gallimard, 1976, p.41

는 것을 인정합니다. 그러나 그렇기 때문에 우리 마음은 신앙 안에서 마음의 평화를 찾기 위해 세기를 거듭하며 삶의 짐을 고통스럽게 짊어지고 있는 세대를 결코 외면할 수 없습니다. 우리의 이성 자체가 이 땅을 완전히 떠나 하늘로 향할 수는 없습니다. 그렇게 하는 것은 우리의 마음도 아니고 우리의 이성도 아닙니다. …종교 때문에 이 세상에서 우리의 눈길을 돌려서는 안 됩니다. 종교는 지상의 모든 고귀한 것과 동맹을 맺고 있는 하늘의 힘입니다. 저는 종교적인 감정에 젖게 되면 언제나 희망을 느끼면서 선하고 위대한 행동을 할 욕망을 품게 되었습니다. 그래서 저는 속세의 역사를 외면하지 못하고 나약한 내 마음의 결론에 내 가슴의 감정을 일치할 수 없는 것을 이런 식으로 정당화하고 있습니다.

지라르 제가 미처 기억하지 못했는데 무척 흥미로운 편지 같습니다. 레이몽 아롱은 이 편지를 제대로 인용하고 있는 것 같습니다. 클라우제비츠가 자기 마음을 드러내는 일은 사실 흔하지 않습니다. 이 구절에는 파스칼이 말했듯이 그가 결투를 통과하고 순서를 바꾸기 위해 얼마나 고군분투하는지 잘 드러나 있습니다. 종교의 명령이 아무리 강력하더라도 종교는 병사가 복수에서 벗어나게 해서는 안 되고 그 복수를 위해 봉사하게 해야 합니다. 클라우제비츠가 권유받는 '위대한 행동'이 프로이센의 재부상이라는 것을 잘 느낄 것입니다. 클라우제비츠의 '종교적 감정'은 그가 '속세의 역사'라고 부르던 것에 그 자신을 그 어느 때보다 더 단단히 묶습니다. 생각보다는 언제나 행동이 우선합니다. 클라우제비츠에게는 전쟁의 철학까지는 아니더라도 전쟁의 이론이 있습니다. 결투를 생각한다는 것은 곧 그것을 통제하려 애쓰는 것일 겁니다. 클라우제비츠도 이를 위해 노력합니다. '종교적 감정'을 불러일으키는 이 편지에서 제가 이해한 것이 바로 그것입니다. 우리가 경쟁 너머를 생각할 수 있도록 도와주는 것은 그러므로 클라우제비츠가 아니라, 제가 '좋은 초월'이라 부르는 것입니다. 클라우제비츠는 나쁜 초월을 말하고 있기 때문입니다. 클라우제비츠의 신은 '전쟁의 신'입니다. 그래서 우리는 클라우제비츠의 시대를 엄격한 변증법에 넣어서 생각해야 합니다. 이제 우리는 다른 유형의 합리성으로 넘어가야 하는데, 여기서 우리의 가이드나 반대자 역할을 할수 있는 사람은 이제 레이몽 아롱이 아닙니다.

샹트르 여기서 레비나스의 사상을 검토해보면 어떨까 하고 조심스럽게 제안드립니다. 그가 쓴 유명한 『전체성과 무한』은 선생님의 『낭만적 거짓과 소설적 진실』과 같은 해인 1961년에 나왔습니다.

지라르 네, 좋습니다. 1970년대에 그를 만났던 기억이 납니다. 그는 저와 토론하자고 적극적으로 제의했지만 소심하던 저는 당시 자주 그랬듯이 사양했습니다. 결과적으로 당신은 적절한 타이밍에 레비나스를 끌어들인 셈입니다. 물어볼 것도 없이 정말 좋은 생각입니다. 사실 그의 헤겔 비판은 우리가 꼭 참조할 필요가 있습니다. 저는 사르트르나 하이데거 같은 다른 철학자들보다 레비나스를 많이 읽지 못했습니다. 헤겔 그리고 어떤 유형의 현상학과 레비나스를 동시에 구별 짓는 것이 무엇인지 알아보는 것은 무척 흥미로울 것 같습니다.

샹트르 정확히 이 순간 우리의 관심사인, 경쟁을 거치면서도 상호성에서 벗어나기 위해, 그리고 아주 중요한 타인과의 관계를 생각하기 위해서는 레비나스를 떠올릴 필요가 있습니다.

지라르 또한 우리는 흔히 차이를 옹호한다고 오해받고 있는 레비나스를 이런 오해에서 벗어나게 할 필요가 있습니다. 문제는 '차이가 아닌 동일성'이라는 데에 저는 항상 한 표를 던질 겁니다. 엄밀히 말하면, 저는 항상 '모든 행동은 반응을 부른다'고 보는 인류학의 지평에 서 있다는 것을 잊지 마시기 바랍니다. '타인과의 관계'는 물론 좋은 표현입니다. 하지만 동시에 이 표현 뒤에서는 당신도 잘 알다시피 제가 꺼리는 인도주의의 냄새가 풍기는 것이 보입니다. 인도주의는 물기 하나 없이 바짝 말라버린 휴머니즘입니다. 레비나스에게는 질서의 변화나 지평의 변화와 같은 불연속적인 것에 대한 강한 생각이 있는 것 같습니다. 하지만 제가 생각하려는 것은 연속적인 것입니다. 오늘날 우리가 전쟁과 평화의 차이에서 벗어나 폭력과 화해, 부정적인 차이소멸과 긍정적인 차이소멸, 모방 위기와 기독교에서 '신비체'라 부르는 것 사이의 수수께끼 같은 공통점을 이해하려고 노력해야 하는 것도 바로 이런 까닭에서입니다. 그런데 우리는 모방 속에서 일어나는 내적 탈바꿈을 거칠 때에만 전자에서 후자로 넘어갈 수 있습니다. 최악이 꼭 확실한 것은 아니지만, 세상 파멸이라는 다른 가능성은 항상 염두에 두어야 합니다. 왜냐하면 이제 인간은 거기까지 갈 수 있는 수단을 가졌기 때문입니다.

샹트르 내적 탈바꿈과 같은 이런 변화를 이해하려면 클라우제비츠가 그렇게 조심했던, 경쟁을 늦추고 깊이 생각해보아야 할 것입니다. 결투를 생각한다는 것은 폭력과 화해를 동시에 생각한다는 것이며, 이런 상호성에서 다른 상호성으로, 하나의 정체성에서 다른 정체성으로 넘어가는 것이라고 생각합니다.

지라르 중세 문학에 많이 나타나는 극단적인 결투 묘사를 생각해봅시다. 거기에서 우리는 항상 사랑과 열정 같은 것이 같이 나타나는 것을 볼 수 있습니다. 이런 모순된 내용은 아마 쉽게 생각할 수 없을 것입니다. 모방은 강박적이라는 말이 있습니다. 이런 완고한 태도를 보이는 이유는 아주 불투명한 프리즘을 통해서만 사물을 보려 하기 때문인데, 이를 인정하는 사람은 아무도 없습니다. 특히 묵시록적인 기독교 호교론은 보지 않으려 하는 사람들의 눈을 뜨게 하려는 것 외에는 다른 목표가 없습니다. 그리고 사람들이 보려 하지 않는 것은, 정확히 말하면, 폭력이 보려 하지 않는 가능성인 '화해는 폭력의 숨겨진 이면'이라는 사실입니다. 사람들은 그들이 자율적이지 않고 그들 안에서 행동하는 것은 타인이라는 말을 듣고 싶어 하지 않습니다. 심지어 점점 더 그런 말을 들으려 하지 않기 때문에 점점 더 폭력적이 될 것입니다. 바로 이런 말을 했기 때문에 그리스도는 물의를 빚었습니다. 왜냐하면 그리스도는 사람들의 광기가 증가함과 동시에 왕국이 다가오고 있음을 사람들에게 계시하려고 왔기 때문입니다. 제가 베르그송이 '이중 열광의 법칙'이라 부르는 것과 멀지 않으며, 제가 앞으로 나아가야 할 길이 이런 측면이라고 언젠가 미셸 세르가 말한 적이 있는데, 그 뒤로 세르의 이런 직관을 파고들 시간이 없었다는 것이 못내 아쉽기만 합니다.

샹트르 그 부분을 다시 읽어보기로 하죠. 『도덕과 종교의 두 원천』의 마지막 부분입니다. 여기서 베르그송은 역사 변천을 생각하는 데 필요한 '이분법의 법칙'과 '이중 열광의 법칙'이라는 상호보완적인 두 법칙을 펼칩니다. 이 법칙들은 같은 경향이 취하는 두 가지 길로 서로를 이어받고 있습니다. 제가 인용하는 이 책의 마지막 구절은 선생님이 방금 말한 내용과 일치합니다.

단순한 성향이 둘로 나뉘는 것이 괜찮은 건지 궁금할 뿐이다. …그래서 사람들은 터무니없는 사태에 빠지는 모험을 하지 않았을 테고 재난에 대해서도 안전했을 것이다. 그렇다. 그러나 사람들은 양과 질에서 최대한의 창조를 획득하지 못했다. 이 방향들 가운데 하나로 끝까지 나아가서 그 방향이 무엇을 주는지를 알아야 할 필요가 있다. 더 이상 나아갈 수 없을 때 사람들은 모든 회득물을 가지고 무시되었거나 버려진 방향으로 돌진했을 것이다. 물론 이 왕복운동은 외부에서 관찰한다면, 사람들은 두 경향의 적대관계만을, 즉 다른 것의 진보를 방해하기 위한 다른 경향의 공연한 시도들과 전자의 궁극적인 실패와 후자의 복수만을 볼 뿐이다. 인간은 드라마를 사랑한다. 인간은 다소 긴 역사 전체에서, 두 정당이나 두 사회 또는 두 원리가 투쟁하는 모습을 역사에 새기는 사실을 기꺼이 끌어모은다. 이들 각각은 서로 왕복하며 차례차례로 승리를 거두었을 것이다. 그러나 여기서 그 투쟁은 진보의 표면적 측면일 뿐이다. …그러므로 진동과 진보, 정확히 말하면 진동을 통한 진보가 있을 것이다. 그리고 점점 더 복잡해지는 생활 후에는 단순함으로 돌아갈 준비가 되어 있어야 한다. …그러나 삶의 단순화와 복잡화는 그야말로 '이분법'의 결과이고, '이중 광란'으로 발전할 가능성이 매우 높으며, 마침내 주기적으로 서로를 계승하는 데 필요한 것을 갖게 된다. …진실은 다음과 같다. 우리가 물질적 풍요를 바라는 것은 호화와 사치를 좋아하기 때문이고 우리에게 없는 것이 호화와 사치로 보이기 때문이다. 그래서 우리는 호화롭게 사는 사람을 모방해 같아지려고 한다. 애초에 허영이 있었다. …그러나 완전하고 활동적인 참된 신비주의는 그 본질인 자비심에 의해 확산되기를 열망한다는 것도 분명하다.[12]

지라르   베르그송의 지적은 정말 우리 논의의 핵심 사항입니다. 그 이유는, 우선 베르그송은 주인과 노예의 변증법을 탐탁하게 여기지 않는데 위 인용문에 거기에 대한 비판이 나타나 있습니다. 그리고 두 원칙의 이중성과 그가 끌어낸 호화로움에 대한 모방과 자비심의 전염이라는 두 가지 유형의 모방을 잘 보고 있기 때문입니다. 하지만 그는 이런 이중성을 분쟁이나 결투로 보지 않습니다. 그 반면에 파스칼처럼 저도 진실이 폭력과 일전을 벌이고 있다고 생각합니다. 그리스도는 '소박한 삶으로의 회귀'가 아니라 전쟁을 전해주러 왔습니다. 서로의 뒤를 잇는 두 가지 성향의 교대를 베르그송이 아주 평화로운 총합으로 이야기하는 것을 들을 때 저는 헤겔을 보는 것 같았습니다. '여기서 대립은 진보의 겉모습일 뿐이다'라고 말하는 것은 헤겔의 변증법으로 돌아가는 것입니다. 결투를 상대화하면서 거기에는 언제나 극단으로 치달을 위험이 있다는 것을 보지 못하는 이런 변증법은 잘못되었습니다. 극단으로 치닫기가 들어 있는 이런 '진보를 거역하는 것'은 어쩌면 '헛수고'일 수도 있습니다. 하지만 그것은 베르그송이 말하는 그런 의미에서가 아니라, 오히려 어쩌면 세태의 흐름을 거스를 수 있는 저항은 없다는 의미에서 그러합니다. 극단 치닫기가 언젠가 사라질 것이

---

12) Henri Bergson, *Les Deux Sources de la morale et de la religion*, PUF, 1946, pp.316-329. 강조는 인용자.

라는 주장을 믿지 못하면서 제가 앞에서 했던 말이 바로 그것입니다. 현실은 아주 다르며 훨씬 더 비극적입니다. 그렇다고 모든 저항을 단념해야 한다는 것은 아닙니다. 베르그송이 '소박한 삶의 성향'을 극단으로 치닫기에 대한 본질적인 저항으로 생각했다면 좋았을 것 같습니다. 그가 선택한 것은 아닙니다. 여기서 그리고 심지어는 합리적인 경험주의자에게서도, 드라마를 거부하는 것은 여전히 이상주의의 한 형태입니다.

헤겔보다 베르그송이 종교에 대해 덜 추상적인 생각을 한다는 것은 부인할 수 없을 것 같습니다. 베르그송은 중요한 문제를 언급하지만 이처럼 비극성이 없는 것이 마음에 걸립니다. 베르그송은 최악의 상황이 아니라 일단 촉발되면 아주 자연스럽게 다른 것을 불러오는 '열광적인' 변화를 생각하고 있습니다. 역사는 시계추 운동에 따라 '진동'하고 있습니다. 제가 보기에 이 모든 것은 충분히 종말론적이지 않습니다. 그에게는 미안한 말이 되겠지만, 베르그송이 권장하는 합리성 속에는 '재난에 대비한 보험'의 성격이 들어 있습니다. 놀라운 일도 아니지만, 1914년 선전포고와 함께 그동안 관념으로만 존재하던 것이 의식하지 못한 사이에 현실로 나타났습니다. 하지만 베르그송은 분명 예상하지 못했던 것 같습니다. 페기 같은 사람은 재앙이 '올 것을 느끼는' 방식에서 베르그송과 다릅니다. 당신 말을 들으니 정말 그는 생각보다는 덜 호전적이었던 것 같습니다. 우리는 페기처럼 그가 말한 '진리를 위한 투쟁'이라는 좋은 의미에서 드레퓌스를 옹호하면서 호전적일 수도 있습니다. 페기는 희생양을 열렬히 옹호하다가 현실에 대한 감각을 얻었던 것 같습니다. 그런데 베르그송은 드레퓌스를 위해서 이 사건에 뛰어든 것은 아닌 것 같습니다. 참모부가 정치를 대신하고 군대가 국가에 명령을 하는, 전형적으로 클라우제비츠적인 이 사건에는 야만적인 면이 많이 들어 있습니다. 드레퓌스 옹호파들이 저항했는데, 이들은 징벌이 당연하다고 보지 않았고, 중형에 처할 정도의 필연성도 없으며, 드레퓌스가 제때에 복권될 것이라고 생각했습니다. 묵시록적인 저는 모든 섭리주의를 거부합니다. '헛된 시도'라고 생각하더라도 끝까지 싸워야 하는 것입니다.

모방이론으로 돌아와서 생각해봅시다. 모방이론은 말하자면 최악을 생각하려 한다고 말할 수 있습니다. 베르그송에게는 미안한 말이지만, 인류의 일원인 저는 '드라마를 좋아합니다!' 이런 점에서 클라우제비츠는 아주 극적이라고 생각합니다. 이 이론가는 오늘날 역사의 밑바닥을 헤겔보다 더 구체적으로 건드렸습니다. 구두에 당연히 진흙이 묻어 있었을 그는 『정신현상학』보다 훨씬 더 제 관심을 끄는 사실들을 언급합니다. 묵시록적인 비관론과 베르그송의 정신주의적 낙관론을 대립시키려는 것이 제 의도가 아니라는 것을 잊지 않기 바랍니다. 저는 현실에 가능한 한 가까이 있고 싶습니다. 『도덕과 종교의 두 원천』이 나온 지 거의 70년이 다 되어가는 지금도 우리는 아직 베르그송이 알려준 '소박한 삶'으로 돌아가지 않았다는 사실만 확인할 수 있습니다. '사치에 대한 취향'은 점점 커져서 오늘날 세상은 온통 이 열광에 빠져 있습니다. 소박한 삶은 천천히 찾아옵니다. 그래서 저는 이런 '이중 열광 법칙'을 임박한 상황에서 뒤로 미루는 새로운 방법이라고 생각합니다. 절박함에 대한 이런 자각 속에서만 모방에 의해 무의식적으로 행하던 우리 행동이 책임 있는 행동으로 바뀔 수 있을 것입니다. 그렇다고 해서 베르그송 사상의 강점인, 정체성과 역동성, 압력의 모럴과 열망의 모럴이라는 뛰어난 대비는 전혀 영향을 받지 않습니다. 이런 생각은 제가 높이 평가하는 인류학적 업적이 철학 속으로 들어섰다는 것을 말해줍니다. 그렇지만 저는 베르그송의 평온함과 달리 최악의 것이 발생하기 시작했다고 생각하고 있습니다. 제가 자세히 파고들려는 것이 바로 이런 사건입니다. 클라우제비츠가 우리를 도와줄 것입니다.

4장 결투와 성스러움

전쟁의 두 시대

샹트르 클라우제비츠에 대한 우리 토론이 '원수를 사랑하라'는 복음서의 격언을 다른 빛으로 밝혀주는 것 같습니다. 왕국이 실현되지 않았다는 것을 일단 인정하고 나면 이 격언은 더 이상 은연중에 평화주의의 격언이 된 '적을 친구로 여겨라'라는 의미가 아니라, 싸울 때는 어떤 명예로운 규칙을 지키라는 것을 의미합니다. 이 둘은 아주 다른 의미입니다. 이렇게 우리는 반대 원칙과 적대 원칙을 구별했습니다. 적대는 적을 이기는 것을 목표로 하지만 반대는 정당한 대립을 전제로 합니다. 클라우제비츠가 목숨을 건 투쟁으로 이해되는 결투에 끌린 것은 첫 번째 측면에 기대고 있었다는 것을 분명히 보여줍니다. 분명히 처음에는 반대 원칙에 관심이 있었지만 갈수록 적대 원칙으로 마음이 움직였다고 볼 수 있습니다. 앞서 살펴보았던 샤를 페기가 코르네유와 클라우제비츠를 대립시켜서 결투에 대한 새로운 정의를 시도했던 것도 이 때문입니다. 페기에 따르면 코르네유 결투에서 중요한 것은 승리가 아니라 전투라고 썼습니다. 화해를 생각하려면 '전쟁을 억제하는 방법'을 아는 것이 필요합니다.

1914년 7월 전선으로 떠나기 직전에 「데카르트와 그의 철학에 관한 노트」라는 글에서 페기는 '기사도 특히 프랑스 기사도의 사상체계'에 대해 이렇게 쓰고 있습니다.

우리는 흔히 전쟁을 거대한 결투 혹은 민족 간의 결투라고 말하는 반면에 결투는 말하자면 축소되고 단순화된 개인 간의 전쟁이라고 말하고 있다. 정말 큰 혼란이 아닐 수 없다. 공통점이 전혀 없는 두 종류의 전쟁이 있다는 것을 밝혀낸다면, 상당히 많은 모호함이 드러나면서 수많은 난점도 제거될 수 있을 것이다. 나는 오래된 전쟁이 두 종류의 전쟁으로 나뉘었다고 말하려는 것이 아니다. 그 가운데 하나는 명예를 위한 투쟁이고 다른 하나는 권력을 위한 투쟁이다. …그래서 명예를 위한 전쟁이 있고 지배를 향한 전혀 다른 전쟁이 있다. 첫 번째 전쟁은 결투에서 나오며 그 자체가 결투다. 두 번째 전쟁은 결투도 아니고 결투처럼 진행되지도 않는다. 이 전쟁은 결투와 규범과 명예와는 가장 거리가 멀지만 영웅주의와는 전혀 낯설지 않은 전쟁이다.[1]

정말 때마침 찾아낸 구절 같습니다. 우선 첫 번째 이유는 페기는 전쟁을 두 가지 개념으로 구분함으로써 우리와 같은 결론에 도달했기 때문이고, 두 번째는 영웅주의를 두 가지 형태로 구분했기

---

1) Charles Péguy, *Œuvres en prose complètes*, tome III, Gallimard, coll. 'Bibliothèque de la Pléiade,' pp.1342-1343.

때문입니다. 극단으로 치닫는 '웅장함'을 향한 영웅적 행위와 폭력 분출을 자제해 전쟁을 진정시키는 영웅적 행위가 그것입니다. 첫 번째 영웅적 행위는 결투를 비껴가고 두 번째 영웅적 행위는 철저히 결투를 생각합니다. 클라우제비츠의 비판은 여기서 명백합니다. 승리보다 전투가 우선이라는 생각만큼 덜 프로이센적인 것도 없을 것입니다. 반드시 이 중간단계를 거쳐야만 승리에서 화해로 넘어갈 수 있습니다. 하지만 폐기도 대답하지 못했던 질문이 남아 있는데, 그것은 현대전의 상황에서 증오심 없이 싸울 수 있는가 하는 문제입니다.

지라르　폐기 이후 역사는 불행스럽게도, 인류가 인종 학살을 침착하게 진행할 수 있다는 것을 보여주었습니다. 유대인 학살과 캄보디아 킬링필드를 비롯해서 아르메니아 대학살에서 르완다의 학살까지, 홀로코스트를 자행한 것이 때로는 관료의 열정 속에서 때로는 냉정한 정신 속에서 행해졌다는 것입니다. '적대감'이 없을수록 '적대적 의도'는 더 효과적으로 작동한다는 것이 입증되었다고 할 수 있습니다. 클라우제비츠의 호전적인 애국심은 국가 이성의 진짜 병리인 전체주의적 냉담함과 다릅니다.[2] 그러나 애국심은 자기도 모르는 사이에 전체주의로 흐르게 됩니다. 왜 몰랐을까요? 그것은 상승작용으로 이어질 수밖에 없는 모방법칙의 하나인 결투법칙의 결과를 애써 보지 않으려 했기 때문입니다.

　　클라우제비츠는 결투도 두려웠지만 어떻게든 체면을 유지하면서 정치에 중요한 역할을 부여함으로써 정치적 이성을 구하고 싶

---

2) Paul Dumouchel, "Génocides et mimétisme," *Cahiers de l'Herne, René Girard*, L' Herne, 2008을 참조할 것.

었기 때문에 전사들의 힘에 대한 찬양으로 도피합니다. 두 영웅주의의 차이는 그래서 중요합니다. 왜냐하면 이것이 전쟁의 두 시대를 가르기 때문인데, 반대의 시대와 적대의 시대가 그것입니다. 극단으로 치닫는 결투는 모든 전쟁 규범을 무너뜨리면서 오늘날과 같은 예측 불가능한 세계적 폭력의 시대의 문을 열었습니다. 그래서 저는 페기도 뛰어나지만 제때에 페기를 떠올린 당신도 대단하다고 생각합니다. 하지만 그것이 1912년에 예상되었던 갈등에는 전혀 해당되지 않은 것은 지금도 걱정스럽습니다.

물론 거기에는 부인할 수 없는 영웅주의가 있는데 그 문제점을 당신이 잘 지적하고 있습니다. 우리가 정신의 영역에 있다면 결투를 생각하는 페기가 분명 이겼을 것입니다. 보기와 달리 클라우제비츠는 진정한 결투는 한 번도 생각하지 않았기 때문입니다. 결투에 대한 페기의 생각은 엄격하게 법적인 것이 아니라 도덕적인 것이기에 카를 슈미트보다 더 설득력이 뛰어난 것 같습니다. 앞선 인용문에서 페기는 결투를 다시 거론하면서 방향을 바꾸는데, 그것은 분명히 클라우제비츠를 겨냥한 것입니다. 그는 심지어 클라우제비츠가 오해하고 있다고 주장합니다. 그러나 페기는 클라우제비츠가 중요한 증언자이자 새로운 폭력적 상황을 직접 체험한 관찰자라는 사실을 잊었던 것 같습니다. 직접 현장을 체험한 클라우제비츠는 역사적 경향을 아주 날카롭게 말해주는 것 같습니다. 베르그송과 페기는 감히 대안과 전쟁 너머와 좋은 초월성을 생각하는 심오한 형이상학자들입니다. 그에 비해 클라우제비츠는 제가 '나쁜 초월'이라 부르는 것을 설명합니다. 그래서 우리는 클라우제비츠가 나폴레옹 뒤에서 보았던 '전쟁의 신'을 검토해볼 필요가 있습니다.

샹트르 전쟁의 두 시대라는 구분에 힘입어서 우리는 베르그송의 '이중 열광의 법칙'과 비슷하면서도 다른 역설적인 법칙을 그려 볼 수 있을 것 같습니다. 한쪽에는 '극단으로 치닫기'가 있고 다른 쪽에는, 페기는 '역사 역행'이라 부르고 선생님은 '초석적 살해'라고 부른, '기원으로 되돌아가기'가 있습니다. 이 두 운동은 연결된 것 같습니다. 끝에 다가갈수록 기원으로 되돌아가는 것이고, 역사가 최악으로 다가갈수록 고대종교와의 대화는 더 절실해지는 것 같습니다.

지라르 정확한 지적입니다. 그런 대화의 시간에 우리는 벌써 들어와 있습니다. 모방이론이 종교에 대해 질문하는 것도 바로 그런 이유 때문입니다. 전통적인 선지자와 기독교의 계시에서부터 모방이론은 그렇게 하고 있습니다. 성 바울의 말을 빌려서 말하면, '제2의 아담'만이 제1의 아담을 극복할 수 있습니다. 오늘날 우리는 앞으로 더 나아갈수록 출발점으로 더 되돌아가는 것은 분명한 것 같습니다. 우리가 그것을 '실패'라고 부를 수밖에 없는 역사적 기독교는 첫날과 마지막 날의 더 빨라진 만남에 지나지 않습니다. 그러므로 우리가 질문해야 하는 것은 더 이상 단순한 상호성이 아니라 여기서 나오는 성스러움입니다. 성스러움은 유대와 기독교의 개입으로 평판이 떨어졌지만 가치가 떨어질수록 성스러움은 더 위험해집니다. 이 불순한 성스러움은 초석적 살해라는 폭력과 같은 것입니다. 파스칼의 말을 기억할 필요가 있습니다.

우리 조건은 이 심연 속에서 많이 꼬이고 뒤틀려 있다. 그래서 인간이 이 신비를 생각할 수 없는 것보다 더 이 신비 없이는 인간을 생각할 수 없다.

예수 수난은 희생양 메커니즘을 드러내주는데, 이것은 우리 원죄의 '우여곡절' 가운데서 전개되면서 이를 백일하에 드러냅니다. 그리스도는 여기서 무서운 대안을 제시합니다. 폭력을 포기함으로써 당신을 따르든지 아니면 시간의 종말을 앞당기든지 둘 가운데 하나를 선택하라는 것입니다. 두 경우 모두 그것은 우리를 원죄와 대면하게 하고 이 '심연'을 보도록 강요합니다. 이 말은 기독교는 고대종교를 유일한 지평으로 삼는다는 것을 의미합니다. 이것이 바로 아무도 보고 싶어 하지 않는 묵시록적인 진실입니다. 당신이 암시했듯이, 이런 '거슬러 오르기'는 역사의 역행이라는 것을 페기는 잘 느끼고 있었습니다. 저항하기 힘든 이런 움직임에 제동을 걸려고 애썼기에 페기는 여기에 대한 영웅적 직관을 갖고 있었다고 말할 수 있습니다. 그러나 영웅적 행위는 극단으로 치닫기를 막을 수 없다는 것을 역사가 보여주고 있습니다. 파스칼은 즉시 이 모든 것을 알았습니다. 『팡세』는 뛰어난 작품이지만 역사와 역사의 퇴행 능력을 생각하는 데에는 이르지 못했습니다. 그러므로 '원죄에서 나오는 원한이 커질 때만 원죄의 진실이 나타난다'라는 파스칼의 말에서 묵시록적인 결과를 추론해내는 것은 우리가 할 일이라 생각합니다. 『시골 친구에게 보내는 편지』12장의 끝부분을 보면 파스칼도 이런 진실을 알고 있었다는 것을 부인할 수 없을 것입니다.

이것은 폭력으로 진실을 억압하려는 낯설고 기나긴 전쟁이다. 폭력의 온갖 노력도 진실을 약화하지 못하고 오히려 더 많은 진실을 드러낸다. 진실의 빛도 폭력을 막지 못하고 오히려 더 자극할 뿐이다.[3]

여기서 파스칼은 극단으로 치닫기가 일어나는 순간에 어떤 진실이 나타난다고 생각합니다. 파스칼이 '전쟁' 대신에 '폭력'이라는 표현만 쓴 것은 특기할 만합니다. 이것은 이미 묵시록적인 생각입니다.

호전적인 종교

샹트르 폭력과 진실이 서로를 강화해주는 현상으로 '이중 열광의 법칙'을 더 잘 이해할 수 있을 것 같습니다. 우리는 어쩌면 첫 번째 경향이 역전되는 지점, 즉 폭력과 진실을 동시에 발생시키는 '시간의 종말'에 도달했는지도 모릅니다. 파스칼이 제안하는 것은, 그것이 전체 세상에 피해를 주는 것일 뿐 아니라 사람들의 화해에 도움을 줄 수 있으리라는 것입니다.

지라르 그것이 바로 클라우제비츠가 보여주는 전형적인 극단으로 치닫기일 것입니다. 여기서 우리는 폭력과 진실 사이의 인정사정 없는 결투라는 훨씬 더 중요한 상호성을 보게 됩니다. 클라우제비츠적인 의미에서 보면 진실은 방어자의 위치에 있으므로 전쟁을 원합니다. 그에 비해 폭력은 진실에 반대합니다. 그래서 평화를 원하는 것이 폭력입니다. 그러나 폭력은 그 메커니즘이 다 드러나 있기에 평화를 가질 수 없다는 것을 잘 알고 있습니다. 사실, 이것은 두 적 가운데 어느 쪽이 이길지 말할 수 없을 정도로 인류 역사 전체를 관통해온 유일한 결투입니다. 파스칼이 "폭력에는 하나님

---

3) Blaise Pascal, *Œuvres complètes*, Gallimard, coll. 'Bibliothèque de la Pléiade,' 1954, p.805.

의 명령에 의해 제한되는 하나의 흐름만 있다"라고 말한 것은 믿음에서 나왔을 것입니다. 그런데 진실이 이 세상을 지배할까요? 이보다 더 불확실한 것도 없을 것입니다.

그런 점에서 클라우제비츠는 진보주의에 대한 좋은 해독제라고 할 수 있습니다. 그가 얼핏 보았던 것을 '완성하는 것'은 기독교의 가장 심오한 것을 재발견하는 일이기도 합니다. 드레퓌스 사건에 참여한 것 이상으로 페기의 주된 관심은 결투를 목숨을 건 투쟁과는 다른 것으로 생각하려고 노력했다는 것입니다. 결투를 목숨을 건 투쟁으로 규정하는 것은, 정확히 말하면, 결투를 생각하지 않는 것입니다. 폭력의 상호성을 생각하지 못한 것이 클라우제비츠에서 정확히 제 마음에 걸리는 부분입니다. 여기에는 지금 우리가 자문해보아야 할 일종의 고풍 회귀와 같은 부인할 수 없는 종교적 퇴행이 있습니다. 보았다시피 클라우제비츠는 자신이 열었던 문을 곧장 닫습니다. 말하자면, 1장의 도입부는 책 전체를 지배하지만, 그와 동시에 안으로 들어서지 않고 그 자리에 멈추어 섭니다.

그는 우리에게 무슨 말을 하고 있을까요? 그가 묘사하는 이 전쟁은 나폴레옹 전쟁으로, 지휘관이 승리를 얻고자 할 때 선호할 수 있는 '대략적'인 전쟁입니다. 그런데 현실에서 행해지는 상호적 행위에 관한 대목에서는 훨씬 나쁜 것도 말하고 있습니다. 그래서 깊이 들여다보면 클라우제비츠는 한편으로는 계몽주의자이지만 다른 한편으로는 더 이상 계몽주의자가 아닌 것을 알 수 있습니다. 그가 죽을 때까지 끊임없이 책을 수정하길 원했지만 그렇게 하지 못한 것은 다음과 같은 이유에서일 것입니다. 클라우제비츠는 합리주의자인 자신과 항상 그를 따라다니던 이 직관의 간극을 결코 해결하지 못했습니다. 그렇다고 그의 직관을 너무 강조하면 너무 멀리 나가는 것이 됩니다. 적어도 그의 직관은 직접적으로 생각할 것은 아닌데, 바로 그 점이 흥미롭다고 저는 생각합니다. 이 것이 바로 그의 책에서 미스터리인데, 어쩌면 깊이 감추어져 있는 뜻일 수도 있겠지요.

앞서 클라우제비츠가 자신의 '종교적 감정'을 언급했던, 아내 마리에게 보낸 편지에서 보듯이 우리는 그가 결투에서 벗어나려고 얼마나 고군분투하는지 잘 알 수 있었습니다. 그것은 나이의 문제가 아닙니다. 사실 저는 아롱처럼 낭만주의자 클라우제비츠와 성숙한 클라우제비츠의 차이를 믿지 않습니다. 그는 너무 낭만주의자이고 너무 애국자입니다. 그것은 벗어던지기 힘든 종류의 열정입니다. 또한 저는 당신이 페기와 함께 영웅에서 성인으로 승격되는 폴리엑트(Polyeucte)를 생각하는 것을 보았습니다. 이런 종류의 영감에 탄복합니다. 혹시 이런 것이 저의 우주일까요? 아닐까 두려울 따름입니다. 저는 사실 영웅주의를 별로 좋아하지 않습니다. 그래서 폭력에서 화해로 이행하는 것보다 한순간에 찾아온 선택을 선호합니다. 이행이 아니라 대안이 문제인 것입니다. 클로델이 심술궂게 폴리엑트의 '어리석은 허장성세'라고 부른 우상의 전도는 저도 약간 두렵습니다. 이것은 저로서는 너무 폭력적인, 전도된 클라우제비츠와 유사하다고 생각합니다.

한 형태의 무차별화에서 다른 형태의 무차별화로 진동하는 것을 이해하기 위해 제가 의지하고 싶은 것은 계몽주의의 이성이 아니라 '종교적 이성'입니다. 기독교 역사 속에 이런 직관은 항상 존재했지만 제가 보기에는 충분히 종말론적이지는 않았습니다. 그런데 종교적 이성만이 제가 고대종교를 연구하다가 만났던, 악마로 변했던 희생양이 뒤에 가서 신격화되는 현상을 이해할 수 있게 도와주었습니다. 계몽주의적인 이성이 보기에는 이런 변신에는 합리적인 것이 하나도 들어 있지 않지만 그렇다고 이런 현상이

미신은 아닙니다. 지금 우리가 생각하는 것에서 중요한 것도 이와 똑같은 논리입니다. 이것은 우리의 사유 방식을 바꾸라고 명하고 있습니다.

저는 클라우제비츠에게 나폴레옹에 대한 증오를 극복하라는 신의 부름이 있었다고는 생각하지 않습니다. 심지어 저는 클라우제비츠가 책을 쓰게 하고 또 그것을 '이론화'하게 한 것이 바로 그 증오라는 생각을 부정하지 않습니다. 증오는 그냥 그에게 맡겨둡시다! 어쩌면 증오가 없었다면 클라우제비츠는 텍스트 아래에 흐르는 신비로운 직관을 갖지 못했을 수도 있습니다. 도스토옙스키나 프루스트 같은 작가들과도 다소 비슷합니다. 제가 관심을 두는 생각은 결코 말로써 완전히 표현되지 않은 이런 유형의 생각입니다. 왜냐하면 개인은 마치 누군가 혹은 무언가를 향한 복수심을 항상 지니고 있듯이, 어떤 극단으로 치닫기에 사로잡혀 있기 때문입니다. 인간은 모방을 피하지 않고 어떤 식으로든 모방에 참여합니다. 모방을 감추려는 사람보다 모방을 인정하는 사람들에게 저는 더 관심을 두고 있습니다.

이런 자명한 이치는 순간적으로 저에게 나타난 것이 아니라 차츰차츰 나타났던 것 같습니다. 저는 오랫동안 기독교를 '독특한 지위의 종교'로 생각하려 애썼지만 그런 생각을 포기해야 했습니다. 이제는 '모방 안에서 생각해야 한다'고 믿게 되었습니다. 이런 점에서 클라우제비츠는 주의 깊게 읽을 가치가 있습니다. 클라우제비츠에게는 많은 것을 생각하게 하는 그의 능력을 능가하는 어떤 것이 스며들어 있습니다. 그래서 저는 기회를 노리고 있습니다. 결투 이야기 속에 어떤 금기라도 있는 것처럼 클라우제비츠가 망설였다는 사실은 그러므로 아주 흥미롭습니다. 클라우제비츠가 말년에 이 책 첫 장만 완성했는데, 나머지 부분은 그가 더 오래 살았다면 완성했을 것이라고 말해서는 안 됩니다. 나머지 부분은 그의 『전쟁론』을 읽기 전에 우리가 상상하던 것과 아주 유사한 내용이지만, 1장은 일반적인 인간관계를 이야기하는 유일한 장이기에 가장 깊이 있고 가장 신비로운 장이라는 사실은 특별히 기억해야 합니다.

레이몽 아롱의 생각은 클라우제비츠에게 합리적인 제어력이 있음을 전제한다는 점에서 완전히 비현실적입니다. 현실과 동떨어진 이처럼 추상적인 인물은 들어본 적이 없습니다. 그에게서는 억제된 정치인이나, 같은 말이지만, 정치적으로 사고하는 지식인의 모습이 연상됩니다. 가령 쿠바 사태가 발생하던 순간 술을 조금 과하게 마신 흐루쇼프를 가정해봅시다. 권력이 무엇인지도 생각해보고, 중요한 결정에 앞선 온갖 우연도 생각해봅시다. 또한 "클레오파트라의 코가 조금만 낮았다면…"이라고 지적하던 파스칼의 말을 떠올려봅시다. 세부 사항 가운데 어느 하나라도 지나치면 전쟁이 일어납니다. 사정이 이러한데 '전쟁의 광기'라는 주장을 어떻게 믿을 수 있겠습니까? 클라우제비츠의 『전쟁론』 1장과 나머지 부분의 간극을 두고 아롱이 '단절'이라고 불렀던 것이 바로 이것입니다. 그는 실제 전쟁과 자기 생각 사이의 적합성을 검토할 수가 없었습니다. 거기에도 건널 수 없는 단절이 있다고 생각했을지 모릅니다. 아롱은 낙관주의자가 되기를 원했는데, 스스로 정치권에 머물러 있고 싶어 했고 또 종교에 대해 열려 있지 않던 그의 생각이 한계에 봉착했기 때문입니다. 그래서 저는 클라우제비츠를 일종의 정신분열로 보지 않고 처음에 번개처럼 떠올라서 책 전체를 채색했던 직관을 재빨리 포기할 줄 아는, 속 깊은 저자로 규정하고 싶습니다. 우리는 여기에 만족하고서, 클라우제비츠를 한 번 더 완성해야 한다고 생각합니다.

샹트르 그러면 중요한 문제는 영웅주의가 되겠네요?

지라르 클라우제비츠가 '전쟁 유형학'에 전념하려고 초기 생각을 빨리 포기하는 것처럼 보이는 것은 사실입니다. 우리는 이 역설에 대해 조금 생각할 필요가 있습니다. 행동의 상호성 원칙과 극단으로 치닫기 원칙을 어렴풋이 알아본 클라우제비츠가 이런 생각을 왜 끝까지 밀고 나가지 않고 개인적 영웅주의로 되돌아섰는지 궁금합니다. 결투가 잠재적으로 항상 존재하지 않는다면 그것은 아마 일종의 번복이 될 것입니다. 드러내놓고 생각하는 것은 아니지만 흔히 어떤 생각의 참된 동력이 되는 것을 두고 '원한'이라고 부를 수 있다는 것을 니체는 알려주었습니다. 당연히 모방에서 나오는 원한에서 몰이해, 즉 성스러움이 생겨난다고 말함으로써 저는 이런 직관을 한 번 더 밀고 나가고 싶습니다.

그래서 우리는 '전쟁의 신'으로까지 칭송받던 매혹적인 나폴레옹으로 구체화된 프랑스에 대한 클라우제비츠의 원한, 생각하지 않을수록 더 큰 힘을 발휘하는 원한이 평가절하된 성스러움을 얼마나 많이 만들어내는지 살펴볼 필요가 있습니다. 클라우제비츠는 자신의 '놀라운 삼위일체'라는 생각이 모든 형태의 전쟁을 다 포괄하는 전쟁에 대한 가장 완벽한 개념이 되기를 바랐습니다. 하지만 이 삼위일체에서 문제의 지휘관이 누구인지 그리고 어떤 정부인지 그는 아직 말해주지 않습니다. 그것은 바로 국가 원수이자 총지휘관이었으며 볼테르의 친구였던, 흔히 '프리드리히 대왕'으로 통하는 프리드리히 2세라는 것을 우리는 뒤에 알게 될 것입니다. 하지만 마음 저 깊은 곳에서 나폴레옹이라는 인물이 이 모델을 항상 허물어뜨리려 합니다. 클라우제비츠는 여전히 '프리드리히 대왕'에 대해 이야기하고 있다고 스스로 믿으려 노력하지만 그가면은 산산이 부서집니다.

샹트르 '놀라운 삼위일체'는 결투에서 벗어나려는 복잡한 정의입니다. 선생님 말씀은 놀라운 삼위일체는 그 명칭에서부터 이를 생각하는 것이 불가능하다는 것을 의미한다고 암시하시는 것인가요?

지라르 정말이지, 왜 '삼위일체'라고 했을까요? 이 종교적 어휘는 레이몽 아롱을 비롯한 해설자들을 난처하게 했을 것입니다. 필요하다면 군인의 영웅주의는 폭력적인 종교와 관련이 있다는 것이 그 증거일 것입니다. 동시대에 극단으로 치닫기의 초현실적인 특성을 깊이 간파한 조제프 드 메스트르는 "모든 전쟁은 신성하다"라고 썼습니다.[4] 지금 우리는 클라우제비츠와 같이 일종의 고장난 신화와 같은 전쟁 이데올로기의 한가운데에 들어와 있습니다. 온갖 영웅적인 부분은 처음부터 제 관심사가 아니었습니다. 우리가 확인하려는 모방적 요소에만 관심이 있었기 때문입니다. 열정·계산·분별력이라는 삼위일체의 종합을 행하는 사람을 클라우제비츠가 『전쟁론』 3장에서 '전쟁 천재'라 부른 것을 두고 우리는 모든 것을 녹여버리는 모방원칙에 대한 일종의 저항이자 차이소멸 원칙에 대한 '일시적' 제동이라고 말할 수 있을 것입니다.

샹트르 모방원칙에 대한 이 저항은 일시적인데, 그것은 앞서 보았던 이분법의 틀, 즉 결정적 승리라는 지평 위에서 일어나는 것이기 때문입니다. 어느 순간 논란이 사라지면 언제나처럼 모방원칙도 해

---

4) Joseph de Maistre, *Les Soirées de Saint-Pétersbourg*, in *Œuvres*, Laffont, coll. 'Bouquins,' 2007.

결될 것입니다.

지라르 전쟁의 모든 상호작용과 온갖 굴곡을 거쳐야 하지만 결국 문제는 언제나 주도권을 잡고 승리하는 것입니다. 제가 보기에 모 방원칙을 거부하는 것은 전쟁의 신은 정신이 자율적이라서 환경 변화에 그렇게 빨리 영향을 받지 않는다고 말하고 싶어 하는 것 같 습니다. 클라우제비츠는 '냉정'해서도 안 되지만 그렇다고 너무 '예민'해서도 안 되고 너무 '극렬'해서도 안 되고 '현명'해야 한다 고 말합니다.[5] 클라우제비츠가 말하는 전쟁 영웅은 이런 사람들 입니다. 전쟁 영웅은 아주 작은 기회에도 움직이지 않고 감각은 너무 빨리 작동하지 않고 천천히 작동하며, 이럴 때 감정이 아주 강해지고 훨씬 더 오래 지속되는 사람들 부류에 속합니다. 그들은 강하고 깊고 비밀스러운 열정을 지닌 사람들입니다.[6]

여기에는 물론 그 시절 인류학의 흔한 생각이 들어 있습니다. 다 른 식으로 칸트가 문제됩니다. 그러나 여기서는 상황에 대한 이해 력, '사소하면서 다양한 디테일'[7] 속에서 '눈길'과 '촉각' 하나가 중요한 전투에 도움이 된다는 것을 이해하는 것이 가장 중요합니 다. 그래서 우리는 절대적으로 결정적인 것 속에서 연속성을 느끼 는 것입니다. 클라우제비츠는 정면으로 싸우기를 원했습니다. 그 는 프리드리히 2세보다 나폴레옹에 더 끌렸습니다. 그는 끌리는 것을 자제할 수 없었습니다. 그의 글 뒤에는 '전쟁의 신'이 있습니 다. 좋은 결정, 즉 확실한 결정을 내기 위해서 그 안에서 열정과 계

---

5) Carl von Clausewitz, *De la guerre*, trad. Denise Naville, Minuit, coll. 'Arguments,' 1955, p.92.
6) 같은 책, p.93.
7) 같은 책, p.111.

산과 정치적 이성을 종합하고 있는 '전쟁 천재'라는 이 영웅도 가장 가혹한 현실에 직면하게 됩니다.

가령 클라우제비츠가 '마찰'이라 부르는 것에 관한, 정말 놀라운 1권의 결론 부분을 봅시다. 거의 두 페이지를 인용해야 할 정도인데, 구체적인 디테일에 대한 배려가 있는 만큼 아주 현대적인 구절입니다. 이전의 글들은 그러한 사실을 언급한 적이 전혀 없었습니다. 사실 자크 칼로의 조각이 자주 표현하는 17세기 '전쟁의 비참함'에 대해서 아무도 말하지 않았습니다. 구체적인 것에 대한 이런 취향은 물론 민주주의의 도래와도 연관이 있지만, 군사적인 것에 대한 국민의 개입과도 관련이 있을 것입니다.

> 위험과 육체적 노력과 정보와 마찰이 모든 행동을 더 어렵게 하는 전쟁 분위기를 형성하는 것을 보았다. 모든 행위에 반하는 저항을 전면적 마찰로 표현할 수 있다. 그런데 이런 마찰을 부드럽게 하는 윤활유는 없는 것일까? 단 하나가 있는데 그것은 장군이나 군대가 마음대로 처분할 수 있는 것이 아니라, 군대가 전쟁에 익숙해져서 습관이 되는, '전쟁에 익숙해지기'다. 전쟁에 익숙해지면 엄청난 훈련을 수용하면서 육체를 강화하고 첫인상을 조심하는 판단력처럼 위험에 대처하는 정신을 강화한다. 여기서 장병들과 심지어는 사단장의 소중한 성찰 능력이 나오는데 이 능력은 총사령관의 임무도 도와주게 된다.[8]

인간 집단을 규정하는 부자연스럽고 이런 기계적인 모습은 그 시대에도 아주 드문 것인데, 이어서 마찰을 부드럽게 하는 윤활

---

8) 같은 책, p.112.

유가 어디에서 오는지를 알고 싶어 하는 관심이 더 인상적입니다. '마찰'을 자세히 살펴보면 클라우제비츠가 자기 이론에 아주 너절한 것이나 질병과 같은 인간사의 모든 극단적인 것을 통합하려고 신경을 쓰고 있다는 것을 알 수 있습니다. 클라우제비츠는 축축한 지형 같은 극한 상황에서 하는 행군에 강박적으로 사로잡혀 있습니다. 실제로 그는 디테일, 즉 아주 사소한 이유로 전쟁에서 질 수 있다고 말하고 있습니다. 훌륭한 군인은 이런 우발적인 사태와 싸우면서 동시에 모든 시련을 이겨낸다는 식입니다. 저는 처음에는 이런 면이 납득되지 않았습니다. 『전쟁론』 1권 1장은, 의심할 여지 없이 완전히 모방적인데, 이 책의 종결부는 전혀 그렇지 않습니다. 이런 차이는 아주 뚜렷이 드러납니다. 1권 종결부에서 중요한 것은 지휘관의 독특한 개성인데 영웅이 나오면서 점차 모방에서 벗어나고 있습니다. 클라우제비츠는 아마 군화도 없던 이탈리아 전장의 나폴레옹 병사들을 생각했을 겁니다. 나폴레옹의 영광과 천재성은 군대조차도 이 모든 것을 잊게 했을 겁니다. 분명히 바로 여기에 전쟁의 수수께끼가 있다는 사실은 부인하기 어려울 것 같습니다.

샹트르 그렇지만 클라우제비츠는 모든 우연을 극복하고 영웅이 '출현'하는 것은 보장된 것이 아니라는 사실을 꼭 지적하고 싶어 합니다.

그 과업의 수장 자리에 앉아 있을 때만 전쟁 천재는 지도자로 대중을 이끌 수 있다. 그러나 그의 용기가 다른 사람들 용기를 되살릴 정도로 충분치 않으면 이 전쟁 천재도 위험 앞에서 뒷걸음치면서 부끄러움도 모르는 대중 수준으로 떨어질 것이다. 이

것이 바로 위대한 일을 성취하고자 하는 지휘관의 용기와 정신력이 견뎌야 하는 무게다.[9]

클라우제비츠로서는 전세를 뒤집는 반전과 같은 위대한 업적을 수행하는 데 전쟁 영웅주의가 큰 역할을 한다는 것을 이 구절은 잘 보여주고 있습니다. 여기서 선택지는 분명합니다. '위대한 업적'을 성취할 것이냐, 비열한 동물 상태로 남을 것이냐가 그것입니다. 동물에 빗대어서 인간을 규정하는 것은 '장대한' 전쟁 작전을 수행하는 능력입니다. 어떻게 두려워하지 않을 수 있을까요?

지라르 사실 여기에는 일종의 '전쟁 초인(超人)'의 윤곽이 나타나 있습니다. 물론, 우리는 뒤에 가서야 나타난 것에 대해 사후에 비난하는 등 클라우제비츠를 부당하게 평가해서는 안 됩니다. 그의 모습은 언제나 긴장이 감도는 역설적인 모습입니다. 클라우제비츠가 우리에게 극적인 의미가 너무 강한 '영웅'이 아니라 '전쟁 천재'라고 말하는 것도 이 때문입니다. 전쟁 천재는 자신은 모방에 젖어 있지만 동시에 예측도 불가능하고 잘 번져나가는 모방의 방향을 틀어서 공포와 복종의 효과를 발휘할 줄 아는 사람, 한마디로 '대응'할 줄 아는 사람입니다. 전쟁 천재는 결코 혼자가 아니고 상호적인 전쟁 세계라는 타인들 사이에 항상 있습니다. 니체보다 클라우제비츠가 더 깊이가 있는 동시에 더 걱정스러우며 더 '현대적'인 것도 이 때문입니다.

---

9) 같은 책, p.91.

프로이센의 원한

샹트르 선생님이 언급하신 전쟁의 초인은 프랑스와의 갈등 속에서만 생각할 수 있는 프로이센의 전쟁 초인일 것입니다. 클라우제비츠는 다른 곳에서 프랑스인을 본질적으로 호전적인 민족으로 묘사합니다. 그가 역사에 어둡다는 것은 정말 놀라운 일입니다. 프리드리히 2세가 볼테르의 나라에 보여주었던 대단한 감탄이 이제는 부러운 증오로 바뀐 것일까요?

지라르 레이몽 아롱이 들고 있는 인용문으로 드러난 클라우제비츠의 부족한 통찰력 문제를 잠시 생각해봅시다. 이성을 잃은 클라우제비츠의 이런 모습만으로도 우리는 전쟁의 종교라 불러 마땅할 영웅적인 모델이 어떻게 탄생했는지 알 수 있을 것입니다. 바로 이 지점이 원한이 문제가 될 때마다 그런 것처럼 심리조사가 결정적 역할을 할 지점일 것입니다.

 클라우제비츠는 그나이제나우 원수에 의해 폴란드혁명을 제지하는 임무를 띤 참모장으로 임명된 1831년 11월 16일에 사망합니다. 1818년부터 육군대학 총장으로 있던 클라우제비츠는 자신의 군사 지식을 곧 써먹을 수 있다고 생각했습니다. 그래서 1830년 혁명 이후에 프랑스가 군사 강국으로 돌아설 것을 걱정하면서 열에 들뜬 클라우제비츠는 프랑스에 대한 작전 계획을 계속 수립합니다. 클라우제비츠가 프랑스를 아주 두려워한 것은 이해가 됩니다. 진지하게 따져보면 프로이센의 멸망은 정말 프랑스에 저항하는 모든 세력의 완전한 멸망이었기 때문입니다. 오스트리아 제국이 기울어가는 것을 클라우제비츠는 잘 알고 있었습니다. 당시 프로이센은 무질이 『특성 없는 남자』에서 묘사하던 세상은 아직 아니지만 거의 그것에 가까운 세상이었습니다. 클라우제비츠에게 프로이센은 프랑스의 패권을 막는 중요한 성벽과 같았습니다. 그에게 세상의 종말은 바로 프랑스의 부활이었습니다.

클라우제비츠는 몇 시간 뒤에 죽는데, 정말 콜레라 때문이었을까요?

의사의 증언에 따르면 그의 죽음은 단 한 번 경험한 비교적 경미했던 콜레라보다는 마음 깊은 고통에 타격을 받은 신경 상태의 결과였다.[10]

클라우제비츠가 아내에게 보낸 마지막 편지에서 자신의 '우울'을 언급했다는 부인의 증언은 이 사실을 분명히 밝혀주는 것 같습니다.

어쨌든 남편의 마지막 순간은 고통 없이 차분했지만, 마지막 숨소리와 같은 남편의 반응에는 비통함이 들어 있었다. 지탱하기에 너무 무거운 짐인 양 남편은 생을 내던지는 것 같았다. 곧 남편의 표정은 가지런하게 진정되었다. 그러나 한 시간 뒤 남편을 마지막으로 보았을 때 남편의 표정은 끔찍한 괴로움으로 다시 고통에 시달리고 있었다.[11]

여기서 우리는 프랑스혁명에 대한 강박 관념과 폴란드에 대한 멸시로 더 악화된 클라우제비츠의 원한을 봅니다. 하지만 클라우

---

10) Raymond Aron, *Penser la guerre, Clausewitz,* tone I, Gallimard, 1976, p.62에서 재인용.
11) 같은 책, p.72

제비츠는 세상에서 가장 강한 군대의 요직에 있었습니다. 그러므로 그는 판에 박힌 상투성의 희생양입니다. 『전쟁과 평화』에서 톨스토이가 묘사하던 방법이 떠오릅니다. 도스토옙스키의 인물들도 그와 멀지 않습니다. 클라우제비츠는 프랑스의 지위를 떨어뜨리지 않고 정복지를 회복할 수 있도록 허락해준 빈 회의를 무척 애석해했습니다. 프랑스가 유럽의 균형을 다시 어지럽히는 또 다른 혁명으로 '제국이 되기를 꿈꾸는 것'을 클라우제비츠는 거의 병적으로 두려워했습니다. 제국은 본질적인 문제였는데, 모든 나라가 유럽의 패권을 쥐려고 혈안이 되어 있었습니다. 이것은 신성로마제국의 유물인 오스트리아에 대한 프랑스와 프로이센의 증오뿐 아니라 그가 1815년 빈 회의를 비판할 때 품었던 프랑스의 이미지를 설명해줍니다.

그런데 이렇게 미지근한 빈 회의의 결과는 어떻게 될까? 패배한 프랑스는 무장이 해제되더라도 매우 동질적이고, 분열되지 않고, 상황이 좋고, 잘 정의되고, 부유하고, 호전적이고, 활력이 넘치는 국가로 계속 **자율성과 독립성**을 보장해주는 수단을 가질 것이다.[12]

프랑스의 위험에 대한 강박증과 찬탄과 동시에 증오의 대상인 프랑스가 언젠가 '자율'과 '독립'을 되찾을 것에 대한 클라우제비츠의 두려움은 제가 '지하실 심리학'이라 부른 것과 정확히 일치합니다. 주체가 자율을 요구하는 것은 오로지 자신이 선택한 모델이 자율적이거나 자율적이 될 것이라고 여기기 때문입니다. 결투

---

12) 같은 책, p.73. 강조는 인용자.

가 차이소멸 현상이 늘어날 것을 예고할 때, 거짓 차이로 인한 이런 긴장이야말로 『전쟁론』을 군사적 어조보다는 정치적 어조로 다시 쓸 때 클라우제비츠가 기울였던 노력에 그대로 부합합니다.

사실 클라우제비츠는 분쟁이 일어날 때마다 폴란드를 나누었듯이, 할 수만 있으면 프랑스를 축소하고 싶었습니다. 마지막 순간에 그를 괴롭혔던 것도 이런 것이 분명한 것 같습니다. 마치 클라우제비츠의 '놀라운 삼위일체'가 결투를 제어하지 못하고 오히려 악화시키는 것처럼, 이것은 그 자신이 억제하지 못하는 모델에 대한 부러움입니다. 클라우제비츠의 『전쟁론』에 들어 있는 비극은 온전한 합리화를 지향하는 시도보다 더 강하게 작용하는 이 원한에 있습니다. 당시의 모든 프로이센 사람처럼 클라우제비츠도 프랑스를 유럽에서 가장 호전적인 나라로 보았습니다. 클라우제비츠는 프리드리히 2세가 프랑스를 모방해 시도 프랑스어로 쓰고 심지어 군사적인 면에서도 파리를 향하고 있었다는 것을 잘 알고 있었습니다. 하지만 동시에 그는 지나치게 숭배하는 모든 모델처럼 프랑스가 프로이센을 무시하고 있다고 알고 있었습니다.

볼테르의 일화는 프로이센의 원한을 이해하는 데 아주 중요합니다. 사실, 망신을 주려고 볼테르가 프리드리히 대왕의 시를 갖고 도망친 것은 잘 알려지지 않았습니다. 이를 눈치챈 프리드리히 왕은 볼테르 체포 명령을 내립니다. 샅샅이 수색해 마침내 왕의 시를 찾아낸 프로이센 군대는 시만 빼앗고 볼테르는 파리로 떠나게 합니다. 프리드리히 2세는 그렇게 어리석은 사람이 아니었습니다. 프로이센 한림원장 모페르튀와의 치열한 논쟁에서 볼테르는 프리드리히 2세가 '프랑스 문화' 시스템을 중단하지 않는 의견을 지지하게 합니다. 그리고 볼테르는 왕의 시를 호주머니에 넣고 도망갑니다. 클라우제비츠도 분명 이를 알고 있었습니다. 『캉디드』

에 나오는 베스트팔렌 묘사에 관한 이야기를 클라우제비츠도 분명히 들었을 것입니다. 30년 전쟁이 끝나면서 프랑스가 승리했기 때문에 베스트팔렌성이 황폐해졌다고 생각한다면 이 묘사는 정말 잔혹했을 겁니다. 그 성에는 거위도 있었지만 식용으로는 언제나 돼지고기를 먹었기에 베스트팔렌성은 아주 멋진 성이었을 겁니다. 사실 이 모든 것은 비극적입니다. 한동안 오스트리아에서 분출구를 찾을 프랑스와 독일 사이의 증오심이 결국 유럽을 소진시키고 오늘날처럼 만들 것이기 때문입니다. 프랑스에서 독일어로 말하는 사람이 어디 있고, 독일에서 프랑스어로 말하는 사람이 어디 있습니까? 차이소멸화가 남긴 것은 획일성입니다.

프랑스 정책이 저지른 중요한 실수 가운데 하나는, 결정적인 순간에 빈에 대항해서 프로이센 카드를 사용한 것, 다시 말해 제국에서 등을 돌린 사건일 것입니다. 왜냐하면 프로이센은 오랜 적이었고 프랑스 또한 제국이 되기를 원했기 때문입니다. 사태가 악화될 때마다 프랑스가 오래전부터 보인 반사작용은 오스트리아와 전쟁을 벌이는 것이었습니다. 오스트리아 사람들은 프랑스에 대해 존재론적 우월성을 뽐냈는데, 자신들은 제국이라는 것이 그것입니다. 7년 전쟁은 파국을 낳았습니다. 프랑스가 오랫동안 프로이센의 동맹국이 되어 프리드리히 2세의 부흥을 도와준 7년 전쟁은 정말 광기의 연속이었습니다. 프리드리히 2세는 자신의 지위를 높이면서 군대를 갖기 위해 엄청난 노력을 기울여야 했습니다. 강대국의 대열에 들어가는 것이 절실했던 프리드리히 대왕은 오스트리아와 프랑스에 필적할 만한 군대를 만들기 위해 막대한 투자를 했습니다. 게다가 나폴레옹은 이 대규모 군대를 파괴하지 않았는데, 프랑스 군대는 이를 그대로 보여주었습니다. 그때만 해도 전쟁은 아직 우아한 레이스 전쟁의 형태를 띠고 있었습니다. 장군보다 일반 병사들은 공격을 덜 받았습니다.

그러나 예나-아우어슈테트 전투의 충격이 그렇게 컸던 까닭은 프리드리히 빌헬름 3세가 거의 종말에 다다랐기 때문입니다. 볼테르의 아이러니는 프랑스인들이 프로이센을 진정으로 믿지 않는다는 것을 보여줍니다. 프로이센의 야심을 믿지 않았던 것은 정말 실수였습니다. 그렇지만 프로이센은 제국에 맞지 않는 다른 방식으로 위협을 받고 있었습니다. 프로이센 국민은 비교적 최근에 형성되었기 때문입니다. 클라우제비츠가 자신을 자극하는 모방원칙을 최대한 감추면서(완전히 감추지는 못하지만), 프로이센의 모델을 만들어내려고 계속 기울인 노력을 이해하면, 이것이 아주 본질적인 지점이라는 것을 알 수 있을 것입니다. 프로이센을 중심으로 독일 통일이 이루어지게 됩니다. 그래서 그 전에 프로이센은 1866년 오스트리아를 공격해야 했습니다. 프랑스는 이런 군국주의를 더 강화할 것입니다. 나폴레옹처럼 비스마르크도 오스트리아를 지배합니다. 그리고 베르사유 궁전의 거울의 방에서 독일 제국이 선포됩니다. 이리하여 모방의 고리가 완성됩니다.

샹트르　이렇게 배경을 둘러본 것이 프로이센과 독일이 군사 강국으로 부상하면서 클라우제비츠가 가졌던 특별한 위상을 이해하는 데 요긴했습니다. 구체제와 혁명을 함께 지닌 '괴물'인 나폴레옹과 함께 오래된 모델인 프랑스는 걸림돌이 되었습니다. 클라우제비츠와 참모진이 프로이센의 군사적 정체성을 재검토한 것도, 비스마르크와 빌헬름 2세가 독일의 군사적 정체성을 다시 생각한 것도 모두 반나폴레옹의 견지에서 나온 것입니다.

지라르　다른 민족 정체성이 굳어질 준비도 다 되어 있었습니다. 굴욕적인 1918년 베르사유 조약이 체결되었을 때 프랑스에 대한 독일의 반응은 마치 전 유럽을 삼킬 것 같았습니다. 페기가 『전쟁론』에 저항해서 폴리엑트의 역할을 하길 원했던 것이 이런 점에서 이해됩니다. 페기는 독일인들의 이론적 전제에 대해 아주 정통했는데 군사문화에 대해서도 합당한 지적을 하고 있습니다(왜냐하면 드레퓌스 지지파였던 진지한 클레망소는 제1차 세계대전 때 독일의 루덴도르프 장군 같은 사람이 아니었기 때문이라는 것도 꼭 기억할 필요가 있습니다). 그러나 그것은 사실상 시대에 뒤떨어진 전투였습니다. 자신에게 다가온 결투를 생각할 때 페기는 철학자와 작가로 행동합니다. 페기는 드레퓌스 사건 때처럼 정치에 대한 완전한 경멸 속에서 떠오르던 '현대전'에 저항하려 합니다. 하지만 그도 프랑스-독일의 매듭에 갇혀 있었습니다. 독일에 대한 적대감 앞에서 코르네유식의 적군 개념은 힘을 발휘하지 못합니다. 페기는 사후에 벌어진 치열했던 베르됭 전투를 보지 못했습니다. 그 전쟁에는 전쟁에 관한 모든 조약과 관례가 파기되고 극단으로 치닫기 법칙만 존재했습니다. 그러자 '전쟁 국민'들 사이의 모방에 따른 전염 현상이 나타나게 되었습니다.

샹트르   '전쟁 천재'가 보여주듯이, 클라우제비츠가 마지막에 당도한, 지휘관은 국민을 지배하고 정부는 지휘관을 지배한다는 '놀라운 삼위일체'라는 개념은 선생님 생각에 따르면 폭력을 증폭하기보다는 억제한다는 것인가요?

지라르   그것은 클라우제비츠가 한 말이라기보다는 그의 행보가 도달한 것입니다. 여기서 그는 성공과 실패를 동시에 경험합니다. 한편으로는 클라우제비츠가 당시의 모든 전쟁 유형에 대한 거의 완벽한 개념을 제시했다고 말할 수도 있지만, 다른 한편에서 보면 이 개념은 두 가지 의미를 지닌 결투를 '포함'하지 못한 무모한 종합이라고 말할 수도 있습니다. '전쟁 천재'나 '강한 정신'이나 '군대 수장'이라는 표현은 폭력만이 자율적인 새로운 전쟁 상황에 상응하는 것이라는 얘기입니다. 이렇게 해서 지금 우리는 언제든지 성스러운 상태로 되돌아갈 수 있는 코르네유의 영웅주의와는 반대편, 대척점에 서 있게 되었습니다. 이제 우리는 현대적이라서 더 사악한 이런 힘에 대항해 기독교 윤리를 내세워 결투를 벌이는 것이 불가능하다는 사실을 알게 될 겁니다. 클라우제비츠가 아내 마리아에게 보낸 편지가 이를 잘 보여줍니다. 이는 베르됭 이후에는 아예 생각도 할 수 없게 되었습니다.

하지만 저는 당신 생각도 신중하게 생각합니다. 영웅적 인물이 앞으로도 계속 존재할 것이라는 것은 사실이고, 이들에게는 폐기의 행동이 모델이 될 수 있을 것입니다. 프랑스 레지스탕스도 좋은 모델이 되겠지요. 전쟁 재능에 대한 클라우제비츠의 정의는 육군사관학교 교수와 학생 세대들에게 '프랑스식으로' 받아들여질 것입니다. 즉 제1차 세계대전의 프랑스 장군 조프르와 포슈는 독일의 루덴도르프 장군과는 전혀 다르다고 말입니다. 이들에게는 코르네유적 면모가 아직 있었고 드골 장군도 항상 그렇게 받아들여졌습니다. 드골 장군은 모든 열정을 가질 수 있지만 동시에 그 열정을 제어할 수 있는 사람이라는 것이 그의 아들이 한 말입니다. 프랑스에는 특유의 군사문화가 있는데, 이는 인도차이나 철수와 알제리 딜레마 앞에서 보여준 드골의 행동에 잘 나타나 있습니다. 냉전으로 전세가 완전히 바뀌면서 점점 비대칭적인 분쟁에 의해 오늘날의 인종 학살과 같은 이중 모방적인 '외과 전쟁'으로 향하던 때가 바로 그때였습니다. 오늘날 서양에서는 군사문화가 완전히 죽은 것 같은데, 동양에서는 다른 것 같습니다. 병역의무 폐지가 얼마나 눈에 띄지 않게 되었는지를 보시기 바랍니다.

전쟁 천재와 초인

샹트르 아날학파 역사학자들처럼, 역사가 전쟁으로 기록되는 시대는 끝났다고 볼 수 없을까요?

지라르 네, 그렇게 볼 수도 있겠습니다. 하지만 우리는 전쟁에 대해 계속 말할 수 있었기 때문에 폭력은 여전히 의미를 생산했습니다. 그런데 오래전부터 폭력은 이제 의미를 만들어내지 못하는 것 같습니다. 폭력의 불모성은 너무나 분명한데 그것이 바로 극단으로 치닫기 법칙입니다. 인간은 문자 그대로 폭력의 사슬을 풀어놓았습니다. 클라우제비츠는 폭력이 분출되는 결정적인 순간을 목격했습니다. 클라우제비츠는 갈수록 의미가 없어지는 사건의 표층 아래서 폭력이 상승하는 것을 보았다고 말할 수 있을 것입니다. '전쟁 천재'라는 말은 『전쟁론』 1권 끝에 나오는데 이 수렁에서 살아남은 유일한 말이기도 합니다. 그러나 클라우제비츠는 정확하게 '영웅'이라고 말하지 않습니다. 이런 표현은 훨씬 산문적이고 시대에 뒤떨어진 것입니다. 여기에 역설이 있습니다. 열정적인 순간을 생각하는 그 순간 클라우제비츠는 마찰의 순간도 절대 잊을 수가 없었던 것입니다. 전쟁에 익숙하게 되는 '전쟁의 습관화'에 관해 쓴 것은 정말 놀랍습니다. 모두가 이용하는 이것은 그만큼 효력이 있고 의미 있는 경험입니다. 아주 사소한 계율을 행하는 것도 힘들 수 있기 때문입니다. 리델 하트는 전쟁의 총체성에 대한 이런 칭송에 충격을 받았을 것입니다.

"어둠 속에서 동공이 확장되면서 주변 사물을 분별하려고 남아 있는 작은 빛을 끌어모은다." 전쟁이 무서운 밤과 같지만, 전쟁에 맛들이면 우리는 전쟁 없이 살 수 없게 됩니다. 놀라운 클라우제비츠에게는 어둡고 모호한 측면이 없지 않지만, 그는 전쟁을 찬양하지 않고 최대한 지적으로 분석합니다. 그의 글은 예컨대 에른스트 윙거의 『강철 소나기』 같은 글과는 대척점에 있습니다. 여전히 전쟁은 단순히 병사와 지휘관만이 아니라 모든 사람에게 영향을 미치는 전 인류의 사건입니다. 전쟁은 비교할 수 없는 시련을 준다는 점에서 인류의 예외적인 경험입니다. 클라우제비츠에게는 이를 능가하는 것은 없습니다. 그러므로 이것은 귀족적인 관점입니다. 제가 보기에 귀족은 본질적으로 군벌과 비슷합니다.

샹트르 그렇다면 귀족은 적과 직접 대면하는 것을 두려워하지 않는 사람일까요?

지라르 그리고 다른 사람들이 자신을 따르도록 이끄는 사람들이겠지요. 클라우제비츠에게서 아주 의미 있는 것은 모든 것이 전쟁 수준에서 결정된다는 그의 주장입니다. 모든 것은 마지막 순간에 전술적으로 결정된다는 것입니다. 이것이 바로 앞에서 거론했던 '놀라운 삼위일체'입니다. 정치와 위정자가 있고, 전술과 지휘관이 있고 그리고 국민이 있습니다. 결국 "황실 근위대는 화염 속으로 들어갔다." 그리고 위고는 전부 아니면 전무, 완전한 승리 혹은 완전한 패배를 결정합니다. 다시 한번, 문자 그대로 몸과 몸이 맞부딪치는 백병전인 결투만이 결정적입니다. 전쟁의 진실은 거듭된 백병전 끝에 오는 결정적인 전투에 있습니다. 모든 것은 결투를 향합니다. 클라우제비츠는 기동 전쟁이나 속임수 전쟁을 전혀 장려하지 않습니다. 심지어 그는 선임자들이 너무 미화된 전쟁을 두 둔했다고 비판합니다. 그래서 그는 리델 하트가 '간접적 접근'이 라고 부르는 것, 예컨대 상대방의 사기 저하를 노리는 것도 비판합 니다.

한 세기 동안 군비 확대를 지켜본 리델 하트에게는 전쟁이 필요 없다고 말할 충분한 이유가 있었습니다. 오늘날 정치에 대한 전술 의 우위는 더 이상 의미가 없습니다. 전투는 훌륭한 작전의 결과 입니다. 그러나 클라우제비츠에게는 정반대입니다. 평화와 전쟁 의 관계는 전략과 전술의 관계 그리고 총격전과 백병전의 관계와 같습니다. '결정'은 마치 카메라 렌즈 조정처럼 매번 더 정확하게 실현됩니다. 어떤 면으로 보면, 전술에 비하면 정치는 장황한 연설 에 불과합니다. 마찬가지로 전략도 전술에 비하면 하나의 이야기 일 뿐이고, 총격전도 백병전보다는 덜 결정적입니다. 이렇게 우리 는 살인이라는 폭력의 핵심으로 들어갑니다. 여기에 폭력의 진실 이 하나 있는데, 우리는 이 진실을 전쟁의 우선권으로 깨닫는다는 것이 그것입니다. 여기에 강한 무언가가 있다는 것을 부인하기 힘 든데, 그것은 바로 경쟁의 절대성입니다.

이런 폭력의 실상을 목격하는 우리는 합법적 전쟁이란, 아무리 고상한 파스칼적 의미로 이해하더라도, 정신적 관점일 뿐이란 것 을 인정하지 않을 수 없을 것입니다. 저는 클라우제비츠의 날카로 움을 느낀 만큼 그의 결과를 받아들이기 힘듭니다. 폭력에서 기대 할 것은 하나도 없습니다. 파스칼처럼 폭력을 '진리에 대한 저항' 으로 생각하지 않는다면 말입니다. 이것은 기독교인의 견해입니다. 당신이 '폭력과 진실의 상호 강화'라고 부른 것이야말로 클라우제 비츠에게 반대할 수 있는 것으로, 경쟁을 통한 '극단으로 치닫기' 의 정의로 볼 수 있습니다. 클라우제비츠가 처음에 얼핏 엿보았지만 받아들이지 않았던 것이 바로 이런 묵시록적 진실입니다. 그에게 폭력과 진실은 아무런 차이도 없습니다. 이런 점에서 클라우제비츠는 파스칼과 가장 거리가 먼 사상가라고 할 수 있습니다.

클라우제비츠는 사실 '이 기나긴 전쟁'은 회복할 수 없을 정도로 패배했다는 말 이외에 무슨 말을 할 수 있었을까요? 폭력이 진실인 것이 바로 전쟁의 진실입니다. 그리고 전쟁은 정치의 진실입니다. 전쟁에서 전술은 전략의 진실입니다. 즉, 우리는 항상 결투를 향해 나아가고 있습니다. 모든 것이 아직 어둡긴 하지만 조금씩 밝혀지면서 이 직관을 향하고 있다는 것을 알 수 있습니다. 이 모두는 무시무시한 것입니다. 결투는 아주 놀라운 것인데 사실상 기독교적 사랑과 완벽하게 배치되기 때문입니다. 이것은 진정으로 '폭력과 성스러움'입니다. 제 생각과 이렇게 많이 일치하는 분석을 만나게 되리라고는 정말이지 상상도 못했습니다. 기독교는 제 이론을 상대화하는 데 비해서 이런 분석은 제 이론을 절대화한다고 말할 수 있습니다. 클라우제비츠는 전쟁을 아주 위험한 게임으로 볼 수도 있었을 것입니다. 하지만 그는 전쟁을 절대적인 것으로 보았는데, 노골적으로 드러내놓고 말한 적은 없지만 끊임없이 암시하고 있습니다.

1권 마지막 장의 마지막 구절을 봅시다. 클라우제비츠는 오랫동안 평화만 누리는 국가가 베테랑 장군에게서 얻는 이익을 언급합니다. 전쟁 경험이 없거나 평화로 인해 미숙한 군인들이 전장에서 물러난 퇴역 장군들의 경험을 이용할 수 있다는 것이 그것입니다. 이 말은 무엇을 의미할까요? 이 장교들은 클라우제비츠의 말처럼 전쟁에 '입문'할, 다시 말해 성스러운 어떤 것에 접근할 능력을 갖고 있다는 것이 아닐까요? 장군들은 아직도 전쟁과 접하고 있고, 말하자면 지성소(至聖所)에 한 발을 내디디고 있다는 말입니다. 여기서 '입문'은 의미심장한 말입니다. "장교 숫자는 전체 군대 규모에 비하면 미미할 수 있지만 그 영향력은 적지 않을 것이다"라고 클라우제비츠는 썼는데, 그들은 문자 그대로 신성화되어 있습니다. 클라우제비츠에게는 전쟁에 익숙해지는 것이 바로 입문 경험입니다. 전쟁은 가장 강렬한 순간에 직무와 절대숭배가 완전히 하나가 되는 유일한 영역입니다.

'전쟁에 익숙해지기'는 전쟁의 진실과 폭력의 진실과의 입문적인 만남이라는 본래 의미로 받아들여야 합니다. 동시에 이것은 정신 훈련과 밀접히 연결된 육체 훈련이기도 합니다. 클라우제비츠에게는 이 둘의 완벽한 합치가 들어 있습니다. 그러므로 안 좋은 순간들도 '전쟁에 익숙해지기'의 한 부분입니다. 최악의 경우는 종종 초기 순간인데, 그것이 입문의 특징입니다. 그는 첫 번째 전투를 아주 인상적으로 묘사하는데, 탄환이 날아가는 소리가 들리는 듯합니다. 30분이 지난 뒤 모든 상황이 종료되면서 시련을 극복한 것 같다고 말하고 있습니다. 클라우제비츠는 아마 심미적으로는 전쟁을 좋아하지 않는 것 같지만, 그에게는 폭력이 격은 낮지만 진정으로 성스러운 것이라는 열정과 감정은 있는 것 같습니다. 그래서 저는 혹시 클라우제비츠가 그 누구보다 이상하게 케케묵은 생각으로 퇴행하는 것은 아닌가 하고 생각하고 있습니다.

샹트르 그의 이야기에 따르면 동물은 전쟁을 피하지만, 전쟁 속에서만 인간이 진정으로 인간이 된다는 말이 되겠군요.

지라르 그런 직관은 곧 사람을 만든 것은 전쟁이라는 것을 의미할 것입니다. 역사는 이런 사실을 끊임없이 보여주고 있습니다. 폭력에 들어 있는 이런 근본적인 의미는 클라우제비츠에게도 분명히 보였을 것입니다. 우리가 고대 사회를 비교연구한 뒤에 인간은 희생에서 나왔다고 결론 내린 것과 마찬가지로, 클라우제비츠는 인간은 희생으로 되돌아간다는 것을 증명했다고 말할 수 있습니다. 하지만 그 까닭에 대해 클라우제비츠는 아주 중요한 이유가 있다고 판단한 것 같습니다. 그는 기독교는 전혀 생각하지 않았기 때문입니다. 전쟁의 초인은 결국 '동물성의 낮은 영역'으로 떨어지는 것을 피하고 인간성을 되찾으려는, 한마디로 다시 태어나려는 시도로 볼 수 있을 것 같습니다.

샹트르 그런 의미에서 보면, 클라우제비츠가 자기 나름대로 미래를 예측했다는 것을 부인할 수가 없을 것 같습니다. 모든 것을 삼켜버리는 이런 상황 속에서 인간이 출현하려면 강력한 허무주의이자 이런 몰락을 극단의 지점까지 밀고 가려는 의지와 같은 전체주의가 예상되었을 것입니다.

지라르 그렇습니다. 인간이 폭력에 의지해서 얻을 수 있는 것은 바로 '더 현실적'인 이런 정체성일 것입니다. …19세기부터 독일 전체가 이런 혼미한 상황에 빠져 있었다는 사실에 유의하기를 바랍니다. 재능이 뛰어난 니체도 이를 잘 느끼고 있었습니다.『즐거운 지식』아포리즘 125번이 그러합니다. 그 역시 새로운 신들이 곧 나타날 것이라고 여기고 있습니다. 초롱을 들고 '신을 찾는' 사람의 말을 들어봅시다. 우리 주제의 핵심 문제가 나옵니다.

우리가 지구와 태양을 연결하는 고리를 풀어놓을 때 우리는 과연 무슨 일을 한 것일까? 지구는 지금 어디로 가고 있고, 우리는 어디로 가고 있을까? 모든 태양으로부터 멀어져가는 것은 아닌지, 계속 추락하고 있는 것은 아닌지, 뒤로, 옆으로, 앞으로, 사방 팔방으로 쓰러지고 있는 건 아닌지, 아니 아직도 위, 아래가 있 는지? ···우리는 과연 어떤 속죄와 어떤 성스러운 장치를 만들 어야 할까? 이 행위의 위대성은 우리에게 너무 과한 것이다. 우리 는 단순히 이 위대성에 합당하게 보이기 위해서라도 신이 되어 서는 안 되는 것일까? 이보다 더 장엄한 것은 없었다. 그 덕분에 우리 후손들은 더 고귀한 역사를 갖게 될 것이다.[13]

'우리에게 너무 과한' 신의 자리를 계승한다는 '장엄한' 성격은 클라우제비츠의 극단으로 치닫기를 연상시킵니다. '신을 해체'할 수준이 되려면 신이 되어야 할 것입니다. 니체는 당대 현실에서 출 발해 이런 멋진 경구를 만들어냅니다. 초인의 용기를 언급한 니체 는 클라우제비츠를 50년 후에 계승하는 것입니다. 클라우제비츠 의 군사적 차원이 분명히 고대종교에 대한 강한 직관을 갖고 있 었을 니체에게서 형이상학적 차원으로 변했다고 말할 수 있습니 다. 이 직관이 극단으로 치닫기와 동시에 나타난다는 것이 그 증 거입니다. 클라우제비츠가 치욕적인 프로이센의 부활에 대한 느 낌만 갖고 있을 때 니체는 초석적 살해 메커니즘을 알고 있었습니 다. 게다가 니체는 기독교 안에는 이런 부활의 희망에 근본적으로 배치되는 것이 있다는 것을 알고 있었습니다. 그가 꿈꾸었던 것은 우선 기독교 신의 죽음입니다. 하지만 그리스도 수난의 덕택인 이 살인으로 진정으로 '억압된 것'이 되살아납니다.

---

13) Nietzsche, *Le Gai Savoir*, trad. Alexandre Vialatre, Gallimard, coll. 'Foio-Essai,' p.166. 강조는 인용자.

신은 죽었다! 신은 죽어 있다! 신을 죽인 것은 바로 우리다! 살인자 중의 살인자인 우리는 어떻게 마음을 달랠까? 이 세상에서 가장 성스럽고 가장 강력한 것이 우리 칼날 아래서 피 흘리고 있다. 이 피를 누가 씻어낼 수 있을까?[14]

신의 죽음은 성스러움과 제의적 질서의 회복으로 이어지는 것이 아니라, 너무나도 근본적이고 돌이킬 수 없는 의미의 해체로 이어지고 있습니다. 그래서 현대인들의 발아래 심연이 펼쳐지게 되었습니다. 이 심연은 "우리는 과연 어떤 속죄와 어떤 성스러운 장치를 만들어야 할까? 이 행위의 위대성은 우리에게 너무 과한 것이다. 우리는 단순히 이 위대성에 합당하게 보이기 위해서라도 신이 되어서는 안 되는 것일까?"라는, 초인과 차라투스트라 차원에서 나오는 다음 아포리즘에서 다시 막히는 듯한 느낌을 줍니다. 이 아포리즘은 영원회귀를 보여주면서 영원회귀의 원동력이 희생양의 집단살해임을 밝히고 있습니다. 그런데 이 아포리즘은 너무 멀리 나아가서 자신의 기반을 파괴하고 있습니다. 기독교 계시는 집단살해에 기초해서 영원회귀를 세웠기 때문에 폭력은 스스로가 이겼다고 여긴 기독교에 의해 은근히 전복되면서 힘을 잃게 됩니다. 그것이 진정으로 기초가 되려면 그 기초가 감추어져 있어야 하기 때문입니다. 성서에 의한 이런 전복을 '보기는 했지만 이해하려 하지 않았던 것'이 니체 비극의 핵심입니다. 폭력에는 더 이상 의미가 없습니다. 그러나 니체는 디오니소스에 기대어 폭력에 의미를 다시 부여하려 애씁니다. 바로 여기에 니체가 벗어나지 못하는 절대에 대한 욕망이라는 끔찍한 비극이 있습니다.

---

14) 같은 책, p.167.

앞에서 우리는 클라우제비츠에게 생기를 불어넣는 숨은 열정을 언급한 적이 있습니다. 그렇지만 클라우제비츠는 침몰하지 않았 습니다. 클라우제비츠에게는, 권력의지의 심연인 귀족정의 재발 견이라는 가치 창조에 완전히 매달려 있던 니체에게는 없던, 기품 있는 모델이자 배출구인 군대가 있었기 때문입니다. 클라우제비 츠는 훨씬 더 냉정했습니다. 그는 진정으로 생각은 하지 않았지만 폭력 속에 탈선한 성스러움이 들어 있음을 알아채고는 이 성스러 움을 하나의 초월인 '도달해야 할 이상'으로 보았습니다. 클라우 제비츠가 은근히 바라는 것은, 고대 사회들이 두려워하면서 금기 를 이용해 쫓아내려던 모든 것입니다. 하지만 고대사회는 군대를 가진 강력한 나라가 아니라 아주 취약한 사회였습니다. 저에게 영 웅주의를 높이 치는 태도가 시대에 뒤진 위험한 것으로 보이는 것 도 이 때문입니다. 오늘날에는 영웅주의보다는 '전쟁 천재'나 '전 쟁의 신', 다시 말해 아주 새로울 뿐 아니라 아주 원초적인 어떤 것 이 더 중요하다고 생각합니다.

눈앞의 적

샹트르 우리 생각과 레비나스는 그다지 멀지 않은 것 같습니다. 실 제로 레비나스는 『전체성과 무한』에서 전쟁을 구성원들을 전체 에, 개인을 집단에, 실존을 본질에 예속화하는 전체성에서 벗어나 는 수단으로 묘사하고 있습니다. 그는 심지어 전쟁을 '순수 자아 의 순수한 경험'이라고까지 쓰고 있습니다.[15] 이런 식으로 그는 전

---

15) Levinas, *Totalité et Infini, Essai sur l'extériorité*, Le Livre de Poche, coll. 'Biblio- Essai', p.5.

쟁을 이기적 이해의 포기라는 헤겔식 분석을 극단적으로 밀고 나갑니다. 하지만 이제 결사적인 투쟁은 공적 이익을 위한 사적 이익의 희생이 더 이상 아닙니다. 전쟁은 법률적인 전체성에서 벗어나는 첫 단계, 이것은 타자와의 관계 속에서 완수될 것입니다. 이리하여 레비나스는 사랑에 높은 지위를 부여합니다. 전쟁은 더 이상 인간의 본질이 아닙니다. 이미 눈앞의 살아 있는 적인 타자와의 관계 속에서 인간은 퇴조하는 본질인 전쟁에서 벗어납니다.

> 전쟁을 할 수 있는 존재만이 평화를 이룰 수 있다. …전쟁에서 존재는 전체에 속하기를 거부하고, 공동체를 거부하고, 법을 거부한다 …그들은 전체 속에서 자신의 위치가 아니라 자신의 자아로 스스로 전체를 초월한다고 단언한다.[16]

헤겔과 그의 국가 신격화와 결별하려면 모든 것이 현실에 대한 이런 시험을 거쳐야 하는 것처럼 진행되었습니다. 인간은 타인과의 대면 속에서 자아를 의식합니다. '결투 관계'라 하더라도 관계 속에서만 자아는 의미가 있습니다. 레비나스를 따라서 전쟁 경험만이 우리가 화해를 생각할 수 있게 해준다고 말할 수 있지 않을까요?

지라르 그것은 문자 그대로 화염의 고난일 것입니다. 선생은 방금 우리가 클라우제비츠에게서 보았던 실로 두려운 것에 대해 크게 반응을 보이시는군요. 방금 당신이 든 인용에서 제 귀에 들린 것은 여기서도 인간은 전쟁에서 태어났다는 것입니다. 레비나스는 사

---

16) Levinas, 같은 책, pp.245-246.

실 결투에 대한 우리의 생각을 도와주고 있습니다. 이런 관점에서
는 영웅주의가 자유의 시련일 수 있습니다. 우리는 클라우제비츠
적인 '입문'에서 그렇게 멀리 있지 않습니다. 하지만 레비나스는
호전주의자가 아닙니다. 그는 분명 전쟁에 의한 재생을 믿지 않습
니다. 반대로 그의 처지에서 평화주의에 대한 비판을 볼 수 있습니
다. 클라우제비츠를 완성하려 하는 우리처럼 레비나스는 헤겔을
완성하고 있습니다. 우리가 인류학적 경향의 끝까지 가는 것처럼
레비나스는 철학적 추세의 끝까지 밀고 나가는 것 같습니다. 레비
나스는 전쟁을 넘어서서 상호성으로부터 정화될 수 있는 타인과
의 관계를 생각하고, 우리는 차이소멸과 그것의 냉혹한 논리를 넘
어서서 왕국을 생각하려고 애씁니다. 전쟁 옹호론으로 읽으면 레
비나스의 글은 정말 무섭습니다. 그러나 초월, 즉 이 말의 어원적
의미인 '전체에서 벗어남'에 대한 생각으로 읽으면 아주 흥미롭습
니다. 레비나스는 국가와 전체주의에 책임을 묻는데, 헤겔주의를
정면으로 겨냥하는 게 분명합니다.

샹트르 존재론은 인간을 도시에 희생시키고 부분을 전체에 희생시
키고 있다는 의미에서 모두 호전적이라고 레비나스는 결론 내립
니다. 그러므로 전쟁이 그 본질을 보여주는 존재론에서 벗어나야
합니다. 결투 자체를 감싸고 있는 근원적 관계인 윤리적 관계야말
로 우리가 전체에서 벗어나는 것을 가능하게 해줄 것입니다.

지라르 그런 움직임에 저는 전적으로 동의합니다. 헤겔을 거치면서
레비나스는 모든 철학 개념을 넘어섭니다. 하지만 저는 레비나스
의 생각에 가깝기도 하지만 그와 동시에 다르다고 느낍니다. 저는
플라톤이 존재의 망각보다는 모방에서 보았던 폭력을 의도적으

로 은폐한 것으로 서구 사상사에 흔적을 남겼다고 쓴 적이 있습니다. 그는 모방이 두려웠던 것입니다. 플라톤은 모방이 종교, 즉 폭력과 관련이 있다는 것을 잘 이해했습니다. 가령 그가 위험한 모방꾼이라고 불렀던 시인 비판을 보더라도 플라톤은 이런 학문을 계속 억제하려 합니다. 그런데 모방을 인정하기를 거부하는 것은 개인에 대한 전체의 우선권에서 벗어나는 유일한 수단을 스스로 박탈하는 것이기도 합니다. 말하자면 그것도 아주 뒤늦은 감이 있긴 하지만, 아리스토텔레스에 와서 모방은 평화로운 것이 되는데 이런 분위기는 가브리엘 타르드에까지 계속됩니다. 거짓말이 늘어만 왔다고 해도 지나친 말이 아닙니다. 우리 존재가 호전적이라고 말할 수 있는 것도 이런 의미에서입니다. 존재론은 전쟁이 아니라 평화를, 혼란이 아니라 질서를 원합니다. 우리는 신화의 폭력적인 기원을 드러내는 것보다 이런 신화 자체를 원합니다.

결투, 즉 상호행위에 의해서만 전체성에 들어 있는 거짓이 폭로될 수 있습니다. 폭로의 폭력이 있는 셈입니다. 이 폭력은 모방과 거짓 차이의 작용을 보고 싶어 하지 않는 능력에 비례합니다. 뒤늦은 묵시록적 자각의 순간 가운데 하나가 바로 클라우제비츠입니다. 레비나스 같은 철학자가 '순수한 경험'으로서 폭력에 관심을 가졌다는 사실은 제 관심을 불러일으킬 수밖에 없었습니다. 그는 헤겔의 사상을 극단적으로 밀고 나가면서 이 사상이 충분치 못하다는 것을 인정합니다. 이것은 바로 헤겔주의가 억압했던 것이 불안하지만 이롭게 다시 등장한 것이라 할 수 있습니다. 선생의 말씀에 따르면, 레비나스가 본 것은 사랑과 마찬가지로 결투도 전체성에서 벗어나는 것입니다. 하지만 그것은 결투가 전체성을 깨뜨린다는 의미에서 그러합니다.

샹트르   여기에는 심층적인 종말론이 들어 있는 것 같습니다. 타인을 향한다는 것 또한 '결투를 거쳐서' 전체를 파괴하는 것이기도 합니다. '평화가 아니라 전쟁을 주러 왔다'고 그리스도도 같은 말을 하지 않습니까?

지라르   맞습니다. 그리스도는 전체의 실상을 폭로함으로써 '비밀을 드러냈습니다.' 전체의 비밀이 백일하에 드러났기 때문에 그리스도는 결과적으로 전체를 흥분상태에 빠뜨렸습니다. 본질적으로 폭력적인 우리 존재의 성격을 드러낸 것이야말로 전쟁이 보여주는 증언일 것입니다. 그러나 레비나스가 보지 못한 것은 폭력의 핵심인 경쟁에는 모방이 들어 있다는 사실입니다. 하지만 '순수한 자아의 순수한 경험'은 어쩌면 본질적일 것입니다. 그런 점에서 우리는 전쟁을 생각하는 것을 거부해서는 안 되고 혹시 상황이 요구한다면 전쟁도 거부할 필요가 없을 것입니다. 당신 말의 의미를 이해하는데, 그런 점에서 이상의 내용은 코르네유의 명예와 영웅주의를 다시 도입하는 방법이라고 생각합니다.

샹트르   레비나스는 전체에서 벗어나는 이 운동은 또한 성스러움이 신성한 것으로, 상호성이 관계로, 즉 종교로 이행하는 것으로 보아야 한다고 썼는데, 이런 레비나스는 영웅주의에서 성스러움으로 변화하는 우리 이야기의 핵심에 있는 것 같습니다.

지라르   헤겔의 과오에 다시 빠지지 않는 한 화해에 이를 가능성 있는 변화는 없을 겁니다. 이런 프로메테우스적인 희망은 시효가 완전히 지난 것 같습니다. 우리의 묵시록적 합리성은 우리에게 분명한 폭력을 강요합니다. 영웅적 모델이 무기력한 것은 그리스도라는 성스러운 모델이 인류 역사에 결정적으로 새겨져 있기 때문입니다. 영웅적 모델을 다시 세우려는 것은, 클라우제비츠에서 보았듯이, 최악의 상황에 빠질 수밖에 없습니다.

그런데 레비나스가 제시하는 이행은 무언가를 시사하고 있습니다. 타자에 대한 그의 사상은 그것의 호전성을 밝혀냄으로써 전체를 불안하게 합니다. 레비나스의 타자 이론은 결투가 이미 타자와의 관계임을 주장하면서 그 관계가 폭력적인 상호성의 중심에 있음을 드러냅니다. 마찬가지로 소포클레스의 오이디푸스가 안티고네와 함께 『콜로노이의 오이디푸스』의 성스러움으로 나아간 것은 티레시아스와 결투을 거쳤기 때문이라고 말할 수 있습니다. 아무런 말도 하지 않는 오이디푸스는 '정신이 없습니다.' 그는 오히려 주변 사람들이 말을 하도록 내버려둡니다. 이 희생양은 희생양 메커니즘에 구멍을 냅니다. 이 희생양은 도시에서 추방되었지만 그렇다고 명부(冥府)에 갇혀 있지 않습니다. 이것은 도시를 해방시킨 그리스의 코스모폴리타니즘의 순간입니다. 성스러움은 이런 대가를 치르고 나오는 것입니다.

레비나스는 어쩌면 우리가 방금 이야기한 폭력과 화해의 수수께끼 같은 이 유사성의 한가운데에 들어와 있는 것 같습니다. 이 말은 사랑이 전체에 폭력을 행사해 권능과 권세를 모두 산산조각낸다는 점에서 그러합니다. 저는 전체라는 것은 오히려 하나의 신화일 뿐 아니라 상호성 원칙을 감추고 있는 모든 것인 규제된 교환 시스템이라고 생각합니다. '전체에서 벗어나는 것'은 그러므로 무차별적인 폭력의 혼돈 속으로 후퇴하는 것이거나, 아니면 '타인으로서 타인들'의 조화로운 공동체로 뛰어드는 두 가지 사실을 의미하는 것 같습니다. 이것은 모든 개인이 전체 사슬의 하나의 고리이거나 전체의 한 부분이거나 전체 군대의 한 병사이기를 사실상

멈추는 것입니다. 우리는 레비나스가 개인을 상호 교체가 가능한 것으로 만드는 이 존재론적인 동일성을 넘어서서 타인을 찾으려고 시도한다고 생각합니다. 그런데 동일성을 넘어서는 것은 결투라는 생각을 거치게 됩니다. 지금 직면하고 있는 이런 생각은 어쩌면 앞으로 좋아할 수 있을 것 같습니다. 전쟁법은 병사들 사이의 특별한 관계를 법제화하는데, 포로에 관한 고려는 이를 잘 보여줍니다. 하지만 우리는 지금 더 이상 그런 시대에 살고 있지 않습니다.

샹트르 선생님 말씀에 따르면, 전쟁의 진실은 폭력의 진실, 즉 차이 소멸의 진실이라고 볼 수 있겠습니다. 진정한 차이를 회복하고 정체성이 차이가 되려면 이런 차이소멸을 막아야 합니다. 우리는 지금 위험한 지경에 있습니다. 사랑보다 더 깊은 증오를 보면서 페기는 이를 인정하려면 커다란 변증법이 필요하다고 썼습니다.[17]

지라르 당시 페기는 아주 중요한 어떤 것을 느끼고 있었기 때문입니다. 타인과 우리를 연결하는 것은 모방인데, 우리의 유사성은 점점 커져서 결국 우리 모두가 유사성에 빠져버리고 말 것입니다. 레비나스의 표현대로 우리는 모두 '똑같은 것' 안에 있습니다. 전쟁이 바로 존재의 법칙이라는 말입니다.

샹트르 병사들이 극단으로 치닫기를 부추기는 것은 자신들의 유사성을 보지 않으려 하기 때문일 것입니다. 그들은 자신들이 유사하다는 것을 보지 않으려고 죽을 때까지 싸울 테고 그것이 공동묘지

---

17) Charles Péguy, 앞의 책, tome II, p.124.

의 평화가 될 것입니다. 하지만 자신들이 유사하다는 것을 인정하고 서로를 동일시하면 똑같은 화면은 사라지고 상처받기 쉬운 자기 얼굴을 한 타인이 나타나게 될 것입니다. 그러할 때 타인에 대한 경계도 낮출 수 있고, 대결도 피할 수 있을 것입니다.

지라르 '동일시'라는 말은 모방을 부인하는 것인데, 당신은 이것을 아주 낙관적으로 보고 있군요. 타자 앞에서 우리의 경계를 낮추는 것은 우리가 조금 전까지만 해도 '타자'가 그러했던 그 '동일함'의 매력에 저항할 수 있음을 전제로 합니다. 우리는 모두 동시에 '다른' 사람이 됩니다. 이것은 가능한 것이지만 '우리에게서 나온 것이 아닙니다.' 우리는 모방 속에 잠겨 있습니다. 어떤 사람들은 뒷걸음질과 거리두기 속에서 단련을 받을 수 있는 좋은 모델을 가질 수도 있고, 또 다른 사람들은 애석하게도 나쁜 모델을 가질 수도 있습니다. 결정을 하는 것은 우리가 아니고 우리의 모델입니다. 우리는 모델 때문에 길을 잃을 수도 있는데, 자주 동일시를 남발하는 것도 항상 모방 때문입니다. 타인과의 지나친 근접성이 폭력을 낳는다는 일종의 운명 같은 것이 있습니다.

따라서 당신이 제안하는 사건은 드물고 견고하고 초월적인 모델에 기초한 교육, 즉 제가 외적중개라고 부르는 것을 전제로 합니다. 그것은 또한 지나간 전쟁 시대에 해당한다는 것을 잊지 말고 기억하기 바랍니다. 내적중개 시대로 들어선 지금 지구 전체에서 볼 수 있는 차이소멸 현상으로 미루어볼 때 저는 이런 패러다임 전환은 의심스럽다고 생각합니다. 극단으로 치닫기는 돌이킬 수 없는 법칙입니다. 우리가 더 이상 전쟁에서 화해로 갈 수 없는 것은 우리 모두 저항할 수 없이 서로에게 이끌리기 때문입니다. 물론 형제애는 우리 모두 비슷한 존재라는 것을 인정하는 데서 나옵니다.

만약 우리가 그렇게 모방적인 존재가 아니라면 우리는 폭력을 피할 수도 있을 것입니다. 그런데 한 번 더 문제는 인간을 규정하는 것이 바로 모방이라는 사실입니다. 이런 현실을 직시할 용기를 가져야 합니다.

앞서 보았듯이, 클라우제비츠는 평화에 관심이 없습니다. 그는 전쟁 이론가입니다. 평화를 원하는 것은 공격자이고 전쟁을 원하는 방어자는 승리할 것입니다. 이런 직관의 이점은 클라우제비츠가 매달리는 엄격한 영역을 뛰어넘는다는 것입니다. 그가 본 것은 극단 치닫기에 대한 단순한 가능성이 아니고, 극단으로 치닫는 현실입니다. 이 지점이 아주 중요합니다. 결투에 너무 오래 머물러 있으면 안 되는 것도 이 때문입니다. 아주 매혹적인 결투는 폭력만 내놓기 때문입니다. 어떤 일이 있어도 전쟁을 화해의 이행단계로 생각하는 것은 피해야 합니다. 헤겔의 변증법과 달리 이런 이행단계는 불가능하다는 것을 앞에서 보았습니다. 화해를 뒤로 미루면 언제나 폭력은 증폭됩니다. 또 한편으로 레비나스는 이런 이행단계는 가능하다고 보지 않았습니다. 그는 전체성 밖에는 전쟁과 사랑이 있다고 말하고 있습니다. 우리는 그 어느 때보다 양자택일의 갈림길에 직면해 있습니다.

전체성에서 벗어나는 것은 전체성을 고장 나게 하는 것입니다. 더 이상 그 자체의 비밀에 갇혀 있지 않게 된 총체성은 순수한 폭력으로 변합니다. 전쟁이 폭력 분출의 첫 단계이며, 그다음에는 전쟁을 넘어서는 것이 있다는 것을 지금 우리는 알고 있습니다. 그런데 그것은 직접 손으로 확인할 수 있을까요? 무척 의심스럽습니다. 뒤따라야 할 유일한 모델을 우리가 거부했기 때문입니다. 적어도 어떤 성스러운 것이 이 너머의 것을 예시해준다고 말할 수 있습니다.

샹트르 그렇다면 선생님은 폭력 분출은 타인을 완벽하다고 보는 시각과 함께 나타난다고 생각하시는 것인가요?

지라르 아닌 게 아니라, 요즘 제 관심을 끄는 것이 바로 그런 역설입니다.

샹트르 폭력을 쫓아내는 것이 화해에 들어 있는 본래 종교적인 성질일까요? 레비나스처럼 사랑의 종교적 측면을 생각하는 것은 이 말의 두 가지 의미에서 세상을 '완성'하는 것이라고 생각합니다. 이런 점에서 성서의 전통을 인류에게 주어진 최악의 것으로 보았던 니체의 생각이 옳았다고 볼 수 있을 것 같습니다.

지라르 맞습니다. 성서의 전통은 인간이 스스로 폭력을 단념할 때 신격화될 수 있다고 제안하기 때문입니다. 이 역설은 그러므로 현실과 일치합니다. 하지만 니체는 이를 받아들이지 않는데 이는 잘못인 것 같습니다. 기독교는 완벽하게 좋은 신을 모방하라고 권하고 있습니다. 기독교는 우리에게 그렇게 하지 않으면 최악의 사태에 당도할 거라고 알려줍니다. 모방 문제에 대한 해결책은 좋은 모델밖에 없습니다. 하지만 그리스인들은 신의 모방을 한 번도 권하지 않았습니다. 그들은 항상 디오니소스를 멀리 두고 접근하지 말라고 말합니다. 이런 점에서 그리스도는 유일하게 '접근 가능한' 존재입니다. 그리스인들은 모방할 만한 초월적인 존재가 없었다는 것이 그들의 오래된 문제입니다. 그리스인들에게 폭력은 오랫동안 반복된 희생에 대한 기억 속에서만 좋은 것이었습니다. 하지만 초석적 살해가 사라진 세상의 우리는 문자 그대로 그리스도를 모방해 그의 행동과 말을 그대로 따라 하는 것 말고는 다른 선택이 없습니다. 예수 수난은 모방과 또 그 모방을 피하는 유일한 방법을 보여줍니다. 니체가 시도했던 디오니소스를 모방해 '철학자 디오니소스'가 되고자 하는 것은 기독교가 권하는 것과는 정확히 반대되는 것을 행하려고 기독교적인 태도를 채택한 것이라 할 수 있습니다.

바울이 암시했듯이, 인간은 손해를 보는 일이 있더라도 어린 시절에 머물러 있기를 더 좋아하는 존재일지 모릅니다. 그럴 수만 있었다면 인간은 성인으로 성장하지 못했을 수도 있었을 겁니다. 그러므로 우리는 거꾸로 낙관적인 생각을 해야 합니다. 우리는 시대의 중력에서 벗어날 수 없습니다. 우리는 꼭 화해의 방향으로만 나아가는 것이 아닙니다. 인간 구원은 화해에만 있다는 생각은 극단으로 치닫기와 정반대되는 생각입니다. 진실은 폭력을 진정시키지 못하고 '자극'만 할 수 있다고, 파스칼이 주장한 것도 이 때문입니다. 폭력을 자극하는 진실은 아무도 보고 싶지 않은 초석적 살해까지 거슬러 올라갑니다. 진실은 초석적 살해를 손가락으로 가리키면서 그것을 폐기합니다.

레비나스는 전쟁을 옹호하지 않습니다. 전쟁은 피할 수 없는 것이라고 말할 뿐입니다. 물론 영웅주의를 통한 변화도 있을 수 있지만 그것은 예측이 불가능합니다. 그런 일이 일어나기 전에는 어느 누구도 이를 논할 수 없습니다. 모방할 만한 모델로 통하는 영웅적 모델들은 시대에 뒤쳐진 것입니다. 전체주의 체제가 항상 이런 영웅적인 모델을 만들어내려고 애를 썼던 것도 이 때문입니다. 그런 모델 가운데 가장 최근의 모델이자 납득하기 가장 힘든 모델은 단연 테러리스트라는 모델일 것입니다. 오늘날 우리는 결투를 넘어서 있을 뿐 아니라, 우리가 앞에서 행했던 그런 구분을 하기 위해 멈추어 서던 그런 과정도 넘어서 있습니다. 그러므로 전쟁은 절대 정당화될 수 없는 것입니다. 전쟁은 피할 수 없는 게 아닙니다. 전쟁이 고조되는 것은 역으로 어떤 진실이 나타나고 있다는 것을 드러냅니다.

샹트르 그렇다면 선생님은 영웅적인 프로젝트는 지배의 프로젝트일 수밖에 없다고 보시는 것입니까?

지라르 네, 그렇습니다. 영웅적 기획은 하나님 계시의 실패 속에서 나타납니다. 그것은 타인의 모방, 즉 타인의 힘을 장악해 지배하려는 욕구를 전제로 합니다. 이런 대결은 상승작용을 낳게 됩니다. 왜냐하면 모두 상대방의 욕구를 자신의 것으로 갖게 되기 때문입니다. 자신을 자각하는 현명한 모방은 전혀 다른 것입니다. 사도 바울의 개종을 생각해봅시다. 바울은 "너희는 서로를 모방해 벌이는 전쟁을 끝내라"라고 끊임없이 이야기했습니다. 그 대신 "너희는 하나님 아버지께 인도하는 그리스도를 모방하라"라고 말했습니다. 우리 서로를 가까이 접근시키는 상호성이 폭력이라는 타락한 성스러움을 낳을 때, 그리스도는 성스러움과의 거리를 복원합니다. 원시사회에서 폭력은 신과 '가까이 있는 것'과 같은 것이었습니다. 오늘날에는 이런 신이 더는 나타나지 않는데, 이제는 더 이상 희생양이라는 배출구 없는 폭력이 한번 분출되면 상승작용만 일어나기 때문입니다. 사람들 사이의 '가까움의 위험성'을 깨달은 사람은 헤겔과 클라우제비츠와 동시대인인 횔덜린이 유일할 것입니다. 사람과 뒤섞여 있으면서 이름이 있던 고대 그리스의 신은 상호성에 휘둘리는 모방의 짝패가 되기도 하고 모방에 의해 광기에 빠져드는 신이 되기도 했기 때문입니다. 디오니소스도 그런 신들 가운데 하나에 붙여진 이름인데, 이것은 정체불명의 혼란스러운 이 신이 불러일으킨 공포에다가 그리스인들이 부여한 이름입니다.

묵시록적인 전환점

샹트르 그렇다면 그리스도가 사람들에게 인간관계의 논리와 상호성의 위험성을 알려주었을 때 잠에서 깨어난 그 폭력은 어떤 폭력이었을까요?

지라르 그 폭력은 디오니소스보다는 자신의 거짓 초월성 때문에 붕괴한, '번개처럼 떨어지는 사탄'에 가까울 것입니다. 사탄은 모호한 신이 아닙니다. 사도 바울이 '권능과 권세'라고 명명했던, 부패한 구조의 이름이 바로 사탄입니다. 이런 시각에서 기독교를 뒤따라가면 폭력의 진상이 밝혀지면서 그 무용성이 만천하에 드러나게 됩니다. 디오니소스 대신에 그리스도가 등장한 것인데, 니체는 이 사실을 보려 하지 않습니다. 폭력은 절대로 그 어떤 것의 토대도 되지 못하고, 자신의 진실이 드러나기 전에 모방적으로 점점 더 화를 내는 원한에 지나지 않습니다.

사도 바울은 「골로사이인들에게 보낸 편지」에서 그리스도는 '통치자들과 권세들의 무력한 진실을 드러내어 구경거리로 삼으셨다'라고 쓰면서 이를 잘 보여주고 있습니다. 이런 사실을 만천하에 드러내기 위해 그리스도는 모방적 경쟁을 부추겨서 스스로가 이 경쟁의 희생양이 됩니다. 그리스도는 도시든 가정이든 어느 곳에서나 이 경쟁이 나타나게 합니다. 예전에는 희생으로 억제되었던 이런 분열이 일어나면 모든 전체성은 거기에 영향을 받게 됩니다. 그리스도와 함께 우리가 들어선 직선의 시간 때문에 신의 영원회귀도 불가능하고 무고한 희생양을 통한 화해도 불가능해졌습니다. 희생 제의가 없는 우리 앞에는 피할 수 없는 양자택일이 놓여 있습니다. 그것은 기독교의 진실을 인정할 것이냐, 아니면 성서의 가르침을 거부하고 극단으로 치닫기를 향해 내달릴 것이냐 하는 선택의 기로입니다. 어떤 나라도 자기 폭력의 진실을 듣고 싶어 하지 않기에, 자기 나라에 대한 예언자는 한 사람도 없습니다. 이 나라들은 평화를 유지하기 위해 항상 폭력의 진실을 감추려 할 것입니다. 그리고 평화를 유지하는 최선의 방법은 전쟁을 하는 것입니다. 그리스도가 선지자의 운명을 겪었던 것도 이 때문입니다. 그는 그들 폭력의 실상을 드러내면서 사람들에게 다가갔습니다. 어떻든 그리스도는 성공할 수가 없었습니다. 그 반면에 성령은 자신의 예전 일을 계속합니다. 역사적 기독교가 실패했으며 지금은 묵시록적 기록이 과거보다 훨씬 더 많은 것을 말해주고 있다는 것을 알려주는 것이 바로 성령입니다.

그리스 비극은 이런 발견 과정의 결정적 단계입니다. 그리스 비극은 신화적 해법이 문제가 되는 순간입니다. 그리스에는 짝패도 많고 결투도 항상 있습니다. 한둘이 아니라 항상 위기입니다. 에테오클레스와 폴리니스도 짝패이고 에스킬로스의 유명한 희곡 「테베를 공격한 7장군」 역시 짝패들입니다. 저는 이런 인물들에 대한 거짓 차별화의 결과가 결투라고 생각합니다. 모든 사회가 필요로 하는 통일과 인위적 평화를 복원해주는 살해 앞에는 언제나 이런 쌍둥이 간의 경쟁이 있습니다. 한 도시의 '전체성', 원수 형제의 '양극성', 희생양의 '단일성', 이런 것들로 희생양에 대한 집중화가 작동합니다. 그 도시는 폭력을 제삼자에게 집중함으로써 자신의 폭력을 포함하는 동시에 자제합니다. 그렇기 때문에 묵시록의 변화는 가령, 합의된 희생양의 통일성, 전쟁의 양면성, 전체성의 임박한 폭발과 같은 인간의 모든 기반을 거꾸로 해석하는 것으로 되어 있습니다. 신들을 만드는 것은 사람이 아니라 희생양의 자리를 대신하려고 온, 바로 신입니다. 선지자들과 시편은 신이 온 것에 대한 근본적인 해석을 준비했는데, 이때의 신은 곧 십자가와 같은 것입니다. '여기서 희생양은 성스러운 존재가 되기 전에 이미 신과 같은 존재였다'는 말입니다. 성스러운 존재 이전에 신적인 존재가 먼저 있었다는 것입니다. 이 신적인 존재가 신의 권리를 복원합니다. 이때의 신은 "회칠한 무덤"을 건드리려고 온 타인이라 할 수 있습니다.[18] 그는 모든 시스템을 깨뜨립니다. 사도 바울이 권세와 권능도 만인의 눈에 뜨이게 열십자로 놓았다고 말한 것도 이 때문입니다.[19] 그러자 권세와 권능은 망연자실했을 것입니다.

샹트르 우리는 실제로 대결이 더 이상 제도가 아니고 전쟁도 완전히 탈이 난 시대를 살고 있습니다.

지라르 그다음에는 전체성의 폭발이 자리를 잡게 되지요. 이제 결투는 더 이상 제도가 되지 못했다고 볼 수도 있지만, 모든 제도가 대결을 감추려 했다고 볼 수도 있습니다. 대결이 사라진 것이 아니죠. 더 심하게는 대결이 드러나는 것을 막는 데에 모든 제도가 매달렸다고 말할 수 있습니다. 클라우제비츠 시대에는 전쟁이 여전히 하

---

18) "율법학자들과 바리사이파 사람들아, 너희 같은 위선자들은 화를 입을 것이다. 너희는 겉은 그럴싸해 보이지만 그 속에는 죽은 사람의 뼈와 썩은 것이 가득 차 있는 회칠한 무덤 같다"(「마태오의 복음서」, 23:27)—옮긴이.

19) "그리고 십자가로 권세와 세력의 천신들을 사로잡아 그 무장을 해제시키고 그들을 구경거리로 삼아 끌고 개선의 행진을 하셨습니다"(「골로사이인들에게 보낸 편지」 2:15)—옮긴이.

나의 제도였습니다. 정치는, 전쟁이 정치에 의해 법제화되고 해결되고 있다고 믿는 척했습니다. 전쟁은 여전히 상호성 원칙을 감추고 있었습니다. 그래서 클라우제비츠는 '적의'에서 '적대감'으로 넘어가는 두 나라의 대립인 결투를 보게 됩니다. 하지만 그는 이어서 나오는 국가이성의 병리 현상인 상승작용을 끝까지 생각하길 거부했습니다. 결투가 일어나는 것은 그 유일한 목표가 폭력 억제에 있는 모든 제도와 차이들이 사라진다는 것을 전제로 하기 때문입니다. '전쟁 천재'에 대한 정의에 녹아들어 있는 클라우제비츠의 전쟁 의지론은 흔히 '프로이센주의'나 '범게르만주의'라고 부르는 것 속에서 곧 그 역할을 하게 됩니다. 클라우제비츠의 거부 혹은 끝끝내 결투의 논리를 생각하지 못한 무능력은 그의 생각의 실패뿐 아니라 타락한 성스러움, 즉 모든 것의 파괴를 향하는 유럽 역사의 퇴행을 말해주는 조짐이라 할 수 있습니다. 하지만 이런 파괴는 세상에만 영향을 줍니다. 사탄은 신을 지배할 힘은 없기 때문입니다.

클라우제비츠가 당시 나폴레옹의 얼굴을 하고 있던 '전쟁의 신'과 아주 유사하다는 점을 깊이 살펴볼 필요가 있습니다. 상호성 원칙이 출현하는 순간 극단으로 치닫기로 이어진다는 사실을 지금의 우리는 잘 알고 있습니다. 상호성으로 유발된 극단 치닫기는 개인이나 국가를 초월해 있습니다. 이 변화에 대해 우리는 어떤 것도 할 수가 없습니다. 이렇게 되면 어떤 것이 제대로 작동하지 않게 되면서 권능과 권세는 더 이상 비밀의 장막 뒤에 숨을 수가 없게 됩니다. 이 진실을 인정하는 것, 그것이야말로 클라우제비츠가 완성할 수 없었거나 완성하려고 하지 않았던 것을 완성하는 것입니다. 이것은 곧 '극단으로 치닫기는 바로 진실이 자신을 드러내는 모습'이라는 말과 같습니다. 이 상승작용에 우리 모두 책임이 있다는 것을 염두에 두면 사람들이 이 진실을 인정하길 원하지 않는 것을 자연스러운 현상으로 볼 수 있을 것입니다. 폭력의 진실은 모든 사람에게 알려졌습니다. 예수 그리스도는 선지자들이 예고했던 진실, 즉 모든 문화가 폭력적으로 설립되었다는 사실을 폭로했습니다. 이 중요한 진실을 듣기를 거부하면 우리는 니체가 원했던, 디오니소스의 얼굴도 없는 고대사회로 되돌아가게 될 것입니다. 모든 것이 완전히 파괴될 것이기 때문입니다. 디오니소스의 혼란은 초석적인 혼란이었습니다만, 지금 우리를 위협하는 혼란은 전면적인 혼란입니다. 폭력의 매혹에 굴복하지 않는 것도 용기가 필요하듯이 그것을 말하는 데도 어느 정도의 용기가 필요합니다.

샹트르 깨어나 있으면서 혼란의 물결을 바로잡기 위해 애쓰는 것은 또다시 폭력의 상승작용을 유발하지 않으려고 예방하는 것일 텐데, 이런 예방 원칙은 정치·군사·기술·환경 같은 모든 영역에 다 적용되겠지요?

지라르 하지만 어쩌면 너무 늦었는지 모릅니다. 역사적 기독교와 근대사회는 이미 실패했습니다. 희생양 메커니즘에 대한 그리스도의 비난은 폭력을 끊임없이 자극합니다. 이것은 다시 한번 타자의 도래가 전체성을 폭발시키는 과정에 있다는 것이 아니라면 무엇을 의미할까요? 이런 정황에서 나온 것이 종말론인 것 같습니다. 수많은 영웅주의가 그를 질식하려 드는 것은 인류 역사에 신성한 모델이 등장한 적이 한 번 있었기 때문입니다. 영웅주의는 우리가 신뢰를 보낼 수 없을 정도로 너무 오염된 가치입니다. 어떤 점에서 보면, 특히 나폴레옹 이후에 평범한 사람들은 항상 영웅주의에 잘 현혹됩니다.

대결에 뒤처져서도 안 되지만 그런 대결 속에서 지금 완성되어가는 징조도 동시에 볼 줄 알아야 합니다. 사람들이 갈수록 더 많이 분쟁하고 있는 것은 폭력이 저항하고 있는 어떤 진실이 그만큼 가까이 다가오고 있기 때문일 것입니다. 그리스도는 언젠가 우리에게 나타나서 스스로 비난을 받으면서도 기존의 세상 시스템을 헛돌게 했던 타자입니다. 고대사회에서 이런 타자는 무질서와 혼란을 가져다주다가 결국에는 희생양으로 끝나는 낯선 존재였습니다. 기독교 세상에서 이 타자는 무고한 모든 희생양을 대신하는 하나님의 아들인 그리스도인데, 극단으로 치닫기에 따라 소환되고 있는 존재가 바로 이 타자입니다. 이런 상황이 말하는 게 무엇일까요? 사람들이 미쳐가고 있다는 것, 그가 십자가로 선언했던 시대인 인류의 성인 시대가 좌초하고 있다는 것은 아닐까요?

그러므로 냉혹한 묵시록의 논리에서 그리스도의 재림이 세상 종말과 같다는 것을 어느 누구도 보려고도 하지 않고 이해하려고도 하지 않습니다. 헤겔의 생각과 달리 인간은 서로를 껴안으려고 하지 않을 뿐만 아니라 세상을 완전히 파괴할 수도 있게 되었습니다. 이 점에서 우리는 아주 분명히 해야 한다고 생각합니다. 왜냐하면 전쟁을 여전히 영웅주의의 기억장치 속에서 생각하면 곧 클라우제비츠처럼 이른바 폭력의 성스러움으로 되돌아가면서 폭력의 생산성을 믿게 되기 때문입니다. 그런데 오늘날은 근거를 두고 기댈 곳이 하나도 없습니다. 폭력의 성스러움을 믿는다는 것은 극단으로 치닫기를 가속화한다는 것입니다. 우리의 원죄는 폭력에서 어떤 좋은 것이 나올 수 있다고 생각하는 데에 있습니다. 그것이 우리 모두가 생각하는 것입니다. 왜냐하면 우리는 모두 모방적이고 결투에 관심이 있는 존재이기 때문입니다. 개종한다는 것은 이 불순한 성스러움과 거리를 둔다는 것입니다. 그렇다고 모방에서 벗어난다는 것은 아닙니다. 이 변화는 모방에서 동일시로의 이행과 모방 자체 안에서의 거리 확보를 전제로 한다는 것을 우리는 방금 알게 되었습니다. 사실 이 모든 것은 말하기는 쉽습니다. 폭력적인 상호성이 언제나 우세할 것이기 때문입니다.

샹트르 레비나스는 처음부터 자신을 관계 속에 두기로 선택했습니다. 그는 상호성에 거의 손을 대지 않습니다. 따라서 상호성 안에서 관계를 생각해볼 필요가 있을 것 같습니다. 그렇게 하는 것이 덜 관념적이고 더 구체적일 것 같습니다.

지라르 사실 우리는 관념과 구체 모두에 발을 딛고 있습니다.

샹트르 선생님께서 상호성의 덫을 고발할 수 있는 것도 이런 이해 덕분이라고 생각합니다. 클라우제비츠 덕분에 최악의 상황에 이를지 모른다는 우려를 낳는 역사의 가속화를 생각해보게 되었다고 생각합니다. 하지만 이런 변화에 대한 선생님의 생각은 저로서는 너무 일반적인 것 같습니다. 이런 상황에서 저는 우리의 저항을 섣불리 내려놓지 않고 싶습니다.

지라르 옳은 말입니다. 세상의 폭발을 오래전부터 막아왔던 것이 바로 그런 저항 덕분입니다. 그런데 이런 저항이 얼마나 더 지속될 수 있는가 하는 질문을 던져보아야 합니다. 당신 말씀 덕분에 저의 빈틈 하나를 알게 되었습니다. 사실 저에게는, 기독교의 시각을 통해서 눈앞의 현실을 멀리서 조망하면서 심층적으로 극복할 수 있게 되었다고 믿는 경향이 있습니다. 클라우제비츠에 대한 저의 태도는 어쩌면 너무 즐거운 것 같습니다. 제 낭만적인 성향이야 어떤 면에서는 억압되어 있지만 항상 솟아나고 있습니다. 쇼팽의 음악에 이끌려 클라우제비츠 속으로 들어가면서 마음 깊은 곳에서 해방된 기분을 느낍니다. 이런 면은 모두 예전의 일이라고 말하고 싶어 하는 것이 그것일 텐데, 하지만 그건 사실이 아닌 것 같습니다.

제 가장 큰 변명은 종말론입니다. 당신이 바라듯이, 지금의 세태에서 종말론과 함께 영웅적인 저항을 하는 것이 가능할까요? 네, 모방할 수 있는 모범사례들을 만들어낼 수만 있다면 가능할 수도 있을 것입니다. 하지만 그런 사례는 파스칼의 말처럼 언제나 '육체의 눈에는 보이지 않는 것'입니다. 그런 나라에 예언자는 한 사람도 없습니다. 코르네유에 대한 이야기에서 17세기 기독교에는 종말론이 없다는 말은 어떻게 생겨났을까요? 보쉬에게도 약간 그런 면이 있지만, 진정으로 그런 것은 아닙니다. 이처럼 기독교의 다양한 환경을 살펴보는 것은 아주 흥미로울 것 같습니다. 중세의 기독교인들은 완전히 실패하고 있다는 생각에 빠져 있던 종말론적인 시기가 있었습니다. 하지만 기독교가 종말론을 생각하기에는 너무 이른 시기였습니다. 그에 비해 지금의 기독교는 종말론을 생각할 정도로 성숙해 있는지도 모릅니다. 우리를 위협하는 것이 실제로 눈에 보이고 손에 잡히기 때문입니다.

어떤 측면으로는, 클라우제비츠는 '전쟁을 종말로' 보았다고 말할 수 있습니다. 제가 클라우제비츠를 바로잡아서 아마추어 동호인인 딜레탕트로 되돌려놓을 수 있는 것도 바로 이 지점입니다. 저는 클라우제비츠에게 "그래, 당신이 곧 보게 되겠지"라고 말할 수 있습니다. 클라우제비츠는 여전히 정치에 복종하면서도 스스로를 고전적인 귀족주의자인 동시에 프랑스혁명에 조예가 깊은 계몽주의자라고 말하고 있습니다. 그에게 스며들어 있는 이 모든 합리주의 때문에 자기 생각처럼 종교에는 숭고한 영역이 없다는 사실을 망각하거나 잘 모르게 된 것 같습니다. 클라우제비츠는 제대로 알지 못하면서 세상 종말을 표명하기 때문에 더 불안합니다. 그래서 그는 결코 발설하지 않을 것입니다. 클라우제비츠는 어떤 측면으로는 낭만주의자라기보다는 은밀한 합리주의자에 가까웠던 샤토브리앙을 연상케 합니다. 클라우제비츠는 진정으로 미래의 주제를 찾아내고 있기에 슈퍼 샤토브리앙이라 말할 수 있습니다. 미래가 끔찍할지 아닐지는 하나님만 알 것이지만, 저는 오히려 한번도 진정으로 생각해보지 않았던 것인 만큼 문학적 측면에서 더 흥미진진한 광경을 볼 것 같다고 생각합니다.

그가 찾아낸 상호작용에 의한 '극단으로 치닫기' 현상은 의외의 영역으로도 확장되는 대단한 발견이라 할 수 있습니다. 극단으로 치닫기는 보편적인 법칙 같은 것입니다. 그래서 우리는 클라우제비츠를 아주 유능한 작가로 볼 수 있습니다. 자기 직관의 끝까지 밀고 나가기를 거부하기 때문에 더 유능한 작가 말입니다. 그래서 우리는 그가 우리에게 던져준 것을 완성해야 합니다. 이와 관련해 '순수한 자들의 순수한 경험에서 일어나는 전쟁'은 전체성에서 벗어나는 유일한 출구라는 레비나스의 말은 아주 인상적입니다. 선택할 여지도 없어서 어쩌면 전쟁을 꼭 거쳐야 하는 것일지도 모릅니다.

샹트르 우리에게 오는 타인을 생각하는 레비나스는 종말론으로 도약합니다. 만약 시간이 문자 그대로 역으로 흐른다면 어떤 결론을 얻을 수 있을까요?

지라르　우리의 편협한 합리주의에서 벗어나는 예언서의 전통과 그 무자비한 논리를 살펴보는 것이 시급하다고 생각합니다. 타자가 가까워지고, 타자의 근본적으로 다른 생각이 가능해진다면 그것은 아마도 시대가 완성되는 과정에 있기 때문일 것입니다.

샹트르　결투에 대한 이런 토론은 그래서 필요한 것 같습니다. 클라우제비츠를 깊이 읽은 카를 슈미트의 커다란 실수는 건국이나 제도나 전쟁이나 법에서 폭력의 생산성을 믿었던 것이 아닐까요?

지라르　그러나 바로 그런 이유로 슈미트는 연구할 만한 의미가 충분한 학자입니다. 우리는 그가 말하는 적의 법적 구성요건이 적대감의 일반 원칙 뒤에서 드러나는 것에 대해서는 쓸모없는 것이 되는 것을 보았습니다. 이미 모든 기초가 광범위하게 파괴되던 그 시대에 폭력에 근거한 법을 다시 정의 내리기는 힘들었을 겁니다. 그것이 바로 클라우제비츠가 예상한 유럽의 종말입니다. 이어서 우리는 클라우제비츠가 히틀러, 스탈린 그리고 미국인처럼 생각 없는 서구사회의 모든 것을 예측하는 것을 볼 수 있습니다. 오늘날 우리 앞에는 실제로 허무만 있습니다. 정치와 문학을 비롯한 모든 영역에서 그러합니다. 이런 일이 점차 실현되고 있는 것을 곧 알게 될 것입니다. 코르네유의 영웅주의는 전쟁이 아직 법의 토대가 될 수 있다고 생각하던 시절에 나왔습니다. 우리가 종종 완벽한 저항의 본보기로 마르크 블로크를 이야기하는 것도 바로 이런 정신에서입니다.

샹트르　『이상한 패배』의 「판사의 진정한 계절」은 훌륭한 글입니다. 독일인에게 총살형으로 죽기 몇 주 전에 블로크는 정의는 복수가 아니며 진실로 행동할 때 가혹해야 한다고 말했습니다. 그래서 그 자신의 죽음을 자기 말의 본보기로 삼을 수 있을 것입니다.

지라르 그런데 지금 우리는 권력이 법을 따르는 세상에 살고 있을까요? 제가 의심하는 것이 바로 이것입니다. 법은 끝났고 모든 면에서 실패했습니다. 제가 아는 훌륭한 법학자들도 법을 더 이상 믿지 않습니다. 그들은 법이 쇠퇴하고 무너지는 것을 보고 있습니다. 파스칼도 이미 법을 더 이상 믿지 않았습니다. 제 모든 직관은 법이 희생에서 나오는 것을, 전혀 철학적인 방식이 아니라 아주 구체적인 방식으로 보았다는 점에서 정말 인류학적 직관입니다. 인류학적 해석과 연결되는 세부 사항 속에서도 보았고, 고대 부족에 관한 논문에서도 보았는데, 거기에서는 법이 등장하는 것을 느낄 수가 있었습니다. 또한 「레위기」의 사형에 관한 구절에서도 법이 등장하는 것을 보았습니다. 폭력이 법을 만들어내는데, 희생과 마찬가지로 법은 언제나 더 적은 폭력입니다. 어쩌면 그것은 인간 사회가 할 수 있는 유일한 일일 것입니다. 언제인지 모르지만 이 제방이 무너지는 그날까지는 말입니다.

5장 휠덜린의 슬픔

복음서에서 두 개의 원

샹트르 전쟁의 현실을 조금 더 깊이 파고들면, 클라우제비츠가 제안한 것처럼, 폭력이 정치에 들어가 있는 것이 아니라 정치가 폭력에 속하고 있다는 것을 알게 될 것입니다. 전쟁 제도는 폭력을 피하는 것이 아니라, 폭력의 상승을 막으려 했습니다. 우리는 이 제도가 이제는 존재하지 않는다는 것을 보았습니다. 그래서 우리는 이런 저항을 계속 생각해야 하는 것이 아닐까요?

지라르 물론 극단으로 치닫기에 대한 개인적 저항은 본질적으로 무의미합니다. 노랫말처럼 '손을 맞잡은' 사람들의 집단적 저항일 때만 기회가 있을 수 있습니다. 우리는 모든 인본주의의 기초가 되는 이 행복하고 자동적인 해결책은 단념해야 할 것입니다. 폭력 발생의 중심에 모방이 있다는 것을 알게 된 우리는 그러므로 긍정적 모방의 가능성은 항상 염두에 두어야 합니다. 오늘날 같은 '내적 중개' 시대의 비극은 긍정적 모델이 잘 보이지 않게 되었다는 것입니다. 모방과 그것의 양면성을 인정하는 것이야말로 상호성에서 관계로, 부정적 전염에서 긍정적 전염으로 전환하는 것을 느낄수 있는 유일한 방법입니다. 이런 전환은 항상 가능한 것입니다. 그리스도의 모방이 바로 이것을 의미합니다.

그러나 이런 변화는 후천적으로 획득되는 것이 아니고, 생각에의한 것도 아니고, 특별한 사건인 개종에서 나옵니다. 복음서에 모방에 대한 강력한 직관이 들어 있다는 것은 부인할 수 없습니다. 그리스도는 모방으로 우리에게 어떤 행동을 권유하고 있습니다. 그러나 영감은 인간 지혜를 넘어서 찾아오고, 계시는 예측할 수 없습니다. 그래서 아주 개별적인 관점에서 벗어나 '큰 범위'에서 전체를 조망하는 수준에서 생각하는 것이 점점 더 필요합니다. 이런점에서 묵시록의 이야기는 아주 중요합니다. 성서에서는 이 기록만이 우리 관점을 근본적으로 바꿀 것을 요구하고 있습니다. 그런데 이 기록은 왜 그렇게 감추어져 있었을까요? 하지만 그런 것이진짜 문제가 아닙니다. 그런 구절은 초창기 기독교에는 아주 많이있었던 것입니다. 중세가 성 바울의 시대보다 더 순진한 관점에서심판의 시각을 취했다는 사실은 지금도 알려져 있는데, 이는 고풍스러운 대성당을 보면 알 수 있습니다. 성당 출입구 위 아치 모양의 공간인 팀파눔에는 기독교 신앙의 근본적인 교리로, 근엄한 그리스도와 최후의 심판이 새겨져 있습니다.

우리는 성경에 관심을 가져야 합니다. 그 타당성이 오늘날 점점더 분명해짐에도 묵시록이 점차 잊히고 있기 때문입니다. 정말 믿기지 않는 현상입니다. 암울한 재앙의 분위기와 그리스도의 재림이 무한정 지연되면서 성경이 말하는 즐겁게 왕국을 맞이하는 분위기는 사그라들었습니다. 복음서 본문과 관련된 변함없이 느린거리감은 빛나야 할 것을 어둡게 하고 또 지연합니다. 그래서 오늘날 우리가 목격하는 반기독교 정서는 이러한 현실을 묵시록에서 시작된 변화의 결과인 것처럼 제시합니다. 루가가 말하는 '이교도의 시간'은 심판 지연을 암시하는데, 이는 점차 복음서에 대한 새로운 관점을 부과하고 묵시록의 타당성에 대해 점점 더 많은 의심을 교묘히 주입하게 될 것입니다. 그렇지만 '이교도의 시간'은 이전의 문명과는 아주 다른 문명을 낳는데, 이는 이전에는 없던 힘을 인간에게 부여하는 특별한 문명입니다. 따라서 우리는 자기 이익을 위해 그동안 기독교 계시에서 추출했던 것을 과장해서 원자폭탄을 만들었다고 말할 수 있을 것입니다.

그래서 저는 이 기록을 회상하면서 성경을 읽을 것을 더 열정적으로 권합니다. 저는 모든 성경 구절에는 실제로 묵시록이 들어 있다고 생각합니다. "사람의 아들이 올 때 믿음을 찾을 수 있을까?"라고, 복음은 아주 뼈아픈 질문을 던집니다. 바로 여기서 묵시록에 관한 다음과 같은 질문이 일어납니다. 종말론 문제가 제기될 때마다 사람들은 아마도 「요한의 묵시록」보다는 예수 수난 이야기 앞에 나오는 마르코·마태오·루가의 복음서에 더 의지하는데 왜 그러했을까 하는 질문이 그것입니다. 공관복음서라 불리는 이 복음에는 기본 골격이 있는데, 인간의 역사는 젖먹이하나님의 역사에 포함되어 있다는 것이 그것입니다. 그래서 재앙으로 끝나는 역사의 두 번째 사이클은 예수 수난으로 끝나는 첫 번째 사이클에 끼워져 있습니다. 루가는 예루살렘이 함락된 뒤에 '이교도의 시간'이 온다는 것을 아주 불가사의한 방식으로 묘사하고 있습니다.

그때에 유다에 있는 사람들은 산으로 도망가고 성안에 있는 사람들은 그곳을 빠져나가라. 그리고 시골에 있는 사람들은 성안으로 들어가지 마라. …이런 때에 임신한 여자들과 젖먹이가 딸린 여자들은 불행하다. 이 땅에는 무서운 재난이 닥칠 것이고 이 백성에게는 하나님의 분노가 내릴 것이다. 사람들은 칼날에 쓰러질 것이며 포로가 되어 여러 나라에 잡혀갈 것이다. 이방인의 시대가 끝날 때까지 예루살렘은 그들의 발 아래 짓밟힐 것이다.(「루가의 복음서」21:21, 21:23-24).

주석가들은 모두 서기 70년에 티투스가 예루살렘을 멸망시킨 것을 암시하는 것으로 보려 합니다. 그래서 그들은 루가의 이 구절은 다른 세 사람의 기록보다 뒤의 기록이라고 결론짓습니다. 하지만 이런 지적은 별 관심을 받지 못합니다. 예루살렘 함락은 서기 70년만을 의미하지 않기 때문입니다. 이것은 기원전 587년의 예루살렘 함락을 의미합니다. 복음주의자들은 여기서 '시대의 징조'에 주의를 기울인 유대 예언자들의 전통을 받아들입니다. 거기서도 사람들의 역사는 하나님의 역사에서 나옵니다. 그러므로 예루살렘 함락은 무엇보다도 먼저 묵시록적 주제입니다. 그리스도는 점쟁이가 아니라 선지자입니다. 그것이 티투스 황제인지 아닌지 알 수 없게 하는 것도 이 구절의 비범함 가운데 하나입니다. 그러나 역사가들은 모든 것을 뒤섞는데, 이렇게 뒤섞인 것이 그들이 이야기하는 문제의 일부라서 그들 자신이 이 문제에 속고 있다는 것을 깨닫지 못하고 있습니다.

묵시록적인 이 장들이 예수 수난 뒤의 현실을 연상시킨다는 것은 의심할 여지가 없지만 성서 기록에서 그것들은 그 이전에 있던 것입니다. 그러므로 '이교도의 시간'은 바빌론에 70년 동안 유폐되었던 것처럼 두 기록 사이에 있는 '두 번의 묵시록적 사건 사이의 무한한 시간'을 말하고 있습니다. 그런데 복음서의 관점에서 볼 때 이교도의 시간, 즉 이교도들이 하나님의 말씀을 듣기를 거부하는 시간이 한정된 시간이라는 의미가 아니라면 어떤 의미일까요? 그리스도의 수난과 최후의 심판 사이에는, 갈수록 더 많은 폭력과 하나님 말씀 듣기를 거부하고 눈도 멀어서 맹종에 한층 더 빠져드는 오늘날의 무한 시간이 펼쳐지게 될 것입니다. 이것이 「루가의 복음서」의 의미일 것입니다. 파스칼은 12번째 『프로벵시알 서한문』의 끝부분에서 "폭력은 오직 하나님의 질서 안에서 진행되는 과정일 뿐"이라고 말한 적이 있습니다. 우리는 헤겔이 드러나 있는 역사를 넘어서서 진정한 역사를 생각하면서 회복하려고 시도하는 것이 이런 생각임을 알 수 있습니다. 역사적 우연을 넘어서는 성령의 이론, 즉 성령 안에서 나폴레옹이 나폴레옹의 역할을 척척 해낸다는 '이성의 간지'라는 생각이 그것입니다. 헤겔은 오늘날의 에스컬레이션 현상이 점점 더 합리적인 것이 될 것이라 생각하지만 실제 현실은 당연히 그 반대입니다. 기독교 전통에서도 아주 뛰어난 전통에 기반을 두고 있기에 물론 아주 강력한 기획이겠지만 이런 기획은 또한 아주 빨리 퇴보할 것입니다. 그러므로 우리는 역사를 떠나서는 안 되며, 역사가 최악의 방향으로 치닫고 있다는, 묵시록적 의미로, 훨씬 더 사실적으로, 이해하려고 노력해야 합니다.

'현실은 합리적이지 않고 종교적이다.' 이것이 바로 복음이 말하는 것입니다. 언제나 상호성의 위협에 처해 있는 인간관계의 핵심에 그리고 역사 모순의 중심에 들어 있는 것이 바로 이것이라 생각합니다. 제도가 더 이상 우리를 도와주지 않고 각자가 스스로 변화해야 하는 오늘날, 이러한 인식은 그 어느 때보다 더 절실하다고 생각합니다. 여기서 우리는 바울의 개종, 즉 갑자기 그를 오싹하게 하는 "당신은 왜 나를 핍박하는가?"라는 말로 되돌아와 있습니다. 바울의 급진주의는 오늘날 시대에 아주 잘 어울립니다. 그가 성스러움으로 '상승'하는 것은 영웅보다는 되돌아서서 땅에 쓰러지는 박해자에 가깝습니다.

샹트르　루가가 말하는 '이교도의 시간'이라는 표현은 상호성 원칙의 득세에 대해 인간 제도들이 저항하는 데 걸리는 시간을 지칭한 것일까요?

지라르　물론입니다. 그리고 어떤 면에서, 이교도의 시대는 끝나가고 있다고 볼 수 있습니다. 그렇기에 루가는 예루살렘의 함락과 '이교도 시대' 뒤에 올 세상 종말을 따로 분리하기를 간절히 원하고 있습니다. 「마르코의 복음서」와 「마태오의 복음서」에는 그런 징후가 없는데 이들은 모두 71년 이전에 쓰였다는 것을 의미합니다. 그러나 중요한 핵심은 「루가의 복음서」는 묵시록 전통을 깊이 파고들어 명확히 한다는 것입니다. 곁다리로 하는 말이지만, 성경 주석가들은 이런 생각은 전혀 하지 않았습니다. 루가는 우리에게 무슨 말을 하고 있을까요? 이교도들은 새로운 사람들인데 그들에게 그리스도를 경험할 시간을 주어야 합니다. 바울은 「로마인들에게 보낸 편지」에서 똑같은 말을 합니다. 유대인들은 선지자들이 있어도 실패했지만 오늘날의 그리스도인들은 실패해서는 안 됩니다. 그런데 홀로코스트는 끔찍한 실패가 아니라면 무엇일까요?

　그리스도인들은 이런 공포에 대한 책임을 받아들여야 합니다. 그들은 2,000년 동안 경고를 받아왔지만 최악의 상황을 피하는 데는 무능했음이 드러났습니다. 물론 회개로 말하면 그리스도의 십자가형에 유대인들의 책임을 부인할 수는 없을 것입니다. 그러나 한 말썽꾼의 죽음과 수백만에 달하는 홀로코스트 희생자를 비교하는 것은 불가능합니다. 요한 바오로 2세가 유대인 학살기념관

야드바셈에 용서를 구한 것은 숭고한 것이며 시대의 징조로 해석되어야 합니다. 묵시록적으로 같은 진실과 메시지를 전해주는 유대인과 기독교인들 사이의 화해가 어느 때보다 더 절실합니다.

샹트르 선생님은 복음서 이야기를 계속해주실 수 있을까요?

지라르 네, 복음서에서는 예수 수난으로 끝나는 그리스도의 생애가 첫 번째 사이클을 이루고 있습니다. 두 번째 사이클이 있는데, 그것은 묵시록으로 끝나는 인류의 역사입니다. 두 번째 사이클은 첫 번째 사이클에 포함되어 있습니다. 파괴의 원칙에 시달리고 극단으로 치닫기가 위협하고 있는 오늘날 세계의 인간 역사는 수난의 전주곡이 되었습니다. 복음서 내용의 이런 구성이 말하는 것이 역사의 끝이 그리스도의 재림이라는 것이 아니면 과연 무엇일까요? 유대인들은 결국 기독교는 그들에 저항하는 단순한 장치가 아니라는 것을 깨닫고서 이런 개종에 동참하게 될 것을 바울은 간파했습니다. 이 화해는 고전적으로 보편적 화해의 표시로 해석되고 있습니다.

　루가는 예수 수난과 심판 사이에 '이교도의 시대'를 두었습니다. 루가는 그러므로 이 둘을 분명히 구별했습니다. 여기에는 복음서의 의미와 복음의 관점에서 본 역사의 의미에 대한 깊은 성찰이 반영되어 있습니다. 묵시록의 정신은 허무주의가 아닙니다. 그것은 아주 깊은 희망의 틀 속에서만 최악으로 치닫는 비약을 제대로 '이해할' 수가 있습니다. 그러나 이런 희망은 묵시록을 못 본 체해서는 안 됩니다. 상호성 원칙의 위험성을 식별해 이것이 역사에서 작동하는 모습을 보여주는 것이 모든 기독교 호교론의 원칙이 되어야 합니다. 모방이론은 본질적으로 기독교 이론입니다. 심지어 저는 폭력을 중요하게 여기는 모방이론은 기독교를 궁극적인 의미까지 밀고 나가고, 말하자면 기독교를 완성하려고 시도하고 있다고 감히 말할 수 있지 않을까 생각합니다.

샌프란시스코 신학교에는 역사학자들뿐 아니라 무신론자들에게서도 호평을 받던 레이몽 브라운이라는 가톨릭 연구자가 있었는데, 그는 요한이 공관복음을 읽지 않고 묵시록을 썼다는 생각을 줄기차게, 그리고 설득력 있게 주장했습니다. 아주 중요한 지적처럼 보였습니다. 왜냐하면 그는 르낭의 후손을 이용해 이득을 보는 모든 것인, 직관의 대칭성과 사소한 차이와 날짜와 뒤섞인 것과 전도된 것들의 무의미를 깨닫게 해주었기 때문입니다. 그러므로 여기에 묵시록의 '근거'가 있습니다. 루가가 마르코와 마태오를 더 깊게 파고들었다면 요한은 어쩌면 이들의 글을 몰라도 같은 것을 말할 수 있었을 것입니다. 이 복음서들이 인간관계의 논리를 어떻게 밝히고 있을까? 이것은 중요한 질문입니다. 그 중요성을 깨닫기 위해서는 인류학적 측면과 신학적 측면을 동시에 느끼면서, 묵시록은 이 두 차원이 만나는 순간이라는 것을 느껴야 합니다.

이리하여 루가가 나쁜 폭력이 적들을 화해시킨다는 것을 이해했다고 말하는 것보다는 루가가 집단폭력의 효능을 깨달았다고 말하는 것이 훨씬 더 좋을 것 같습니다. 이런 생각은 훌륭한 직관입니다. 예수 수난 뒤에는 "예전의 적이던 빌라도와 헤로데는 그때부터 친구가 되었다"라고 말합니다. 사람들은 또다시 이것이 역사적 의미라고 생각하지만 이 구절은 인류학적 의미일 수밖에 없습니다. 이런 관점에서 보면 역사주의는 오래된 화해의 복사본에 지나지 않습니다. 복음이 반유대주의라는 생각과 싸우려면 이런 것을 그냥 보여주면 충분합니다. 예수를 죽이라고 요구하는 작은 군중이 왜 등장한다고 생각합니까? 나쁜 폭력은 적들을 화해시킵니다. 나쁜 폭력은 빌라도와 헤로데를 화해시킵니다. 함께 예수의 십자가형에 가담했던 그들은 화해합니다. 나쁜 폭력은 그리스도에 반대하는 만장일치이고, 그들은 그 만장일치의 일부입니다. "헤로데와 빌라도가 전에는 서로 반목하고 지냈지만 바로 그날 다정한 사이가 되었다"라는 내용은 「루가의 복음서」에만 나와 있습니다.

　이것은 초석적 살해에 대한 명백한 폭로입니다. 그러나 예수 수난 이후에는 더 이상 작동하지 않습니다. 아니 그 메커니즘이 예수의 십자가형으로 만천하에 드러났기 때문에 헛돌게 되었다고 말하는 게 더 정확한 표현일 것입니다. '이교도의 시간'은 희생의 효능이 점차 무너지는 시간이라고 할 수 있습니다. 예수의 십자가형에서 20년이 채 되지 않았을 때로 전문가들이 신약에서 오래된 구절로 보고 있는 「데살로니카인들에게 보낸 첫째 편지」에서 바울은 그리스도의 재림이 늦게 온다고 실망한 신도들을 진정시키려고 애씁니다. 바울은 신도들에게 '권세와 권능을 믿는 동시에 믿지 말라'라고 권했습니다. 초조해할 필요가 없습니다. 지금의 체제는 저절로 무너질 것이기 때문입니다. 사탄은 점점 더 스스로 분열될 텐데, 그것이 바로 극단으로 치닫기라는 모방 법칙입니다. 이 메커니즘은 너무나 전염성이 강해 그것이 마치 인간 본성인 것처럼 될 것입니다. 우리는 오늘날 묵시록 구절들을 무의미한 것으로 보기보다는, 인간에 의한 자연 오염이라는 초현대적 문제와 함께 뜻밖의 의미를 확보하고 있다는 것을 확인하는 중입니다.

　「마르코의 복음서」 13장과 「루가의 복음서」 17장에도 비슷한 이야기가 나오는데, 역시 예수 수난 직후에 쓰인 「마태오의 복음서」 24장을 봅시다. 이 구절은 우리가 지금 "고통의 시작일 뿐"인 시대에 있다고 전하고 있습니다.

아무에게도 속지 않도록 조심해라. 장차 많은 사람이 내 이름을 내세우며 나타나서 '내가 그리스도다!' 하고 떠들어대면서 수많은 사람들을 속일 것이다. 또 여러 번 난리가 일어나고 전쟁 소문도 듣게 될 것이다. 그러나 정신을 차리고 당황하지 마라. 그런 일이 꼭 일어나고야 말 터이지만 그것으로 그치는 것은 아니다. 한 민족이 일어나 딴 민족을 치고, 한 나라가 일어나 딴 나라를 칠 것이며, 또 곳곳에서 기근과 지진이 일어날 터인데 이런 일들은 다만 고통의 시작일 뿐이다. 그때에는 사람들이 너희를 잡아 법정에 넘겨 갖은 고통을 겪게 하고 마침내는 사형에 처하게 할 것이다. 또 너희는 나 때문에 온 세상 사람들에게 미움을 받을 것이다. 그리고 많은 사람이 떨어져 나가 서로 배반하고 서로 미워할 것이며 거짓 예언자가 여기저기 나타나서 많은 사람들을 속일 것이다. 또 세상은 무법천지가 되어 사람들의 마음속에서 따뜻한 사랑을 찾아볼 수 없게 될 것이다. 그러나 끝까지 참는 사람은 구원을 받을 것이다. 이 하늘나라의 복음이 온 세상에 전파되어 모든 백성에게 명백히 알려질 것이다. 그러고 나서야 끝이 올 것이다(「마태오의 복음서」 24:4-14).

현실성이 강한 이런 구절을 읽을 때 우리는 현실의 핵심으로 들어갑니다. 「마태오의 복음서」의 이 구절에서 그리스도는 무엇을 말하고 있을까요? "한 민족이 일어나 딴 민족을 치고, 한 나라가 일어나 딴 나라를 칠 것"이라는 모방적 짝패가 일으키는 극단으로 치닫기는 많은 사람의 사랑을 싸늘하게 식힐 것입니다. 그러므로 클라우제비츠가 아내에게 보낸 편지에서 썼듯이, 섭리는 인간사에 묶여 있는 것일 수가 없습니다. 파스칼이 옳았습니다. 폭력과 진실 사이에는 상호 강화현상이 있는데, 오늘날의 우리, 적어도 아직 사랑이 식지 않은 소수의 눈에는 이것이 보입니다.

이 '이교도의 시간'은 특히 어디서도 위안을 찾을 수 없는 선민들이 느끼는, 모든 좌표가 사라지고 응답 없는 질문만 계속되는 데서 나오는 모든 형태의 종교적인 것들의 위축으로 정의 내릴 수 있을 것입니다. 그래서 마르코는 이렇게 쓰게 됩니다.

그때에는 무서운 재난이 닥쳐올 터인데, 이런 재난은 하나님께서 세상을 창조하신 때부터 지금까지 없었고 또 앞으로도 다시 없을 것이다. 주께서 그 고생의 기간을 줄여주시지 않는다면 살아남을 사람은 하나도 없다. 그러나 주께서는 뽑으신 백성들을 위해 그 기간을 줄여주셨다(「마르코의 복음서」 13: 19-20).

이 끝없는 일탈과 끝없는 부패로 신자의 숫자가 줄어드는데, 이는 선민들에게도 위험합니다. 그러나 이 소수들은 '끝까지 버텨야' 합니다. 거짓 선지자들에도 불구하고 모방이론의 관점이 얼마나 근본적인지를 알아야 합니다. 거짓 선지자는 자신이 신을 갖고 있다고 주장하고 신의 이름으로 말해서 많은 사람의 모방을 받는 사람들입니다. 이 순간 소포클레스의 비극 『오이디푸스 대왕』에 나오는 오이디푸스와 티레시아스 사이의 모방적 갈등이 연상됩니다. 이 격렬한 상호성은 그리스 시대에는 신, 즉 폭력적 성스러움의 임박함을 나타내는 신호였습니다. 서로가 상대에게서 빼앗으려는 것은 그들이 생각하는 신성함이었는데 더 많이 싸울수록 이 신성함이 가까워졌다고 믿었던 그들은 집단을 위협하는 파괴 속에서 신성함을 더 잘 얻을 수 있다고 여겼습니다. 희생위기의 끝에 가면 모든 사람은 거짓 선지자입니다. 즉 모든 사람은 이 신에 휘둘리고 홀리게 된다는 말입니다. 성스러움에 내재된 매혹은 폭력의 전염과 같은 것입니다. 티레시아스와 오이디푸스의 대결은 그리스인들이 언제나 혼란을 일으켰다가 결국은 그 혼란과 마지못해 협상해야 하는 식으로 진행되는 방식의 신화적 결투를 상징합니다.

「마태오의 복음서」은 이런 투쟁이 되풀이되면서 더 끔찍한 투쟁이 될 것임을 말해주고 있습니다. 그는 더 나아가서 국가들 간의 갈등은 '기근과 지진'과 같이 나타날 것이라는 사실을 말해주는데, 이것은 곧 전쟁의 대립이 우주적 결과를 가져올 것이라는 것을 분명히 의미하고 있습니다. 그것은 더 이상 테베의 전염병 수준이 아니라 우주 전체 수준의 생태적 재앙이 될 것입니다. 그렇습니다. 이제는 자연과 인공 사이의 모든 구별이 사라지는 것도 별안간 정당화될 것입니다. 사정이 이런데도 우리는 어떻게 아직도 복음의 이런 말을 듣기를 거부할 수 있을까요? 저에게 역설적으로 충격적인 것은, 전쟁이 복음서의 생각에 일치하는 것만이 아니라, 갈수록 늘어나는 폭력에 의한 불임의 시대라는, 우리가 살아갈 시대와 복음서 기록이 그대로 들어맞고 있다는 점입니다. 이 진실은 곧 생생하게 밝혀질 테지만, 과거에도 밝혀진 적이 있습니다. 우리는 어쩌면 성전의 함락 뒤에 따라오는, 끝에 도달한 '이교도의 시간'이라는 역사 사이클의 끝에 와 있는지도 모릅니다. 이 모든 것은 매우 느리게 진행되고 있다고 생각해야 합니다. 따라서 우리는 이 과정의 형식만 제시할 수 있지만, 이것은 갈수록 더 명확해질 것입니다.

샹트르　세상의 종말과 왕국이 도래하는 것을 말씀하시는 것이지요?

지라르　네, 그렇습니다. 물론 처음에는 소수의 사람에게만 분명하게 보일 테지만, 결국에 가서는 어쩌면 폭력의 시대일 수도 있는 이런 사고의 시대에 마지막 일격을 가하게 될 것입니다. 그리스도가 우리에게 '기근과 지진'이 있을 것이라고 경고했지만 '역사의 끝'이나 '종료'는 이 세상의 끝이 아니라 권능과 권세가 지배하는 세상의 종말을 의미할 수 있습니다. 권능과 권세의 지배가 끝나는 것이 시간의 끝과 일치하는지는 정확히 알 수가 없습니다.

샹트르 선생님 말씀은 오늘날에도 폭력은 더 이상 법을 만들 수 없다는 의미입니까?

지라르 네, 바로 그 말입니다.

샹트르 폭력이 진실을 만들어낼 수 없고, 근거와 이성을 만들 수 없다는 의미인가요?

지라르 네, 그렇습니다. 폭력은 끝났습니다. 더 이상 나올 것이 없는 폭력은 진짜 무정부 상태입니다. 간단한 예를 들어봅시다. 20세기에 이런 실상을 아주 가까이에서 경험한 사람이 있는데 그들은 바로 공산주의자들입니다. 당시 공산주의자들은 매우 빠르게 폭력에 의지하면서 무기력을 경험할 수밖에 없었기 때문입니다. 그들이 독일의 침략으로부터 스스로를 지킬 수 있었던 것은 옛 차르가 지배하던 당시의 러시아 덕분이었습니다. 스탈린 사무실에 있던 쿠투조프 장군의 초상화를 생각해봅시다! 그들은 온갖 것을 다 양도했기에 이런 사실을 잘 알고 있었습니다. 그들의 폭력은 불모의 것이었습니다. 그리고 그들의 생각보다 그다지 멀지 않다는 것을 알게 된 기독교의 하나인 '신성 러시아'를 복원하게 되었습니다.

그러나 그들은 공산주의로 독일을 물리친 것이 아니었습니다. 제 생각으로는, 그들은 표트르 대제의 계획은 이길 테지만 공산주의는 존재하지 않으며, 역사적인 실체를 가질 수 없다는 것, 즉 자신들의 완전한 실패를 바로 이때부터 깨닫고 있었다고 생각합니다. 고르바초프 같은 사람은 기본적으로 이런 사정을 잘 알고 있던 사람들에게 교육받았습니다. 그가 오늘날의 환경을 위해 싸우는 모습을 보면 알 수 있습니다. 그는 정치를 신뢰하지 않았습니다. 스탈린 사상에는 전혀 가담하지 않았지만, 옛 소련에 스탈린 사상이 너무 깊이 박혀 있다 보니 그런 사정을 깨닫지 못하고 스스로를 공산주의자라고 생각했습니다!

독일도 폭력에서 아무것도 이룩할 수 없었습니다. 오늘날 프랑스에서 민족주의가 병들었다는 것은 다행스러운 이점입니다. 그래서 우리는 불길한 안개 속에 빠져 있지만, 생각의 측면에서, 우리는 마침내 폭력의 이 모든 좌절을 깨닫게 될 것입니다. 저는 우리가 마침내 '그것이 시작되기 시작했다'고 생각합니다. 우리는 현실과 만날 약속이 되어 있습니다. 따라서 뭔가 새로운 것이 일어날 것이라는 것은 충분히 생각해볼 수 있습니다. 폭력이 불임이 되었다는 것은 어쩌면 일종의 역작용과도 같이 갈등이 물러가고 있다는 것을 의미할 수 있습니다.

샹트르 선생님은 폭력이 언제까지 국가의 초석이 될 것이라고 보십니까?

지라르 역사가 가속화되고 정치가 덜 중요해질수록 폭력의 초석적 기능은 점차 줄어들어왔습니다. 서구로 국한해서 보면 루스벨트까지는 폭력의 초석적 기능이 그런대로 남아 있었다고 볼 수 있습니다. 제2차 세계대전이 끝났을 때 미국이 개입한 것은 의심할 여지없이, 수 세기 동안 유럽을 갈수록 커져가는 모방적 증오에 빠뜨렸던 비극인 나폴레옹 '드라마'의 마지막 장과도 같은 것이었습니다. 이런 점에서 독일의 신성로마제국이 3세기 이상 희생양 역할을 한 것은 아주 대단한 징후를 나타낸 것이라고 말할 수 있습니다. 바로 여기에 유럽 정치의 유일한 가능성이 있는데, 유럽이 서로 살상을 벌인 곳은 바로 예전 카롤링거 왕조의 영토 근처였다는 것이 그것입니다. 베르사유 조약에서 오스트리아-헝가리 제국을 붕괴시킨 것이 바로 이 엄청난 원한의 증거입니다. 미국의 상륙은 후에 유럽 지도력의 종말을 나타내게 될 것입니다. 이런 점에서 '미국의 개입'이라는 용어는 흥미롭습니다. 그것은 우리가 성문화된 전쟁의 시대에서, 마치 어떤 질병을 막는 것처럼, 갈수록 정교해진 도구를 사용해 분쟁을 '해결'하는 '안보 전쟁'의 시대로 넘어갔다는 것을 말해줍니다. 오늘날은 클라우제비츠와 헤겔과 같은 국가 숭배와는 거리가 한참 멉니다.

샹트르 하지만 묵시록의 주제와는 아주 가까운 것 같습니다. 선생님의 말씀을 들으면서 저는 이상하게도 선생님 말씀과 묘하게 일치하는 「데살로니카인들에게 보낸 첫째 편지」의 마지막 부분이 생각났습니다.

교우 여러분, 그 때와 시기에 대해서는 여러분에게 더 쓸 필요가 없습니다. 주님의 날이 마치 밤중의 도둑같이 온다는 것을 여러분이 잘 알고 있기 때문입니다. 사람들이 태평세월을 노래하고 있을 때에 갑자기 멸망이 그들에게 들이닥칠 것입니다. 그것은 마치 해산할 여자에게 닥치는 진통과 같아서 결코 피할 도리가 없습니다(「데살로니카인들에게 보낸 첫째 편지」 5:1-3).

지라르 매우 혼란스럽지만 이 구절은 분명히 인류학적인 중요성을 가지고 있습니다. 복음서에서 그리스도께서 왜 자신은 화평을 갖다주러 오지 않았다고 말했는지를 이해하는 데 도움이 되는 구절입니다. 그리스도는 자신이 폭력 메커니즘의 은폐에 종지부를 찍고 있다는 것을 스스로 의식하고 있었습니다. 그리스도는 스스로를 투사로 칭하지 않습니다. 오히려 정반대입니다. 그리스도는 스스로를 폭력의 '평판을 떨어뜨리는' 유대 선지자 전통의 일부라고 자처합니다. 권능과 권세가 멸망하게 된 것은 그리스도가 그들에게서 희생양을 빼앗아 갔기 때문입니다. 폭력을 늘려가는 것은 가르침에 위배되는데, 왜냐하면 폭력이 늘어날수록 모방에서 나오는 갈등을 펼칠 배출구를 더 찾지 못하게 될 것이기 때문입니다.

하나님께서는 자신의 아들을 통해 사람들의 폭력에 순응했는데, 이를 만천하에 알리기 위해 '자신에 대한 폭력'이 일어나게 내버려두었습니다. 이 역설적인 이유 때문에 성서의 신이 고대의 신들보다 더 폭력적인 것으로 알려져 있는데 실상은 정반대입니다. 그리스인들은 희생양을 숨겼습니다. 이것은 아주 다른 것입니다. 「시편」은 폭력에 대해 말하는 사람은 폭력적인 사람이 아니라 평화로운 사람이라는 사실을 알려줍니다. 이렇듯이 유대-기독교의 계시는 신화가 항상 침묵하는 것을 드러내고 있습니다. '평화와 안보'를 말하는 이들은 그러므로 어떻게 해서라도 신화를 믿고 자신의 폭력을 보고 싶어 하지 않는 사람들입니다.

이 사건의 가장 큰 역설은 기독교가 사람들에게 폭력을 드러냄으로써 극단으로 치닫기를 유발하고 있다는 사실입니다. 기독교는 사람들의 폭력을 신의 탓으로 돌리는 것을 금하면서 인간이 책임을 지게 합니다. 성 바울은 오늘날과 같은 의미의 혁명가는 전혀 아닙니다. 바울은 데살로니카인들에게 인내해야 한다고, 다시 말해서 '어차피' 파괴될 권능과 권세에 순종해야 한다고 말합니다. 오늘날 사회는 갈수록 늘어나는 폭력의 제국입니다. 그런데 오늘날은 희생적인 출구가 없기에 더 격렬한 폭력이 아니면 질서를 유지할 수도 없어진 사회입니다. 이런 사회에 파멸은 언제라도 올 수 있습니다. 오늘날 사회는 질서를 만들어내기 위해 더 많은 희생양을 필요로 할 테지만, 이때 만들어진 질서는 일시적이고 허약한 질서입니다. 이상이 고장 난 세상의 모습일 텐데 여기에는 기독교인들도 책임이 있습니다. 그리스도는 인류를 성인으로 인도하려고 노력하셨을 테지만 인류는 이 가능성을 거부했을 것입니다. 저는 방금 일부러 전미래 시제를 사용했는데 우리의 근본적인 실패가 미래에 있을 것이기 때문입니다.

다윈의 관점에서 보면 종말론이 과학적 현실의 겉면에 불과한 것도 이 때문입니다. 그리스도가 '인간화'를 완성하러 왔던 것은 불완전한 인간이 희생이라는 거짓에 의지해 있었기 때문입니다. 완성은 어떤 것이 도래하는 것입니다. 그러므로 그리스도가 자신은 화평이 아니라 전쟁을 가져왔다고 하는 말을 있는 그대로 받아들여야 합니다. 그리스도가 파괴하러 온 것은 낡은 세상입니다. 그러나 이 파괴는 사람들 자신 때문에 시간이 걸릴 것입니다. 물론 2,000년은 수백만 년에 비하면 짧은 순간으로, 어떤 도래, 즉 '임신부의 고통'처럼 사람들을 습격할 파멸이 오기 이전의 시간입니다. 그러므로 묵시록은 예수 수난 앞에 옵니다. 본시오 빌라도가 자기 말의 깊이를 모른 채 군중에게 '이 사람을 보라'라고, 다시 말해 무고했기 때문에 죽게 된 사람을 보라고 말할 수 있도록 하려면 복음서에 인류의 종말이 언급되어야 했습니다.

그러므로 우리가 그 최종적인 의미를 받아들이고 나면 묵시록의 기록은 정말 인상적입니다. 이 기록들은 역설적으로 복음의 계시가 폭력을 억누르기가 충분하기를 더 이상 바랄 수 없는 순간부터 그리스도가 다시 오실 것이라고 말하고 있습니다. 그래서 인류는 그 순간부터 실패했다는 것을 깨닫습니다. 기독교인들은 그리스도가 이 실패를 영원한 삶으로 바꾸기 위해 다시 올 것이라고 믿습니다. 그렇다고 해서 우리는 역사에 정신이 개입하는 것과 예외적인 특별한 개인과 보편을 향한 집단의 개방성 등을 과소평가해서는 안 될 것입니다. 정신의 역사 개입은 실제로 일어났지만 실패했습니다. 역사의 긍정성은 제거되어서는 안 되고 다른 곳으로 이동시켜야 합니다. 모방이론이 진작하려는 합리성은 전적으로 이 이동에 있습니다. 카오스가 가까워졌다고 말하는 것은 희망과 전혀 모순되는 것이 아닙니다. 그러나 그 희망은 완전한 파괴나 왕국의 실현 말고는 아무런 가능성이 없는 대안에 따라 측정되어야 합니다.

샹트르 여기서 선생님은 선생님의 믿음을 제대로 이해하는 데 꼭 필요한 묵시록에 대한 근거를 다시 제시하시는군요. 선생님의 접근 방식은 다윈의 시각에 입각해서 묵시록을 인간화의 '완성'으로 보고 있다는 점에서 아주 독창적인 것 같습니다. 선생님의 이런 분석은 고대종교를 논할 때에도 전혀 거침이 없는 것 같습니다. 하지만 오늘날에 가까워지면 조금은 당황스러운 것이 사실입니다. 시대가 가까워졌다고 주장하는 것은 서구의 이성이 3세기 동안 유지해온 종교와의 거리두기를 비난하는 것 같습니다. 선생님은 혹시 묵시록의 기록과 오늘날의 시대를 일치시키려고 애쓴 나머지 메타포의 함정에 빠진 것은 아닌지요?

지라르 저는 당신의 말을 뒤집어서, 폭력적이고 공격적인 형태로 오늘날 종교가 되돌아온 것은 바로 우리가 종교를 멀리 떼어놓았기 때문이라고 말씀드리고 싶습니다. 그러므로 당신이 언급하는 합리주의는 진정한 거리두기가 아니고, 우리 눈앞에서 무너지고 있는 제방일 뿐입니다. 합리주의는 먼 훗날에서 보면 우리의 마지막 신화가 되어 있을지도 모릅니다. 우리는 한때 신을 믿었던 것처럼 이성을 믿었습니다. 오귀스트 콩트의 대단한 순진성은 이런 것의 분명한 증상일 것입니다. 이런 실증주의야말로 우리가 시대의 징표를 해독하는 데 오랜 시간이 걸렸던 까닭이기도 합니다.

　실증주의자들은 오늘날 임박한 재앙을 보지 않으려고 이성을 믿었습니다. 이성은 모든 것을 다 할 수는 없었지만 그들에게 언짢은 것은 아니었습니다. 뜻밖의 결과를 낳는 것이 인간관계이고 인간관계가 초래하는 비합리적인 부분입니다. 우리는 그 어느 때보다 세계의 미래와 더 단단히 연결되어 있습니다. 우리는 앞에서 레이몽 아롱이 클라우제비츠를 온전히 '담아내지' 못하는 것을 보았습니다. 그 반면에 에마뉘엘 레비나스는 우리가 종말론으로 한 걸음 내딛게 해주었습니다. 우리는 여기서 더 나아가 다음 두 가지 사실을 확실히 해둘 필요가 있습니다. 그것은 '거리를 유지할 때에만 신과 관계를 유지할 수 있다'는 사실과 이를 위해서는 '중개자가 필요한데 그 중개자는 바로 예수 그리스도'라는 사실이 그것입니다. 바로 이것이 우리가 대처해야 할 역설이자 모방이론이 주장하고자 하는 새로운 합리성입니다. 새로운 합리성은 묵시록적인 이성, 즉 신을 진지하게 받아들이는 이성입니다. 부정적인 모방과 상호성에서 벗어나려면 긍정적인 모방만이 신과 우리를 올바른 거리로 유지해줄 수 있다는 생각을 받아들여야 합니다.

그리스도의 모방은 우리를 그에게서 멀리 떼어놓는 거리감에 있습니다. 우리가 본받아야 할 것은 아버지 하나님이 아니라 부재 속으로 물러난 그분의 아들인데, 그 부재가 바로 우리가 겪어야 할 그 시련입니다. 그때에야 비로소 종교가 두려움의 대상이 아니게 되고, 극단으로 치닫기는 지금까지와는 전혀 다른 효과를 낳는 반전이 일어날 수 있을 것입니다. 그 반전이 바로 왕국의 도래입니다. 왕국 도래가 어떤 모습으로 나타날지 지금 우리로서는 알 수가 없습니다. 그러나 우리는 오래된 합리주의적 반응에서 벗어날 때에만 이를 짐작할 수 있을 것입니다. 그것은 다시 한번 우리가 종교를 어떻게 생각하느냐에 달려 있습니다. 모방이론은 전통에 뿌리박고 있는 동시에 진전된 '인문학'과도 양립 가능하기에 모방이론의 구상은 타당성이 있습니다. 뒤르켐도 이를 보았지만 정확히 말하면 합리주의 때문에 그는 기독교와 고대종교의 차이를 제대로 보지 못했습니다. 그런데 원죄의 진실을 직접 대면해서 거론할 수 있는 것은 기독교인이 유일합니다. 왜냐하면 초석적 살인으로 모든 게 시작되었으며 인간을 만든 것은 바로 희생이라는 사실을 힘차게 주장할 수 있는 것은 기독교인이 유일하기 때문입니다. 물론, 기독교에는 고대종교의 특징도 일정 부분 들어 있습니다. 그러나 예수 수난은 초석적 살해의 '외양'과 '기교'를 그대로 따르기에 그것의 모든 내적 원동력을 보여주고 있습니다. 예전에는 무지였던 것이 이제는 드러나게 되었습니다.

가까이에 있어 붙들기 어려운 신

샹트르 묵시록적 이성의 핵심이 되는 것이 차이와 유사점에 대한 이런 생각입니까?

지라르 네, 맞습니다. 오늘날을 종말론에 연관하는 것이 가능하고, 제가 지금 메타포의 함정에 빠지지 않았다는 증거는 횔덜린의 작품에서 확인할 수 있습니다. 언급할 기회가 거의 없었지만 이 작품은 제 마음에 오랫동안 들어 있었습니다. 이 작품은 프랑스와 독일의 매듭 한가운데에 있었기 때문에 갑자기 생각이 났습니다. 우리가 1806년 예나에서 무슨 일이 일어났는지 알게 된 것도 횔덜린 덕분입니다.

여기서 우리는 아주 결정적인 순간을 만납니다. 이때는 헤겔이 창문 아래로 '세계정신이 말을 타고 지나가는 것'을 본 순간이고, 클라우제비츠가 '전쟁의 신'에 다가가는 순간이며, 횔덜린이 우리가 곧 '광기'라고 부르는 것에 빠지게 되는 때입니다. 같은 해에 일어난 이 세 사건은 우리가 방금 살펴본 그런 성찰 속에서만 전체적으로 전망할 수 있습니다. 횔덜린이 튀빙겐 목수의 탑으로 40년 동안 칩거하기 직전입니다. 그를 방문해 이야기를 나누던 사람들은 집주인으로부터 그가 며칠 동안 자기 작품을 낭송하기도 하고 때로는 완전한 침묵 속에서 의기소침해 있다는 것을 알게 되었습니다. 옛 친구들인 피히테·헤겔·실러와 달리 횔덜린은 더 이상 절대를 믿지 않게 되었습니다. 그렇다고 그에게 과도한 치매 징후는 결코 없었습니다. 우리는 이 침묵을 제대로 볼 줄 알아야 합니다.

횔덜린은 알려진 소문보다는 그리스에 훨씬 덜 홀려 있었습니다. 반대로 저는 그 시대의 고전주의에 붙어 있던 이교도가 되살아나는 것을 횔덜린이 더 두려워했다고 생각합니다. 횔덜린은 그래서 신의 부재와 신의 운명적 근접성이라는 상반된 두 극단 사이에서 분열되어 있었는데, 주요 작품집인 『히페리온: 그리스의 은둔자』와 『엠페도클레스의 죽음』에 이런 사정이 잘 나타나 있습니다. 이리하여 횔덜린의 영혼은 향수와 공포를 오가면서 이제는 텅 빈 하늘에 질문하기와 화산 속으로 뛰어내리기를 되풀이했습니다. 반면에, 친구들은 모두 신의 귀환을 간절히 바랄 정도로 신의 부재에 힘들어하고 있었습니다. 신이 죽었다면 그것은 분명 희생양 메커니즘의 작동불능과 관련이 있는 아주 정확한 이유 때문일 것입니다. 우리는 앞에서 역사의 가속화로 이런 이유가 명백해졌다는 것을 보았습니다. 신의 부재와 절대의 존재는 관련된 것으로 전자는 후자를 호출하고 있습니다. 하늘이 비면 하늘을 채우는 방법은 무엇일까요? 니체는 우리가 앞서 보았던 『즐거운 학문』의 125번 아포리즘에서 이 질문을 하게 될 것입니다. 횔덜린의 동시대인들은 이처럼 이 부재를 그리스를 통해서 채우려 했습니다. 그역시 이 바람에 한동안 끌렸지만 그의 은둔과 엄청난 슬픔은 그의 명석함의 높은 경지를 보여줍니다.

샹트르 선생님은 횔덜린의 종말론적 생각을 어떻게 정의할 수 있으십니까?

지라르 횔덜린의 위대한 시 가운데 하나인 「파트모스」의 도입부로 바로 넘어갑시다. 특히 하이데거가 이 시에서 '기술로 세상을 설득하는' 표현을 본 이래로 많이 거론된 이 구절은 디오니소스보다 그리스도의 재림을 훨씬 더 많이 예상하고 있습니다.

가까이 있으면서
붙들기 어려워라, 신은.

그러나 위험이 있는 곳엔
구원도 따라 자란다.[1]

　신성이 물러나면 신의 존재성은 커집니다. 우리를 구원하는 것은 신과 한데 뒤섞이는 것이 아니라 멀리 물러나 있는 것입니다. 횔덜린은 신과 뒤섞이는 것은 오로지 치명적일 수 있다는 것을 즉시 깨달았습니다. 그러므로 신이 물러나 있는 것은 상호성의 그리스도가 관계의 그리스도로, 다시 말해 가까이 근접해 있던 상태에서 멀리 거리두기로 변하는 과정입니다. 이것이 시인의 근본적인 직관인데, 시인 스스로 은둔생활에 들어가는 순간 이 직관에 도달할 수 있었습니다. 우리의 신이라고 가로챌 수 있는 신은 파괴하는 신입니다. 그러나 그리스인들은 다시는 신을 모방하려 하지 않았습니다! 드러난 인간의 광기를 고려할 때 기독교가 등장하고 나서야 우리가 생각하는 이런 모방적 관점이 가능한 구원책으로 등장하게 되었습니다.

　횔덜린은 그리스도의 강생은 인류가 하나님의 침묵에 대처할 수 있는 유일한 수단이라고 느꼈습니다. 그리스도는 십자가에서 이 침묵에 의문을 제기했다가 부활한 다음 날 아버지 하나님의 물러섬을 모방했습니다. 그리스도는 '절대적 지배권을 깨뜨림으로써' 인류를 구하는데, 모든 것을 지배할 수 있는 그 순간에 물러납니다. 그래서 우리는 이제 현대의 전형적 시련인 '신의 부재의 위험'을 겪게 되었습니다. 이 순간은 희생양을 만들고 극단을 향한 공격의 유혹이 생겨나는 순간이기도 하지만 구원의 순간도 될 수

---

1) Hölderlin, *Œuvres*, Gallimard, coll. 'Bibliothèque de la Pléiade,' 1967, trad. Gustave Roud, p.867.

있기 때문입니다. 그리스도를 모방하는 것은 자신이 모델이 되는 것을 거부하고 항상 타인들 앞에서 자신을 지우는 것입니다. 그리스도를 모방하는 것은 스스로가 타인으로부터 모방받지 않기 위해 모든 것을 하는 것입니다.

그러므로 시인의 침묵에서 들리는 것은 신의 침묵입니다. 니체가 두려워한 신의 죽음은 바로 그리스도의 물러섬인데 그 덕분에 우리는 신의 새로운 얼굴을 볼 수 있게 되었습니다. 그리스도의 강림은 희생이라는 버팀목이 더 이상 효력이 없게 된 모든 종교를 완성하기 위해 때마침 나온 것이라는 우리의 추론이 가능한 것은 바로 모방이론 덕분입니다. 그런데 모방이론도 신들의 물러섬을 면밀히 조사하지만 인류학적으로 밝혀내고 있습니다. '위험이 있는 곳', 즉 성스러움이 탈선한 시대에 이 신이 '구원'을 하는 것은 '붙들기 어렵기' 때문입니다. 십자가의 그리스도가 경험한 것이 바로 이 침묵이고, 엠마오 가던 길에 제자들이 경험한 것이 아버지를 만나러 길 떠나는 아들의 물러섬이 아니었습니까? 신의 침묵이 오래 계속될수록, 폭력이 증가하고 그 빈 공간을 순전히 인간적인 수단으로 채우게 될 위험도 커져가지만, 그럴수록 신성함은 신과 필요한 거리로 인정받게 됩니다.

그래서 저는 횔덜린의 이 구절을, 가톨릭교도임을 숨기려고 이교도로의 복귀를 찬양하는 것으로 보는 하이데거의 해석을 받아들이지 않습니다. 1962년 깜짝 놀란 『슈피겔』 기자들에게 한 "단 하나의 신만이 우리를 구할 수 있다"라는 수수께끼 같은 말은 그리스로의 귀환 가능성을 시사하고 있습니다. 거기에는 디오니소스, 즉 그리스에 대한 향수가 들어 있습니다. 하이데거는 여기서 독일의 전통적인 계몽주의를 따르고 있습니다. 그럴수록 횔덜린은 당시 계몽주의의 경향인 이교도에 대한 양면적 성향에 더 저항합니다. 횔덜린은 그리스도에 대한 악의만 없다면 헬레니즘을 향한 고전적 애정은 기독교와 충분히 양립할 수 있을 것이라고 생각합니다.

그런데 횔덜린을 인용하는 사람들은 대부분 하이데거의 해석을 답습하고 있습니다. 다시 말해 횔덜린이 깊은 곳에서 기독교인이라는 사실을 숨기고 있다는 것입니다. 하지만 실상은 '세상에서 물러나 있을수록 횔덜린은 더욱더 기독교인이 되어갔습니다.' 40년에 가까운 은둔생활을 두고 횔덜린의 '광기'라고 말하는 것은 시인이 겪었던 시련을 무시하는 것입니다. 횔덜린의 이런 내면적 망명에는 신비주의적인 정적주의(靜寂主義)가 들어 있는데, 이것은 신이 되거나 불멸의 존재가 되려는 야망이 아닌 그 모든 것을 향한 마음입니다. 괴테와 실러에 끌렸던 그의 마음이 숱한 흔들림에서 겪었던 세상살이의 어지러운 모방에서 벗어나는 순간, 횔덜린이 깨달았던 것은 '구원은 그리스도를 모방하는 것', 즉 그리스도와 아버지 하나님을 연결하는 '물러남의 관계'를 모방하는 것이라는 사실이었습니다. 상호성은 지나치게 매달려 신격화하지만 이런 물러남의 관계는 성스럽게 해줍니다. 괴테와 실러라는 모델들 때문에 큰 고통을 겪었던 횔덜린보다 이런 사실을 더 잘 이해할 수 있는 사람도 없을 것입니다. 그리스도는 우리를 적당한 거리로 떼어놓은 유일한 모델입니다. '가까워서 붙들기 어렵다.' 존재는 근접함이 아닙니다. 그리스도가 가르쳐준, 타인을 대하는 우리 시선은 우리가 모방하는 타인과 너무 가까이 있는 것도, 너무 멀리 있는 것도 피하는 것입니다. 타인을 동일시할 때는 그를 현명하게 모방해야 합니다.

그러므로 그리스도를 본받는 것은 모든 경쟁을 피하고 신에게 아버지 하나님의 얼굴을 부여해 멀리 떼어놓는 것입니다. 우리는 그리스도 안에서 '형제'입니다. 이 과정에서 그리스도는 이교도 신들이 하지 못한 일을 완성합니다. 아버지 하나님의 물러섬에 스며든 그리스도는 우리 모두 아버지 하나님을 따르는 자신을 모방하라고 권하고 있습니다. 아버지 하나님의 침묵을 듣는 것은 그의 물러섬에 우리를 내맡기고 따르는 것입니다. '하나님의 아들'이 된다는 것은 이 물러섬을 본받고 그리스도와 함께 이를 체험하는 것입니다. 그러므로 하나님은 우리가 직접 경험하는 것이 아니라 그의 아들과 구원의 이야기를 통해서 간접적으로 접할 수 있는 존재입니다. 그런데 우리는 이 구원이 극단으로 치닫기라는 역설적인 모습으로 나타나는 것을 보았습니다.

이제 우리는 횔덜린의 "위험이 있는 곳엔 / 구원도 따라 자란다" 라는 두 행의 의미를 더 잘 이해할 수 있게 되었습니다. 우리는 또한 횔덜린의 침묵과 슬픔의 시기가 프로이센이 독일 역사의 장으로 돌아왔을 시기와 왜 겹치는지도 이해할 수 있게 되었습니다. 독일 역사가 불안하게 가속화됨과 동시에 횔덜린의 은둔이 시작되었습니다. 이런 점에서 이 시인은 친구 헤겔보다 훨씬 더 통찰력이 뛰어납니다. 만사는 마치 횔덜린은 이런 변화를 읽었지만 다른 사람들은 깨닫지 못하고 있었던 것처럼 되었습니다. 바로 이런 이유로 이런 격차에서 저는 묵시록인 태도뿐 아니라 어떤 무고함, 아니 더 과감히 말하면, 일종의 신성함의 한 모습을 보게 된다고까지 말할 수 있습니다. 어쩌면 그렇게 하는 것이 국가 영웅주의에 반대할 수 있는 유일한 저항이었을 것입니다.

샹트르 횔덜린에 대해 이처럼 단호하고 분명하게 말한 적이 지금까지는 없었던 것 같습니다. 선생님의 이 해석은 선생님 작업의 기원과도 연결이 될까요?

지라르 적어도 플레이아드판의 횔덜린 전집을 쉬지 않고 읽었던 1967년부터 그러했고, 특히 클라우제비츠를 깊이 들여다보면서 더 그랬습니다. 최근에 횔덜린이 살았던 곳을 가보았습니다. 헤겔을 알고 지냈던 튀빙겐 스티프트뿐 아니라 목수 짐머의 작은 탑도 보았는데, 저로서는 큰 감동이 아닐 수 없었습니다. 횔덜린을 발견한 것이 저에게는 정말 결정적인 사건이기 때문입니다. 제 평생 가장 열정적으로 연구에 몰두하면서 흥분과 실망을 번갈아 맛보던 1960년대 말에 횔덜린을 읽었습니다.

횔덜린은 복잡하지만 모방적 시각에서는 대단한 작가이자 심한 조울증 환자였습니다. 널뛰기처럼 변하는 지인들과의 관계를 이야기하는 문장은 정말 놀랍습니다. 그는 사춘기 시절부터 극도의 우울함과 극도의 쾌활함을 오가는 고통스러운 양극성 장애에 시달렸습니다. 연인인 주제테 콘타르트에게 횔덜린은 자기 내면의 이런 변화는 '충족되지 않은 야망'에서 나온다고 말한 적이 있습니다. '셸링이 되거나 아무것도 되지 않겠다.' 세상이 온통 불안해지는 것을 몸으로 경험하던 시인의 가혹한 대안이 이런 것이었습니다. 모든 사람이 가까운 지인들에 의해 판단받는 이 세상에서 차분하고 고요한 모델은 더 이상 의미가 없습니다. 중개는 내적중개가 되는데, 이때 모방하는 모델은 바로 가까이에 있습니다. 그들은 잠시 저에게 몰려듭니다. 저는 그들을 지배하고 있다고 생각합니다. 그러고 나서 그들은 제게서 빠져나갑니다. 이제 저를 지배하는 자는 바로 그들입니다. 저는 언제나 그들에게 너무 가깝거나 너무 멉니다. 이것이 바로 냉혹한 모방의 법칙입니다. 횔덜린의 『히페리온』을 다시 읽으면 거의 모든 페이지에서 이런 현상이 되풀이해서 나타납니다.

그것은 모든 존재의 일식이며, 모든 것을 발견한 것 같은 우리 존재의 침묵이다. 그것은 모든 것을 잃어버린 것 같은 모든 존재의 침묵, 썩은 나무조차도 별을 반사하지 않는 영혼의 밤이다.[2]

'타인의 애정을 구걸하는' 횔덜린 덕분에 저는 니체의 광기는 바그너의 찬란한 명성에서 나온 것임을 깨닫게 되었습니다. 『이 사람을 보라』는 "『차라투스트라』의 저자인 내가 바그너의 모델이 되었다"라는 단 한 가지 사실만 의미하는 것 같습니다. 니체가 니스에서 자신과 같은 조울증 환자 이야기인 도스토옙스키의 『지하생활자의 수기』를 읽고 화가 난 것도 이런 이유에서입니다. 디오니소스와 그리스도 사이의 견디기 힘든 긴장을 도스토옙스키는 버텨냈지만 니체는 굴복하고 말았던 것입니다. 그 반면에 횔덜린은 마지막 은둔에서 영광과 자기부정 사이를 오가는 방황을 멈추고, 이 가혹한 형벌을 극복하는 유일한 방법을 발견했습니다. 횔덜린은 어머니가 원했던 목회자가 되는 것보다 더 영웅적이고 더 성스러운 방법으로 그리스도를 발견합니다. 우리에게 '신이 가까이' 있을 때는 모든 것이 되게 하다가 신이 멀어지면 아무것도 아닌 것이 되게 하는, 모방적 욕망의 무한한 왕복운동인 조울증의 지옥을 횔덜린은 가로질러 갔습니다. 왕복운동에서 벗어나 있는 그리스도는 우리도 여기서 벗어나게 합니다. 욕망의 작용에서 횔덜린은 절대 경쟁자가 되지 않습니다. 그러므로 시인의 침묵은 신의 부재에 대한 신비로운 관계이자 신의 물러섬에 대한 모방입니다. 횔덜린은 많은 시에서 스스로를 그리스도와 동일시합니다. 예

---

2) 앞의 책, trad. Philippe Jaccottet, p.168.

수 수난은 바로 하늘은 비어 있고 신은 더 이상 존재하지 않아서 신을 '붙들기가 어렵다'라고 단언한 것이 아니겠습니까? 예전에는 싸움을 벌이고 폭력적인 상호성에 빠지기만 해도 신이 나타났습니다. 하지만 뒤로 물러난 그리스도는 우리가 이제는 이런 것을 하지 못하게 합니다. 무엇보다도 우리는 더 이상 폭력을 약속하지 않아야 합니다.

니체의 광기는 그 정확한 원인이 무엇이든 간에 의심할 여지 없이 예수 그리스도에서 디오니소스로, 고대종교에서 기독교로 변해가는 항구적이면서도 점점 빨리 진행된 변화에서 나온 것 같습니다. 그리스의 유산을 받아들이고 변화시키면서 그리스도가 디오니소스의 자리를 한순간에 차지하는 것을 니체는 보고 싶어 하지 않았습니다. 그래서 니체는 폭력과 진실이 벌이는 이 목숨을 건 투쟁에 뛰어듭니다. 그는 사실 이 투쟁을 누구보다 잘 느끼고 있었지만, 광기로 인해 사태를 제대로 파악하지 못합니다. 기독교와 그리스 가운데서 어느 하나를 선택하기보다는 둘 다를 함께 싸안아서 기독교가 그리스를 변화시킬 수 있다는 생각을 받아들여야 합니다. 횔덜린의 강력한 직관 가운데 하나가 바로 이것인데 이것은 또한 이 두 세상의 마력에서 벗어나는 방법이기도 합니다.

위대한 종말론 사상가인 프란츠 로젠츠바이크가 프랑스와 독일의 갈등이 극심하던 때인 1917년에 출간한 『독일 이상주의의 오래된 체계적 프로그램』이라는 희귀자료가 우리에게 큰 도움을 주고 있습니다. 이 자료는 헤겔의 손에서 나왔지만 그 구상은 분명 셸링과 횔덜린에게서 시작되었을 것입니다.

대중은 감각에 호소하는 종교를 가져야 한다고들 한다. 하지만 그런 것을 필요로 하는 것은 대중만이 아니다. 철학자에게도 필요하다. 이성과 영혼의 일신론과 상상과 예술의 다신론이 우리에게 필요한 것이다! 지금 이것은 내가 알기로는 어떤 사람도 하지 않았던 이야기다. 우리는 새로운 신화를 가져야 하는데, 이 신화는 우리 생각을 도와주는 이성의 신화가 되어야 한다.[3]

이 새로운 신화는 휠덜린의 일이라고 세 친구는 생각했습니다. 셸링은 "그리스인들이 그들 역사에 신을 끼워 넣었듯이, 기독교의 이상적인 신을 자연에 심을 사람은 바로 이 시인"이라고 생각했습니다.[4] 전체 계획은 무산되고 휠덜린 혼자 계속해갔는데 단편적으로 드러난 휠덜린의 구상은 헤겔과 셸링이 원했던 교훈적인 것과는 거리가 먼 것이었습니다. 그의 구상은 기독교와 고대종교의 절대적인 유사성과 차이점의 확인에 기초한 직관의 모습이었을 것입니다. 말하자면 그리스의 신들은 이항 대립과 결투의 희생자였으며, 사람들은 결코 평화를 누리지 못했고, 디오니소스에 의지한 것은 폭력의 효용성을 믿었던 것이라고 볼 수 있습니다. 물론 오늘날에는 그렇게 하는 것이 파괴적이지만 말입니다. '이성과 영혼의 일신론', 즉 가톨릭은 계시가 말하고 있는, 본질적으로 불안정해진 균형 속에서 안정을 되찾을 수 있는 유일한 방법입니다. 모든 것은 유동적이기에 아주 불안정합니다. 휠덜린의 은둔에 들어 있는 이렇게 강력한 직관을 보지 않으려고 정신분석학자들은 확실히 휠덜린의 성적인 측면을 찾으러 다녔습니다. 그런데 그의 삶에서 제대로 작동하는 것이 있다면 그것은 정확히 성관계뿐이

---

3) Jean-François Marquet, "Structure de la mythologie hölderlinienne," *Hölderlin*, Cahiers de l'Hernes, 1989, p.352에서 재인용. 강조는 인용자.
4) 같은 곳.

었고, 다른 모든 것은 고장나 있었습니다. 그의 성이 정상적이었다는 증거는 수제트 공타르 부인이 그를 자주 찾았다는 사실일 것입니다. 물론, 휠덜린은 자신의 위대한 모델을 신격화하는 편지에서 괴테를 두려워하고 있었습니다. 그렇다고 곧장 이것이 프로이트나 하이데거가 해결할 수 있는 문제라고 생각하지 맙시다.

샹트르 그렇다면 선생님은 이 시인이 그리스도와 디오니소스, 기독교와 고대종교의 긴장을 어떻게 보고 왔다고 생각하십니까?

지라르 그의 시가 흔들림과 동요에서 벗어나려고 얼마나 애를 쓰는지를 보면 알 수 있을 것입니다. 휠덜린 또한 그리스와 기독교 사이에서 망설이고 있었습니다. 시 「파트모스」는 시인이 그리스도와 디오니소스를 분간하기 어려워하는 것을 보여줍니다. 성찬례를 이야기하려고 '포도나무의 신비'를 언급한 것은 부인할 수 없는 혼합주의적인 표현입니다. 「유일자」(唯一者) 같은 시는 더 분명합니다. 휠덜린이 친구들을 따르는 유혹이 강하고 견해가 여전히 모호하지만, 그리스도를 선택한 것을 보지 않는 것은 허위의식을 보여주는 것일 뿐입니다. 이 시의 첫 번째 판본을 다시 읽으면 이 시의 믿음이 끔찍한 싸움에서 나왔다는 것을 알게 될 것입니다.

내 눈은 숱한 아름다움을 즐겼고
사람들 사이에 거하는 신의 모습을 나는 노래했도다.
그러나 그대 오랜 신들이여

그리고 이 신들의 용감한 아들들이여

내가 찾고 있는 것이 하나 더 있으니
(내 사랑하는 신들 중에서)
너희 종족의 마지막 아들이 어디 있느냐?
그는 낯선 손님인 나에게서 멀리 떨어져 있는 최고의 보석
하지만 당신들은 숨겨진 그것을 볼 수 있나니

나의 주님이자 왕이시여!
오 당신은 나의 주인이십니다!
당신은 이렇게 멀리
물러나 있었나요?
오랜 신들에게서
영혼과 영웅과 참된 신을 찾았지만 아! 왜 이렇게도 보이지 않
나요?
그리고 지금 내 영혼은 슬픔으로 가득 차 있나니,
내가 어느 하나를 찬미할 때 시샘 많은 당신은 다른 것에 고통
받도록 신경 쓰는 것 같기 때문입니다.

하지만 내 잘못을 나도 알지요
너무 강한 열정으로 그리스도 당신께 날 너무 묶어놓았다는 걸.
하지만 당신은 헤라클레스의 형제이며
큰맘 먹고 고백하자면
또한 당신은 바쿠스의 여사제가 떠받드는 자의 형제이며,
호랑이로 수레를 끌고 인더스에 이르기까지 신나는 일을 명하여
생명을 낳고 신나는 포도밭 일을 명하여
성난 사람들을 길들였도다.
하지만 나도 염치가 있어

당신을 속세 사람에 맞대는 것은 차마 못하나이다. …5)

여기서 우리는 여러 신을 옮겨가면서 뒤로 물러나 있는 신의 저변을 면밀히 조사하고 친구들의 높이에 이르지 못한 것을 아쉬워하면서도 다른 신들에게 가려진 그리스도를 선택하는, 횔덜린 마음의 움직임을 잘 볼 수 있습니다. 횔덜린은 기독교에 대한 거역할 수 없는 사랑을 보여주는데, 이것이 그의 유일한 '잘못'입니다. '바쿠스의 무녀들이 구원한 자'이자 '분노한 백성들을 길들였던 이'인 디오니소스의 존재는 분명히 느껴집니다. 에우리피데스의 『바쿠스의 여사제들』에서 그의 말에 '공포에 질려 창이 적에 닿지 않도록' 병사들의 정신을 잃어버리게 하는 '아레스 역할을 하는' 바쿠스 이야기를 어떻게 듣지 않을 수 있을까요?6) 횔덜린은 이 모든 것을 다 읽었습니다. 「유일자:두 번째 원고」라는 시를 보면 시인의 선택을 더 분명히 알 수 있을 것입니다.

그러나 염치가 있는 저로서는
세속 사람과 당신을
비교는 못합니다.
그리고 저 또한 알고 있나니, 당신을 낳은 아버지 또한
이들의 아버지와 같은 자임을.
그렇다. 그리스도는
보이는 하늘과 별 아래에 외로이 서 있었는데,
(과도한 노동으로 영원이 숨막힐 때 우리 지각도 흐릿해지기에,

---

5) Hölderlin, 앞의 책, "L'Unique 1," trad. Gustave Roud, pp.864-865.
6) Euripides, *Les Bacchantes*, in *Tragédies*, tome II, Livre de poche, p.245.

이 세상 원죄와 온갖 제도에 대한 자유로운 권능을 신으로부터 인정받은 자에게만 별이 보인다)
그 머리 위에서는 별들의 영혼이 빛나고 있었도다.

…하지만 나는 이런 이야기에 맘에 끌린다.
하나님의 아들들은 반드시 징표를 갖고 있는데,
폭풍의 신은 다른 적절한 방법으로 대비할 수 있기 때문이다.

그러나 그리스도에 대한 합의는 바로 당신에게서 나온 것이다.
헤라클레스는 왕자와 같고, 바쿠스는 만장일치의 정신과 같지만
그리스도는 종말이자 또 다른 자연이다. 하지만 그리스도는 신의 존재가 총체적일 수 있도록 다른 신들에게 부족했던 것을 완성하는 자이다.[7]

거리를 유지하고 물러서 있는 것이 그리스도의 뛰어난 점입니다. 그리스도는 '신들의 존재가 완전하도록, 다른 신들에게 부족한 것을 완성하기 위해' 왔습니다. 그러므로 그리스도는 모든 종교에 감춰진 신성함을 고양하고 성스러운 것의 거룩함을 해방하려고 온 분입니다. 다른 신들은 자신에게서 동의와 자유가 나오지 않는 꼭두각시에 지나지 않습니다. 횔덜린은 아버지 하나님이 아들과는 다른 방식으로 자신들을 위해 개입했다고 주장합니다. 이런 생각을 하는 시인은 이제 친구의 영향권에서 벗어납니다. 횔덜린은 고대종교와 기독교 사이의 종합보다는 일종의 공존 가능성을 추구합니다. 횔덜린은 '차이점과 동시에 유사성도 있다'는 것

---

7) Höldelin, 앞의 책, pp.866-867.

을 아주 잘 느꼈습니다. 그리스인을 기독교에 무조건 반대하는 전쟁 기계로 볼 수 없었습니다.

그러므로 유사하면서도 상반된 신의 두 근접성 사이에는 '신의 근접성과 신의 존재 사이의 본질적 차이'라는 근본적인 것이 작동하고 있습니다. 이런 차이를 보지 못하면 큰 위험이 뒤따를 것입니다. 여기서 중요한 것은 사람의 모방을 피하고 그리스도를 모방하는 좋은 근접성에서 구원을 얻을 수 있다는 것을 깨닫는 것입니다. 디오니소스는 더 이상 존재하지 않기 때문입니다. 횔덜린의 마음을 끈 큰 논쟁은 고대종교와 기독교 사이의 논쟁입니다. 그런데 이 논쟁은 하나가 다른 하나를 이기는 전쟁 같은 것이 아니라, 기독교가 고대종교를 고양하는 그런 논쟁입니다. 니체도 분명 이런 것을 느꼈을 테지만 50년이 지난 후에 그것도 다른 방식으로 느꼈을 것입니다. 니체는 그리스도와 디오니소스를 계속 대결시키고 싶어 했습니다. 횔덜린이 느끼는 현실은 더 심오하고 신비스럽습니다. 디오니소스의 자리를 차지한 그리스도는 자신이 밝혀낸 것에서 나온 더 증폭된 폭력에 스스로를 내맡깁니다.

우리는 여기서, 사도 요한과의 동일시가 일어나는 "두 눈동자가 아주 가까이에서 신의 얼굴을 응시하는" 「파트모스」를 여는 결정적인 구절로 돌아가봅시다. 오늘날 자주 인용되지만 그만큼 오해 소지도 많은 "위험이 있는 곳엔 / 구원도 따라 자란다"라는 두 행으로 된 이 구절은 우리에게 악과 그 치유책, 극단으로 치닫기(신성한 혼잡)와 화해(신의 존재)를 동시에 말해줍니다. 여기에 들어 있는 상승작용은 부정적일 수밖에 없을 것입니다. 그런데 이런 시각은 그야말로 핵심적인 묵시록적 직관입니다. 역사적 실증성을 대체하는 것은 최악을 향한 운동은 밝은 반전을 가진 부정임을 보여주는 것입니다. 이런 생각의 순교자가 바로 횔덜린입니다. 당시 유행과 친구들에게서 오는 모든 압력에도 불구하고, 시인 횔덜린은, '디오니소스는 폭력이고 그리스도는 평화'라는 진실을 감지합니다. 우리가 말하려는 것에 대한 아주 멋진 표현을 만났는데, 그것은 좀처럼 전해지지 않은 횔덜린의 은둔 생활을 보고서 한 기독교인이 했다는 "나는 정확히 가톨릭 신자가 되는 시점에 와 있다"[8]라는 발언입니다. 가톨릭의 '안정성'에 인류학적 토대를 제공해주는 이 일화가 무척 흥미롭습니다. 사실 묵시록적인 계시로 흔들리는 동요 속에서도 세상을 여태 유지해올 수 있었던 유일한 체계가 가톨릭인 것 같습니다. 그렇다고 횔덜린을 너무 기독교도로만 보는 것은 피해야겠지만, 매우 신비로운 성격을 지닌 존재라는 것은 부인할 수 없을 것입니다. 마찬가지로 그에게 들어 있던 프로테스탄트 정신과 경건주의가 가톨릭의 화려한 길로 나서는 것을 막았다는 것은 부인할 수 없을 것입니다. 횔덜린이 프랑스대혁명의 흥분을 만인의 희망으로 경험했다는 것을 절대 잊어서는 안 됩니다. 프랑스 보르도까지 걸어갔던 횔덜린은 혁명을 믿었습니다.

횔덜린은 자기 나름대로 프랑스에 매료되어 있던 또 다른 클라우제비츠라고 볼 수 있습니다. 헤겔처럼 기독교로 되돌아갈 힘이 없던 당대의 모든 헤겔의 적보다 더 큰 힘을 가진 횔덜린은 헤겔의 순진함을 이해했습니다. 동시에 그는 화해는 없고, 역사는 고지를 향하는 기병대가 될 수 없으며, 폭력의 변증법은 긍정적인 결과를

---

8) Pierre-Jean Jouve, *Poèmes de la folie de Hölderlin*, Gallimard, 1963, p.130. 장-미셸 가리그(Jean-Michel Garrigues)의 아름다운 논문 「현존하는 신에서 간접적인 신까지」(Du 'Dieu present' au 'Dieu plus médiat d'un Apôtre'), *Hölderlin*, Cahiers de l'Herne, 1989 p.373에서 인용함. 이 논문은 우리 연구에 부분적으로 영감을 주었다.

낳지 않는다는 것을 깨달았습니다.

시대의 반전을 내포하는 개종이 없으면 우리는 이원론적 시각에서 벗어날 수 없을 것입니다. 이런 시각만이 인류를 최악에서 구할 수 있습니다. 그런 시각이 성공을 거둘지는 아직 확실하지 않습니다. 이 모든 것을 지나면서도 어떤 것도 보지 않는 사람들이 있다는 것에 유의해야 합니다. 그런데 이런 파괴력은 결국 아무것도 아니기 때문에 어떻게 보면 이런 사람들이 잘못한 것이 아닐 수 있습니다. 그런 파괴력은 우리 세계에 대해서만 존재합니다. 이런 시각은 저 너머에 있는 세계에 관한 것이 아니라 인간세계의 핵심적 모순에 관한 것입니다. 이 두 세계는 유기적으로 연결된 것은 아니지만 혹시 연결되더라도 횔덜린이 그 진면목을 보여주는 묵언의 침묵 속에서 작동합니다. 파괴는 왕국이 아닌 '이 세상에만' 영향을 미치고 있습니다.

합리적 모델과 모방적 모델

샹트르 극단으로 치닫는 것과는 반대로, 피하고 싶은 곳으로 정확히 되돌아가게 하는 '융합의 이상'이라는 것도 있지 않을까요?

지라르 제게 그런 이상은 없습니다. 우리는 어느 정도까지는 '타인과의 일치'라는 긍정적인 차이소멸에 이를 수 있습니다. 그것은 바로 기독교적인 사랑인데 지금 세상에도 존재합니다. 심지어 매우 활동적이기도 합니다. 이런 것은 많은 사람을 구하고 있는데 병원에서 그리고 어떤 형태의 연구에서도 행해지고 있습니다. 이런 사랑이 없었다면 세상은 오래전에 무너졌을 겁니다. 합법적이고 건강한 정치 행위가 없다고 말해서는 안 됩니다. 하지만 정치는 부정적인 차이소멸이 증가하는 것을 억제할 능력이 없습니다. 그러므로 종말의 시간으로 들어서는 최악의 사태를 막아야 하는 것은 그 어느 때보다 우리 각자가 해야 할 일입니다. 오늘날 세상은 최악인 동시에 최고의 세상입니다. 오늘날 세상이 많은 희생자를 죽였다고 말하지만, 동시에 그 어느 때보다 많은 희생자를 구했다고도 말하는 세상입니다. 오늘날 세상은 모든 것을 증가시킵니다. 성서의 계시는 경이로운 것과 함께 무서운 가능성도 풀어놓았습니다. 성경 기록에는 그러므로 역사적 필연성이 있는데 이는 아주 중요합니다.

샹트르 그러나 모두들 자신의 모델에만 틀어박히는 개인의 원자화는, 오늘날 사회도 그것을 이어받고 있는 기독교가 개시했던 화해를 향한 움직임의 좌절과 추락을 말해주고 있습니다. 그래서 묵시록적인 관점이 선생님께 강한 인상을 준 것 같습니다. 하지만 그래도 최악의 상황을 피하는 길을 찾아야 하는데 그 길은 '개인적인' 길일 수밖에 없을 것 같습니다. 베르그송이 자기 집단을 보편적인 것으로 개방할 수 있는 예외적인 인물로 '영웅과 성자'를 언급했던 것도 그런 이유라고 생각합니다. 우리가 전쟁을 포기할 수 있으려면 전쟁의 가능성이 현실로 남아 있어야 합니다. 따라서 진정한 영웅은 최악의 상황을 대비하는 사람이지 전쟁을 일으키는 사람이 아닐 것입니다.

지라르 당신이 말하는 영웅주의는 아마추어 같은 제 태도에 대한 반응 같습니다. 저는 항상 하나의 범주에서 다른 범주로, 가령 폭력에서 화해로 재빨리 건너뛰어 다녔습니다. 당신 말은, 제가 한때 생각한 것처럼 결투에서 멈추지 않고 결투를 관통해서 건너게 하는군요.

샹트르 선생님이 좋은 초월이라 부르는 관계로 곧장 연결되는 것은
바로 상호성 속에서 그러할 텐데, 그렇게 되면 '평화로운 상호성'
이라는 말은 더 이상 할 수 없지 않을까요?

지라르 네, 동의합니다. 하지만 우리는 여전히 우리 욕망의 자율성
포기인 모방 원칙의 내적 변화를 생각해야 합니다. 영웅주의는 문
학의 주제일 뿐이며 또 그렇게 계속 유지되어야 한다고 말하고 싶
습니다. 이것은 '합리적 모델'이라고 부르는 것과 유사합니다. 합
리적 모델은 경쟁자나 장애물처럼 한 인물에 집착하는 '모방적 모
델'과는 다릅니다. 합리적 모델은 그러나 모방을 막을 수 없습니
다. 모방 법칙은 가차 없는데, 클라우제비츠가 끊임없이 상기시키
는 것이 그것입니다. 이 두 모델을 구별할 수 있다는 것은 우리가
외적중개에서 내적중개로 확실히 넘어갔다는 사실을 말해주고 있
습니다. 프랑스혁명과 나폴레옹의 총동원령 일화가 하나의 모방
시대에서 다른 모방 시대로의 변화와 어떻게 일치하는지를 우리
는 깨닫게 됩니다. 갑작스러운 이런 가속화를 두고 클라우제비츠
는 곧장 '결투' '상호작용' '극단으로 치닫기'라는 개념으로 지칭
합니다. 이 개념들은 동일한 현실을 가리키고 있습니다. 유럽에서
극단으로 치닫기가 일어난 것은, 프랑스와 독일이 서로를 너무나
모방했기 때문이고, 모든 나라는 다른 나라가 볼 때 제거해야 할
장애물이 되었기 때문입니다.

　합리적 모델이라고 해서 시대에 뒤떨어진 것은 아닙니다. 그것
은 제가 왕국이라고 부르는 결투 너머의 세상을 생각할 수 있게 해
줍니다. 그것은 파스칼이 자비의 영역으로 가는 필수 코스인 정신

의 영역이라 부르는 것에 해당합니다. 합리적 모델은 사태의 변화를 이해하는 데 도움은 주지만 사태를 바꾸는 데에는 전혀 힘이 없습니다. 반면 모방적 모델은 우리를 끊임없이 욕망의 지옥에 빠뜨립니다. 그래서 우리는 모든 낙관주의를 버려야 합니다. 모방적 폭력은 변증법에 통합될 수 없습니다. 위대한 작가들은 이런 법칙을 이해했습니다. 그러나 그 대가는 아주 컸습니다. 횔덜린처럼 커다란 대가를 치르는데, 이를 저는 일종의 종교적 경험으로 봅니다. 이런 점에서 프루스트는 일종의 성인입니다. 스탕달과 세르반테스도 마찬가지입니다. 실제로 이런 예외적인 개인들에게 사람들 행동을 밝혀내는 능력이 주어져 있는 것 같습니다. 현실을 제대로 인식하지 못하는 우리 무능력을 대수롭지 않게 여기면 안 됩니다. 우리는 무엇보다도 정말 초라한 우리의 자율성에 너무 집착하고 있습니다.

샹트르 그래서 우리는 육체의 모방과 '그리스도의 모방' 사이에서 일시적으로 모방에서 벗어나는 것을 생각해볼 수 있을 것 같습니다. 철학 개념이나 수학적 모델이나 소설 인물의 영역과 같이 파스칼이 말하는 정신적 영역에 속하는 것으로 말입니다.

지라르 물론입니다. 하지만 여기서 두 가지 사실을 절대 잊어서는 안 됩니다. 첫 번째는 모방적 모델이든 합리적 모델이든 모델에는 항상 상반된 의미가 들어 있다는 사실이고, 두 번째는 오늘날과 같은 내적중개 시대에는 모방적 모델이 언제나 합리적 모델을 압도하고 있다는 사실입니다. 클라우제비츠는 프리드리히 2세와 합리적 관계를 유지할 수 있었지만 나폴레옹과는 모방적 관계를 맺고 있었습니다. '전쟁의 신' 나폴레옹의 위험은 너무 가까이 있는 데서 나왔습니다. 프리드리히 2세는 더 멀리 있었습니다. 프랑스혁명과 나폴레옹의 영웅담이 전 유럽을 뒤집어놓지 않았다면 클라우제비츠는 이론적인 성찰을 할 수 있었을 것입니다. 어떤 점에서는, 고대와 초월적 모델에 대한 신성불가침적인 존중은 18세기에 끝났다고 말할 수 있습니다. 오늘날 세상에 귀감(龜鑑)은 더 이상 존재하지 않습니다. 클라우제비츠의 합리적 모델이 나폴레옹이라는 모델에 어떻게 저항할 수가 없었는지 곧 알게 될 것입니다.

모방적 모델은 목적을 달성하려는 일종의 수단입니다. 우리가 어떤 대상을 향하게 되면 반드시 그것을 놓고 다투게 되는 중개자를 향할 수밖에 없게 됩니다. 이럴 때 우리 앞길은 막히게 됩니다. 중개자는 우리가 장애물-모델이라 부르는 것이 되는데, 우리는 갈수록 더 이 장애물-모델과 '똑같은 존재'가 되려고 맹렬히 노력하게 됩니다. 제가 영웅의 유혹이라고 부르는 것은 한 모델에 대한 모방이 그대로 굳어져 고착되는 일종의 최면 상태입니다. 이 상태는 한 모델에서 다른 모델로 자유롭게 넘어가는 동일화 과정을 중단시킵니다. 여러 모델로 자유롭게 넘나드는 과정은 인생 수련기에 좋은 모델을 많이 만난 사람들에게는 아주 자연스러운 현상입니다. 하지만 이런 결정적 단계의 기회를 놓친 사람에게는 전혀 자연스럽지 않습니다. 이것은 어떠한 정신분석, 어떠한 정신요법도 되돌릴 수 없는 정말 운명 같은 것입니다. 클라우제비츠는 열두 살 때 기병대의 기수였습니다. 예나 전투 이후 영웅 숭배에 빠져 있던 클라우제비츠는 나폴레옹이라는 모델의 자력을 거역할 수가 없었습니다. 앞서 보았듯이, 그것이 바로 클라우제비츠 인생 전체의 드라마입니다. 유럽의 전략적 상황을 뒤집은 '마지막 전쟁의 사건들'에 대한 그의 유명한 문구를 기억합시다.

모방적 모델의 이런 숙명을 보면 모델이 계속 합리적인 상태를 유지하기는 아주 힘든 것 같습니다. 이런 점에서, 모방에 빠지지 않는 완전무결한 과정을 생각해내려고 애써봐야 헛수고일 뿐입니다. 어떤 철학적 사고도 자비와 사랑으로 넘어가는 것을 막을 수 없을 것입니다. 파스칼은 "이성의 이런 모순만큼 이성에 일치하는 것도 없다"라고 썼습니다. 갈수록 더 큰 위력을 갖게 된 모방을 피하는 것은 천재와 성인들의 특성이라 할 수 있습니다. 그래서 영웅의 유혹에서 벗어나 신성함으로 이행하고, 내적중개에 내재하는 퇴행의 위험에서 벗어난, 무어라 불러야 좋을지 모를, 제대로 된 중개를 발견하는 과정으로 넘어간 사람들은 파스칼이 말하는 자비와 사랑의 범주에 들어갈 것입니다.

샹트르 '깊은 중개'라고 부르면 어떨까요?

지라르 네, 그게 좋겠습니다. 항상 나쁜 상호성으로 변질될 수 있는 내적중개의 변화를 전제로 하면, 성 아우구스티누스가 '내 가장 깊은 신'(Deus interior intimo meo)이라 말할 때의 의미로 '깊은 중개'라고 부를 수 있을 것입니다. 이 '깊은 중개'는 바로 중요한 인류학적 발견을 낳는 그리스도의 모방이 될 것입니다. "내가 그리스도를 모방하므로 나를 모방하시오"라고 성 바울이 말했습니다. 이 사슬은 긍정적 차이소멸인 일치의 사슬입니다. 이렇게 되면 좋은 모델을 분별하는 것이 중요할 것입니다. 우리는 실제 그리스도를 모방하기보다는 묵시록에서 '그리스도였을 존재'와 우리를 더 동일시하고 있습니다. 그리스도를 모방하는 것은 다른 사람 앞에서 자신을 지우고 그 사람과 동일화되는 것입니다. "분명히 말한다. 너희가 여기 있는 형제 가운데 가장 보잘것없는 사람 하나에게 해준 것이 바로 나에게 해준 것이다"(「마태오의 복음서」 25:40).

동일화는 특별한 공감 능력을 전제로 합니다. 그러므로 이 기록에서 적그리스도들이 '점점 더 많이' 만들어내는 위험을 끊임없이 상기해주고 있습니다. 오직 그리스도만이 사람을 모방하는 것을 피할 수 있게 해주기 때문입니다.

샹트르 파스칼은 육체의 영역에서 자비의 영역으로의 도약을 느끼게 해주는 멋진 비유를 들고 있습니다. 전체를 제대로 보기 위해서는 거리가 너무 멀어도 안 되지만 너무 가까워도 안 됩니다. 불가근불가원(不可近不可遠)인 것 같습니다. '진짜 장소인 나뉘지 않는 이 지점'이 바로 자비로움입니다.[9] 지나친 공감도 모방에서 나오지만 지나친 무관심도 모방에서 나옵니다. 그러므로 타인과의 동일화는 우리 모방 성향을 바로잡는 것으로 보아야 할 것입니다. 모방은 우리를 타인에게 너무 가깝게 접근시키거나 너무 멀리 떼어놓습니다. 그에 비해 동일화는 적절한 거리에서 타인을 볼 수 있게 해줍니다.

지라르 하지만 오직 그리스도만이 이 거리를 유지할 수 있게 해줍니다. 더 이상 귀감이 존재하지 않고 귀감의 초월성이 없을 때, 복음이 가리키는 길만이 우리가 취할 수 있는 유일한 길인 것도 이 때문입니다. 항상 폭력적 상호성으로 이끌고 가는 타인의 끌림을 이겨내면서 이런 초월성을 회복하는 것이 우리가 해야 할 중요한 일

---

9) "이리하여 광경이 너무 멀거나 너무 가깝게 보인다. 하지만 나뉘지 않는 점이 있는 거기가 실제 장소다. / 다른 것들은 너무 가깝거나 너무 멀거나 너무 높거나 낮다. 회화에서는 관점이 지정하지만 진실과 윤리에서는 무엇이 지정을 할까?" (Pascal, *Pensées*, Lafuma 21). 이 점에 관해서는 Michel Serres, *Le Système de Leibniz et ses modèles mathématiques*, 3e partie, 'Le point fixe', PUF, coll. 'Épiméthée', 1968을 참조할 것.

입니다. 이런 점에서 휠덜린은 아주 탁월했다고 말할 수 있습니다. 휠덜린이 튀빙겐에 있는 자신의 탑을 찾아온 방문객들을 격식을 차려 환대할 수 있었던 것은 정확히 말해서 이렇게 거리를 두고 있었기 때문입니다. 그리스도를 모방해 적절한 거리를 두는 것은 모방의 회오리를 벗어나는 길입니다. '더 이상 모방당하지 않기 위해서 더 이상 모방하지 않는 것'이라 할 수 있습니다. 클라우제비츠가 아내 마리아에게 보낸 편지에서 하늘을 언급할 때 아주 모호하게 표현한 것을 보더라도 그에게 나폴레옹은 정말 매혹적인 모델이었음이 틀림없는 것 같습니다.

샹트르 이와 관련해 레이몽 아롱은 나폴레옹 전쟁이 한창이던 1813년 4월 4일에 아내에게 보낸 클라우제비츠의 편지를 이렇게 쓰고 있습니다.

나는 행복하게 잘 지내고 있소. 당신에게 전할 요점은 이것이오. 제일 선두에 친구들이 있는 아주 '매력적인 작은 부대'에 배속되어, 모종의 임무로 멋진 계절에 멋진 지방을 지나왔소. 이것이 '다른 삶'으로 이어진 길처럼 덧없는 것이라면, 지상의 존재가 꿈꾸는 이상에 가까운 삶이라오.[10]

지라르 미래의 장군이 꿈꾸던 '다른 삶'은 어떤 삶이었을까요? 확실히 니체의 초인은 아닐 것입니다. 그러나 우리는 그 다른 삶이 고풍스럽고 절대적으로 근본적인 어떤 것과 관련 있다는 것은 알 수 있습니다. 그러나 클라우제비츠는 주일마다 예배에 참여하고

---

10) Raymond Aron, *Penser la guerre, Clausewitz*, tome I, Gallimard, 1976.

자신의 '이상적인 꿈'이 유럽의 종말을 가져올 것이라고는 상상도 하지 못한 채 아내에게 영광을 꿈꾸는 편지를 쓴 훌륭한 개신교 신자라고 생각합니다. 여기서 모르는 사이에 여자를 대체하기 시작하는 '매력적인 작은 부대'라는 표현이 나옵니다! 만약 우리가 묵시록적 시각으로 그의 생각을 정리했다는 것을 그가 당시에 알았더라면, 어쩌면 그는 우리 목을 비틀었을지도 모릅니다. 그렇지만 이 구성 효과는 중요합니다. 우리 시대에 맞는 묵시록은 파트모스섬의 성 요한이 아니라, 동료와 함께 러시아와 유럽을 향해 말 타고 달리던 프로이센 장군이 될 것입니다.

그가 언급하는 '다른 삶'이, 사람이 처음 생겨나서 전쟁을 벌이던 때부터, 즉 인류 초기부터 모든 종교가 생각하던, 마음이 진정된 평화로운 삶이 아니면 무엇일까요? 지금까지 한 번도 언급한 적이 없던 베다 신화 하나가 갑자기 생각이 납니다. 태초의 인간원형으로 우주만큼 큰 거인으로 군중들에게 죽임을 당하는 푸루사 신화입니다. 그가 최초의 인간이기 때문에 군중들이 어디에서 나왔는지 궁금합니다. 그의 죽음에서 모든 현실이 나오고 있습니다. 이것은 실제로 초석적 신화의 하나이지만 이상하게도 폭력은 나오지 않습니다. 이 신화는 너무 오래되어서 폭력이 빠진 것일 수도 있습니다. 이런 상황에 대한 아주 평화로운 베다식 생각이라 할 수 있습니다. 이상하게도 제가 이 신화를 한 번도 제대로 언급한 적이 없었습니다만 이 신화는 우리가 방금 말한 내용과 아주 잘 들어맞습니다.

6장 클라우제비츠와 나폴레옹

나폴레옹이라는 반(反)모델

샹트르 우리는 스스로를 『국가』의 플라톤처럼 여기고 나폴레옹의 굴욕에서 벗어나 프로이센을 개혁하기 원했던 클라우제비츠에게서 전범에 기초한 역사문학의 황혼기를 보았습니다. 그렇지만 그의 합리적 모델은 여전히 아주 추상적입니다. 클라우제비츠의 진정한 모델은 그가 어쩔 수 없이 집착하는 역사적 인물입니다. 모델의 자기력에 저항할 수 없는 그의 영웅주의도 이 모델 때문에 괴로움을 겪습니다.

지라르 사실 우리는 클라우제비츠의 모방적 모델이 아무런 지배력도 없는 합리적 모델에 방해받는 것을 계속 보고 있습니다. 클라우제비츠는 나폴레옹에 반대하는 생각을 해 반대 모델을 구축하려고, 프리드리히 대왕이라는 신화적 인물을 고려합니다만, 이 시도는 처음부터 벽에 부닥칩니다.

　여기서 잠시 프리드리히 2세를 살펴봅시다. 음악 애호가였지만 아버지 때문에 할 수 없이 군사교육을 받은 이 왕은 볼테르와 어울리고 프랑스 철학을 읽는 것을 더 좋아했습니다. 항상 모방이 작용했습니다. 그는 '철학자 왕'이 되기를 꿈꾸면서 신의 법을 뒤집는 계약 철학을 발전시킵니다. 실제로 프리드리히 2세는 오히려 루이 14세를 생각합니다. 그러나 그는 프로이센에 정의를 신장할 수 있는 법과 볼테르를 망각한 채 마침내 아버지의 정책을 이어받는데, 이것은 그의 평소 행적과 크게 다른 것이었습니다. 반면에 그의 외교정책은 아버지의 정책과 완전히 달랐습니다. 프리드리히 대왕은 선전포고도 없이 오스트리아와 충돌합니다! 이런 무모한 정책은 그에 대한 평가를 복잡하게 합니다. 국가는 상당한 발전을 이루지만 과도한 중앙집권주의와 권위주의는 예나에서 모래성처럼 무너지게 됩니다.

클라우제비츠는 물론 이런 대조적인 현실은 언급하지 않습니다. 수단이 없기 때문에 꿈일 수밖에 없었던 그의 꿈은 조국을 개혁할 수 있는 것이었습니다. 그러나 프로이센은 프랑스 전통, 특히 나폴레옹도 거기에 들어갈 왕실 신화와 같은 것을 가지고 있지 않았습니다. 클라우제비츠는 아직 서툰 초보 마법사와 비슷합니다. 그에게는 칸트와 프리드리히 2세, 그리고 어쩌면 플라톤도 들어 있고, 자신은 인정하지 않겠지만 나폴레옹도 많이 들어 있습니다. 국가원수이자 군통수권자인 프리드리히 2세는 대담하긴 하지만 모험은 할 수 없는 왕이라고 클라우제비츠가 우리에게 말해주는 것도 이런 사정 때문입니다.

샹트르 프리드리히에게는 전쟁 지휘관이 '포함'되어 있습니다. 그런데 정치가 전략을 '포함'하고 전략은 '전술'을 포함하고 있는 것처럼, 전쟁 지휘관에도 대중의 열정이 '포함'되어 있습니다. 이것이 적어도 클라우제비츠가 믿고 싶어 하는 것인데, 그는 항상 전쟁 수단에 의해 정치적 목적이 오염될 가능성을 열어둡니다.[1]

지라르 클라우제비츠는 전쟁을 귀족의 관점에서 보고 싶어 하지만, 동시에 프랑스혁명의 영향 또한 명백합니다. 열정이 오직 대중의 편에 있다는 사실은 그의 이상과 어긋납니다. 이런 사실은 클라우제비츠가 이런 것들을 종합할 수 없는 증거라고 볼 수 있습니다. 이제 전쟁은 귀족적인 전쟁도 아니지만 아직 민주적인 전쟁도 아닙니다. 그러므로 명령을 머리로만 정의하는 것은 충분하지 않습니다. 클라우제비츠는 자신의 공식에 매료되어 있습니다. 그는 '삼위일체'를 갖고 있기에 그것을 지키려 하지만 실은 모두 오염되어 있습니다. 전쟁 지휘관은 지능이나 확률 계산만 하고 있을 수 없습니다.

예를 들어, 클라우제비츠의 전투 묘사를 봅시다. 갑자기 소설이나 영화가 펼쳐지는 것 같은 느낌을 줍니다. 사령관은 언덕 위에 있는데 누구보다 무력에 많이 노출되어 있습니다. 이것은 순전히 지능적 차원이 아닙니다. 이 장군은 대중의 열정에 사로잡혀 있는데, 이것은 프리드리히보다는 나폴레옹의 모습입니다. 나폴레옹은 지휘관으로 전투에 더 깊이 관여했습니다. 그는 왕도 아니고 대중도 아니지만 대중들을 움직이기 때문에 어쩔 수 없이 혁명가의 면모를 띠게 됩니다. 농민들에게 피해를 주면서 전쟁을 하는 것이 농민들을 싸우게 하는 것보다 덜 위험했습니다. 볼테르는 『캉디드』에서 이를 잘 알고 있었습니다. 소설 첫 부분에서 주인공은 프로이센 군대의 권유를 받는데, 신병 담당 하사관들이 그에게 술을

---

1) Emmanuel Terray, *Clausewitz*, Fayard, 1999를 참조할 것.

한잔 삽니다. 이때 저는 항상 학생들에게 이렇게 이야기해주었습니다. "여러분 놀랍지 않나요? 왕에게도 캉디드를 강제로 동원할 힘이 없었던 겁니다. 캉디드의 서명을 받으려고 하사관들은 술을 사야 했던 것입니다! 당시에는 강제징집이 불가능했습니다. 사람들을 동원하는 권력이라는 이 멋진 것을 발명한 것은 바로 민주주의입니다"라고 말입니다.

프랑스의 지원병 제도는 클라우제비츠의 생각과 달리 스페인의 파르티잔과는 아주 다른 독특하고 혁신적인 제도였습니다. 하지만 프랑스 군인들은 자신들이 혁명을 일으켰다고 여겼기에 공손하지 않은 존재였습니다. 신병 모집관은 프랑스에서 한 번도 문제가 된 적이 없는 신화적인 인물입니다. 그런데 볼테르가 앞서 언급한 이야기는 개인의 자유를 침해하는 것이었습니다. 군 복무자들은 결코 반란을 일으키지 않았습니다. 짝패 게임에는 사람들을 함정에 빠뜨리는 어떤 것이 들어 있습니다. 사실, 공화국에서는 모두가 서로 경쟁합니다. 그렇지만 예전 시대에는 전쟁에 전적인 책임이 있는 왕하고만 싸웠는데 이게 훨씬 덜 굴욕적일 뿐 아니라 진정한 협상도 가능했습니다. 오늘날 전장에서 직접 맞부딪치는 사람들은, 그들이 노래하면서 출전하도록 설득하려고 내놓았던 주장을 굳게 믿었던 민중들입니다!

총동원은 진짜 터무니없는 짓입니다. 다행히도 우리는 오늘날 미국이 이라크의 수렁에 빠지는 것을 볼 수 있습니다. 부시는 전쟁에서 지게 될 것입니다. 그는 지원병 보충을 더 요청할 수 없기 때문입니다. 폭군이지만 국민을 동원할 권한이 없던 프로이센 왕에게 나폴레옹은 국민동원 권한을 주려 합니다. 클라우제비츠가 분석하지 못한 것은 근대전의 이런 변화였습니다. 그리고 클라우제비츠는 스페인 농민들이 벌이는 전쟁을 꿈꾸는데, 적어도 그들이 민주주의자가 아니었다고 말할 수 있다는 점에서 그는 전체주의를 예고하고 있다고 볼 수 있습니다.

샹트르 파스칼이 '엄청난 규모'의 재앙을 언급하는 개혁자들이라는 '얼치기 전문가'에 대해 설득력 있는 분석을 했던 것도 이 때문입니다. 이들은 『악령』의 스타브로긴처럼 기존 모델을 파괴한 다음에 결국은 우리가 그들을 모방할 것을 암시합니다.

지라르 이런 분야에서의 서투른 대응은 사실 치명적일 수가 있습니다. 불행스럽게도 내적중개의 세상에서 우리는 이제 약간의 변화를 도모하는 임기응변만 할 수 있을 뿐입니다. 대관식에서 나폴레옹이 했던 것이 이것입니다. 하지만 그가 만든 모델은 제도를 흉내낸 것에 불과합니다. 그는 스스로 자제해야 할 힘을 너무 과시했습니다. 사람들은 다들 자신을 나폴레옹으로 여겼습니다! 나폴레옹이 영웅적 모델을 무너뜨렸다는 점에서 영웅주의에 대한 선험적인 정의도 모순됩니다. 그는 귀족보다 더 귀족적이고 가장 저속한 사람보다 더 저속합니다. 그래서 나폴레옹은 "정말 소설 같은 내인생!"이라는 말을 할 수가 있었습니다. 따라서 혁명의 천재가 있다면 그는 바로 나폴레옹일 겁니다. 나폴레옹은 지혜로운 영웅의 모델을 저버리고 더럽히면서 과거보다 더 완벽하게 만들었습니다. 모든 영역에서 가장 강했던 나폴레옹은 혐오스러운 군주인 동시에 절대적인 승리자입니다.

『적과 흑』은 아주 평탄치 않은 책이지만 나폴레옹의 역할은 아주 중요합니다. 나폴레옹 황제를 모델로 여기는 사람이 무엇보다도 트로츠키식 영구혁명을 지지하는 청년이기 때문입니다. 스탕달은 말하자면 혁명에 대한 해석을 제안하고 있습니다. 그는 줄리앙을 정치적으로 위험한, 야심가 유형의 인간으로 보고 있습니다. 도스토옙스키도 스탕달을 읽었던 것 같습니다. 라스코르니코프는 품위가 떨어지는 근대의 가짜 영웅이기 때문입니다. 더 어둡고 더 복잡한 생각은 하지만 그는 혁명 이후의 똑같은 영웅주의 유형의 사람입니다. 줄리엥 소렐과 마찬가지로 라스코르니코프도 나폴레옹 모방자입니다. 그를 규정하는 말도 아주 비슷합니다. 이런 라스코르니코프에게 서구적인 것이 있다고 느낄 정도로 도스토옙스키는 반(反)서구적이었습니다. 그렇지만 스탕달의 자취에는 잘 들어맞는 인물입니다.

샹트르 선생님은 그러면 영웅주의는 위험한 것이라고 생각하시는 겁니까? 마치 질서의 수호자처럼 들립니다.

지라르 우리가 오해하는 것이 있습니다! 당신에게 이미 말했듯이, 나보다 더 모라스 반대론자도 없을 것입니다. 그런 점에서 당신이 미소를 지으면서 방금 한 말은 분명 저에 대한 비난처럼 들립니다. 『폭력과 성스러움』에서 유일하게 사회 질서를 유지할 수 있는 희생의 효율성을 제대로 볼 수 있었을 것입니다. 사람들은 제가 질서 회복이 실제로 생사가 걸린 문제였던 수천 년 전의 고대종교 사회에서만 유효한 모델을 제시했다는 것을 망각하고 있는 것 같습니다. 질서라는 이 개념은 모든 제도의 기원에 들어 있는 모방적 폭력의 숨겨진 메커니즘에 기초합니다. 질서 회복은 집단을 휘감았던 열기를 잠재운다는 의미가 있습니다.

이런 점에서, 초석적 살해를 통한 종교의 부활과 각각의 제의 사이에는 명확한 경계가 없다고 말할 수 있습니다. 그러나 우리는 희생위기와 제의 사이의 수많은 중간단계를 구별할 수 있어야 합니다. 모든 제의는 작은 위기를 막는 작용을 합니다. 물론 이런 제의는 최초의 위기를 모방하지만 위기로서 자율성도 갖고 있습니다. 제의에 약간의 혼란을 도입해 무언가 새로운 것을 발생시키는 것이 바로 진정한 '카타르시스'입니다. 바꾸어 말하면, 폭력이 많을수록 결국 '카타르시스'도 많아질 것입니다. 그러므로 모든 제의는 약간은 초석적 살인이며 모든 초석적 살인은 약간은 제의적입니다. 우리는 모방을 좋은 것인 동시에 나쁜 것으로 생각해야 합니다. 이런 의미에서, 인류 역사상 폭력 하나 없이 완벽하게 안정된, 어떠한 위기도 없는 사회는 있을 수가 없다고 말할 수 있습니다. 변화에 반대하는 반동적인 주장도 결국은 터무니없어 보이지만, 질서를 지키려는 데에 목적이 있습니다. 거기에는 사건의 예측 불가능성을 고려하지 않는 기본적인 실증주의가 있습니다. 게다가 인간관계를 제의, 즉 종교적 '불안정성'을 통해 고려하지 않는 태도는 인간관계를 이해하는 데 큰 피해를 줍니다.

기독교 계시는 희생 제의를 갈수록 많이 없앰으로써 극단으로 치닫기를 가속화했습니다. 기독교의 등장을 성숙한 해방이나 희생에 반대하는 가르침으로 보려 하지 않은 것이 서구의 잘못이 될 것입니다. 사실, 샤를마뉴가 도끼를 휘둘러 작센 사람들을 개종시킨 이래로, 제대로 된 기독교인이 아니었던 이교도들은 처음부터 나폴레옹 군대의 용병들처럼 행동했습니다. 십자군 운동이 촉발된 것은 외국을 약탈하는 것 말고는 다른 동력이 없었습니다. 이런 관점에서 볼 때, 콘스탄티노플에 골동품상을 풀어놓은 4차 십자군 원정은 가장 희화적인 것입니다.

그러므로 기독교는 인류구원의 결정적 메시지를 지속적으로 보내는 훌륭한 전통의 하나일 뿐 아니라, 야드바셈 홀로코스트 기념관과 통곡의 벽을 방문한 교황 요한 바오로 2세가 과거를 사죄하도록 한 역사 흐름이기도 합니다. 또 기독교는 오래된 희생의 반사 작용을 아주 빨리 계승한 종교이기도 합니다. 간단히 말해서, 기독교는 폭력적 초석의 메커니즘, 성스러움에 대한 급진적인 탈신비화, 성스러움의 고유한 속성과 같이, 스스로가 밝혀낸 새로운 메시지의 높이에 이르지 못한 종교라고 할 수 있습니다. 그리스도는 우리가 모방 메커니즘을 깨닫게 해줍니다. 그래서 그리스도는 우리에게 평화가 아닌 전쟁을, 질서가 아닌 무질서를 전해줍니다. 어떤 점에서 모든 질서는 의심스럽기 때문입니다. 희생자의 희생 위에서 우리가 화해하는데, 질서는 그렇게 희생당한 사람을 감추고 있습니다. 이런 상황, 즉 '회칠한 무덤'을 고발하는 것은 희생양 메커니즘을 영원히 작동하지 못하게 하는 것입니다. 그리스도의 죽음은 결코 초석적인 린치가 아니었을 겁니다. 그리스도가 인간에게 제시하는 모델에 사람들이 저항하는 것은 그들이 첫 희생양이 될 역사의 가속화를 불러올 것입니다. 클라우제비츠는 우리에게 다가오는 재앙 앞에서 인간의 맹목을 말해주는 확실한 증인이라 할 수 있습니다.

샹트르 선생님은 클라우제비츠가 나폴레옹을 모방했다고 했습니다. 그렇다면 클라우제비츠는 선생님이 '형이상학적 욕망'이라 부르는 것의 함정을 피하지 못하게 되는 것입니까?

지라르 클라우제비츠는 실제로 나폴레옹의 매력에 완전히 빠져 있었습니다. 모델 같은 존재가 되려는 열정에 빠지는데, 이것이 바로 제가 '숨겨진'이라고 수식하는 그런 열정에 사로잡힌 전형적인 낭만적 사고입니다. 이런 점에서 모방이론을 원용해 클라우제비츠 텍스트의 구조를 더 깊이 파악할 수 있을 것입니다. 클라우제비츠가 이 책을 쓰기 시작한 1810년대 후반은 나폴레옹이 이미 희생양이 되어 있던 때라는 것을 잊지 말기 바랍니다. 황제에 대한 유럽인들의 증오에 우리는 '마이너스 1의 만장일치' 현상이 어떻게 작용하는지 알 수 있습니다. 그런 후에 유럽은 균형을 되찾으려 합니다. 그리고 클라우제비츠는 유럽 혼란에 중요한 책임이 있는 한 사람에 대한 싸움에 참여합니다. 그는 말하자면 부화뇌동한 것입니다.

명사(名士)와 동일화

샹트르 클라우제비츠 텍스트의 구조를 밝히려는 지금 오직 한 사람에게로 모방이 제한되는 구체적인 사례를 들어주실 수 있을까요?

지라르 가장 뚜렷한 예는 프랑스 전쟁에서 볼 수 있습니다. 1814년 1월부터 4월까지 계속된 전쟁에서 나폴레옹은 6차 동맹군이 파리로 입성하는 것을 막으려 합니다. 이 동맹에는 러시아·프로이센·영국·스웨덴·오스트리아뿐 아니라 예전에 나폴레옹 동맹국이었던 바이에른과 뷔르템베르크 왕국도 합류해 있었습니다. 이 전투는 이탈리아 전투와 함께 가장 많이 연구의 대상이 된 전형적인 전투입니다. 이 두 전투에서는 나폴레옹의 상대적 약점에도 불구하고 전략적으로 거의 신에 가까운 전투를 벌였습니다. 그러나 그의 재능이 완전히 발휘되는 바로 그때 황제는 무너지고 맙니다.

오스트리아는 스위스를 거쳐 프랑스로 들어왔고 러시아와 프로이센 군대는 라인강을 건넙니다. 나폴레옹 군대의 전 장교로 제르멘 스탈 부인의 친구이기도 했던 베르나도트는 스웨덴·러시아·프로이센과 영국에서 군대를 일으켜 벨기에를 통해 진격해옵니다. 근위대가 무너졌을 때 적의 칼날을 피하는 등 나폴레옹은 뛰어난 용맹을 보여줍니다. 그는 샹포베르, 몽미라일 또는 몽트로 등지에서 전설적인 전투를 벌였지만, 마침내 4월 6일 퐁텐블로에서 거의 모든 것을 내어주고 자리에서 물러납니다.

파리에 도착한 동맹국들은 쉽게 표변한 프랑스인들의 비겁함을 역겨워했을 것입니다. 그들이 느꼈을 역겨움을 우리도 충분히 이해할 수 있습니다! 동맹국에 프랑스를 로마 왕의 섭정으로 유지하자는 생각을 전달하려는 비첸차 공작의 온갖 노력에도 불구하고 프랑스 왕조의 전통은 나폴레옹과 함께 사라지게 되었습니다. 앞에서 보았듯이, 내적중개 체제에서는 어떤 것도 고정되어 있지 않고, 모든 것이 지나가고 또 되돌아옵니다. 전쟁을 뒤쫓아 임기응변으로 대응하는 정치는 전날 열심히 짠 것을 다음 날에는 열심히 풀고 있습니다.

하지만 슈바르첸베르그 휘하의 보헤미아 군대, 블뤼허 휘하의 실레시아 군대, 베르나도트가 지휘한 스웨덴 군대를 아주 민첩한 사슴처럼 적절하게 대하면서 그들의 마음을 돌리던 나폴레옹의 지능적인 전략을 모든 증인과 역사가들은 지적하고 있습니다.

클라우제비츠는 이 모든 것을 지켜보면서 나폴레옹으로부터 배우려 합니다. 여기서 우리는 클라우제비츠를 '전쟁의 신'으로 통하던 나폴레옹으로 이끌었던 '형이상학적 욕망'에 대해 잠시 깊이 생각해볼 필요가 있습니다. 바로 이것이 '보나파르트'에 대한 모방입니다. 그에 대한 증오로 격분한 클라우제비츠는 한 번도 '나폴레옹'이나 '황제'라고 부르지 않습니다. 보나파르트는 더 이상 위협적이지 않고 순전히 기교적이지만 조용히 즐길 수 있는 기교이기 때문에 모방하기가 더 쉽습니다. 이런 모방은 자신의 모델을 다른 모델로 자유롭게 바꾸는 것이 아니라, 그 모델을 철두철미 뒤따르면서 그와 함께 전쟁을 수행하는 것, 간단히 말해서 '또 다른 보나파르트'가 되는 것을 의미합니다. 클라우제비츠는 모델을 모방하는 인물을 보여주는 세르반테스나 스탕달 같은 사람의 거리를 유지하지 못하고 있습니다. 줄리앙 소렐이 맹목적으로 추종하는 나폴레옹의 방법이 처형대로 이끌 것이라는 사실을 클라우제비츠는 알지 못합니다. 클라우제비츠는 처음의 나폴레옹과 마지막의 나폴레옹만 알아내려고 종종 진짜 나폴레옹을 잊어버리는 경향이 있는, 프랑스의 나폴레옹 평자들과 비슷합니다. 젊은 나폴레옹과 패배한 나폴레옹에서는 어떤 기교가 나올 수 있습니다. 그러나 이 두 극단 사이에서 승리는 더 이상 '신성한 놀라움'으로 받아들여질 수가 없게 됩니다. 나폴레옹의 다른 전투는 대단히 크고 너무 대단했습니다. 완전한 살육장으로 변한 바그람과 프리틀란트 전투는 아주 현대적이었습니다. 그렇게 되자 아주 천재적인 이 개인은 그의 대군에 파묻혀 버립니다.

클라우제비츠는 카메라 렌즈를 단 것처럼 나폴레옹에 다가가는데, 이 행동은 영화촬영에 가깝습니다. 클라우제비츠는 결코 이 효과를 포기하려 하지 않는데, 이 미학에는 나치즘 선전으로 혹평을 받은 레니 리펜슈탈과 같은 측면이 있습니다. 그러나 클라우제비츠를 매료한 것은 나폴레옹이 아니라 보나파르트이고, 퐁텐블로의 패자가 아니라 캄포 포르미오의 승자입니다. 클라우제비츠는 아르콜레 다리 전투를 회상하면서 프랑스 전투를 다듬고 나폴레옹보다 더 잘하려고 보나파르트의 재능을 제 것으로 삼으려 합니다! 이런 현상은 놀랍습니다. 비스마르크의 도움으로 『전쟁론』이 우호적으로 무대 전면으로 부상했을 때, 클라우제비츠의 보나파르트는 앞서 말했듯이 제1차 세계대전의 독일 장군 루덴도르프의 관심을 끌었을 것입니다. 하지만 중국 병법 같은 유연성도 시적인 광채도 없는 클라우제비츠가 만든 모델의 경직성은 위험 요소였습니다. 그는 전임자들의 메마른 '기하학'에서 벗어나려고 무척 노력했습니다. 하지만 수학에서 모방으로 넘어감으로써 그는 과연 무엇을 얻었을까요? 이제 우리는 역설의 한가운데에 들어와 있습니다. 우리는 폭력의 메커니즘을 더 잘 이해함으로써 폭력을 풀어놓았습니다. 그리고 스스로의 폭력을 제어하지 않으면 우리는 영구적으로 쇠약해질 것입니다.

클라우제비츠는 줄리앙 소렐과 달리 분명 『세인트 헬레나 회상록』을 읽지 않았을 것입니다. 그는 황제의 처지에서 『전쟁론』을 쓰고 있습니다. 물론 도스토옙스키와 그의 『지하생활자의 수기』도 연상이 됩니다. 클라우제비츠는 자기 모델의 마력에 저항하려고 끊임없이 노력하지만 결코 물리칠 수 없습니다. 파리가 함락되기 직전에 프랑스 전선에서 나폴레옹이 워털루의 블뤼허 장군에게 대단한 승리를 거둔 적이 있었습니다. 따라서 나폴레옹이 전투에서 이긴 다음에 슈바르첸베르그에 등을 돌리게 하려고 블뤼허를 풀어주지 않고 계속 몰아붙였다면, 전선을 라인강까지 밀어붙이면서 다른 부대들도 공포에 질려 뒷걸음쳤을 것이라고 클라우제비츠는 보고 있습니다. 그의 말대로라면 나폴레옹 대신에 클라우제비츠가 프랑스군을 지휘했다면 프랑스가 승리할 수 있었을 것입니다.

아주 낭만적인 훌륭한 구절도 있습니다. 나폴레옹에게 어떤 것도 내어주지 않으려는 프리드리히 2세에 대한 뛰어난 구절도 있지만 같은 감동을 주지는 않습니다. 블뤼허에 대해 나폴레옹이 실수했다고 클라우제비츠는 보고 있습니다. 나폴레옹이 슈바르첸베르그의 위험을 과장했다는 것입니다. 주적인 프로이센 군대의 블뤼허를 나폴레옹이 끈질기게 밀어붙였다면 전쟁의 판도는 바뀌었을 것이라는 것입니다. 슈바르첸베르그가 파리로 접근하더라도 개의치 말고 프로이센 군대를 막는 것부터 완수해야 했다는 것이었습니다. 나폴레옹은 블뤼허 군대를 갈라침으로써 각기 제압할 수 있었습니다. 나폴레옹과 클라우제비츠의 천재성은 나머지 전선은 과감하게 내버려두라는 것인데, 중요한 것은 승리이며 승리의 명성이 퍼져나가면 독일의 동맹국들은 뒷걸음칠 것이라는 것입니다.

나폴레옹보다 더 나폴레옹다운 이 클라우제비츠는 주목할 만합니다. 이런 클라우제비츠는 『전쟁론』 2권에 잘 나타나 있는데 이는 극적인 차원에서 가장 흥미로운 부분입니다. 클라우제비츠는 회고적으로 나폴레옹을 대신해 나폴레옹에게 조언하고 있습니다. 그는 심지어 나폴레옹이 거의 신경을 쓰지 않았다면 파리의 함락도 중요하지 않았을 것이라고 말합니다. 수도는 물론 오늘날 중요한 정보 집결지이지만 당시에는 그 정도가 덜했다는 것입니다. 프랑스 전선은 이상했습니다. 나폴레옹은 전력을 회복했지만 수적 열세로 결국 패전하고 말았습니다. 클라우제비츠는 나폴레옹이 충분히 나폴레옹답게 움직이지 않은 것이 바로 나폴레옹의 잘못이라고 말합니다. 모델과 너무 가까이 있는 주체는, 더 이상 자신의 욕망 대상을 붙잡으려 하지 않고 모델이라는 존재, 클라우제비츠 표현으로 말하면 모델의 '행운'을 붙잡으려 합니다. 따라서 클라우제비츠가 당대 전략가들의 사이비 과학적 방법에 반대하는 것은 매우 특수한 유형의 합리성이라 할 수 있습니다.

프랑스 전쟁이 1814년이 아니라 1796년 이탈리아에서 벌어졌다면, 나폴레옹은 예전에 북알프스를 건너 오스트리아를 위협하던 것처럼 블뤼허를 끝까지 몰아붙였을 것입니다. 여러 가지 이유로 나폴레옹은 캄포 포르미오 평화협정을 체결했습니다. 온건한 평화였습니다. 하지만 그때까지 그는 모든 것을 감행했습니다. 클라우제비츠는 나폴레옹의 이런 태도에 특별한 중요성을 부여합니다. 성인도 감히 행하지 못할 일을 젊은 청년이 해냈다는 것이 그것입니다. 따라서 나폴레옹은 프랑스 전쟁 동안 처음부터 그의 자질 가운데 일부만 발휘했다고 볼 수 있습니다. 클라우제비츠는 캄포 포르미오 전쟁을 그리워합니다. 당시 사람들이 알고 있던 특정한 전투 이야기도 때때로 이론 설명으로 중단되고 있습니다. 이론 설명에는 물론 스웨덴, 구스타브 아돌프, 30년 전쟁의 사례도 나오지만, 하나의 이론에 대해 나폴레옹의 사례는 서너 개 정도가 나옵니다. 그러나 중요한 것은 당시의 전쟁이었습니다. 스페인 계승 전쟁에서 소총은 나폴레옹 전쟁의 소총 성능에 이르지 못했습니다. 고전적인 사례는 당시에는 충분한 현실성이 없었습니다.

모방적 욕망에 사로잡힌 사람들이 그러하듯이, 클라우제비츠는 때로는 나폴레옹이라는 모델에 사로잡히지만 또 때로는 정반대로 나폴레옹을 증오하게 됩니다. 프리드리히 2세 모델이 나폴레옹 모델을 몰아내려는 것 같은 일이 갑자기 일어납니다. 그래서 클라우제비츠가 프리드리히 2세를 보나파르트로 여기는 구절도 있습니다. 그것은 프로이센의 큰 사건인 실레시아의 정복 사건인데, 프리드리히 2세의 이 업적은 대담하고도 절대적으로 필요한 것이라고 클라우제비츠는 말합니다. 당시에 이 프로이센 왕은 군대 전체가 완패할 위험을 무릅쓴 정말 용감한 작전으로 나라를 구할 수 있었다는 것입니다. 클라우제비츠는 프리드리히 2세를 더 현명한 나폴레옹으로 만들려고 애씁니다. 나폴레옹은 병력과 자원 운용 측면에서 문제가 있다는 것이 그것입니다. 관념상으로는 프리드리히 2세 모델이 더 강합니다. 그러나 클라우제비츠의 글을 자세히 해부해보면, 모방이론에 우호적이게도, 나폴레옹 모델에 더 집착하고 있다는 것을 우리는 곧 알 수 있습니다.

나폴레옹이 위험하다고 본 당시 프랑스 집정관이 그를 이탈리아로 다시 보내려 한 적이 있었다는 것을 잊지 맙시다. 혁명정부는 그에게 군화도 없는 군대를 주었지만 뛰어난 전과는 독일 전선이 아니라 나폴레옹이 지휘하던 이 군대에서 나왔습니다. 자신에게 주어진 조건과 수단이 열악할수록 보나파르트의 천재성은 더 많이 발휘되었습니다. 나폴레옹처럼 오만한 사람들에게는 그런 것은 너무나도 정상적인 것입니다. 적도 그것을 기대하고 합리적 추론으로도 패전이 일어날 수밖에 없다고 예상될 때 실패에 대한 두려움은 없습니다. 바로 이때 역설적이게도 모든 것이 가능해집니다. 반대로 우리가 성공적인 상황에 있다면, 우리는 최악의 어리석음을 범하면서 우리가 가진 이점을 허비하게 될 것입니다. 승리가 기대될 때는 실패를 두려워하게 됩니다. 우리는 절대적인 대담함 속에서만 잘 작동합니다. 프리드리히 2세에 대한 클라우제비츠의 찬미는 현실적이지만 감동은 덜합니다. 여기서 우리는 클라우제비츠 안에서 일어나는 합리적인 것과 모방적인 것의 싸움을 볼 수 있습니다. 그러나 문학적 측면에서는 모방이 훨씬 더 중요합니다. 사람들이 이를 보았는지 모르겠지만 우리는 이런 것을 주장해야 합니다. 『전쟁론』의 저자가 전략적 문헌에 대해 언급한 비판을 제대로 이해하려면 문학적인 논평을 참조할 필요가 있습니다. 중요한 것은 바로 여기서 나오기 때문입니다. 이것이 과거에도 그랬고 지금도 불러일으키는 지속적인 관심은 바로 이 효과에 대한 관심에서 나오기 때문입니다.

샹트르 클라우제비츠가 스스로 '명사와 동일화'라 부르는 과정에 의지하는 것도 이 때문입니다. 하지만 그는 이 동일화 과정이 필요하긴 하지만 거의 불가능에 가깝다고도 말했습니다. '누가 프리드리히 대왕이나 보나파르트의 기교를 가졌다고 자랑할 수 있겠는가?'라는 말이 클라우제비츠가 들고 있는 이유입니다.[2] 그래서 군사평론가는 '우월한 관점'을 취하려고 노력해야 합니다. 다시 말해, 눈앞의 승부에 집착하는 사령관의 눈에는 잘 보이지 않는 역사·지리·심리 등의 수많은 데이터를 통합할 줄 알아야 합니다. 뒤로 물러서서 보는 이런 태도는 '명사'의 이미 알려진 성공이나 실패에 대한 회고에 바탕을 둔 것이라서 비평가가 너무 주관적이거나 너무 거만한 판단을 하는 것을 막아줍니다. 그 반면에, 클라우제비츠가 '결과에 근거한 판단'이라고 칭한 이런 실증주의를 피할 수 있는 유일한 방법은 이 전쟁 천재의 결정에 최대한 가까이 다가가는 것입니다. 따라서 이런 논리는 교묘하게 원점으로 되돌아옵니다. 클라우제비츠는 여기서 비평가들에게 특정한 것에서 일반적인 것으로, 일반적인 것에서 특정한 것으로 나아가라고 권하고 있습니다. 이런 왕복운동으로 사람들이 흔히 '운명'이나 '행운'이라 부르는 것을 밝혀낼 수 있을 것입니다. 그는 '삶에 대한 이해'를 제공하는 것 이상을 목표로 하고 있었습니다.[3] 클라우제비츠는 전략에서 언제나 우위를 차지하고 있는 엄격한 논리의 틀에서 벗어나려고 노력하고 있습니다.

지라르 '특정한 것에서 일반적인 것으로, 일반적인 것에서 특정한 것으로'라는 이 구절은 단 하나의 모델에 수렴하는 전형적인 모습입니다. 파스칼이 말하는 '불가분의 지점'은 아니지만, 양극성과

---

2) Carl von Clausewitz, *De la guerre*, trad. Denise Naville, Minuit, coll. 'Arguments,' 1955, p.165.
3) 같은 책, p.168.

필수적인 진동이 작동하는 집중의 한 유형입니다. 클라우제비츠는 '전쟁의 신'과 가까운 동시에 그에게 배척당합니다. 모방을 이해하는 것은 이 순환성을 이해하는 것입니다. 영원회귀를 생각하는 사람들은 영원회귀만 이해하고, 선형성 지지자들은 선형만 이해합니다. '둘 다' 이해하려고 노력합시다. 이런 점에서 언제나 정복하려 애썼던 감정의 한 유형인 모방적 생각에만 매달렸던 클라우제비츠와 우리는 다릅니다.

클라우제비츠는 여기서 탁상공론으로 자신을 그렇고 그런 장군으로 비난하면서 승리의 비책을 내놓는다고 주장하는 비평가들에게 크게 분노했을 것이 분명합니다. 따라서 1812년의 러시아 원정은 오스테를리츠 전투와 프리틀란트 전투와 바그람 원정처럼 제시되었기 때문에 실패할 운명이었다고 '사후에' 말하는 것은 무의미할 것입니다. 그렇게 되면 동류의 것으로 기억된다는 말입니다. 클라우제비츠는 "어떤 인간의 시선도, 패배한 군주의 결정에 이르는 일련의 과정을 뒤따라갈 수가 없다"라고 썼습니다.[4] 그리고 그는 "어떤 경우에는 가장 큰 위험이 가장 큰 지혜"라고 결론을 내립니다.[5] 클라우제비츠는 '전쟁의 재능'을 너무나 찬미한 나머지 나폴레옹을 절대 얕볼 수가 없었습니다. 그는 나폴레옹이 마지막 전투의 패전에도 불구하고 첫 번째 전투에서 어떻게 승리했는지를 이해하기 위해서 잠시 이 모델에서 떨어진 다음에는 다시 이 모델에 매달립니다. 비평의 기쁨은 전적으로 이런 순간에 속하는데, 앞에서 보았듯이 이 순간들은 성스러운 것에서 나오고 있습니다.

---

4) 같은 책, p.167.
5) 같은 곳.

그러나 승전의 매력과 패전의 불쾌감은 승리와 지휘관의 천재성 사이에서 마음의 눈에는 보이지 않는 섬세한 연결이 모호해져서 생겨나는 것이 분명하다. 이 생각을 확인해주는 것은 같은 사람에게 승리와 패배가 자주 반복되어 나타날 때 우리의 공감이 증가하고 잘 정의된 감정이 된다는 것이다. 전쟁의 운이 도박의 운보다 고상한 의미를 갖는 것도 이 때문이다. 우리에게 해를 끼치지 않는 한, 우리는 성공적인 장군의 경력을 흔쾌히 뒤따를 것이다.[6]

강한 감정은 양극성으로 들어가는 관문입니다. 모든 전투가 워털루 전투가 될 수도 있습니다. 어떤 강한 감정은 목숨까지 거는데 이런 위험을 감수하는 사람은 신격화됩니다. 클라우제비츠의 감정은 이런 불안정에서 나오는데, 아주 걱정스럽게 균형을 상실한 현대인의 기원이 바로 이것입니다. 물론, 클라우제비츠는 안정성과 감정을 함께 유지하고 싶어 하지만 그것은 불가능합니다. 클라우제비츠는 그와 같이 정보를 검토해보지 않은 다른 많은 전략가보다 더 약하지만 덜 오만합니다. 그는 비평이 '개인적으로 앞장서서는' 안 된다고 썼습니다.[7]

그는 전혀 실증주의자가 아닌데, 그렇고 그런 군인을 너무 빨리 '승인'하거나 '비난'하던 당시 사가들이나 전략가들보다는 훨씬 더 현실적인 사람입니다. 그는 또 사건들의 필연적인 연결을 더 이상 믿지 않지만, 예측할 수 없는 우연성을 최대한 고려하려고 애를 씁니다. 성공이냐 실패냐에 의존해서 어떤 행동을 사후에 판단

6) 같은 곳. 강조는 인용자.
7) 같은 책, p.165.

하는 사람들이 거만한 이들입니다. 그래서 클라우제비츠는 비평은 때로는 "성공이 제공해주는 증거를 포함한 사태에 대한 훌륭한 견해를 이용해야" 하고, 때로는 "우리 스스로 그 위인의 처지에 서기 위해 이 모든 것을 무시해야 한다"라고 권합니다.[8] 어떤 사람에 대한 이런 동일화야말로 '칭찬이나 비난을 할 수 있는' 유일한 관점입니다. 그러나 이에 도달하기는 쉽지 않습니다. 비평은 가능한 한 많은 요령을 갖고서 전체적인 관점에서 특정한 관점으로, 디테일에서 전체로 나아가야 합니다.

그러므로 비평은 똑같은 데이터로 장군의 과업을 산수 문제를 검증하듯이 사건 확인과 성공에 따라 검증해서는 안 된다. 장군의 업적에 우선 고개를 숙이고 천재적인 행적에 감탄하고 천재가 본능적으로 인식하는 방법을 알고 있었던 일련의 사건을 배우는 것으로 시작해야 한다.[9]

그래서 러시아 전투의 나폴레옹은 옳았습니다. 러시아 전투의 결과는 나폴레옹의 잘못이 아니라 전선이 아시아로, 그러니까 세계로 이동했다는 전쟁 조건 변화의 문제였기 때문입니다. 황제는 물을 벗어난 물고기 같았습니다. 변한 것은 그가 아니라 시대였습니다. 클라우제비츠의 이런 비평에서는 귀족이나 귀족정치를 바라는 사람의 냄새가 풍기는데, 이른바 비판적 이성이 전쟁 영웅에게 제대로 행사된 적은 거의 없었습니다. 이렇게 해서는 행운이나 천재성의 원천을 결코 이해하지 못할 것입니다. 왜냐하면 그 둘은

8) 같은 책, p.163.
9) 같은 책, p.165. 강조는 인용자.

신성한 것과 관련된 현실에서 합치기 때문입니다. 클라우제비츠가 하고 있는 "일련의 사건을 배우는 것"이라는 표현에 유의하기 바랍니다. 이 구절은 마침내 좋은 방법을 갖게 된 이론이라는 제의로 독자도 엘리트의 영역으로 초대받는 것입니다. 클라우제비츠가 하려는 것은 예측할 수 없는 것을 파악하고 운과 우연을 이론의 틀에 넣으려는 것인데, 이론은 결국 제의와 유사합니다. 상호작용이 지배하는 세상에서 승리의 레시피는 없습니다. 나폴레옹을 맹목적으로 모방하는 것은 나폴레옹을 무시하는 것만큼이나 어이없기는 마찬가지입니다. 상황을 전체적으로 이해하고 난 다음에 나폴레옹과 동일시해야 합니다. 어떤 점에서 클라우제비츠는 '자신의 단 하나의 유일한 모델이 아닌' 모델에 대해 취해야 할 태도를 잘 알고 있었다고 말할 수 있는데, 그것은 바로 역사적 인물을 묘사하는 역사학자의 태도와 같습니다.

그런데 앞서 보았듯이 클라우제비츠에게는 나폴레옹에 대한 분명한 집착이 있습니다. 『전쟁론』의 전체적 균형을 조정하는 역할로 나오는 다른 모델들은 나폴레옹 앞에서는 적수도 되지 못합니다. 희생양 선택 과정에 비교될 정도로, 모든 것이 끝에 가면 나폴레옹으로 돌아옵니다. 클라우제비츠가 희생양 메커니즘을 이렇게 잘 보여주는 것은 그가 이 메커니즘에 완전히 속지 않았기 때문입니다. 희생양 메커니즘을 노골적으로 드러낸 표현도 있습니다. 클라우제비츠는 속마음을 드러내지 않고 감추는데, 그래서 인간관계의 핵심을 더 잘 말할 수 있었을 겁니다. 이것이 어쩌면 그가 전쟁만 이야기하지 않았다는 증거가 될 수 있을 것입니다. 클라우제비츠는 자신이, 설명할 수는 없지만 어떤 걸작을 쓰고 있다는 것을 알고 있었습니다. 그러므로 진정한 문학 비평은 문학의 한계를 넘어서야 합니다. 전쟁 문제를 해결하는 것은 반군국주의가 아니라 『전쟁론』을 정확하게 읽는 것입니다. 문학의 감동은 우리를 미망에서 가장 명예롭게 깨어나게 하는 묘약입니다. 전쟁을 철저히 이해한다는 것은 바로 다시는 전사가 될 수 없게 되는 것입니다.

이 이론가가 '군사 천재'를 바라보는 시선의 양면성은 성스러움의 논리를 적용할 때에만 제대로 이해할 수 있습니다. 클라우제비츠는 자신의 먹잇감에 집착하고 또 존경합니다. 그에게 매료된 것입니다. 유럽의 희생양으로 전락한 황제를 바라보는 클라우제비츠의 눈길은, 유배된 나폴레옹을 '까닭도 모르지만' 문자 그대로 신격화해서 바라보던 모든 사람의 눈길입니다. 어떤 면에서 희생양은 언제나 성공과 동시에 실패를 하는 사람입니다. 이들은 상반된 징표를 같이 갖고 있습니다. 희생양의 성스러운 특성은 바로 이런 진동에서 나옵니다. 클라우제비츠는 군중의 '불분명한 감정', 즉 마음의 눈을 피하는 이 합리성을 알려줍니다. '도박보다는 전쟁에서 행운이 더 고귀하다'는 말도 이런 의미에서입니다. 지식인들은 기분전환을 하지만 전사들은 그렇지 않습니다.

샹트르 최선이 재빨리 최악으로 변하고 대담한 연구가 환상으로 변질될 수 있는 내적중개의 전형적인 퇴행 속에 있는 우리는 어쩌면 마음의 영역보다 그 아래에 있는 것이 아닐까요?

지라르 모든 낭만주의자처럼 클라우제비츠는 사실 중요한 것을 추측하고 그리워합니다. 여기서 우리는 내적중개의 세상에서 타인에 대한 동일화는 너무 자주 실패한다는 명백한 증거를 보게 됩니다. 주체는 한 모델에서 다른 모델로 넘어가지 않고 가장 강한 모델에 멈추어 서서는 경쟁하기 시작합니다. 이러한 형태의 상징적 식인 풍습은 관계가 실패했다는 징후입니다. 클라우제비츠는 다른 어떤 것보다도 상호작용을 고려하지만 결국 자신의 계책에 빠지고 맙니다. 프랑스 군대의 약탈과 과중한 세금을 용서한 것은 아니지만 나폴레옹의 능력을 높이 평가하던 당시 유럽인들 모두의 느낌을 클라우제비츠는 잘 보여주고 있습니다. 나폴레옹의 기교는 감탄을 자아내지만 그가 군대에서 한 행동은 추문을 불러일으킵니다. 횔덜린은 프랑스인을 군인이 아닌 해방자로 보았던 독일 지식인의 크나큰 실망을 상징적으로 보여줍니다. 이 양면적 감정이 나폴레옹에게 응축되는 것은 아주 자연스러운 현상입니다. 그보다 더 잘하고 있다고 생각할수록 그를 모방할 가능성은 더 높습니다. 민족주의의 거짓말은 항상 부분적으로만 근거가 있습니다.

나폴레옹에게로 최대로 응축되던 순간, 다시 말해 이 뛰어난 사슴몰이 솜씨의 마지막 순간으로 돌아가봅시다. 나폴레옹에게 올가미가 조여지는 순간은 유럽의 모든 장군을 매료합니다. 클라우제비츠도 당시 사람이었습니다.

1814년 보나파르트는 에토즈·샹포베르·몽미라일 전투에서 블뤼허 군대를 격파한 다음 등을 돌려서 몽트로와 모르망에서 슈바르젠베르크 군대를 물리쳤다. 동맹국의 실수를 훌륭하게 이용하는 보나파르트는 교대로 편성된 병력으로 상대를 공격함으로써 사람들의 감탄을 자아냈다. 이러한 공격으로도 나폴레옹이 승리하지 못했지만 적어도 그것은 그의 잘못이 아니었다고 생각된다. 만약 슈바르젠베르크 군대를 공격하는 대신에 블뤼허 군대를 계속 밀어붙여 라인강까지 밀고 갔으면 어떻게 되었을까? 하지만 당시에는 아무도 그런 것을 생각지 않았다. 우리는, 만약 그렇게 했다면 전쟁은 완전한 반전을 가져왔을 것이고 파리가 함락되는 대신에 나폴레옹 군대가 라인강을 넘어갔을 것이라고 확신한다. 이런 생각에 사람들이 동의하리라고는 생각지 않지만, 전문가는 충분히 고려할 것이라고 나는 굳게 믿는다.[10]

클라우제비츠는 나폴레옹의 견해를 따랐는데, 사람들의 말에 따르면 클라우제비츠는 실제로 쿠투조프의 조언자였습니다. 클라우제비츠가 여기서 암시하는 것은, 나폴레옹 전쟁에 대한 성찰에서 비평가들은 충분히 대담하지 않았다는 것입니다. 클라우제비츠는 진짜 나폴레옹 전문가이며 나폴레옹 전쟁에 관해서는 초특급 전문가라 할 수 있습니다. 블뤼허 군대 공격작전은 대단한 것이고 어쩌면 사실일 것입니다. 클라우제비츠가 그의 천재성을 자극했다면 나폴레옹은 승리할 수 있었을지도 모릅니다! 너무 멀리 진군한 부대의 병력 약화에 관한 『전쟁론』의 상세한 설명을 우리는 기억하고 있습니다. 막강한 군대가 몇 시간 만에 형편없는 무리로 변하는 것은 정말 끔찍한 일입니다. 클라우제비츠는 근거를 다음과 같이 밝히고 있습니다.

군대를 돌려서 슈바르젠베르크 군대를 치는 것보다 블뤼허 군대를 계속 공격하는 것이 더 낫다는 우리 생각은 다음과 같은 단순한 사실에 근거한다.

1) 병력 분산으로 시간이 손실되므로 병력을 오른쪽과 왼쪽으로 분산하는 것보다 한 방향으로 계속 타격하는 것이 일반적으로 유리하다. 더욱이, 상대가 상당한 손실로 정신력이 약화되었을 때, 이미 획득한 우월성을 이용하기에 새로운 승리를 얻기가

---

10) 같은 책, p.161.

더 쉽다.[11]

'정신적 가치'의 중요성은 항상 강조되고 있습니다. 그것은 적의 항복을 얻어내려면 전사들의 정신을 한 방향으로 집중해야 한다는 것을 전제로 합니다. 전쟁 천재는 적의 약점을 잘 찾는 사람인데, 나폴레옹 전술의 최고봉은 '결정적인 타격'입니다. '놀라운 삼위일체'의 완성이 클라우제비츠의 마음에서 아주 잘 작동하고 있습니다. 전쟁 천재는 군대의 에너지를 하나의 목표로 집중할 수 있는 사람입니다. 하나의 목표, 여기서는 하나의 적에 대한 집중만이 전체 병력의 효율적인 융합을 가능하게 해준다는 것을 우리는 알고 있습니다.

2) 슈바르젠베르크보다는 약하지만 블뤼허는 특유의 대담성으로 가장 강력한 적이었다. 다른 모든 것을 끌어당기는 무게중심이었다.

파리 공격을 망설이던 슈바르젠베르크는 재빨리 물러나 블뤼허 군대의 뒤에 자리 잡습니다. 공격해야 하는 아킬레스건인 '무게중심'이라는 이 아이디어는 중요한 지적입니다. 클라우제비츠가 이 공격이 일어나지 않았다는 것을 애석해했다는 것이 느껴집니다. 블뤼허를 공격하는 것은 바로 프로이센을 공격하는 것이었습니다. 클라우제비츠에게는 나폴레옹주의와 프로이센주의가 한데 뒤섞여 있습니다. 여기서는 적에 대한 모방과 차이소멸 현상이 완전히 작동하고 있습니다.

---

11) 같은 책, p.162.

3) 블뤼허가 입은 손실은 패배와 같았기 때문이다. 이로써 보나파르트는 주도권을 쥐게 된다. 전선에 대한 병력 보강도 딱히 없었기에 프로이센군의 라인강 퇴각은 의심할 여지가 없었다.
4) 다른 어떤 승리도 동맹국들에게 이만한 공포나 인상을 줄 수 없었을 것이기 때문이다. 슈바르젠베르크 부대처럼 소심한 병사들에게는 이것이 중요한 고려 사항이었다.

승리는 확실했습니다. 클라우제비츠가 검토하고 수정한 이 전쟁에서는 나폴레옹이 승리했습니다. 클라우제비츠는 실전에서 이루지 못했던 전과를 마침내 책에서 이루어냅니다. 자신보다 뛰어난 사람을 어떻게 생각하는지 정확히는 알 수가 없을 것입니다. 저자가 처해 있던 환경을 항상 염두에 두어야 합니다. 『전쟁론』을 쓰던 클라우제비츠의 상황은 승자가 아니라 패자의 상황입니다. 그의 동료들은 분명 나폴레옹과 연합한 프로이센 왕과 군대를 저버리고 러시아군에 합류한 것이 '프로이센의 시각에서는' 옳았다는 그의 평가를 결코 용서하지 않았을 것입니다. 그러므로 클라우제비츠의 역설적이게도 나폴레옹 같은 면모는 그도 '나폴레옹처럼' 잘못된 이유로 한직으로 밀려났다는 데서 나옵니다. 이렇게 클라우제비츠는 그의 모델과 정확히 같은 운명을 겪게 됩니다. 그의 나폴레옹 모방은 물론 일시적인 동일화에 불과한 면도 있지만 총체적이었습니다. '전쟁의 신' 역할을 한 것이 아니라 그를 믿었던 클라우제비츠는 결국 나폴레옹과 비슷한 상황에 처하게 됩니다. 어떤 점에서 그의 『전쟁론』은 유배지에서 완성됐다는 점에서 나폴레옹의 『세인트 헬레나의 회상록』과 유사합니다. 그의 거처는 호화로웠지만 조국을 개혁하려는 사람에게는 감옥이었습니다.
클라우제비츠는 너무 잘했기 때문에 역사에 기록되는 기회를 놓쳤습니다. 이것은 마치 최선의 것이 일어나는 것을 막는 데에 모두가 동의하는 그런 제도와 같습니다. 클라우제비츠처럼 프로이센을 떠나 러시아군에 합류한 장교는 거의 없었습니다. 프로이센 왕 주위에 남았던 동료들은 모두 클라우제비츠를 끔찍이 비난만 할 수 있었습니다. 만약 클라우제비츠가 실패하고 나폴레옹이 러시아 전투에서 이겼다면, 클라우제비츠의 동료들은 이긴 자의 포용력을 발휘했을지도 모릅니다. 그러나 그들은 클라우제비츠가 항상 옳았다는 것을 알고 있었습니다. 명석함은 좀처럼 용서받기 힘듭니다. 물론 나폴레옹에게 러시아 정복에 나서라고 격려한 프로이센 왕의 전략은 나폴레옹의 자멸을 위한 것이라는 말도 있습니다. 하지만 이런 합리화는 신빙성이 떨어집니다. 클라우제비츠가 러시아에서 돌아왔을 때 동료들이 보여준 쌀쌀함에 그의 사기는 분명 꺾였을 것입니다. 그는 배신자 취급을 받았습니다. 이것이 바로 집단정신의 옹졸함으로 클라우제비츠가 우울해했던 이유 가운데 하나인 것 같습니다.

클라우제비츠의 스승이자 상관이었던 샤른호르스트와 그나이제나우 같은 사람들은 클라우제비츠를 인정했지만, 클라우제비츠를 적대시하는 부하들에 맞서 그를 방어해줄 힘은 없었을 것입니다. '정상적인' 군대 환경에서 볼 때 클라우제비츠는 희생양의 측면을 많이 갖고 있습니다. 그래서 그는 매우 신중해야 했습니다. 의무감과 명예심을 가진 사람으로서 동료들의 모욕을 입 밖에 낼수가 없었을 것입니다. 베를린 사람들은 분명 군대가 아니라 클라우제비츠처럼 사태를 보았을 것입니다. 여전히 원한에 젖어 있던 군대는 프로이센 사회와 괴리를 보였습니다. 제르멘 드 스탈 부인은 프로이센 군대와 국민들 사이의 이러한 격차를 아주 잘 설명했지만, 그녀는 이 격차가 줄어드는 것의 위험은 보지 못했습니다.

개혁에 반대하는 프로이센 정치는 클라우제비츠와 샤른호르스트와 그나이제나우가 주장하던 프로이센 군 개혁의 싹을 잘라버렸습니다. 이런 현상을 이해하려면 알제리 전쟁 시에 알제리를 퇴각할 마음이 있던 군인과 그런 마음이 없던 사람들 사이의 차이를 생각해볼 필요가 있습니다.

이때가 바로 동일화가 모방으로 물러나는 순간입니다. 여기서 클라우제비츠의 글이 지닌 묘한 매력과 함께 "블뤼허가 입은 손실은 패배와 같았고, 이것이 보나파르트에게 적이 라인강까지 퇴각할 것이 분명하다는 오만함을 주었다"라는 구절을 읽는 특이한 즐거움이 나옵니다. 이 말을 하는 사람은 보나파르트일까요, 클라우제비츠일까요? 둘 다입니다. 왜냐하면 하나의 모델이 다른 모델로 넘어가면서 작동하려면 모방이 상대적이어야 하는데, 여기서 모방은 아주 절대적이기 때문입니다. 그의 글에서 나폴레옹이 되살아났지만 우리에게는 별 영향이 없습니다. 하지만 단 하나의 모델에 고착된 동일화는 우리 마음을 끄는 힘이 있기에 클라우제비츠의 『전쟁론』도 점점 더 우리 마음을 끌 것입니다. 이런 사정을 잘 모르는 독자는 '그때 나폴레옹이 라인강으로 밀고 갔으면…'이라고 당연히 생각할 것입니다.

샹트르 만약 그랬다 하더라도 영국은 분명히 포기하지 않았을 것입니다!

지라르 영국은 나폴레옹에 매료되어 있지 않았습니다. 이것이 사실 영국의 힘입니다. 섬나라로 단절되어 있다는 영국의 환경은 무역의 기회였을 뿐 아니라 모방에 따른 전염의 제동장치이기도 했습니다. 해양 제국주의는 대륙 제국주의에 비해 유리한 점이 있습니다. 영국에는 나폴레옹에 대한 클라우제비츠의 낭만적인 열정을 논하는 사람이 하나도 없었습니다. 프랑스 나폴레옹주의도 마찬가지입니다. 하지만 프랑스에서 나폴레옹은 챔피언이기에 억압과 콤플렉스에서 완전히 벗어나 있었습니다. 그러나 영국의 군사학자 리델 하트는 클라우제비츠의 매력을 알고 싶어 하지도 않았습니다. 이것은 매우 영국적인데 영국인으로서는 아주 합리적이지만 동시에 성가신 것이기도 합니다. 줄리앙 그린은 이 점에 아주 경탄할 만합니다. 그는 영국을 찬양하지만 동시에 열정이라고는 하나도 없는 영국인보다 더 지루한 사람도 없다고 말합니다. 그래서 정치가들은 명석하게도 자신이 가담하지 않은 타인들의 모방을 잘 봅니다. "존경하는 드골 대통령 각하. 유럽과 대양 가운데서 하나를 택하십시오. 우리는 항상 대양을 택합니다"라고 말했던 처칠을 떠올려봅시다. 반면에 클라우제비츠의 낭만적 열정은 모방에 대한 훌륭한 교과서 같습니다. 그러나 그의 텍스트는 매혹에서 적대감으로 넘어가는 과정을 보여주지 않습니다. 클라우제비츠는 경쟁자를 존경합니다. 모든 탁상공론은 이런 식입니다.

샹트르 클라우제비츠는 소설가가 아닙니다. 그러므로 그의 글이 특정한 문학적 기법을 잘 활용하는 것을 보았지만 선생님이 '소설의 개종'이라 부르는 내적 해방을 그는 경험하지 않았습니다. 모델이 그때까지 그를 지배한다면, 여전히 이성적인 모델이라고 말할 수 있을까요?

지라르 저는 그렇다고 생각합니다. 끊임없이 열정에 휘둘리지만 그럼에도 클라우제비츠는 여전히 아주 뛰어난 깊이 있는 작가라고 저는 생각합니다. 합리적 모델의 모방이 불가능한 것은 아닙니다.

심지어 저는 그런 모방이야말로 아주 참되고 솔직한 모방이라고 생각합니다. 클라우제비츠가 모델인 프리드리히 2세를 믿지 않는다고 말하는 것은 흥미롭지 않지만 일종의 정신분석을 행하는 것이라고 볼 수 있습니다. 반대로 그는 프리드리히 2세에게 충심으로 동조하는데 그에게 들어 있는 상반된 것으로 보이는 이 두 가지 면은 사실 모순된 것이 아닙니다. 어느 한쪽은 다른 쪽이 심화 혹은 악화되어 나타난 것이라 할 수 있습니다. 클라우제비츠는 심지어 감히 '프리드리히 대왕과 나폴레옹이 한사람이라면 얼마나 좋을까'라는 생각까지 합니다만, 현실에 발을 딛고 있는 그로서는 불가능한 일입니다. 그가 유일하게 제안하는 것은 전투에서 승리하려면 나폴레옹처럼 하는 것이 더 낫다는 것입니다. 이 프로이센 사람에게 프랑스는 넘지 못할 모델로 남아 있습니다. 그러므로 클라우제비츠의 합리적 모델이 운명적으로 그를 모방적 모델로 안내해주었다고 말해야 할 것입니다. 무의식적으로 일어나는 이런 변화는 이런 유형의 신경증을 피하는 것이 얼마나 어려운지를 보여줍니다. 클라우제비츠는 프로이센이 달성하려던 통일된 군대를 프랑스가 막 실현하려 한다는 것을 잘 알고 있었습니다. 이런 통일을 완성한 것이 바로 프랑스의 병역의무제입니다. 클라우제비츠는 프랑스의 통일이 이미 왕권 중심사회에 의해 이루어졌다고 보았지만 토크빌은 미래의 관점에서 이것의 부정적인 면만 보았는데, 그의 시각이 완전히 옳았습니다. 그러나 클라우제비츠는 이 제도가 나폴레옹에게 주는 즉각적인 힘만 헤아립니다. 이런 제도로 나폴레옹 군대는 곧 세상 어떤 군대보다 4배나 강하게 되면서 유럽 모든 나라를 이길 수 있다고 보았습니다.

그러므로 우리는 '놀라운 삼위일체'를 두 모델의 결합으로 보아야지 두 모델의 합성으로 보아서는 안 됩니다. 클라우제비츠는 때로는 이 표현을 합리적 모델처럼 '포함하기도' 하지만 또 때로는 모방적 모델처럼 직접 '살아가기도' 합니다. 어느 한쪽에 기울어져 있다고 해서 그것이 꼭 다른 쪽이 없다는 것을 뜻하지는 않습니다. 클라우제비츠는 나폴레옹에게 빠져 있었지만 프리드리히 2세에게는 빠져 있지 않았습니다. 이 프로이센 왕은 말하자면 클라우제비츠가 나폴레옹에게 저항하는 강력한 수단과 같습니다. 클라우제비츠에게 프리드리히 2세는 아주 강력한 존재이지만 나폴레옹, 심지어는 실각한 나폴레옹보다는 힘이 덜합니다. 만약 클라우제비츠가 보나파르트를 무모한 모험가라고 비난한다면, 이제 우리는 그 자신이 나폴레옹처럼 되고 싶어 했기 때문이라는 사실을 알게 되었습니다. 클라우제비츠의 삶은 낭만적인 것이 아니라, 나폴레옹의 삶을 자기 것으로 삼으려고 노력한 삶입니다.

클라우제비츠가 '책을 쓰는 데 진정으로 성공하지 못했다는 사실'에 주목해야 합니다. 만약 그가 나폴레옹을 그렇게 많이 모방하지 않았다면, 그는 멀리서 나폴레옹을 다른 사람과 비교할 수 있었을 것입니다. 그러나 클라우제비츠의 삶은 분명 더 힘들었을 것입니다. 우리가 그에 관한 소설을 쓴다면 그의 나폴레옹주의를 설명하기 위해 그가 기병대 기수였던 열두 살 때를 예로 들 것입니다. 발미 전투를 보았다면 그는 정말 놀라운 것을 보았을 것입니다! 괴테도 발미 전투를 보고 "이제 여기서부터 세계사의 새로운 시대가 시작될 것이다"라는 유명한 말을 남겼습니다. 괴테는 시대의 변화를 보았던 것입니다. 따라서 우리 저자에게서 서정성을 배제할 이유가 없습니다. 이미 군인을 숭배했던 열두 살짜리 아이에게는 그렇게 하는 것이 더 자극적이었을 것입니다. 이렇게 해서 그는 이 악에 물들게 되었습니다. 클라우제비츠는 어쩌면 최초의 현대 작가 가운데 한 명, 특히 위대한 르상티망, 즉 원한의 작가라고 할 수 있을 것입니다. 모든 게 적의 관점에서 쓰였기에 나폴레옹 전쟁에 대한 클라우제비츠의 설명은 다른 사람들의 설명보다 더 공정할 수 있을 것입니다. 원한의 관점은 종종 이른바 '역사적 객관성'보다 더 사실적인 분석을 제공해줍니다.

클라우제비츠가 증오에 관해 이야기할 때는 아주 자세히 살펴보아야 합니다. 클라우제비츠가 처음으로 전쟁에서 원한이라는 이 서민적 감정에 중요성을 부여했기 때문입니다. 서민들의 생각은 철저히 무시되어왔는데, 서민적 감정의 중요성을 인정한 것은 이 귀족이 뒤늦게 터득한 역설적인 관점이라 할 수 있습니다. 이 천재 군인은 사람들의 에너지를 수렴해서 한 방향으로 유도합니다. 모방이론에서는 이것을 한 사람의 희생양에 반대하는 '군중의 시각'이라고 부릅니다. 그런데 신화에서 이런 것을 보기는 아주 어렵습니다. 이런 점에서 클라우제비츠의 기록은 우리를 충족해줍니다. 하나의 제도로서 전쟁이 와해되는 순간에 그의 기록은 이 오래된 메커니즘을 만천하에 드러내기 때문입니다. 클라우제비츠는 혁명의 근본적인 사건에 주목하는데 그것은 병역의무제입니다. 원한 덕분에 그는 자신의 체계를 세울 수 있었으며 다른 군사 이론가들은 보지 못하는 것도 드러낼 수 있었습니다. 그것은 바로 오늘날은 더 이상 귀족도 없으며 전쟁도 더는 예술이나 게임이 아니라 하나의 종교가 되고 있다는 사실입니다. 이렇듯이 클라우제비츠는 동시대인인 헤겔, 피히테 또는 슐레겔의 영웅적인 서정성에서 아주 멀리 떨어져 있던 상호작용 현상을 설명합니다. 이런 유형의 분석이 가능할 정도로 클라우제비츠의 나폴레옹 모방은 아주 깊었습니다.

사관학교에 도착한 키 작은 코르시카 학생을 잠시 상상해봅시다. 재능이 너무나 뛰어난 그를 누구도 막을 수 없었습니다. 드러내놓고 말한 적은 없지만 나폴레옹은 정말 끔찍한 경험을 여러 번 겪었을 것입니다. 클라우제비츠도 나폴레옹과 비슷하게 성골이 아니었습니다. 나폴레옹처럼 그의 귀족 신분도 의심스러운 것이 었습니다. 말년에 그의 업적 덕분에 귀족 대접은 받지만 어디까지 나 인위적인 방식이었습니다. 나폴레옹이 '진짜 프랑스인이 아닌' 것과 마찬가지로, 동료들은 그를 '진짜 프로이센인이 아닌' 사람 으로 여겼습니다. 그러나 클라우제비츠는 그의 삶과 미완성으로 남긴 이 책으로 판단할 때 고독한 기질을 가졌을 것입니다. 과도한 조심성으로 미루어볼 때 분명한 것 같습니다.

7장 프랑스와 독일

제르멘 드 스탈의 여행

샹트르   우리가 토론하는 과정에서 클라우제비츠는 자기 영역의 한
계를 넘어서는 작가로 나타나고 있습니다. 그의 『전쟁론』은 문학
과 인류학의 영역에까지 넘어갈 정도로 군사 영역을 넘어서고 있
습니다. 『전쟁론』은 나폴레옹을 중점적으로 다루는 동시에 유럽
문제의 핵심인 독일과 프랑스의 관계를 부각하고 있습니다. 클라
우제비츠도 관심을 보인 문체 문제도 모델을 모방하면서도 모방
사실을 인정하지 않는 태도, 즉 선생님이 '낭만적 거짓'이라 부르
는 것에 빠지는 것을 막지 못합니다. 이리하여 우리는 클라우제비
츠 시대를 인간 행동의 동력인 모방이 강화된 욕망의 역사 속에서
논하게 되었습니다. 점점 커져가는 이 위험은 바로 우리가 일반적
으로 '극단으로 치닫기'라고 부르는 것입니다. 이런 위험을 접하
면서 모방에 대한 저항의 절박함이 분명히 드러났습니다. 선생님
은 이런 정확한 우회로 선생님이 처음부터 구상해온 목표를 분명
히 해주었습니다.

선생님 작업은, 소설적 진실과 기독교의 진실이라는 이중의 개종을 입증한, 1961년에 출판된『낭만적 거짓과 소설적 진실』에서 시작되었습니다. 이 책은 우리 욕망의 이른바 '자율성'에 기반을 둔 거짓말을 비판하고 있습니다. 선생님은 우리 욕망에 감추어져 있는 중개자를 밝혀내면서 '타인이 욕망하거나 욕망할 수 있는 것을 나는 욕망한다'는 말로 잘 규정해주었습니다. 타인이 시공간적으로 멀리 떨어져 있으면 우리 욕망은 거의 '자연스럽게' 평화로운 욕망이 됩니다. 그 반면에, 타인이 가까워져서 실제나 잠재적으로 경쟁자가 되면 우리 욕망은 격앙되면서 우리의 차이에 더 열광적으로 집착하게 됩니다. 폭력을 제어하는 것이 고유한 기능인 모든 제도의 기원에는 이런 대결 구도가 있습니다. 그러나 인류 역사는 이 '인간 본성'이 풍화되었음을 보여줍니다. 자신의 비밀을 왜곡하는 신화적 거짓말은 몇 세기가 지나자 '낭만적 거짓말'이 되면서 원한이 나타나게 됩니다. 이런 것은 19세기의 위대한 발견입니다. 클라우제비츠는 스스로의 폭력 속에서 문화를 구성하는 메커니즘을 밝혀낸 그 시대의 사람입니다.

선생님은 지나가는 이야기 중에 쇼팽에 대한 사랑으로『전쟁론』을 읽었다고 말씀함으로써 선생님 스스로가 낭만적 감수성에 얼마나 가까이 있었는지를 밝히셨습니다. 그러므로 선생님의 작업에는 '세상 설립 이래 감추어져온 것들'을 발견하던, 열정에 들뜬 그때의 영향도 들어 있다고 볼 수 있을 겁니다. 그런데 이런 매력과 거부 속에 선생님 주장의 역설이 있습니다. 극도로 불안정한 우주의 중심에는 폭력이 화해로 변하는 '친밀한 중개'가 될 기회가 있습니다. 그러므로 지금 우리가 환기해야 하는 것은 모방적 욕망의 메타포가 아니라 역사적 운동으로서 낭만주의입니다. 선생님에게 그런 것은 프랑스와 독일 관계의 양면성과 같은 것 같습니다. 이 양면성을 19세기 초의 한 여성이 예외적으로 잘 구현하고 있는데, 제르멘 드 스탈 부인이라는 사람입니다. 1813년에 출판된 그녀의 『독일론』은 프랑스의 낭만주의 도입에 역할을 했을 뿐만 아니라 나폴레옹 전쟁으로 완전히 분열된 유럽을 프랑스-독일의 대화만이 구할 수 있다는 생각을 전파하는 데에도 큰 기여를 했습니다.

지라르 19세기 초반 첫 10년은 정말 흥미진진했습니다. 이 시기의 사건으로 프랑스와 독일 문제로 인한 유럽 붕괴와 같이 앞으로 일어날 사건의 모든 징후를 엿볼 수 있을 정도입니다. 횔덜린은 왜 보르도로 갔을까요? 다른 누구보다도 그는 독일의 지방색을 많이 느꼈기 때문입니다. 그는 프랑스에서 어떤 것도 들고 돌아오지 않았습니다. 프랑스혁명을 믿을 정도로 순진했던 그는 프랑스와 독일 두 나라 사이에 대화가 없는 것에 크게 마음 아파했습니다. 횔덜린은 곧 튀빙겐으로 돌아옵니다. 스탈 부인은 1806년 이후 자신의 연구를 위해 튀빙겐에 있던 괴테·피히테·실러·슐레겔 등을 방문했는데, 횔덜린을 만날 수도 있었을 것입니다. 스탈 부인은 그때 횔덜린을 만났어야 했는데, 횔덜린과의 만남은 이루어지지 않았습니다.

나폴레옹에게 추방당한 스탈 부인은 나폴레옹 전쟁의 문헌과 정치적 자료를 수집하기 위해 독일로 떠납니다. 하지만 스탈은 횔덜린을 만나지 못합니다. 앞에서 살펴보았듯이 횔덜린은 물러나서 침묵을 지키기로 결정한 상태였습니다.

오해가 시작됩니다. 『독일론』으로 프랑스에서 낭만주의가 시작된 것은 확실합니다. 그런데 이 책이 프랑스와 독일 사이의 진정한 대화의 물꼬를 텄을까요? 횔덜린의 침묵으로 미루어보건대 그렇다고 말하기가 조심스럽습니다. 나폴레옹 전쟁이 빚은 유럽의 황폐화에서 벗어나길 원했던 스탈 부인은 가장 심각한 결과가 독일에 있을 거라고 생각했던 것입니다. 스탈 부인은 프랑스 고전주의에 반대하는 독일의 위대한 작가들 역할을 함으로써 프랑스 사람들로부터 미움을 삽니다. 나폴레옹은 순전히 정치적인 목적으로 고전주의를 널리 확장하려고 애썼다는 것을 잊지 말기 바랍니다. 실제로 유럽을 파괴할지도 모를 '극단으로 치닫기'의 한가운데에 있는 이 두 나라 간의 관계 문제에 접근하려고 우리가 불러낼 사람이 바로 스탈 부인인 것은 이런 사정 때문입니다.

저는 스탈 부인에 대한 글은 한 번도 써본 적이 없습니다. 스탈이 쓴 소설은 알다시피 시원찮은 것입니다. 그러나 로버트 도란 덕분에 저는 문학평론가 스탈의 재능을 발견하게 됐습니다. 그녀는 문학을 아주 모방적으로 이해했던 것 같습니다. 좀더 자세히 살펴보고 싶었습니다. 이 관점에서 보니 그녀의 『문학론』에는 정말 아주 특별한 구절들이 있었습니다. 스탈 부인이 문학적이자 사회적인 에세이를 처음으로 만들어낸 사람이라는 사실을 우선 기억해야 합니다. 그녀는 역사상 특히 어려운 시기에 유럽의 병을 진단하려 합니다. 그녀는 문화·정치·사회적 토론의 장에 문학을 가져옵니다. 요컨대, 그녀는 비교연구와 학제적 연구 방법을 만들어냈습니다. 문체와 변화에서 아주 자유로웠던 그녀는 분명 인간 행동의 상호성 속에서 경쟁을 만나게 되었을 것입니다.

민족과 문화에 대한 그의 접근 방식에는 깊은 통찰력이 있습니다. 예컨대 종교의 기본 역할에 대한 그녀의 감각은 아주 참신합니다. 프랑스 고전주의와 독일 낭만주의가 대치하고 '북방문학'과 '남방문학'이 대치한다면 그들의 차이를 생각해야 합니다. 스탈 부인은 프랑스와 독일의 상호성을 넘어서서 두 문화의 관계를 규정하려 합니다. 그녀가 규정하려는 이 관계야말로 횔덜린과 그의 동료들이 만들어내려고 애썼지만 만들지 못했던 그 '다리'라고 할 수 있습니다. 그러므로 그녀에게는 최고의 몽테스키외가 들어 있습니다. 민족성이라는 상투성 안에 들어 있는 진실을 볼 줄 아는 특이한 방법을 갖고 있다는 점에서 그러합니다. 그녀는 프랑스-독일 관계가 유럽의 본질을 담고 있다고 생각합니다. 두 나라의 화해를 위해 싸우는 것이야말로 유럽을 자멸로부터 구하는 것이었습니다. 스탈 부인은 두 나라 언어를 모두 할 줄 아는 등 두 나라에 모두 친숙했습니다. 보들레르 이전에 가톨릭, 즉 보편적인 것을 문화적으로 생각해본 사람이 있었다면 그 사람은 바로 스탈 부인일 겁니다.

제르멘 드 스탈은 루이 16세 때 재무장관을 지낸 네케르의 딸로, 대륙의 분쟁을 피하는 피난처 같았던 제네바에서 살았습니다. 이런 전망대 같은 위치에서 스탈 부인은 유럽을 분열한 여러 사건을 잘 관찰할 수 있었습니다. 그녀는 프랑스에 대한 독일의 즉각적인 반응에 관심을 집중합니다. 아주 민감한 지점이 아닐 수 없습니다. 그녀에 대한 나폴레옹의 노여움이 짐작이 됩니다. 모방에 따른 것이지요. 그녀에게 유혹받고 싶지 않았던 것입니다. 나폴레옹에게는 뱅자맹 콩스탕과 같은 약점은 없었던 것 같습니다. 그녀는 오로지 황제에 반대해서 『독일론』을 썼을 수도 있었을 것입니다. 이런 점에서 이것은 오늘날 미디어의 대응과 유사합니다. 나폴레옹이 제국의 이익이 독일과 영국의 낭만주의에 반대하는 고전주의 편에 있다는 것을 이해했기 때문에 프랑스에 이 두 모델을 선택한 것은 빈 의회 이후입니다. 이리하여 프랑스는 구식 소설의 시대로 들어가게 됩니다. 아직도 볼테르의 비극을 읽고 있는 때늦은 고전주의자들에게 나폴레옹이 힘을 실어준 것도 이 때문입니다. 이들이야말로 나폴레옹 시대의 전형적인 지식인들입니다. 낭만주의의 도전에 직면한 고전주의가 프랑스의 화신이라고 황제는 이해했습니다. 반면에 지식인들은 모두 느낌은 없지만 여전히 황제를 추종했습니다. 황제는 그들에게 좋은 자리와 높은 대우를 제공해주었습니다. 이리하여 고전주의는 잘 방어되고 있었습니다.

『독일론』이야기는 그 자체로 감동적입니다. 이 책은 나폴레옹이 퇴임하고 스탈 부인이 런던에서 파리로 돌아오기 1년 전인 1813년 7월에 프랑스어로 출간됩니다. 그녀의 유배 시간은 아주 결정적이었는데, 그것은 프랑스 문학에만 그런 것이 아니었습니다. 실제로 독일의 지도자급 인사들을 만났던 스탈 부인은 파리로 돌아와서는 후에 스웨덴 왕위에 오르는 프랑스의 유서 깊은 베르나도트 가문이 그녀의 살롱에 드나들면서 프랑스의 유명 정치인, 심지어는 군인들의 환대를 받게 됩니다. 그녀의 글과 행동은 모두 '나폴레옹 비판'이었습니다. 그래서 그녀는 황제의 특별 관심 대상이 됩니다. 그녀에 대한 경찰의 모든 조치와 함께 빨리 체포할 수 있는 곳으로 강제 추방된 것이 이를 잘 말해줍니다. 뱅자멩 콩스탕을 비롯한 여러 남자에게는 부부싸움 같은 것으로 두려움을 주고 심지어는 나폴레옹에게도 겁을 주는 소설 같은 여자가 바로 스탈 부인입니다. 스탈 부인은 항상 못생기고 남자 같다고 묘사되고 있습니다. 그때마다 저는 언제나 사람들이 마리 앙투아네트에게 씌웠던 온갖 거짓말이 생각납니다. 뱅자멩 콩스탕은 소설『세실』에서 자신을 지배했던 스탈을 지배함으로써 스탈에게 복수합니다. 그녀는 마침내 자신을 전형적인 박해의 형상으로 보이게 유도합니다. 관대한 성생활과 아주 뛰어난 지성 때문에 그녀는 일종의 자웅동체 같은 괴상한 존재로 통했습니다. 스탈은 적에게 넘어간 매국노, 새로운 마리 앙투아네트라는 소문이 파리의 사교계에 돌았습니다. 나폴레옹을 향한 그녀의 비판에는 이런 요인들도 들어 있었을 것입니다.

그래서 저는 지식인을 풍자하던 셀리멘까지 올라가는 위대한 페미니스트 계보에 스탈 부인을 넣고 싶습니다. 몰리에르가 엿보았던 것을 스탈 부인은 그대로 구현하려 합니다. 『인간 혐오자』는 프랑스 지식인이 출현하기 시작하던 시기에 행해진, 돋보이기를 원하면서 순전히 모순된 존재라고 몰리에르가 규정했던 프랑스 지식인에 대한 가장 강력한 비판입니다. 실제로 모순의 정신은 프랑스에서 '창의성'과 '혁신'의 절정처럼 보이는 흥분을 불러일으킵니다. 몰리에르가 연극에서 후세에 전해주는 것은 바로 '고전주의'나 '살롱 정신'이라 부르게 될 당시 지성계 풍토에 대한 분석입니다. 부정적인 생각은 이미 17세기에 진행되고 있었는데 알세스트가 그 선두에 있습니다. 우리는 또한 헤겔에게서 이런 부정성이 작동하는 것을 보았습니다. 또 우리는 '부정의 부정'이 오래된 영화와 같은 '해피엔딩'으로 이어지는 것을 보지 못했습니다. '모든 것은 언어다'에서 지시체나 실체를 부정하는 해체주의는 이런 정신의 마지막 아바타라 할 수 있습니다.

스탈 부인은 셀리멘에 이어서 지식인의 진실을 발견하는데, 그것은 곧 살롱의 진실입니다. 라 로슈푸코의 『잠언』은 인간 혐오자의 교과서이며 『클레브 공작부인』은 인간혐오의 위대한 소설입니다. 몰리에르의 이 연극에는 돋보이는 데 성공한 사람과 실패한 사람, 즉 사회 법칙을 이해한 사람과 이 법칙의 피해자라고 여기는 사람들 사이에 필수적인 대결 구조가 있습니다. 셀리멘은 알세스트의 비밀을 알고 있으며 연극 끝에 가서 이 비밀 때문에 괴로움을 겪게 됩니다. 그가 보여주는 중요한 교훈은 다음 구절에 들어 있습니다.

샌님들은 앞뒤가 모순되는 말은 해서는 안 되잖아요.
우리는 평범한 말을 원한답니다.
하늘에서 받은 성가신 정신이
어디서나 폭발하지 않도록 해야지요.
샌님들은 다른 사람 느낌에는 결코 기뻐하지 않잖아요.
항상 반대의 견해를 취하지요.
누군가의 의견에 동조한다면
평범한 사람처럼 보일 테니까요.
다른 말을 하는 것은 샌님들에게 너무나 큰 매력이라서
종종 스스로에게도 이 무기를 들고 나오지요.
자기가 느끼는 기분이 다른 이의 입에서 발설되고 나면
자신이 느끼는 자신의 감정과도 싸우고 말지요.[1]

이 구절은 몰리에르 시대 프랑스에 유행하던 새로운 것에 대한 강박관념을 잘 보여줍니다. 알세스트가 사람들 무리를 멸시하는 척하는 것은 바로 자신이 그들과 구별되지 않기 때문입니다. 그 가운데서도 살롱이 가장 심했습니다. 알세스트의 원한을 강조한 것은 셀리멘이 유일합니다. 스탈 부인이 프랑스 고전주의를 비판하기 약 1세기 전에 나온 몰리에르의 『인간 혐오자』는 이미 살롱의 파열 현상을 묘사하고 있는데, 셀리멘은 그 결과를 수도원에서 겪고 있습니다. 이 작품의 결정적 장면은 문자 그대로 린치와 유사합니다. 가장 영적인 사람인 셀리멘은 대화가 극단으로 치닫는 사교계의 대가를 치릅니다. 극단의 신랄함은 더 폭력적인 사회를 향하고 있습니다. 대화는 피상적인 단계를 지나자마자 폭력으로 터

---

1) Molière, *Le Misanthrope*, acte II, sc.IV, v.669-680.

집니다. 알세스트는 희생양이 아닙니다. 그는 돋보이는 데는 실패했지만 그것을 인정하려 하지 않습니다. 그는 이미 원한의 존재가 되어 있습니다. 마찬가지로 스탈 부인은 나폴레옹 시대 살롱의 셀리멘이라 할 수 있습니다. 그녀가 프랑스의 모방정신 그리고 온갖 돋보이기에 대한 고전주의의 은연중 불신이라고 묘사한 것들이 그녀 망명의 전주곡인 만장일치 현상과 뒤섞여 있습니다. '게임의 희생양이었기에' 게임의 룰을 잘 알고 있던 이 살롱의 주인만이 이 게임이 하나의 모방 시스템이라는 것을 간파할 수 있었고 또 새로운 것도 모방 속에서 나온다는 것도 알아챌 수 있었습니다.

나폴레옹 실각 후 프랑스로 돌아온 스탈 부인이 첫 번째로 한 것이 살롱을 다시 연 일이었던 것도 이 때문입니다. 그녀는 대화의 마지막 불꽃이었던 계몽주의자에 대한 향수를 갖고 있었던 것입니다. 그녀는 모방 취향은 더 이상 어떤 예외적인 사람들의 오해가 아니라 새로운 생각이 생겨나는 조건이 되기를 단순히 원했을 것입니다. 이런 정신에서 그녀는 프랑스와 독일, 모방정신과 혁신정신 사이의 진정한 대화, 즉 최고의 계몽주의와 최고의 낭만주의 사이의 동맹을 만들어내려고 노력했습니다. 프랑스 정신의 이 희생자가 나폴레옹 실각 후에 프랑스에서 연 것은 프랑스와 독일 사이의 대화인데 이것은 '보편적 근대성'(modernité catholique)이라 볼 수 있습니다. 그리고 이 대화 한가운데서 그녀가 본 것은 기독교와 고대종교의 차이였는데 결국은 보편적인 것이 그 열쇠였습니다. 우리는 곧 바그너를 찬양하는 보들레르를 보게 됩니다. 나폴레옹과 비스마르크와 함께 신성로마제국이 무너지는 순간에 이 인물들이 등장했다는 것을 지적하는 것은 무척 흥미롭습니다.

샹트르 방금 선생님이 묘사한 맨얼굴의 프랑스 지식인 초상화에 감사드립니다. 선생님이 제기한 기독교와 고대종교의 근본적인 차이점을 비롯해서 종교 문제에 대해 언젠가는 다시 거론할 필요가 있을 것 같습니다. 하지만 지금은 프랑스와 독일의 대화에 집중하기로 하겠습니다. 두 문화에 대한 스탈 부인의 비교연구는 어떻게 설명할 수 있겠습니까?

지라르 스탈 부인은 고독한 개인의 문학인 독일 문학과 달리 프랑스 문학을 사회적인 문학이라고 정의합니다. 횔덜린의 은둔으로 자신이 옳다는 것을 인정할 수 있었습니다. 스탈 부인의 망명과 마찬가지로 횔덜린의 은둔도 흑백논리의 이원론에서 벗어난 것으로 생각해야 합니다. 제가 가톨릭을 낭만주의 시대의 특징인 온갖 진동 속에 있는 안정된 극점처럼 생각하는 것도 이 때문입니다. 사실 그것은 엄격한 종교적 애착보다 훨씬 더 많은 것을 암시해주고 있습니다. 스탈 부인의 작품도 여기에 기대고 있다는 것을 곧 알게 될 텐데, 이것이 그녀의 독창성이라 할 수 있습니다.

그녀는 1796년 로잔에서 「열정의 영향」이라는 제목의 글을 출판합니다. 제목이 제 관심을 끌었습니다. 『독일론』을 보더라도 열정이 본질적으로 모방적이라는 것을 이 저자가 얼마나 잘 이해하고 있었는지를 확인할 수 있습니다. 독일식 순응과 프랑스식 모방이라 부를 수 있을 법칙을 알고 있었기에 스탈 부인은 유럽을 파괴할 수도 있을 대결의 한가운데에 있었다고 볼 수 있습니다. 당시 프랑스인들은 오래된 모델을 모방하고 있었고 독일인은 프랑스를 모방해야 한다고 생각하고 있었습니다. 프랑스인들은 낡은 고전주의에 오그라들고 있었고 독일인들은 나폴레옹 제국에 모욕감을 느끼고 있었습니다. 물론 스탈 부인은 이것을 피하기 위해 노력하고 싶었는데, 그녀의 책은 두 나라의 호전적인 상호성을 넘어서서 프랑스와 독일의 관계를 다시 엮어보려는 목표를 향하고 있습니다. 그러나 파리로 돌아온 그녀는 황제에 대한 분노 때문에 자신이 그렇게 바랐던 독일의 복수가 이번에는 프랑스인들에게 모욕감을 주고 있다는 것을 곧 깨닫게 됩니다.

사실상 스탈 부인은 우선 볼테르주의에 화살을 돌립니다. 프랑스 정신의 증상인 아이러니와 우아함과 신속성을, 순박하고 본질적으로 느긋한 프로이센이나 색슨족이나 바이에른 사람들이 '모방하려 하지만 되지 않습니다.' 이 비평은 무엇보다도 스탈 부인이 그의 맨얼굴을 잘 그려낸 프리드리히 2세에 해당될 텐데, 볼테르도 수긍했을 것입니다.

프로이센을 이해하려면 프리드리히 2세를 알아야 한다. 자연은 우호적이지 않았지만 그 지휘관이 전사였기에 강국이 된 제국을 한 사람이 만들었다. 프리드리히 2세에게는 생물학적인 독일인과 교육에 의한 프랑스인이라는 서로 다른 두 사람이 있다. 그 독일인은 왕국에 오랫동안 자취를 남겼지만 프랑스인이 시도한 것은 제대로 싹이 트지 못했다.[2]

스위스 소설가와 프로이센 장군이 기록한 동일한 인물에 대한 초상화가 얼마나 다른지 봅시다! 클라우제비츠에게는 영웅적인 지혜로움의 모델이 되는 대담한 정치가이지만, 제르멘 드 스탈에게는 자신의 본성을 거스를 수밖에 없었던 모방자입니다. 프로이센이 나폴레옹에 지배당하듯이 프리드리히 2세는 볼테르에게 지배했습니다. 스탈 부인의 명시적으로 모방에 의지한 분석이 클

---

2) Germaine de Staël, *De l'Allemagne*, tome I, coll. 'GF-Flammarion,' 1968. p.27.

라우제비츠의 분석보다 더 정확한 것은 분명합니다. 소설가는 신화를 만들어내지 않고 오로지 분열된 영혼만 묘사합니다. 사실 독일인들이, 고대 그리스나 로마가 아니라 기사도 정신의 중세를 연모하는 독일인들의 '오래된 성향'에 반대하는 '고대의 성향'을 가진 프랑스 사람들을 모방하는 것이 쉽게 납득되지 않습니다.[3] 프랑스의 고대 모방은 독일의 혁신과 완전히 다릅니다. 단순한 혁신이 아니라 즉시 순종하고 복종하는 사람들과 구별되는 개인들의 혁신이라고 말하는 것이 더 나을 것 같습니다.

그러나 스탈 부인은 멀리서 바라보지만 그럼에도 그녀의 시각이 클라우제비츠의 강력한 민족주의와 만나지 않는 것은 아닙니다. 이것은 곧 견해라는 것이 결코 결백한 것이 아니라는 것을 말해주는 것 같습니다. 위대한 작가들은 볼테르의 오만한 승리에 대해 독일의 '반응'을 준비합니다. 사건에 너무 연루되고 나폴레옹에 대한 증오에 너무 사로잡혀 있던 스탈 부인은 독일이 깨어나는 것에서 나오는 위험을 보지 못했습니다. 앞서 클라우제비츠에서 엿보았던 것이 아주 우회적으로 표현되는데, 그 결과에 대해 당시의 저자는 의심하지 못했을 것입니다. 「대화 정신과 관련된 독일어」라는 장에서 이렇게 논하고 있습니다.

독일인들은 눈부신 표현을 일종의 협잡으로 보고 그보다는 추상적인 표현을 선호한다. 그것이 더 성실하고 진실에 더 가깝다고 보기 때문이다. 하지만 대화는 말하고 이해하는 데 어려움이 없어야 한다. 대화가 공통 관심사와 관련이 없어지고 관념의 영역으로 들어가면서 독일인의 대화는 형이상학적인 것으로 변

---

3) 같은 책, p.46.

하게 된다. 통속적인 표현과 숭고한 표현 사이의 중간 표현이 없기 때문이다. 대화의 기술이 발휘되는 것은 바로 이러한 중간 표현 속에서다.[4)]

스탈 부인의 주장은 몇 마디로 요약할 수 있습니다. 한편으로는 즉시 '닮은 것'을 향하고 여기서 먼 것들을 경계하는 프랑스 정신에 대한 독일인의 복잡한 불신을 강조하고, 다른 한편으로는 자신들의 순응성과는 역설적이게도 추상적인 것에 대한 독일어의 뛰어난 능력을 강조하고 있습니다. 독일 문화에는 '통속적인 것과 숭고한 것' 사이의 중간이 없다는 지적에도 주목할 필요가 있습니다. 스탈 부인은 나폴레옹 실각 후 친구 슐레겔이 보여준 열정적인 애국심 앞에서 자신의 실수를 재빨리 깨닫습니다. 실제로 10년 후 『전쟁론』의 영웅주의에서 그 특징이 나타나는 정복적인 개인주의가 아니라면, 통속적인 것과 숭고한 것의 그 불가능한 합성을 과연 누가 실현할 수 있었을까요? 분열이 지배하던 곳에 통합을 실행하는 군대는 프랑스혁명과 같은 역할을 합니다. '야누스처럼 군인과 철학자라는 두 얼굴의 이미지를 가진 프로이센'이라고 쓰는 스탈 부인은 자신도 모르게 군사적 헤겔주의의 위험을 간파하고 있었던 것 같습니다.[5)] 그러나 몇 페이지 뒤에 가서 '전사 정신'이 '민족성'이 되기를 바란다고 쓸 때 스탈 부인은 자신의 직관에서 벗어나는 것 같습니다.[6)] 이것은 아주 근본적인 것입니다. 프랑스 군인들의 용기에 대한 그의 정의를 봅시다.

---

4) 같은 책, pp.112-113.
5) 같은 책, p.130.
6) 같은 책, p.135.

다른 모든 사람처럼 생각해야 하는 사회적 필요성으로 우리는 혁명 기간 전쟁의 용기와 일상의 소심함 사이의 대조를 설명할 수 있다. 군인의 용기를 대하는 방법은 단 한 가지뿐이다. 하지만 어떤 정치적 사건에서 우리가 취하는 행동에 비해 여론은 여러 가지로 다를 수 있다. 지배정당을 따르지 않으면 주변의 비난·고독·무시가 우리를 위협한다. 그에 비해 군대에는 죽음과 성공이라는 갈림길만 있는데, 죽음을 두려워하지 않고 성공을 열정적으로 좋아하는 프랑스인에게 이런 상황은 매력적이다. 유행, 즉 위험에 대한 박수갈채가 있으면 프랑스인들은 온갖 형태로 그 위험에 맞설 것이다. …왜냐하면 대화가 많은 영향을 미치는 나라에서는 종종 소문이 양심의 목소리를 덮기 때문이다.[7]

여기서 스탈 부인은 대화와 용기, 모방과 대담함을 한데 뒤섞는 혼합을 비난하고 있습니다. 이런 혼합은 볼테르와 나폴레옹, 아이러니와 권력을 재빨리 연결하는 프랑스 '수사학의 힘'을 낳습니다. 프랑스 문화를 독일의 압도적인 모델로 여기게 함으로써 결과적으로 자신을 압도하는 자를 모방할 수밖에 없게 만드는 것이 바로 프랑스 수사학의 힘입니다. 우리는 앞에서 프랑스의 부흥을 두려워하는 클라우제비츠의 말을 언급했습니다. 프랑스인들도 곧 독일인들과 똑같은 말을 할 것입니다. 민족주의는 본질적으로 모방적입니다. 상대를 비난하는 것은 자신에도 해당되기에 바로 자신을 비난하는 것입니다. 민족의 자부심은 항상 콤플렉스로 가득 차 있습니다. 민족 자부심은 민족의 경쟁심을 드러내는 것이라고 생각해야 합니다. 이런 경쟁에서는 호언장담과 허풍은 스스로에 대

---

7) 같은 책, p.107.

한 증오가 가장 확실히 드러나는 증상입니다. 여기서 우리는 낭만적 거짓의 핵심이기도 한, 불안정한 세계의 특성인 진동이라는 이 항대립을 다시 만나게 됩니다. 프랑스에 대한 '매우 동질적인'이라는 이 표현은 혁명에 대한 클라우제비츠의 칭찬이기에 아주 특이합니다. 혁명은 모든 사람을 동질적으로 만듦으로써 전쟁을 잘 수행할 수 있게 해주었다고 클라우제비츠는 말했습니다. 의무병역제를 만든 것은 정말 대단한 일이었습니다.

동시에 클라우제비츠가 잘못 짚은 것이 있습니다. 나폴레옹 군대, 즉 프랑스는 자원, 특히 인구에서 고갈 상태로 가고 있어서 내리막길만 남은 상태였습니다. 클라우제비츠의 명석함이 떨어진 것입니다. 나폴레옹에 대한 증오는 그가 나폴레옹을 신뢰하게 했습니다. 적은 항상 실제보다 더 강력하게 보입니다. 따라서 클라우제비츠는 유럽이 커가고 있으며 점점 인구도 증가하기 때문에 판도도 불가피하게 동쪽으로 이동하고 있다는 것을 알지 못했습니다. 그는 그뿐 아니라 나폴레옹 고전주의라 불리는 퇴폐적인 것도 있다는 것을 보지 못했습니다. 그는 프랑스가 고전주의, 즉 과거에 집착하는 데에는 그때까지 비밀로 감추어졌던 프랑스의 문화적 지배에 들어 있는 약점을 드러낸 것이란 것을 느끼지 못합니다. 그가 루이 14세와 나폴레옹이 신성로마제국의 목표라고 지목한 것은 옳았습니다. 군사적인 면에서 로마와 프랑스가 동등하다는 구절도 있는데, 이런 불안감에서 그의 원한이 생겨났다고 볼 수 있습니다.

스탈 부인이 이 글을 쓰는 순간 일어설 준비를 하고 있던 독일인들은 실제로 1815년 이후 낭만적이 된 프랑스인들과 똑같은 민족주의의 열정에 빠지게 됩니다. 1세기 반 후에 동일한 자원 고갈이 일어나면서 독일도 인구 붕괴를 경험하게 되었습니다. 스탈 부인은 이 거대한 문화가 민족주의 의식으로 위협받을 것을 알지 못했습니다. 이것이 정말 사람들 말처럼, 프랑스 '문명'에 대한 독일 '문화'의 투쟁이었을까요? 저는 그렇게 생각하지 않습니다. 오히려 저는 바로 그런 갈등 때문에 모두 사라질 수도 있는 커다란 두 문화의 적대적 대립이자 차이를 없애는 원동력이기도 한 '상호성 행동'이 다시 등장한 것이라고 생각합니다. 스탈 부인이 꿈꾸었던 대화는 완전히 다시 생각해야 합니다.

그러므로 다음과 같은 것이 그녀의 임무여야 했을 것 같습니다. 아주 멋진 계몽주의 정신으로 프랑스와 독일의 대화를 권하기보다는 오히려 복수 정신을 부추기는 주장과 논거를 제공해주는 것이 그것입니다. 프랑스 고전주의와의 전쟁으로 시작한 스탈 부인은 클라우제비츠와 마찬가지로 이 '전쟁의 신'에게 지고 말았을 뿐 아니라 프랑스 고전주의의 등장을 가속화하는 결과를 낳습니다. 빈 회의로 굴욕을 당한 프랑스가 『독일론』이 열어둔 틈새로 휘말려 들어간 것은 놀라운 일이 아닙니다. 자신을 미워하는 자만이 자신을 사랑할 수 있고, 프랑스인이든 독일인이든 근본적인 낭만주의자들은 서로를 사랑하지 않는 사람들입니다. 그런데 왜 사람들은 이런 사실을 말하지 않을까요? 고전주의에 대한 스탈 부인의 승리는 대단했지만, 그녀 역시 씁쓸하긴 마찬가지였을 겁니다. 스탈 부인의 말년이 우울했으며, 왕정복고에 희미하게 가담한 것도 이 때문이라고 저는 해석하고 있습니다. 그럼에도 그녀는 양국 간의 대화 가능성을 열어주었을 것입니다. 특히 프랑스 작가들에게 그녀의 영향력은 엄청났을 것입니다. 저는 이런 민족주의적 증오에 대한 저항으로 가톨릭의 부흥이 생겨났다고 생각합니다. 유럽의 정수가 바로 이런 대화에 있다는 것을 깨달은 사람들이 가톨릭 부흥에 기여했습니다.

샹트르 스탈 부인이 선생님과 비슷한 직관을 가졌다고 보시는지요?

지라르 그건 더 자세히 살펴봐야 할 것 같습니다. 스탈 부인에게 모
방에 대한 직관이 있다면 제 이론의 설득력이 줄어들 수 있기 때
문입니다! 사실 저는 언제나 위대한 소설가들만이 모방의 작용을
이해하며 모방을 이해하는 것이 소설 창조에 꼭 필요하다고 말해
왔습니다. 그런데 스탈 부인은 소설가라기보다는 이론가입니다.
그녀는 유럽의 살롱에서 모방이 작동되는 것을 포착했을 것입니
다. 그리고 스탈 부인은 그것을 복수심에서 사용할 것입니다. 이
것은 결국 '자기' 진리의 승리를 위해 직관을 사용하는 논객들의
양면성을 보여주는 것이라 할 수 있습니다. 그런데 스탈 부인의 종
교에 관한 생각을 살펴볼 필요가 있는데 종교에 대한 부인의 생각
에는 모방이 연결되어 있는 것 같습니다. 그런 점에서 스탈 부인
의 직관은 물론 저와 가깝다고 생각합니다. 저는 스탈 부인이 인문
학을 예고하고 있다고 생각합니다. 예컨대 완전히 왕당파의 기운
이 묻어나는 프랑스에 관한 다음 지적은 모든 현대 사회에도 그대
로 적용될 수 있을 겁니다.

> 프랑스에서 모방정신은 사회적 유대와 같은 것인데, 이런 유대
> 가 제도의 불안정을 보완하지 않았다면 모든 것이 불안정하게
> 되었을 것이다.[8]

이 발언은 지나는 길에 나온 것 같지만 그 깊이는 대단합니다.
마치 토크빌의 말을 듣는 듯합니다. 19세기 말 인류학의 성과에

---

8) 같은 책, p.106.

힘입어서 모방의 기본 특성에 관해 우리가 지금까지 밝혀온 것과 완벽하게 일치합니다. 따라서 스탈 부인은 처음부터 앞서 나가는 것 같습니다. 그녀는 다른 제도들이 모두 무너졌을 때 대화는 마지막 제도가 되었다고 말했습니다. 말하자면 대화가 마지막 제도라는 것입니다. 스탈 부인은 모방을 우습다고 여기면서도 '혁신의 기초가 모방'이라는 모방의 효과는 이해하고 있었습니다. 실제로 대화는 영광도 잠시 나타났다 사라지고, 훈장도 의심스러운 것이라서 어떠한 영웅적 모델도 오래가지 못하는, 내적중개 세상의 하나의 양식입니다. 몰리에르의 셀리멘은 인간 혐오자와 너절한 후작 나부랭이들을 이겨냈습니다. 스탈 부인은 프랑스에서는 제도의 하나인 '대화의 기술'이 통속함과 숭고함 사이에 있다고 말해주고 있습니다.

내적중개의 전형인 대화는 아주 유연하고 또 세심한 것이라서 프랑스 정신이 이제는 낡은 영웅적인 개성을 피할 수 있게 해준 것이 이 대화라고 결론을 내릴 수 있습니다. 프랑스인의 모방은 보편적입니다. 그러므로 신화와 원한과 '영웅적 행동'을 낳는 하나의 모델에 고착된 동일화를 막는 강력한 보호수단도 모방에서 나왔을 것입니다. 스탈 부인은 나폴레옹 시대 이전의 프랑스인에 대해 말했는데, 그녀는 무기 소리는 들리지 않고 클라우제비츠의 말처럼 우아한 전쟁이 바로 '무장한 대화'였던 18세기에 대한 향수를 갖고 있었습니다. 스탈 부인이 구상하던 18세기 전쟁 모델도 효과가 좋았습니다. 스탈 부인에 따르면 숭고한 것과 통속적인 것 사이의 중개물을 찾지 못하는 독일인에게는 마지막 제도라고 할 수 있을 대화라는 이 제도가 없기 때문일 것입니다. 중개가 없는 것은 대화를 통한 교섭 문화가 없기 때문입니다. 프로이센 사람들은 전쟁을 하지 않을 때는 무역을 하고, '숭고한' 관심사를 주장하지 않을 때는 '통속적'이지만 생업에 종사합니다. 우리는 클라우제비츠에게 상거래가 하나의 사회 모델이라는 것을 보았습니다. 그가 보여주는 프로이센 사람은 정도 차이는 있지만 모두 교환과 상호주의에 빠져 있었습니다. 상품 교환과 주먹질의 교환 사이에 생각의 교환이 설 자리는 없습니다. 클라우제비츠는 자신이 가장 고독할 때 『전쟁론』을 구상했다고 생각해야 합니다. 미완의 이 책이 사후에 발간되었다는 것은 중요한 것을 의미합니다. 클라우제비츠는 살롱을 많이 접하지 않았는데, 횔덜린과 달리 격분과 소란으로 보낸 것이 클라우제비츠 은둔 생활의 어두운 면이라 할 수 있습니다.

그런데 스탈 부인은 1815년 이후에는 숭고한 것과 통속적인 것 사이의 중간 상태 부재 문제를 더 이상 제기하지 않습니다. 다음은 『독일론』의 프랑스판에 추가된 주석입니다.

이 장은 이 책의 다른 모든 부분과 마찬가지로 독일이 완전한 굴종 상태에 있을 때 쓰였다는 사실에 유의해주기 바란다. 그 뒤에 굴종에서 깨어난 게르만 민족들은 프랑스 군대의 무력에 저항하는 정부에 힘을 실어주었다. 군주와 국민의 영웅적 행동은 여론이 세상 운명에 어떻게 영향을 미칠 수 있는지를 잘 보여주었다.[9]

물론 이 주석에서는 민주적 믿음에 대한 진정한 선언을 볼 수 있습니다. 하지만 그럼에도 스탈 부인이 '군주와 국민의 영웅적 행동'이라고 부르는 것에는 프로이센 개혁을 위해 클라우제비츠

---

[9] 같은 책, p.178.

가 바랐던 요소들이 들어 있습니다. 프랑스적인 이상과 자신의 민족성 사이에 분리되어 있던 나라를 통일할 수 있는 군사능력주의 같은 것이 그것입니다. 이 개혁은 영웅적인 모델의 구성에 달려 있는데, 우리는 그것이 바로 『전쟁론』의 목적이라는 것을 알게 되었습니다. 우리는 또한 이 모델이 예기치 않은 힘을 발휘할 수 있다는 것을 보았습니다. 그래서 우리는 이런 꿈에 대해 미리 경고를 받고 있는 셈입니다.

스탈 부인은 미래를 숭배하느라고 미래를 예측할 수 없는 모든 낭만주의자와 같습니다. 불을 가지고 노는 것처럼 원한을 갖고 노는 이 낭만주의 사람들은 모방의 내부에서, 즉 아주 불안정한 중개 안에서 생각하기가 아주 어렵다는 것을 잘 보여줍니다. 아시다시피, 때로는 대단하게 보이기도 하는 이런 방황은 그러나 은연중에 종교만이 대답할 수 있는 엄청난 질문을 제기하고 있다고 생각합니다. 스탈 부인은 모방 본능을 제대로 보았습니다. 반면에 그녀는 낭만적 개인주의와 그 혁신을 무한정으로 소개합니다. 마지막으로 프랑스 지성의 경직성에 반하는 독일의 '열정'을 소환하는 것은 자신이 갖고 있던 모방에 대한 직관을 잃게 할 위험이 있습니다. 가령 성스러운 것에서 신성한 것으로 넘어가는 과정은 이런 열정과 아무 관련이 없습니다. 우리의 '깊은 중개'는 더 신중하고 실제적인 것을 제안합니다. 수필가나 이론가보다 더 가까운 거리에 있는 소설가들은 자율성이라는 환상에 너무 빨리 빠지고 맙니다. 나폴레옹에게 매우 비판적인 스탕달 같은 작가도 독일의 '민족성 각성'을 청하지 않았을 것입니다!

유럽의 조화

샹트르 논객들보다 소설가는 사심이 없는 사람들이긴 합니다만, 논객들의 현실 참여로 소설가가 중요한 것을 볼 수 있게 되는 것도 사실입니다. 스탈 부인은 정치적으로 실수를 범하고 있는데, 선생님이 보시기에 스탈 부인의 결정적인 직관은 어떤 것이라고 생각하십니까?

지라르 앞에서 이미 말했는데요. 가톨릭, 즉 보편적인 것에 대한 생각이라고 말입니다. 여기서 우리는 낭만주의 정신의 양면성을 보고 있습니다. 개성 찬양이라는 어두운 면과 종교의 사회적 역할에 관한 직관이라는 밝은 면이 그것입니다. 스탈 부인이 가장 설득력 있는 지점은 아마도 독일이 개신교와 가톨릭으로 나뉜 것을 진심으로 애석해하는 것일 것입니다. 그렇지만 이 두 전통이 지성과 믿음에 한데 연결되어 있는 독일에서는 그만큼 화해 가능성이 많다는 것을 스탈 부인은 느끼고 있었습니다. 스탈 부인은 독일이 종교전쟁의 나라가 아니라 이성을 존중한다는 공통점에서 종교적 차이들이 다시 만나서 화해되는 나라라고 씁니다. 스탈 부인의 다음 지적을 봅시다.

> 시험을 거치면서 신앙심이 깊어진다면 그 종교는 근거가 확실한 종교다. 이때 그 종교와 이성은 평화를 유지하면서 서로를 섬기게 된다.[10]

---

10) Germaine de Staël, 앞의 책, tome II, p.244.

이 지적은 방금 우리의 말을 뒷받침해줍니다. 스탈 부인은 개신교의 자유검토 사상을 독일의 지적 능력뿐 아니라 종교의 과학적 인식의 원천으로 인정합니다. 스탈 부인은 "프랑스에서 철학적 에스프리는 기독교를 조롱하는 데 비해 독일에서는 학문의 주제가 되었다"[11]라고 썼습니다. 역사비평 방법은 물론 한계를 드러냈지만 그럼에도 인문학의 탄생을 예고하고 있습니다.

이런 점에서 가톨릭을 이야기하는 장은 아주 많은 것을 밝혀줍니다. 우선 스탈 부인에 따르면, "가톨릭은 다른 어느 나라보다 독일에 더 관대"[12]합니다. 스탈 부인은 독일에서 프랑스 전쟁의 흔적을 느낄 수가 없었습니다. 그리고 개신교에서 나온 가톨릭 신자들에게서는 '믿음의 필요성'과 '검토의 필요성'이 조화롭게 작동하고 있었기 때문입니다.[13] 스탈 부인은 스톨베르크 백작이 "방금 모든 기독교 종파가 모두 승인할 예수 그리스도 종교의 역사를 출판했다"[14]라고 썼습니다. 이 책은 잘 모르지만 스탈 부인의 말은 아주 흥미롭습니다.

이 책에서 우리는 성서에 대한 완벽한 지식과 함께 기독교와는 다른 아시아의 다른 종교에 대한 매우 흥미로운 연구 결과를 보게 된다. …스톨베르크 백작은 구약에 대해, 대부분 개신교 작가들보다 훨씬 많은 가중치를 부여하고 있다. 희생을 모든 종교의 기초로 간주하는 그는 아벨의 죽음을 기독교를 세운 첫 번째 희생 유형으로 생각한다. 이런 견해는 많은 것을 생각하게

---

11) 같은 책, p.247.
12) 같은 책, p.254.
13) 같은 책, p.257.
14) 같은 책, p.258.

한다. 대부분 고대종교에는 인간 희생제도가 들어 있다. 이런 야만성에는 놀라운 것이 들어 있는데, 그것은 엄숙한 속죄가 필요하다는 것이다. 무고한 사람의 피에는 아주 신비로운 것이 있었는데, 땅과 하늘이 이것으로 움직인다는 믿음을 사람들 마음에서 지울 수가 없었다. 정의로운 사람들은 이승이나 저승에서 그런 범죄에 대한 용서를 받을 수 있다고 항상 믿었다. 인류에게는 모든 시대 모든 민족에게 다소 훼손되어 나타나는 원시적인 생각이 있다. 이런 생각에 대해 인류는 지치지 않고 성찰하는데 그것은 여기에는 분명 인류의 잃어버린 흔적이 들어 있기 때문이다.[15]

스탈 부인이 보기에 그런 '느낌'이 '신앙의 진실'에 적용되는 것은 논란을 벌일 여지도 없고 존중할 만한 사실처럼 보였습니다. 충격적인 징후가 있다는 것을 인정합시다! 이런 관심이 1810년에 나온 조제프 드 메스트르의 『희생에 대한 해명』과 동시대에 일어난 것이라는 사실을 잊지 맙시다. 물론 여기서 이야기되는 인류학은 초기 단계의 인류학입니다. 이때의 인류학은 '세상 설립 이래 감추어져온 것들'을 밝혀내는 반전을 보지 못했습니다. 타인의 희생과 자기희생에 대한 완전한 성찰에도 이르지 못했습니다. 희생자들은 결백한 동시에 이런 희생에는 속죄의 기능이 있었습니다. 그렇지만 인류학이 탄생하고 신학적 추측을 넘어서는 종교 과학이 가능해지는 것은 바로 이 낭만적인 토양에서입니다.

스탈 부인은 당시 혼자가 아니었습니다. 그녀는 당시 시대의 아름다운 안테나 역할을 했습니다. 프랑스와 독일 문제의 한가운데

---

15) 같은 책, p.259.

서 그녀의 모방에 대한 직관이 솟아났다는 것이 아주 중요합니다. 실제로 유럽 역사상 가장 극심한 차이소멸의 진원지 가운데 하나가 바로 여기에 있습니다. 이런 경쟁은 마침내 유럽 사상의 본질이 더럽혀지면서 냉철하게 구상되고 조직된 국가범죄인, 유대인 말살을 낳았다는 사실을 우린 절대로 잊어서는 안 될 것입니다. 헤겔이 변증법에서 화해로 쉽게 넘어간 것은 지양(Aufhebung)이 카타르시스의 화신임을 보지 못했기 때문입니다. 변증법은 정반대의 갈등인데 이럴 때 클라우제비츠는 극단으로만 치닫는다고 말했습니다. 그러나 스탈 부인은 전염성 강한 모방은 희생적인 출구만 가질 수 있다고, 자기 나름으로 느꼈을 것입니다. 스탈 부인은 동시에 '항상 결백한 희생양'은 언제나 복수를 불러오기에 더 이상 쓸모가 없다는 것도 막연히 느꼈을 것입니다.

스탈 부인이 어떤 면에서는 여전히 사로잡혀 있었던 '프랑스-독일'의 매듭에서 벗어날 수 있었던 것은 바로 종교에 대한 이런 직관 덕분입니다. 여기서 개방은 실제적인데 이를 명확하게 표현해준 것이 가톨릭입니다. 그런데 이 저자는 열정보다는 꼭 필요한 지식과 믿음의 화해를 더 자주 말하고 있습니다. 여기에는 헤겔과 클라우제비츠가 취하지 않은 조치가 있습니다. 이 직관은 나폴레옹을 비난하는 중에도 스탈 부인이 유럽 문화를 생각하려고 진지하게 노력하고 있었다는 것을 잘 보여줍니다. 그 시대에 가장 관용적이라고 알려진 독일 가톨릭의 모델이 특히 독일과 프랑스의 계몽주의에 대해 공공연하고 역동적인 존중에서 출발한다는 점에서 제 관심을 더 끕니다. 당시 유럽은 나폴레옹이 일으킨 민족 전쟁이 아니라 바로 이 지점에 있었는데, 이 부분이 저에게는 가장 자극적입니다. 모든 종교 전쟁, 전쟁인 모든 종교의 이런 초월은 저를 완전히 설복시킵니다. 이 책의 서두에서 저자가 언급하는 나폴레옹의 검열관의 "우리는 당신들이 찬양하는 민족에게서만 모델을 찾지 않았다"[16]라는 구절은 독일 가톨릭이 가장 전복적이라는 것을 알지 못했습니다. 더구나 스탈 부인도 나폴레옹 비판에 너무 몰두한 나머지 자신이 만드는 모델을 완전히 제어하지 못했습니다. 그러나 오스트리아가 더 이상 중요하지 않고 신성로마제국도 쇠퇴하던 시기에 그녀에게 필요한 것은 바로 타고난 직관이었습니다.

샹트르 스탈 부인이 다루고 있는 영역과 일치하는, 선생님이 말씀하시는 '독일 가톨릭 모델'의 다른 사례를 볼 수 있을까요?

지라르 우리는 이 문제를 가능한 한 깊이 파고들어 가야 합니다. 하지만 단서는 하나 제시할 수 있을 것 같습니다. 우리가 언급하려는 합리적 모델은 매우 복잡합니다. 스탈 부인의 글을 보면 그녀는 가톨릭과 개신교, 독일인과 프랑스인이라는 두 진영을 화해시키고자 합니다. 이 모델은 정치적이고 문학적이고 영적이기도 합니다. 두 만남이 떠오르는군요. 첫 번째는 보들레르와 바그너의 만남이고, 두 번째는 드골과 아데나워의 만남입니다. 우리는 이 두 만남을 스탈 부인의 행적과 그녀가 열어놓은 공간에 넣어서 생각해볼 수 있습니다. 첫 번째 만남은 미학적·문학적 차원의 만남이며, 두 번째 만남은 정치적 차원의 만남입니다. 세 번째 제가 제시할 수 있는 또 하나의 사례는 좀더 최신의 것으로, 우리가 방금 읽은 스탈 부인의 구절에서 내용의 연속성에 완벽하게 부합합니다. 유럽뿐 아니라 세계의 역사에서도 중요한 의미를 갖는 독일인 교황 선

---

16) Germaine de Staël, 앞의 책, tome I, p.39.

출 사건이 그것입니다. 교황 베네딕토 16세는 그의 전임자와 마찬가지로 의심할 여지 없는 유럽의 뛰어난 사상가입니다. 이 세 가지 예는 엄격히 종파적인 개념이라기보다는 문화적인 개념으로 스탈 부인이 가톨릭이라 부르는 것과 잘 어울립니다. 이것들은 그것들과 관련된 세 가지 순서로 논리적 순서를 구성합니다.

먼저 정치적 사례부터 살펴봅시다. 1958년 콜롱베에 있던 드골의 사저에서 진행된 드골과 아데나워 회담에서 특히 아름다운 것은, 유럽이 죄를 범한 그곳에서 어떤 식으로든 용서받기를 원했다는 것입니다. 그들은 전례 없는 제2차 세계대전이 끝난 뒤, 서로를 너무 모방한 두 나라의 폐허 위에서 과도한 모방이 최악의 사태를 불러왔다는 것을 깨닫게 되었는데, 이는 정말 예외적인 순간입니다. 1962년 7월 8일, 랭스대성당에서 찬송가가 울려 퍼질 때 제가 어디에 있었는지 정확히 기억나지는 않지만, 엄청난 감정으로 그 행사를 경험했다는 것은 분명히 기억납니다. 전날 최고급 볼린저와 하이지크 샴페인으로 대접받은 콘라트 아데나워는 라인강에서 멀지 않은 샹파뉴 지방에 경의를 표하면서 다음 날 드골 장군과 함께 미사에 참석합니다. 잔 다르크가 샤를 7세의 대관식을 열어준 곳이자 1914년에는 독일로부터 300여 개의 폭탄 폭격을 받았던 그곳 랭스대성당에서 앙숙인 두 나라가 서로를 용서하는 의지를 표명하고 화해를 향한 행진을 약속한 이 모든 일이 일어났습니다. 몇 개월 후인 1963년 1월 22일 엘리제궁에서 프랑스와 독일 간의 우호조약은 서명됩니다. 드골은 시청 연설에서 "민중의 영혼이 라인강 이쪽에서 승인을 표명하는 것이 필수적"이라고 거침없이 말했습니다. 그 반면에 아데나워는 두 나라 사이의 '해자가 채워졌다'고 다소 평범하지만 아주 정확하게 표현했습니다.

이 만남에는 훌륭한 역사가 들어 있습니다. 콜롱베에서 한자리에 앉기 이전에 두 사람은 선험적으로 많은 것을 포기해야 했습니다. 아데나워는 당시 드골을 만나는 것을 아주 많이 불안해했습니다. 그에게 드골은 공격적인 민족주의자로 알려져 있었습니다. 사실 드골은 독일군 설립에 반대하고 있었습니다. 저는 드골이 샴페인 작전으로 성공하기 위해서 군사 문제는 상쇄하고 싶어 했다고 생각합니다. 어쩌면 우리 생각보다 더 깊은 것일 수 있을 겁니다. 저는 통역사들이 두 사람 사이에 실제 '일대일'로 만날 때마다 일어났던 '스파크'에 대해 들려주었다는 것이 기억납니다. 우리는 오늘날 이 관계 회복의 정치적 업적이 얼마나 대단하고 또 이런 지양에 필요한 영웅적 노력이 어떤 것인지는 알 수 없습니다. 496년 클로비스가 세례를 받았던 그 도시에서 독일과 프랑스 군대가 행진을 했습니다. 교황 요한 바오로 2세가 클로비스 세례 1,500주년을 기념하기 위해 이곳에 온 이유가 단순히 고대의 기독교를 찬양하는 것만이 아니었을 겁니다. 이 사건을 실제로 진지하게 생각한 사람은 별로 없었던 것 같습니다. 평소처럼 사람들은 교황을 비난했습니다. 우리는 요한 바오로 2세가 유럽, 특히 프랑스를 상징적이고 영적인 지도로 여기고 사려 깊게 움직였다고 여기고 싶어 하지 않았습니다. 두 나라가 화해하기로 선택한 도시를 교황이 선택했는지는 아직 깊이 생각하지 않았을 수도 있습니다. 마치 해결해야 할 유럽의 원죄가 발생한 곳이, 오래된 로타링기아의 가장자리에 있었던 것처럼 그 도시가 선택되었다고 볼 수도 있습니다. 클라우제비츠의 글에서도 이런 결투가 다시 나타나는 것을 보았습니다. 샤를마뉴와 레오 3세 이후로 교황권도 바로 이런 결투 때문에 몸부림칩니다. 진짜 논쟁, 진짜 전쟁을 벌였다는 말입니다.

이제는 예술가에 관한 것이기에 정신영역과 연관된 두 번째 사례를 살펴봅시다. 우리는 스탈 부인에게서 옹졸한 복수심이 아니라 정신적 자유를 보았습니다. 스탈 부인은 퓌스텔 드 쿨랑즈, 위고 그리고 토크빌 같은 사람들에게 현대성을, 즉 보들레르에 이르는 길을 열어주었습니다. 보들레르의 『낭만파 예술』은 스탈 부인의 『독일론』의 연장선이라고 생각합니다.[17] 비교문학의 가능성뿐 아니라 유럽에 더 이상 전쟁이 아닌 음악적 감성 가운데서 협력할 가능성을 열어준 스탈 부인의 길은 보들레르를 통해서 멋진 추인을 받았습니다. 물론 바그너에 대한 히틀러의 회유도 있었습니다. 전대미문의 새로운 이교도가 먹잇감을 찾았다는 것을 우리는 부인할 수 없습니다. 그러나 저로서는 이 문제에 관해 보들레르가 니체보다 더 설득력 있는 것 같습니다. 바그너에 대한 니체의 저항은 니체 자신의 아주 깊은 원한에서 나옵니다. 사이가 멀어진 이유 가운데 하나는 아마도 프랑스 카페의 연주회에서 그의 천재성을 발견했다는 데서 나오는 것 같습니다. 보들레르가 바그너의 예술을 디오니소스의 귀환이 아닌 고대와 기독교의 대화로 해석하는 데서 알 수 있듯이, 그는 니체보다 더 정확하게 바그너를 보고 있었습니다. 이렇듯이 보들레르가 바그너의 영향을 인류학적이고 종교적인 성찰의 방향으로 인도했다는 것은 부인할 수 없을 것입니다.

바그너에게 바쳐진 두 개의 글, 1860년 2월 17일 이 작곡가에게 보낸 서한과 1861년 4월 1일 잡지 『유럽』에 실린 '리하르트 바그너와 탄호이저'에 관한 유명한 에세이는 이런 관점에서 자세히 살펴볼 가치가 있는 글입니다. 보들레르는 그리스 미학에 관심을 갖게 된 것에 대해 이 작곡가에게 감사를 표합니다. 그러나 에스킬로스와 소포클레스의 '부활'은 기독교와의 대결에서 일어납니다.

---

17) *L'Art romantique*. 보들레르 사후 2년 뒤인 1869년에 나온 평론선집.

…바그너의 시는 진지한 심미안과 고전미에 대한 완벽한 이해를 보여주지만, 많은 부분은 낭만주의 정신을 지니고 있다. 이 시들은 소포클레스와 에스킬로스의 장중함을 꿈꾸게도 하지만 그와 동시에 조형적으로 가장 가톨릭다운 시대의 신비로움을 떠올릴 수밖에 없게 한다. 그의 시는 마치 중세의 교회 벽면이나 웅장한 타피스리에 펼쳐진 위대한 광경과 비슷하다.[18]

보들레르는 곧 바그너의 천재성은 드라마와 음악, 고대종교와 기독교의 대화 성격을 띠고 있다고 생각합니다. 그래서 보들레르는 바그너를 두고 이렇게 씁니다.

시적인 방법과 음악적인 방법이라는 두 가지 방식으로 생각하지 않을 수가 없다. 한 예술의 한계가 멈추는 곳에서 다른 예술이 작동하기 시작하는 두 가지 예술로 동시에 모든 생각을 엿볼 수밖에 없다.[19]

이 형식적인 이중성은 더 본질적인 대화, 즉 기독교를 구조화하는 근본적인 투쟁에 기여하고 있습니다.

탄호이저는 인간 마음속에서 벌어지는 육신과 영혼, 천국과 지옥, 하나님과 사탄이라는 두 원칙의 투쟁을 보여준다. 무기력과 환희에는 열정이 들어 있지만 항상 괴로움으로 끝기고 만다. 끊임없이 관능으로 돌아가 갈증은 해소하지만 영원히 잠재우지는

---

18) Charles Baudelaire, *L'Art romantique*, Flammarion, coll. 'GF,' 1968, pp.278-279.
19) 같은 책, p.275.

못한다. 여기서는 마음과 감각의 격렬한 흥분과 육체의 오만한 명령과 사랑에 들어 있는 온갖 소리가 들려온다. 그러다가 마침내 성스러운 종교적 주제가 점차 세력을 확장하면서 상대를 평화롭고도 영광스러운 승리로 싸안는다. 이것은 마치 불굴의 존재가 병들고 무질서한 존재를 거두어들이는 루시퍼에 대한 미카엘 대천사의 승리와 같다.[20]

낭만적인 욕망과 그 '흡수'에 대해 완벽한 정의를 내리고 있는 이 구절에는 흑백논리의 투쟁이나 불가지론은 하나도 들어 있지 않습니다. 미카엘 대천사는 루시퍼를 '흡수하지' 쓰러뜨리지는 않습니다. 그것은 단순한 승리가 아니라 평화로운 승리입니다. 같은 방식으로, 기독교는 고대종교를 밝히고 있습니다. 『악의 꽃』은 모두 이 빛으로 읽어야 합니다. 여기서 실제로 보들레르는 바그너를 동일시는 하지만 정확하게 모방은 하지 않습니다. 이 작곡가에게 니체처럼 가까이 근접하지 않았다는 말입니다. 괴테가 횔덜린이 두려웠던 것처럼 바그너는 니체가 성가실 수밖에 없었습니다. 니체가 복수를 노렸다는 것은 부인할 수 없는 사실일 것입니다. 횔덜린은 침묵을 택합니다. 앞서 보았듯이 '가톨릭, 즉 보편적이 되고자 하는' 그의 소망에는 그리스의 신들과 기독교의 신 사이의, 둘 다 중요한 것인 연속성과 불연속성에 대한 그의 의식도 동반됩니다. 보들레르의 「벌거벗은 내 마음」(mon cœur mis à nu)이라는 시도 횔덜린의 시각에서 연구할 필요가 있을 겁니다.

보들레르는 이리하여 참된 유럽 문화의 증거인 횔덜린과 제르멘 드 스탈의 지적이자 영적인 보편성을 다시 포착하게 됩니다. 바

---

20) 같은 책, pp.280-281.

그녀는 파리 오페라에 분노해 보들레르를 만나지 않았습니다. 그의 반유대주의는 또 부분적으로는 파리 음악계에 대한 증오에서 비롯되었습니다. 그렇다고 해서 보들레르의 '거리두기'에 들어 있는 위대함이 줄어들지는 않습니다. 보들레르는 바그너의 말을 듣고서 그 안에 잘 녹아들어 있는 고대정신이 기독교에 의해 정당화되고 있다는 것을 잘 이해했습니다. 기독교와 고대정신의 관계는 고대정신이 없었다면 인류도 없었을 것이라는 사실을 확인해줍니다. 보들레르는 자기부정의 함정에 빠지지 않습니다. 그리스인들 앞에서 서양이 먼저 자신을 낮춤으로써 자신의 독창성을 경시하는 것을 그는 거부했습니다. 유럽 문명은 전 세계에 말을 건 최초의 문화입니다. 유럽이 구현하는 '두 원칙의 대립'은 비록 큰 위협에 처해 있지만 다른 어떤 문명도 이룬 적이 없는 지금의 상태를 재평가해주고 있습니다. 보들레르는 바그너에게서 당대와 엄청난 긴장이 고조되는 것을 본, 묵시록적인 시인입니다. 이 시인에게도 위험이 커질수록 구원도 커진다는 점을 명심하면서 이 작곡가에게 보낸 다음 서한을 읽어야 합니다.

그림에 비유해서 지금 눈앞에 광활한 빨간색이 있다고 가정해봅시다. 빨간색이 열정을 나타낸다면, 이 열정이 빨강과 분홍색에서 서서히 화덕 속 화염의 빛으로 변해가는 것을 볼 수 있습니다. 이보다 더 열렬한 것이 불가능할 정도로 말입니다. 그럼에도 마지막 불꽃은 하얀 배경에 더 하얀 선을 그려냅니다. 절정에 달한 영혼의 최상의 외침이라고 할 수 있겠지요.[21]

---

21) "Lettre à Richard Wagner," 앞의 책, p.264.

이것이 우리의 전체 여정인 것 같은데, 이제 자연스럽게 세 번째 사례를 살펴봅시다. 이것은 유럽 문화의 본질적인 가톨릭, 즉 보편적인 것에 해당합니다. 2006년 9월 레겐스부르크에서 행한 첫 번째 독일 교황의 연설을 생각해봅시다. 그곳에서 베네딕토 16세는 이슬람과 개신교에 대항해 전쟁을 선포했습니다. 조금 미안하지만, 이것은 이성에 대한 옹호라고 저는 먼저 생각해봅니다. 모두들 교황에게 달려갔는데, 각자 스스로 차이가 난다고 자칭하는 다른 이유로 달려갔습니다. 반동으로 통하던 이 교황은 이성의 수호자처럼 행동합니다. 사람들이 역설이라고 여기는 것을 저는 정말로 좋아합니다. 가톨릭이 본질적으로 합리적이지 않다고 하는 것처럼 말입니다. 스탈 부인이 자신도 모르는 사이에, 어쩌면 황혼과 같을지 모르지만 어쨌든 유럽과 세계에서 매우 상징적인 역할을 할 인물을 예상하고 있었다는 것을 생각하면 저는 정말 기쁩니다. 사실 베네딕토 16세는 '유럽의 마지막 교황'이라는 말이 있습니다. 제가 알기로는, 프랑스와 독일 사이의 본질적으로 경제적인 엔진이 제대로 가동되지 못했을 때 그가 교황에 선출된 것으로 알고 있습니다. 교황에 선출된 요제프 라칭거 추기경이 새로운 교황 이름으로 무엇을 택하는지는 이 점에서 중요한 것을 말해줍니다. 첫 번째 독일 교황인 베네딕토 16세는 유럽의 수호신을 이름으로 택하고 아우슈비츠로 가서 묵상에 잠기는데, 이런 것은 깊이 생각해볼 만한 것들입니다.

또 베네딕토 16세 덕분에 망각에서 되살아난 베네딕토 15세를 봅시다. 1914년에 선출된 이 교황은 부조리한 전쟁에 대항해 모든 힘을 다했지만 자신이 제안한 평화안이 1917년 8월 1일 회의에서 통과되지 못합니다. 독일에는 '반-독일'로 프랑스 측에는 '반-프랑스'로 알려져 있었기 때문입니다. 결국 베네딕토 15세는 본국 이탈리아인들에 의해 평화회의에서도 배제되었습니다. 두 민족지 상주의 사이의 끔찍한 전쟁으로 전면에서 감추어져 있던 교황도 있습니다. 잠시 과거로 돌아가 1740-58년의 교황 베네딕토 14세를 봅시다. 그는 스페인과 시칠리아와 포르투갈 왕국을 화해시키고 프로이센 왕국을 인정하고 역사학과 자연과학의 진보를 옹호한 교황이자, 당대의 위대한 과학자들과 교류하면서 개신교도의 존경과 우정을 받은 교황입니다. 새 교황의 이름을 베네딕토로 결정한 것이 조금 납득이 되셨는지요? 유럽연합 찬반을 묻는 프랑스 국민투표가 실패하기 1년 전 로마 교황청 발코니에서 이 교황이 내린 축복의 말, '우르비 에트 오르비'(urbi et orbi, 로마와 세계에, 만인에게)는 바로 유럽이 20세기에 그랬던 것처럼 자멸을 향한 증오에서 시급히 벗어나 단결해야 한다는 것을 의미합니다. 아직 희망은 있으며 모든 걸 다 잃어버린 것은 아니라는 것이지요.

'레겐스부르크 연설'로 불리는 이 사건은 이제 완전한 의미를 갖게 되었습니다. 교황은 '탈(脫)그리스화'의 위험에 맞서서 그리스의 이성으로 되돌아온 것입니다. 그리스의 차이와 유대-기독교의 동일성을 동시에 유지하는 것이야말로 철학과 신학이 갖추어야 할 필수적인 견지일 것입니다. 우리는 여기로 되돌아와야 할 것입니다. 휠덜린이 「파트모스」나 「바티칸」 같은 시에서 보았던 것이 바로 이것입니다. 교황과 관련된 것에는 의미가 풍부합니다. 우리는 여기서 평화로운 모방의 훌륭한 예를 볼 수 있습니다. 이 모방은 지난 2세기의 역사를 거치면서 그리고 극단적 보수주의자와 진보주의자의 불모의 경쟁에 대항하는, 그리스도 모방에 기초한 전통의 존중이 유지되는 모방입니다. 교황의 무오류성도 모방의 시각에서 설명되어야 할 것입니다. '교황은 화를 덜 내는 사람' 정도가 될 것입니다. 항상 교리 뒤에 감추어져 있는 인류학적 현실을 찾아야 합니다. 기독교는 처음부터 모방의 틀 위에 기초해 있습니다. 이런 의미에서 우리의 작업은 말하자면 기독교적 직관을 이론화하는 것일 뿐이고, 가톨릭, 즉 보편적이 된다는 것은 교황이라는 이 독특하게 유일한 보편적 존재와 동일시한다는 것을 의미한다고 말할 수 있을 것입니다. 그러나 여기서 말하는 동일시는 단순히 재치 있는 게임이 아닙니다. 그것은 제국에 반대해서 1,000년 넘게 이어온 끔찍한 전쟁에 들어가 있는 것입니다. 스탈 부인은 스톨베르크 백작을 찬양할 때 자신이 무엇을 하고 있는지 부분적으로만 알고 있었지만 오늘날의 현실을 예상하고 있었습니다. 만약 프랑스와 독일 사이의 이 '엔진'이 신학적이고 전지구적이고 합리적인 것이 되는 중이라면 어떠할까요? 그렇게 되면 그것이야말로 역사의 희한한 아이러니라는 것을 인정해야 할 것입니다.

샹트르 그러므로 선생님에게 낭만주의는 단순한 '거짓말'을 넘어서서 최악과 최선이 공존하고 성스러움과 신성함, 주관주의와 초월이 공존하는 불안정한 시대의 양면성을 의미하는 것 같습니다. 그것은 낭만적 개인들이 더 모방적인 동시에 종교에 더 가까워서 스탈 부인의 말처럼 '인류의 잃어버린 흔적'을 잘 찾을 수 있기 때문이 아닐까요?

지라르 종교의 기원과 거기서 벗어나는 방법을 잘 포착할 수 있다는 의미에서 낭만적 개인은 '현대적'입니다. 셸링은 신화에 대한 훌륭한 직관을 갖고 있었고, 니체도 마찬가지입니다. 그러나 그들은 예수 수난이 '성스러움'을 완전히 바꾸어놓았다는 것을 보지 못했거나 보려 하지 않았습니다. 이것이 바로 『즐거운 지식』 아포리즘 125번의 의미입니다. 낭만주의는 모든 신화가 감추고 있던 차이 없는 군중의 마그마 같은 세상 저 밑바닥 심연이 열리는 것을 엿보았습니다. 낭만주의는 그러므로 숭고한 동시에 무서운 것입니다. 유럽은 프랑스혁명이 열어놓은 세상 설립이라는 망상에 빠져듭니다. 나폴레옹은 이 기세를 이어갔고, 갈수록 엄청난 폭력으로 유럽 대륙을 해결해야 할 문제로 보고 자르고 베어나갔습니다. 물론 이 모든 것은 매력적으로 보였지만, 샤를마뉴만큼 오래된 제국이라는 생각은 갑자기 엉망이 되었습니다.

그렇다고 샤를 5세 시대에 머물러 있어야 한다는 말은 아닙니다! 그러나 우리는 이 2세기 동안 일어난 변화를 생각해야 합니다. 사실 제 느낌으로 바로 넘어가자면, 저는 유럽의 사상이 파리·베를린·비엔나·모스크바보다 바티칸으로 도피했다고 생각합니다. 제국과의 투쟁에서 교황권이 이겼습니다. 요한 바오로 2세 이후로 유럽 사상이 세계 도처로 퍼져나가 이제는 전 지구적 현상이 되어 있습니다. 그래서 요한 바오로 2세는 나치 희생자 추모공원인 야드바셈에서 참회하는 동시에 인권을 위해 봉헌했습니다. 교황이 지금까지 지키고 있는 유럽 사상은 바로 만인의 동일성입니다. 그러나 이 동일성은 '동일성이 전제하는 신성'도 통합할 수 있는 이성으로 되찾은 동일성이라는 것에 유의합시다. 우리로서는 교회에서 이 길을 계속 이어나가기를 바랄 뿐입니다.

많은 것을 알고 있던 나폴레옹이 교황 비오 7세를 인질로 잡았다는 것을 기억합니다. 그러자 가톨릭은 그를 적그리스도로 부르기 시작했습니다. 하지만 그는 훨씬 이전에도 이미 적그리스도였는데 지금 우리는 그 까닭을 알 수 있습니다. 교황 지지파와 황제 지지파 사이의 오래된 단테의 논쟁이 그때 재등장하기 시작했습니다. 이 오래된 자료를 다시 꺼내야 합니다. 지금은 잊힌 이 트라우마는 그것이 정작 절대적으로 필요할 때는 우스운 것처럼 보입니다.

이런 점에서 세귀르 백작부인의 예는 아주 흥미롭습니다. 러시아 귀족으로 상트페테르부르크를 떠나 1817년에 프랑스에 정착해 프랑스 작가가 된 그녀는 나폴레옹 3세가 교황권을 보장해주기를 바랐습니다. 속세의 지배권을 내려놓는 것이 교황이 행할 수 있는 최선임을 그녀는 이해하지 못했습니다. 나폴레옹 3세는 교황권 국가들을 보장하지 못했을 뿐만 아니라, 1870년 프로이센의 프랑스 점령으로 교황은 이번에는 이탈리아 정부에 다시 인질로 잡혔습니다. 프랑스 귀족 자제들도 가담한 교황 호위대 사건은 그녀를 완전히 매료했습니다. 세귀르 백작부인은 교황의 세속 권력의 몰수를 진짜 재앙으로 느꼈습니다.

이런 유형의 역설에 해당하는 사례는 아주 많을 것 같습니다. 1981년 요한 바오로 2세 암살 시도의 이유는 무엇이라고 생각하십니까? 소련도 유럽에 대해 생각이 있었는데, 소련의 반(反)독일 정신은 도처에서 흔들리고 있었습니다. 그 당시에 교황이 그렇게 중요한 역할을 했다는 것은 놀라운 일이 아닙니다. 이 이상한 사건에서 과연 총탄은 어디서 왔을까요? 총성이 어디에서 들려왔든, 이 이상한 사건에서는 동쪽에서 왔다고 생각하지 않을 수가 없었습니다.

유럽에서 황제 사상은 교황파 내의 여러 정파와 황제파 내의 여러 정파 사이의 경쟁으로, 그리고 교황파가 사라진 뒤에는 자칭 황제파들 사이의 경쟁과 수 세기에 걸친 프랑스와 독일의 경쟁 등으로 지속적으로 붕괴되어왔습니다. 마침내는 극단으로 치닫기 속에서 황제의 모든 흔적마저 사라지게 됩니다. 극단으로 치닫는 성향은 역설적으로 교황권을 해방했다고 말할 수 있는데, 교황권의 소생은 대단한 원한을 불러일으킵니다. 이런 현상은 근본적이며 또 비교적 최근의 일입니다. 그런데 누가 이런 것에 주목했을까요? 사실을 말하자면, 예나에 있던 헤겔의 창문 아래를 지나가는 '세계정신'보다는 이성을 옹호해 마침내 이슬람 국가인 앙카라로 간 독일인 교황이 저로서는 더 믿음이 갑니다.

2세기 동안 지속되었던 격변과 함께 전쟁과 평화, 질서와 혼란이라는 양면성을 만드는 데 부분적인 원인을 제공한 프랑스와 독일의 관계를 깊이 살펴볼 필요가 있는 것도 이 때문입니다. 유럽 사상이 부상한 데에는 이런 대가가 있었습니다. 우리는 이 유럽 사상을 위해 싸워야 합니다. 프랑스에는 거론하고 싶어 하지 않는 불쾌한 주제와 금기사항이 있습니다. 우리는 이미 드레퓌스 사건과 그것의 완벽한 징조인 군사 영웅주의의 위기를 언급한 바 있습니다. 또 다른 한편으로 앵발리드에 있는 나폴레옹의 무덤이 레닌의 묘소와 비슷하다는 말을 프랑스 사람 가운데 누가 감히 할 수 있겠습니까? 아무도 없을 것입니다. 나폴레옹은 카이사르처럼 문자 그대로 신격화되었습니다. 그러나 그의 죽음은 근거가 없습니다. 프랑스 제국은 그와 함께 죽었습니다. 그래서 그의 조카는 그를 망각하게 하려고 파리를 재건했습니다. 예나·바그람·오스테를리츠·콜랭쿠르 같은 이름은 프랑스를 폐허로 만든 전투나 장군 이름보다는 길이나 역이나 거리 이름을 연상시킵니다. 우리는 얼마 전까지만 해도 루이 14세와 나폴레옹의 위대한 프랑스라는 신화에 여전히 머물러 있었습니다. 드골은 이 신화를 자신의 방식으로 착용했습니다. 이제 시대가 바뀌었습니다. 시대가 변한 것은 분명 좋은 것이라 생각합니다. 이것은 국가와 민족이라는 종교에서 벗어났음을 의미하기 때문입니다. 최선의 드골주의를 이어간다는 것은 예컨대 지나치게 편협한 민족주의와 같은 드골의 특정 신화를 포기하는 것을 의미합니다.

1940년의 '이상한 패배'

샹트르 선생님의 방금 말씀은 19세기 초 스탈 부인이 기대했던 것과 그대로 일치하는 것 같습니다. 선생님은 서로 양극단으로 치닫는 한가운데서 진행된 프랑스와 독일 문화 간의 대화에 들어 있는 안전한 릴레이를 언급했습니다. 그러나 프랑스는 2005년 국민투표에서 유럽에 반대 의견을 표명했습니다. 민족 자부심의 마지막 요동이었을까요?

지라르 아마 그럴 겁니다. 민족 자존심이란 좋은 느낌을 주지 않기 때문에 그렇게 생각하고 싶군요. 하지만 저는 걸핏하면 울상을 짓는 사람들에게 동조하지는 않을 것입니다. 프랑스에 대해 절망해서는 안 됩니다. 프랑스는 유럽을 믿어야 하는데, 그러려면 결국 나폴레옹 문제를 해결해야 합니다. 그런데 트라팔가르 전투는 장중하게 기념하면서 오스테를리츠 전투 200주년은 기념도 하지 않는 치욕스러운 방식으로는 해결이 되지 않을 겁니다. 프랑스인들은 이 방면에서는 탁월한 자기증오에서 가능한 한 빨리 벗어나야 합니다. 클라우제비츠가 어떤 식으로든 우리를 도와줄 수 있을 겁니다. 우리는 실제로 독일인의 눈으로 역사를 보는 법을 배워야 합니다. 이 방면에서는 우리보다 독일인이 뛰어납니다. 당시에 나폴레옹을 어떻게 보았는지를 보여주는 아르테 방송 프로그램 이야기를 들었습니다. 매우 흥미로웠습니다. 19세기 초 독일인들은 황제가 역사를 서두르고 있다는 느낌을 아주 강하게 갖고 있었습니다. 물론 선례가 있었습니다. '전쟁을 너무 좋아하는' 루이 14세의 정책 오류는 분명히 있었습니다. 그래서 나폴레옹의 등장을 충분히 예측할 수 있었지만 사람들은 각자 자신의 일상에 몰두해 있었습니다. 당시 나폴레옹은 '평화로운 우리 독일인을 방해하는 골칫거리' 정도로 여겨졌습니다. 독일이 아직 통일되지 않았고, 충격을 더 잘 받아들일 수 있고, 아직 그다지 모방적이지 않다는 정당한 이유 때문인지 아직 적대적인 분위기는 없었습니다. 프로이센에서는 프랑스를 극도로 모방했지만 바이에른이나 작센에서는 그렇지 않았습니다.

그러나 이런 분위기는 1870년 전쟁 이후에 변한 프랑스와 독일의 관계와는 아무런 관련이 없습니다. 이상하게도 우리는 이런 사실을 알고 싶어 하지도, 기억하고 싶어 하지도 않습니다. 프랑스는 2세기 동안 계속된 독일과의 갈등을 단념하지 못했고, 제1차 세계대전의 용사들은 장중하게 안장될 것입니다. 우리는 계속해서 모든 익명의 사람을 영웅으로 만들기를 원하고 있습니다. 다시 말해 우리는 여전히 프랑스인의 눈으로 독일을 보는데, 이제 프랑스인들은 바로 독일인의 시선을 가져야 합니다. 프랑스는 거울에 비친 자신의 모습을 수치심 없이 볼 수 있어야 합니다. 상호 모방에 따른 역사적 대가로 받아들여야 합니다. 따라서 이 놀라운 대결의 시작을 알려주는 기록을 다시 읽고 자세히 연구할 필요가 있는데, 이때도 민족주의적이고 일방적인 관점은 피해야 합니다.

샹트르 샤를 페기는 제1차 세계대전 이전의 이런 분위기를 잘 보여줍니다. 두 나라는 서로 감시했지만 클라우제비츠의 표현을 빌리면 '적대감'을 '적의'로 축소할 수 있었던 통제된 증오의 상태에 머물러 있었습니다. 1905년 모로코에서 독일 황제 빌헬름 2세가 행진을 펼치면서 프랑스를 자극했던 탕헤르 사건 때였습니다.

두 민족은 그들이 달려들었던 사건에서 뒷걸음쳤다. 더 이상 국가 군대가 직업 군인을 물리치는 것이 문제가 아니고, 스스로와 싸우는 것이 문제였다. 병역 의무는 양 진영 모두 개인적인 것이 되었다. 두 무리의 국군과 두 무리의 무장한 사람들이 서로에게 덤벼들었을까? 실제로, 그들은 모두 천천히 물러섰다. 황제의 힘이 불러오는 두려움은 황제의 힘을 쫓아내는 두려움이기도 했다. 독일군을 진격에 나서게 한 감정은 그들이 결정적으로 물러서게 한 감정과 같았다. 이 엄청난 모험도 잘못될 수 있다. 운명의 역전이 일어나면 승리도 무너지고 승리에서 얻은 이익도 대재앙으로 모두 사라지고 말 것이라는 생각이 그것이다.[22]

여기에는 극단으로 치닫기에 대한 정치적 저항에 관한 정밀한 분석이 있습니다. 페기는 프랑스가 '복수를 조금 포기할 때' 독일도 '복수를 조금 포기한다'고 썼습니다. 이것은 민족주의적인 일방적 기록이 전혀 아닙니다.

지라르 오히려 흠잡을 데 없는 모방적 추론으로, 페기가 상호작용에 대한 모든 것을 이해했음을 보여줍니다. 상호작용으로 한쪽 진영이 물러나면 다른 진영도 물러나게 됩니다. 그러나 교전을 연기한다는 사실은 분쟁이 종식될 것이라는 희망을 주기는커녕 오히려 앞으로 벌어질 일을 점치게 합니다. 최악의 전투로 알려진 베르됭 전투는 진지전으로 진행되었습니다. 유럽의 역사는 이러한 직관에 비추어 분석되어야 합니다. 우리는 역사에 대한 좀더 정확한 인식을 제공하는 짝패의 거울 효과를 언제나 잊지 않아야 합

---

22) Charles Péguy, *Œuvres en prose complètes*, tome II, Gallimard, coll. 'Bibliothèque de la Pléiade,' pp.121-122.

니다. 당신이 방금 소개한 페기의 이 말은 1870년 전쟁 후 양국 관계가 어떻게 되었는지 이해하는 데 중요한 단서가 됩니다. 엄청난 긴장으로 라인강 양쪽 사람들이 거의 미치게 되면서 독일에서는 영웅주의에 대한 아주 비뚤어진 생각이 자리 잡게 됩니다. 이런 영웅주의에 페기는 온 힘을 다해 저항하고 있습니다. 프로이센의 폭력이 국제법을 무시했다고 해도 지나친 말은 아닐 것입니다. 이것은 베르그송이나 뒤르켐 같은 사상가들의 생각이기도 합니다. 그들은 지나치게 애국적이라는 비난을 받았지만, 페기가 본것을 같이 보았습니다. 프로이센을 범게르만주의 염원의 진원지로 만들려는 클라우제비츠의 원한이 그것입니다. 프랑스에 대한 독일의 원한은 베르됭 전투 이후, 특히 베르사유 조약 이후에 더심해집니다. 말하자면 쿠도스가 이번에는 프랑스 쪽으로 넘어간것이라고 말할 수 있겠지요. 프랑스군은 1923년 광업 중심지인 루르를 점령하고 맺은 조약을 독일에 지킬 것을 강요합니다. 그러면 프랑스 군인과 정부의 지원을 받는 독일 노동자 사이에는 폭력적인 충돌이 생겨날 수 있었습니다. 이런 사실들은 이미 모두 알려져 있었습니다. 그 반면에 우리는 1914-18년의 재앙에 눈이 팔려서 1936년에 히틀러가 라인란트를 점령했을 때 어떤 나라도 대응하지 않았다는 사실은 너무 빨리 잊고 있습니다. 히틀러는 그 당시에는 그렇게 대단한 인물이 아니었지만 모든 장교 가방에 클라우제비츠의『전쟁론』을 한 권씩 넣어주라고 명령합니다.

1914년 전쟁 이후 프랑스는 어려운 상황에 처해 있었습니다. 마르크 블로크가 1940년의 '이상한 패배'라고 부르는 것을 이해하려면 이러한 사실을 기억해야 합니다.

1936년 독일이 당시 비무장지대였던 라인란트를 재무장했을 때, 급진적 사회주의자인 알베르 사로 수상은 무슨 일이 일어나고 있는지 잘 이해하고 있었습니다. 당시 프랑스군이 독일로 곧장 밀고 들어갔다면 순식간에 승리했을 것입니다. 독일군은 말을 타고 돌아왔고 일부는 소총조차 없었습니다! 만약 프랑스가 라인란트에 들어갔다면 독일군은 돌아섰을 겁니다. 다시 말해, 히틀러는 이 지역에 모든 것을 걸고 게임을 했습니다. 그는 프랑스군이 들어오지 않을 것이라는 사실을 알고 있었고, 실제로 프랑스군은 들어가지 않았습니다. 사로는 영국으로 전화를 했고 영국은 미국으로 전화를 했습니다. 하지만 프랑스의 라인란트 진군에 대한 이들 나라의 대답은 분명하고도 확고한 '반대'였습니다. 만약 그때 프랑스가 독일로 들어갔다면 프랑스는 1928년 8월 27일에 체결된, 전쟁 포기를 약속한 켈로그-브리앙 조약을 파기한 나라가 되었을 테고 57개 가입국으로부터 비난을 받았을 것입니다. 하지만 그랬다면 히틀러는 존재할 수도 없고 그를 아는 사람도 아무도 없었을 것입니다.

하지만 사로는 프랑스에는 없어서는 안 될 앵글로색슨 나라들이 프랑스의 진격 행위를 용서하지 않을 것을 알았습니다. 당시 자본가들이 독일에 많은 투자를 했다는 것을 잊지 말아야 합니다. 만약 프랑스가 독일로 들어가면 프랑스는 독일 침공으로 국제정세를 뒤집은 나라로 전 세계에 알려지고 말 것이었습니다. 미래를 더 무서워했던 사로는 미래가 눈앞에서 펼쳐지는 것을 완벽하게 이해했습니다. 모든 게 흔들리는 순간을 선택한다면 저는 바로 다음 순간이라고 말할 수 있습니다. 히틀러가 무장해제 상태였던 라인란트로 밀고 들어왔지만 어떤 나라도 움직이지 않던 바로 그때 말입니다. 이 사건은 베르사유 조약에 가장 결정적으로 타격을 주었는데 이 조약은 결국 1938년 독일·오스트리아 병합으로 무너지고 맙니다. 히틀러는 1810년처럼 독일인이 희생자로 여겨지는 것을 이용했습니다. 의심할 여지 없이 그는 민주당원들을 겁먹게 했습니다. 그러나 사람들은 여전히 그의 반유대주의 수사법을 오랫동안 알고 있던 매우 오래된 수사법이라고 생각했습니다. 말하자면 사람들은 재난이 다가오는 것을 보고 싶어 하지 않았습니다.

이 사례는 대응을 제때 하지 않고 연기할수록 더 끔찍한 결과를 낳는다는, '놀라운 삼위일체'에 대한 우리 해석의 유효성을 인정해주는 것 같습니다.[23] 즉시 개입했다면 전쟁을 피했을 수도 있었을 것입니다. 그러나 동맹국들 때문에 이러한 개입이 불가능했습니다. 이렇게 되니 극단으로 치닫기는 운명처럼 전개되는 것 같습니다. 호전주의와 평화주의가 모방적 짝패인 것도 이런 사정 때문입니다. 이들은 서로를 아주 잘 보완하고 있습니다. 두 적대국이 동시에 전쟁을 원하면 상쇄될 수 있는데, 핵 억제의 경우가 그러합니다. 그러나 두 나라 가운데 '한 나라가 다른 나라보다 전쟁을 더 원하면', 다른 나라는 그럴수록 '전쟁을 원하는 나라를 더 반박하는' 경향이 있습니다.

이렇듯이 공격에 대한 방어의 우위가 사건의 열쇠 가운데 하나입니다. 전쟁을 원하는 것은 방어이고, 평화를 원하는 것은 공격입니다. 1923년의 프랑스인이 승리의 성과를 지키려 한 것도 여기에 해당합니다. 어떠한 대가를 치러서라도 불안전한 평화를 지키려 한 프랑스인이 독일을 정복하려 한 것도 이 때문입니다. 이미 인구 감소에 접어든 그들은 평화주의에서 벗어나 호전주의자가 되었습니다! 히틀러는 처음으로 침략을 받았기에 힘의 우위에 서 있었습니다. 히틀러는 라인란트를 재무장함으로써 프랑스를 '침략'하지는 않았지만, 자국에 대한 침략에는 대응했을 것입니다.

---

23) 이 책, 3장 「결투와 상호성」을 참조할 것.

라인란트 재무장은 그의 첫 반격, 그것도 아주 결정적인 반격이었습니다.

　그러므로 평화를 바라는 프랑스인들의 의지가 또 다른 '극단으로 치닫기'를 일으켰다고 말할 수 있습니다. 프랑스인들은 자신도 모르게 베르됭 전투의 어리석음을 계속하고 있었다고 볼 수 있습니다. 그들은 방금 일어난 일을 제대로 생각하지도 않고 전몰자 기념관을 계속 짓고 있었습니다. 시시한 승자의 오만은 적만 자극할 뿐입니다. 프랑스는 평화를 지키기 위해 독일을 침공한 '나폴레옹처럼' 행동합니다. 프랑스는 아무것도 이해하지 못했습니다. 히틀러도 이해하지 못했는데, 프랑스에 명백한 승리를 거둔 후 동쪽으로 공격을 돌렸던 히틀러는 나폴레옹과 똑같은 오류를 반복했습니다. 이것은 제가 '인지불능'이라 하는 것의 완벽한 사례일 것입니다. 우리가 평화를 원할수록, 즉 정복을 바랄수록 우리는 우리의 차이를 더 많이 주장하면서 우리가 주체하지도 못할 전쟁 준비를 더 많이 해 우리 자신을 더 많이 고갈시킬 것이기 때문입니다. 무차별화에 따른 차이소멸이 전 지구적 현상이 되고, 우리도 모르는 사이에 모방에 따른 폭력이 늘어나는 것도 이 때문입니다. 이것은 헤겔의 '이성의 속임수'보다 훨씬 더 현실적이며, 하이데거의 '세상에 대한 기술 검사'보다 훨씬 덜 추상적입니다. 우리는 클라우제비츠 덕분에 이것을 알게 되었습니다.

　우리가 보고 싶어 하지 않는 이런 현상을 이해하는 데 모방 가설은 큰 도움을 줍니다. 제가 놀란 것은 지금까지 프랑스에서 제1차 세계대전에 대한 성찰이 전혀 없었다는 것입니다. 전쟁의 대가가 너무 크고 승리는 귀중하고 또 깨지기 쉽기 때문에 감히 그것을 감당할 엄두가 안 나서 그랬을 것입니다. 드골 장군은 아버지를 따라 제1차 세계대전 중에 독일군이 훨씬 잘 조직되어 있었다는 매우 흥미로운 사실을 알게 되었습니다. 독일의 피해자는 90만 명에 불과했는데, 프랑스의 피해자는 130만 명이었고 영국의 피해자는 거의 60만 명에 가까웠습니다. 독일군은 자신들의 승리를 확신하고 평화를 유지했다고 볼 수 있습니다. 그들은 보급의 어려움으로 후퇴해야 했지만 전장에서 패배하지는 않았다고 볼 수 있습니다. 루르 지방 점령 후에 앵글로색슨의 인정을 받지 못한 프랑스가 험난한 정치적 함정에 빠진 것도 이 때문입니다. 프랑스인들은 어떻게 그 함정에서 벗어날 수 있었을까요? 만약 프랑스가 1936년에 독일을 정복했더라면 영국과 미국인들은 1, 2년 뒤에 독일과 가까워지려 했을 것입니다. 만약 그때부터 바로 제2차 세계대전에 들어갔더라면 프랑스는 패배했을 것입니다. 기억하는 사람이 거의 없는 정치적 딜레마라고 할 수 있습니다. 프랑스는 히틀러의 간단한 반격에도 더는 대응할 수가 없었습니다. 제1차 세계대전이 다시 시작된 셈이지만 폭력은 두 배로 증가했습니다. 왜냐하면 프랑스는 1936년의 히틀러에 대항할 권리가 없었기 때문입니다. 프랑스는 그렇게 하지 않음으로써 훨씬 더 힘든 상황에 처하게 되었습니다. 따라서 프랑스인들은 시간이 있을 때 히틀러를 제어하지 않아서 전쟁을 막지 못한 것에 책임을 느꼈습니다. 그들은 나폴레옹처럼 행동함으로써 행동하지 못하는 함정에 빠지게 된 것을 속으로는 부끄러워했습니다.

1942년 비시 정권에서 패전 책임자를 벌한다며 행한 이른바 리옴 재판은 비시 정권이 진행한 저속한 선전 작전에 불과합니다. 사실 이 모든 것이 시작된 때는 1923년입니다. 따라서 1940년의 '이상한 패배'는 인민전선 탓이 아니라 '상호성에 대한 인지불능'이라는 치명적 실수 때문이었습니다. 만약 히틀러가 1936년에 졌다면 그는 모든 명성을 잃었을 것입니다. 이것은 아주 흥미로운 경우인데, 알베르 사로 단 한 사람만 단호하게 개입할 수 있었을 것입니다. 그런데 사람들은 그를 막았습니다. 어쩌면 이것은 저의 지극히 개인적인 견해일지도 모릅니다. 물론 다른 사건들이 일어났을 테고 전쟁은 다른 방식으로 일어났을 수도 있습니다. 그러나 어쨌든 그것은 프랑스가 빠져나올 수 없는 상황이었습니다. 그 결과 이 패배를 이야기하는 것이 불가능해졌습니다. 제가 이를 강조하는 것도 바로 그런 이유 때문입니다. 프랑스 사람들은 그들을 묶고 있는 이 비극적인 순간에서 벗어나야 합니다. 운명의 장난인지, 인디애나대학에서 한 제 첫 작업은 바로 이 문제, 특히 미국 여론은 1940년 프랑스의 패배를 어떻게 보는지가 주된 관심사였습니다.[24] 당신 덕분에 제 작업의 원점으로 되돌아오게 되었군요. 하지만 저는 오늘에 와서야 이 문제의 진정한 쟁점을 이해하게 되었다고 고백할 수밖에 없습니다.

그리고 이 '이상한 패배'에는 문자 그대로 사회물리학의 지배를 받고 있는, 다시 말해 제가 지금 하는 것보다 훨씬 더 정밀하게 연구해야 할 모방 메커니즘의 지배를 받는 무기력한 관성 현상이 들어 있다는 것도 같이 지적해야겠습니다. 클라우제비츠 또한 절대로 필요한 사람입니다. 그의 『전쟁론』에서 우리는 개인에게까지 영향을 준 이 엄청난 국가 마비의 순간인 1940년에 대한 놀라운 예견을 보게 됩니다. 우리는 이미 첫 장에서 이 구절을 인용했습니다만 다시 한번 되돌아가 봅시다.

따라서 정치적 목표는 대치하는 두 '적대국의 상대적 기준'이

---

24) 인디애나대학교 대학원 역사학과에 제출된 철학박사학위 청구논문, René Girard, *American Opinion of France, 1940-1943.*

될 것이다. 하나의 정치적 목표라도 다른 나라에서는 그리고 같은 나라에서라면 다른 시간에는 다른 반응을 낳을 수 있다. 그렇기 때문에 정치적 목표는 대중에 대한 영향력을 고려할 때만 기준이 될 수 있다. 이 대중들이 작용을 강화하는 요인인지 약화하는 요인인지에 따라 결과가 완전히 달라지는 것은 쉽게 이해할 수 있을 것이다. 두 나라 주민 사이에는 긴장과 적대감으로 인한 아주 미미한 전쟁 요인이 어마어마한 결과를 낳는 진짜 분쟁으로 폭발할 수도 있다. …그런데 전쟁행위는 정치적 목표와 동등한 것인데, 정치적 목표가 약해지면 대체로 전쟁행위도 줄어들고, 정치 목표가 중요할수록 전쟁행위도 늘어난다. 이것은 섬멸전부터 단순한 무장 감시에 이르는 온갖 강도의 전쟁이 있을 수 있는 이유를 설명해준다.[25]

페기의 글과 함께 살펴볼 필요가 있는 구절입니다. 이 글은 정치와 무관하게 전쟁에서 일어날 수 있는 가능성과 지연될 수 있는 가능성을 알려줍니다. 섬멸전이라는 극단 치닫기로 고조될 수 있는 사태가 단순한 무장 관측으로 진정될 수도 있습니다. 우리 이성을 벗어나는 이상하고도 매혹적인 진자 운동이라 할 수 있습니다. "그렇기 때문에 정치적 목표는 대중에 대한 영향력을 고려할 때만 기준이 될 수 있다." 아주 인상적인 구절입니다. 존재하는 대중의 성격이 분쟁의 향방을 결정하기 때문입니다. 목적 혹은 정치적 동기가 약하면 전쟁행위도 약하고 목적이 강하면 전쟁 행동도 강할 것입니다. '하지만 그런 목적의 중요성을 결정하는 것은 바로 대

---

25) Carl von Clausewitz, *De la guerre*, trad. Denise Naville, Minuit, coll. 'Arguments,' 1955, p.59. 강조는 인용자.

중의 성격입니다.'

'정치적 목적'은 '상대적 기준', 다시 말해 대중들의 관계일 뿐입니다. 그러므로 대중에게 영향을 미치는 것은 정치적 목적이 아니고, 정치적 목적에 영향을 미치는 것이 바로 대중의 성격입니다. 정치적 '동기'는 분쟁의 방향을 결정하는 것이 아니고 화약통을 폭발시키는 불똥일 뿐입니다. 정치적 요인은 대중들이 관심이 없을 때에는 결정적이지만 그렇지 않을 때는 아주 우스운 것이 되고 맙니다. 알다시피 우리는 이미 18세기의 이성이 아닙니다. 클라우제비츠는 여기서 뒤르켐과 사회학을 거론합니다. 그러므로 대중의 내적 법칙들 가운데 어떤 하나가 작동하지 못하게 강요되면, 다른 법칙을 향해 극단으로 치닫거나, 아니면 아무런 행동도 하지 않게 해서 무장 관측과 같은 상태에 이르게 될 것입니다. 프랑스인들이 자신들의 행동과 히틀러의 행동, 자신들 내부의 평화주의와 호전주의 사이의 직접적인 상호작용을 보고 싶어 하지 않는 것은 바로 이런 상호성에 대한 인지불능 때문입니다. '프랑스인들은 독일이 선전에서 우세하다는 것을 보고 싶어 하지 않습니다.' 프랑스인들에게는 1918년의 승리를 어떻게든 지켜내고 결코 혼란에 빠지지 않겠다는 아주 내밀한 감정이 있습니다. 이런 무기력한 관성은 반대 방향의 힘을 유발하는데, 이런 현상이야말로 극단으로 치닫기 법칙이 언제나 이긴다는 것을 입증해주고 있습니다. 프랑스인들이 이런 감정을 계속 지니고 있는 것은 어떻게 해서든 베르됭을 피하고 싶었기 때문입니다. 히틀러가 에펠탑 아래서 발을 구른 것은 그가 오로지 프랑스만을 이기려 애썼으며 그래서 그는 기본적으로 1914년의 사람이었다는 것을 증명해줍니다.

클라우제비츠가 '무장 관측'이라고 부르는 것은 프랑스에서 '웃기는 전쟁'이라고 불리는 것을 잘 규정해주고 있습니다. 많은 것이 여기에 해당될 수 있습니다. 예컨대 프랑스인들이 원하는 '최소한의 전쟁'과 같이 전쟁을 거부하는 모든 조짐이 그것입니다. 우리는 클라우제비츠가 1940년 프랑스의 패배를 예견하는 등 모든 것을 말했다는 것을 입증할 수 있습니다. '최소한의 전쟁'을 이야기하는 이 대목에는, 번역가는 그렇게 옮기지 않았지만 이 책 전체가 환기하는 표현이 있는데, 그것은 바로 '관성력'입니다. 이 용어사용에는 모순이 있을 수 있습니다. 즉, 우리가 행동을 기대하는 그 순간에는 아무런 행동이 없기 때문에 묘하게도 전쟁에 반대하는 힘이 들어 있습니다. 이것이 바로 관성력에 대한 정의입니다. 클라우제비츠『전쟁론』의 프랑스어판 번역자인 데니즈 나빌은 이 표현을 사용하지 않으면서 '중재 원칙'과 같은 모든 것을 넣고 있습니다. 이 표현은 정의하기 쉬운 물리적 의미를 갖지만, 이 용어에 들어 있는 일종의 모순이 우리의 관심을 끕니다. 어떤 민족이 전쟁을 원치 않을수록 '무장 관측'을 더 강화하게 되고 그럴수록 관측 장비와 진지와 연결망을 더 강화하게 되는데 이 모든 것은 실제로는 잘 작동하지 않으면서도 분쟁을 유발하게 될 것입니다.

강화된 정치적 목표는 이것이 상정하는 엄청난 수단으로 최악의 사태를 낳는 불씨가 될 수 있습니다. 그런 수단이 전쟁을 원치 않는 어떤 민족의 내밀한 움직임을 드러내는 순간, 상대방에게 그 역시 내밀하지만 정반대 움직임을 불러일으킬 수 있습니다. 한편의 거부는 다른 편의 의지를 요구합니다. 그러므로 무장 관측은 전쟁 폭력을 억제만 하는 것이 아니라 예측할 수 없는 폭력을 일으킬 수도 있습니다. 이러한 전쟁 거부는 '대중이 무관심한' 드문 경우에만 상대방의 거부로 이어질 뿐입니다.

공격 이야기를 할 때 이런 현상은 이해가 잘됩니다. 그 자체로 공격적인 상대방에게 응답하지 않는 방법이 있습니다. 평화를 강화하는 것은 전쟁을 시작하는 것입니다. 클라우제비츠라면 오로지 정치적인 '적의의 의도'가 대중으로부터 나오는 '적의의 감정'을 촉발한다고 말할 것입니다. 이런 경우를 정확히 말하면 선전에 의해 열광한 나라라 할 수 있습니다. 이런 점에서 정치적 목표는 실제로 대중에게 영향을 주지만 레이몽 아롱이 바라던 식은 아닙니다. '적의의 의도'가 제2차 세계대전에서 독일의 침공을 막아내지 못한 프랑스 사령관 가믈렝이라면, '적의의 감정'은 히틀러입니다. 코르네유적 의미의 귀족이 아닌 히틀러는 '생활권'이라는 가증스러운 슬로건을 내걸고서 자국민의 모방적 에너지를 한데 모아 프랑스에 대항하게 했습니다.

이렇게 놓고 보았을 때 우리는 1905년과 1939년의 상황 차이를 잘 알 수 있습니다. 페기가 썰물이라 묘사했던 것처럼 두 강대국이 함께 물러서는 것은 1939년에는 더 이상 가능하지 않았습니다. 그 이유는 아주 간단합니다. 베르됭의 폭염 이전에는 정치가 여전히 사건을 상대적으로나마 통제했지만, 1905년만 하더라도 클라우제비츠가 '무장 관측으로 하강'이라 묘사했던 대중의 상대적 무관심 상태보다 정치의 역할이 더 적었기 때문입니다.

필요보다 너무 많은 노력을 하는 것은 사람의 본성이 아니므로 사람들에게는 최후의 결정으로 도피하려는 경향이 있다. 그래서 첫 번째 결정에서는 자원 집중이나 긴장의 정도가 필요치에 미치지 못한다. 두 적대국 가운데 한쪽에서 빠진 것은 다른 쪽의 노력을 줄이는 실질적이고 '객관적'인 근거가 된다. 이런 상호작용 덕분에 극단으로 치닫는 경향이 다시 한번 감소된다.[26]

---

26) 같은 책, p.57.

1939년에는 모든 것이 바뀌었습니다. 루르 사건, 즉 독일의 라인란트 침공이 있었습니다. 드골의 전략과는 다른, 가믈랭 장군의 희귀한 마지노선과 무한정 대기 전략이 프랑스군 수뇌부의 주된 전략이었습니다. 가믈랭의 무기력한 전략은 독일의 무기력을 유발하지 않았을 뿐 아니라 정반대 결과를 낳았습니다. 독일의 무모함을 초래한 것은 프랑스의 지연 전략이었다고 말할 수 있을 것입니다.『전쟁론』이 프랑스-독일 분쟁을 이해하는 열쇠임을 보여주는 클라우제비츠는 우리가 이런 현상을 더 잘 이해할 수 있게 도와줍니다. 방금 거론한 유형의 논리를 이용하면 라인강을 사이에 둔 두 나라 행동의 장기간에 걸친 대칭성을 잘 이해할 수 있을 겁니다. 1806년 프로이센이 손을 뗀 것이 의심할 여지 없어지자 나폴레옹이 러시아 침공을 허용하면서 극단으로 치닫기가 되살아나게 되었습니다. 마찬가지로 1930년대에는 프랑스가 손을 뗌으로써 히틀러는 모스크바로 들어갈 수 있게 되었고, 이것이 빌미가 되어 유럽은 1세기 이상 긴장으로 악화되었습니다. 폭력에 대한 저항과는 거리가 먼 관성력은 폭력을 다시 유발하는데, 이때 손을 뗀 사람들의 놀라움은 더 큽니다. 그들이 뒤로 미루었다고 생각했던 그 분쟁이 생각한 것보다 훨씬 더 심하게 나타나고 있기 때문입니다. 일방적 관점은 언제나 최악을 낳게 마련입니다. 그런 의미에서 모방이론을 원용한 모방적 고찰을 택하게 되면 프랑스와 독일 간의 오래된 논리에서 벗어날 수 있고 어쩌면 유럽을 되찾는 길이 될 수도 있을 것입니다.

샹트르 이 시기에 대한 선생님의 추억은 어떤 것이 있을까요?

지라르 1937년, 1938년, 1939년, 엄청난 침묵 속에서 날아온 입영 통지문의 하얀 종이가 떠오르는군요. 아직 아이였던 저의 전쟁 생각은 수수께끼처럼 절 사로잡았습니다. 정치에 대한 열정은 아직 있었던 것 같습니다. 그러나 동시에 저는 이 상황에 카프카적인 매우 이상한 어떤 것이 있다고 느꼈습니다. 아버지는 매우 명석했습니다. 어느 아침에 저에게 해준 그 말씀은 영원히 기억할 수 있습니다. "우리는 질 것이야." 감히 그렇게 생각하는 사람은 거의 없었습니다. 프랑스가 질 것은 의심할 여지가 없다면서 아버지는 "프랑스는 영국과 미국과 프랑스 연합체의 가장 약한 파트너"라고 말했습니다. 아버지 말씀이 옳았습니다. 프랑스는 동맹국들에 의해 무력화되었는데, 그들 정책을 비난만 할 수는 없습니다. 그들의 상황이라면 우리도 그렇게 했을 것입니다. 히틀러에 대응할 수 없었던 것은 우리가 더 이상 1916년 상황으로 돌아가기를 원하지 않았기 때문입니다. 1914년에는 현대 전쟁의 모든 측면이 과도하게 있었으며 프랑스는 이런 측면의 군사적·정치적·심리적·영적으로 최초 희생자였습니다. 이런 이유로 저의 아버지 세대는 결코 전쟁을 이야기하지 않았습니다. 금기였습니다. 1939년에 우리는 1919년과 거의 같은 지점에 있었습니다. 프랑스가 1923년에 유지하고 싶었던 것은 1919년이었습니다. 평화주의와 거기서 나온 잘못된 군사적 결정은 '히틀러가 전쟁을 원하는 만큼 프랑스는 평화를 원한다'라는 사실에서 비롯되었습니다. 그러는 동안 프랑스 사람들은 행동의 모든 가능성을 놓쳤습니다. 그들은 아무 말도 하지 않았으며 마치 아무 일도 없었던 것처럼 일상을 다시 시작했습니다. 우리는 승리했고 전쟁을 끝냈습니다. 그런데 프랑스 사람들은 더 이상 전쟁 이야기를 듣고 싶어 하지 않았습니다. 그런데 전쟁은 우리가 예상하지 못한 더한 폭력으로 되돌아왔습니다. 이런 의미에서 1940년의 패배는 아직도 생각할 것이 있습니다. 그것은 도저히 상상할 수 없는 것이었습니다. '예나 전투에서는 그렇게 일방적인 승리를 거두어놓고…' 어렸던 저는 당시에 이런 식으로 여기고 있었습니다.

당시 휴가를 보내고 있던 오베르뉴의 작은 마을에서 1914년처럼 말[馬]을 동원하던 모습이 기억나는군요. 당시의 말 동원 모습은 구식이라는 느낌과 함께 재앙이라는 느낌, 그리고 불길한 데자 뷔와 함께 절실한 정책 같은 것은 생각해볼 수가 없다는 느낌을 받았습니다. 미국인들은 프랑스가 베르됭 전투의 전과를 되풀이하면서 독일의 충격을 이겨내기를 원했을 것입니다. 그들은 우리가 베르됭 전과를 다시 거두지 못하는 것을 이해하지 못했습니다. 그들에게 유일한 급진적인 역사적 경험은 제1차 세계대전보다도 훨씬 더 많이 그들의 내면에 여전히 남아 있는 남북전쟁이었습니다. 그들은 시간이 있다고 생각했지만 그렇지 않았습니다. 스탈린그라드가 베르됭처럼 되지 않을 것이 분명했습니다. 스탈린그라드는 제2차 세계대전의 베르됭과 같았습니다. 프랑스는 미국인들이 독일에 저항하지 않을 것을 알고 있었습니다. 전쟁은 끝난 것과 마찬가지였습니다. 프랑스는 링에서 내려왔습니다. 드골이 대담하게 거부했던 프랑스군의 방어 전략은 1914년의 어마어마한 피해와 관련이 있었습니다.

탱크와 장갑차 같은 기갑부대 정책을 폈다면 모든 것을 바꿀 수 있었을 것이라는 주장이 사실일까요? 드골은 인간적인 동시에 전략적인 이유로 전쟁을 택했습니다. 기사도 시절처럼 전쟁이 다시 고상한 것이 된 셈이지만 말입니다. 그러나 실상은 더 이상 군인 정신이 없었다는 것입니다. 역사는 가차 없는 것이 되었습니다. 독일은 전쟁을 선호하고 그것이 바로 그들의 문화이며 실업을 이겨낸 것도 바로 이런 에너지였다고 실제 프랑스인들은 생각하고 있었습니다. 그러나 전쟁은 더 이상 프랑스 문화가 아니었습니다. 이런 상황은 클라우제비츠와 스탈 부인이 프랑스인을 전쟁에 탁월한 민족이라고 여기게 했던 1806년 상황과 정확히 반대되는 상황입니다. 1940년 프랑스인들은 프랑스가 우세했던 것은 과거의 일이고 독일 제국의 등장을 목격할 것임을 인정하고 있었습니다. 전쟁 문화가 진영을 바꿀 때 역사관도 바뀝니다. 클라우제비츠 덕분에 우리는 프랑스 군국주의가 무엇인지, 상승 권력이 무엇인지 알게 되었습니다. 하지만 클라우제비츠는 혁명과 제국이 전사의 사기를 완전히 파괴한 것은 보지 못했습니다.

우리는 1870년의 패배가 이렇게 무너진 사기의 패배였고 꺼진 불꽃의 패배였다는 것을 보고 싶어 하지 않았습니다. 그래서 제2제정과 특히 제3공화정의 프랑스는 나폴레옹 신화 위에 세워졌는데, 이 신화는 말 그대로 분수 넘치게 강요되었습니다. 독일의 원한이 높아질수록 프랑스의 현실 부정도 더 커졌습니다. 하지만 여전히 실제 분수에 넘치던 힘은 감소하고 있었습니다. 1806년에는 프로이센이 그랬지만, 1940년에는 프랑스가 그랬습니다. 하지만 극단으로 치닫기 현상 때문에 그 규모는 비교가 불가능할 정도였습니다. 마찬가지로 스탈린그라드 이후 전사 정신이 독일과 러시아를 떠났다고 말할 수 있습니다. 러시아는 아프가니스탄에서 밀려났던 것처럼 체첸에서도 물러서고 말았습니다. 아프가니스탄에서도 무언가가 무너진 것 같았습니다. 유럽 나라들은 모두 차례로 이 토네이도에 쓰러졌는데 미국은 이것을 잘 모르고 있었습니다. 저는 항상 미국인들에게 "역사상 가장 거대한 두 번의 세계대전이 끝난 후 유럽이 어떤 상황에 처해 있는지 당신들 미국인은 아무것도 모릅니다"라고 말해주곤 했습니다. 물론 클라우제비츠도 그것을 알지 못했습니다. 기본적으로 이런 끔찍한 묵시록적인 사태를, 프랑스 사람들은 자신들이 이런 사태를 막지도 못할 것이지만 적극적으로 가담하지도 않을 것임을 잘 알고 있었습니다.

샹트르 장기간에 걸친 묵시록적 관점에서 역사를 보게 하는 선생님의 이런 거시적 추론 때문에 선생님은 유럽 사상의 발현 속에 들어 있던 저항 윤리를 축소할 수밖에 없었던 것은 아닌가요?

지라르 저는 우리 이야기 전체를 뒷받침하는 그런 형태의 영웅주의를 전혀 무시하지 않습니다. 특히 저는 당시의 무기력한 정신에서 멋지게 벗어난 드골을 존경합니다. 드골은 세속주의를 완전히 받아들이는데 이 때문에 프랑스 우익은 그를 비난합니다. 프랑스 왕위 계승 후보자로 일명 '파리 백작'으로 불리던 앙리 도를레앙과 드골은 프랑스의 미래를 놓고 논의했는데, 도를레앙은 드골이 통치자로 적합하지 않다고 생각했습니다. 프랑스로 돌아온 드골은 당시 우익 반공화주의 단체인 '악시옹 프랑세즈'가 끔찍한 제3공화국으로 나라 전체의 전반적 조락의 일부분이라고 지적했습니다. 하지만 동시에 드골은 프랑스가 레지스탕스를 지지하지 않거나 레지스탕스가 프랑스를 하나로 모아낼 수 없었다는 말도 했습니다.

마리탱 같은 사람들이 드골을 야심 많은 독재자로 보았다는 사실도 잊지 말아야 합니다. 그 뒤에 그런 판단에 대해 크게 뉘우친 마리탱은 주 바티칸 프랑스 대사 자리를 수락할 수밖에 없었다고 느꼈습니다. 드골이 그를 교황에게 보낸 것은 가톨릭에 대한 저의가 분명히 있었기 때문입니다. 당시 마리탱은 프랑스 가톨릭을 최고로 구현하는 인물이었습니다. 그를 만난 수많은 가톨릭 신자는 그를 좌파로 느끼는 동시에 제2차 바티칸 공의회가 어떻게 전개될지 짐작할 수가 있었습니다. 마리탱은 1926년에 악시옹 프랑세즈가 아니라 교황을 지지했는데, 마리탱이 민주주의자가 된 것도 그때였습니다. 그는 프린스턴에서 눈부신 추억을 남기기도 했습니다. 가톨릭 문화가 유럽적인 것이 있다면 바로 그에게서 볼 수 있습니다. 왕당보수파인 모라스주의에 대해서도 진보주의에 대해서도 어떠한 모호함도 없었습니다. 당신이 '레지스탕스 윤리'라고 부르는 것을 제가 전혀 무시하지 않는다고 말한 것도 이 때문입니다. 그를 싫어하는 사람들에게는 실례되는 말이 될지 모르지만, 페기는 낡고 부패한 악시옹 프랑세즈를 완전히 압도했습니다. 비시 정권 사람들이 페기를 복원하려고 그렇게 최선을 다해 애쓴 것도 이 때문입니다.

드골은 레지스탕스에 대해 어떠한 환상도 품지 않았습니다. 레지스탕스는 온갖 내부 갈등을 겪으면서 처음의 원동력에 금이 가기 마련입니다. '프랑스에 대한 높은 생각'을 갖고 있던 드골은 콘라트 아데나워를 콜롱베에 초대합니다. 드골은 마치 양차 세계대전을 없던 일로 돌리고 모든 걸 다시 시작할 수 있는 것처럼 유럽의 동력이 다시 가동되기를 원했습니다. 이 결정은 그에게 특별한 것이었습니다. 드골은 더 이상 같은 실수를 되풀이하지 않고 나폴레옹도 더 이상 모방하지 않기로 결정했고, 독일과 대화를 재개하면서 혁신했습니다. 그리고 스탈 부인이 실패한 곳에서 성공을 거두었습니다. 프랑스 사람들은 렝스 회담에 대한 희망을 안고서 지난 40년을 지내왔다고 말할 수 있습니다.

그러나 인구 통계는 불행하게도 분명한 지표입니다. 유럽에서 인구가 가장 많은 나라였던 프랑스 인구는 1870년 패전 이후 무너지기 시작했습니다. 루이 14세 당시 프랑스 인구는 2,500만이고 영국은 400만이었습니다. 나폴레옹 전쟁으로 사망자가 100만 명 나왔을 때 나폴레옹은 "파리의 하룻밤으로 그 숫자는 복원될 것"이라고 말했는데, 이것은 추잡하기도 하지만 전혀 사리에도 맞지 않는 말이었습니다. 그런데 왜 이런 문제를 아무도 진정으로 생각해본 적이 없을까요? 제 생각으로는, 이 문제를 진정으로 생각해보았을 가능성이 가장 큰 사람은 드골이지만, 그는 그런 사실을 입 밖으로 내뱉고 싶지 않았던 것 같습니다. 그 대신 그는 새로운 시작을 위해 내기를 걸었습니다. 그의 모든 과업은 거기에 있었습니다. 드골의 강점은 결국, 나라 및 국제적 차원뿐 아니라 개인 차원에서 적어도 25년간 성공해온 거의 엄청난 의지에서 나온 극도의 긴장에서 나옵니다. 그러나 드골의 정치적 성공은 프랑스의 실제 규모에 비해 너무 컸습니다. 그리고 프랑스는 드골 정책의 거의 기적적인 성공을 이해하지 못했습니다. 프랑스인들은 더 이상 드골의 성공을 제대로 감당할 수 없었던 것입니다.

저는 드골이 끝까지 클라우제비츠 같은 사람은 아니었다고 생각합니다. 그는 군인이라기보다 정치인이었습니다. 제1차 세계대전에서 드골은 의심할 여지 없는 위대한 군인이었지만 그것이 그의 평생 정치인 행보에 걸림돌은 되지 않았습니다. 군문에 종사할 때도 그는 이미 정치에 관여했습니다. 그는 프랑스의 군사적 재앙을 예견했지만 여전히 군대보다 정치가 우선이라고 믿었습니다. 이런 태도야말로, 제가 무시하지 않는다고 말한 레지스탕스의 낙원을 만드는 것입니다. 드골이 폴 레노를 이긴 것도 바로 이런 이유 때문입니다. 레노는 곧장 드골의 저서 『칼날』과 군사이론서인 『미래의 군대』에 관심을 갖게 됩니다. 드골은 독일을 이길 수 있다고 믿었습니다! 그를 귀염둥이로 보았다가 갑자기 그런 존재가 아니라는 사실을 깨달은 페탱 원수와 드골의 좋지 않은 관계는 익히 알려져 있습니다. 하지만 저는 프랑스 군사령부와 드골의 관계에 대해서는 아는 것이 없습니다. 프랑스 육사에서 너무 모험적인 사람이라고 거부당한 드골은 더 이상 잃을 것이 없다면 더 담대하게 나가야 한다는 믿음을 갖게 되었습니다. 프랑스는 세당 패배 후 1870년에 무너졌습니다. 그의 말을 들었다면 상황이 바뀌었을 수도 있습니다. 그때 나치의 공백상태가 나타나지 않았을지 누가 알겠습니까? 여기에는 상당한 가능성이 있습니다. 하지만 가믈렝 같은 장군들은 그런 말을 듣지 않고, 쇠귀에 경만 읽고 있었습니다. 그의 유일한 독자가 있었는데, 1939년 독일군의 주요 공격부대인 보병전차사단을 창설한 독일군 장교 하인츠 구데리안입니다. 그는 1940년에 아르덴의 지휘관이었습니다. 두 사람은 서로의 글을 읽으면서 기갑부대에 대한 아이디어를 공유했습니다. 그것은 분명 같은 견해였을 것입니다.

더구나 1940년 5월 몽코르네 전투와 아베빌 전투에서 프랑스군으로서는 드문 반격 작전을 감행한 기갑사단장은 드골이었다는 것을 잊지 말아야 합니다. 이 전과로 그는 국방부차관을 맡게 되었습니다. 그러나 드골 부대의 전차는 성능은 우수하지만 너무 크고 또 빠르지 못했습니다. 독일군이라고 해서 썩 나은 것도 아니었습니다. 당시 두 나라 군대 대부분은 제대로 기계화된 상태가 아니었습니다. 따라서 드골이 경력을 쌓을 수 있었던 것은 레이노 내각 덕분입니다. 휴전 4일 전인 1940년 6월 6일에 레이노가 그를 국방장관에 임명하지 않았다면 드골은 없었을 겁니다. 드골이 휴전협정에 반대하면서 런던에서 계속 싸울 수 있었던 것은 전쟁을 주장할 수 있는 정치적 수단이 있었기 때문입니다. 1940년 6월 18일 BBC 방송에서 행한 프랑스인들에게 보내는 드골 장군의 호소가, 듣는 이가 없었다 하더라도, 의미 있는 것이 되려면 적어도 정치적 수단이라는 단파 라디오가 필요했습니다. 그를 정치가로 만든 것은 레이노입니다. 레이노가 6월 16일 자신의 자리를 페탱에게 물려주고 사임했기 때문에 드골은 6월 18일 호소문을 발표하게 된 것입니다. 이 순간 드골은 자기 정당성의 문을 열었습니다. 그는 먼저 통찰력이 있었습니다. 군인이었지만 병력도 없던 드골은 루스벨트의 거부로 전장에 접근할 수도 없었습니다. 미약한 권력에서 나온 것으로도 드골은 프랑스를 5대 강국으로 충분히 만들 수 있었습니다. 드골이 페탱 치하의 프랑스를 복구시켰으며, 드골에게 런던은 광란이나 문학의 도시가 아니라 합리적 선택지였다고 말해야 합니다.

반면 문학에 대한 그의 취향은 정치적 선택에서 나온 것입니다. 프랑스에서 실패하지 않을 마지막 것이 문학이라고 보았던 셈이지요. 문학을 깊이 사랑한 드골은 문학을 하나의 제도로 보았습니다. 파리로 돌아온 드골은 첫 저녁 식사를 모리아크와 함께했는데, 그는 무슨 수를 써서라도 국방부에서 그와 함께 식사하기를 원했습니다. 1948년에는 콜롱베에서 베르나노스와 만났습니다. 더 이상 야망의 힘이 없을 때 정치는 드골의 모델 중 한 사람인 페기가 원했던 것, 즉 문학이 됩니다. 따라서 역설적이게도 드골을 영웅으로 만든 것은 그가 군대 권력에서 완전히 손을 뗀 덕분입니다. 문학적이나 철학적인 영웅주의는 더 이상 두렵지 않습니다. 마르크 블로크는 부인할 수 없는 영웅이고 장 카바이예스도 마찬가지입니다. 어떤 면으로 보면 영웅주의는 지식인들의 문제입니다. 이들은 힘을 내놓지는 못하지만 사건에 얽혀들면서 선지자가 될 수밖에 없는 글 쓰는 사람들입니다. 이 순간 "정의에 힘을 실어줄 수 없을 때 그들은 힘을 정당화했다"라고 외치던 파스칼의 분노를 기억합시다. 이 분노는 협력에 대한 거부를 나타내고 있습니다. 무기는 '무력을 정당화'하는 자들에 대항해 '정의를 강화'하는 수단이어야 합니다. 이것이 영웅적인 금언입니다. 여기서 우리는, 진실에 대항해 아무것도 할 수 없는 폭력과 이런 폭력을 강화하는 진실이라는, 폭력과 진실의 상호강화 현상을 만나게 됩니다. 저로서는 이보다 더 정확한 저항의 정의는 없다고 생각합니다. 이것은 오늘날 우리 모두에게 적용되고 있습니다.

드골이 다카르에서 자유 프랑스인의 시도를 의심한 것도 이 때문인데, 그것은 그의 생각이 아니라 처칠의 생각이었습니다. 드골은 그곳 사람들이 페탱을 포기하지 않았다는 것을 알았기 때문에 속마음을 드러내기가 아주 어려웠습니다. 이때가 그로서는 가장 끔찍한 순간이었을 겁니다. 독일 점령 후 프랑스 해군 전함이 독일군에 넘어갈 것을 염려한 영국과 프랑스 사이의 갈등에서 빚어진 메르스엘케비르 사건 이후에 처칠이 '자유 프랑스'를 위해 무언가를 하고 싶어 했기 때문에 드골은 실패를 예상했지만 반대할 수가 없었습니다. 하지만 그런 시도는 드골의 예상대로 치명적인 것으로 판명이 났습니다. 드골이 '라디오 런던'으로 자국민들에게 용기를 불어넣을 때 '자유 프랑스'는 이 단파 라디오에만 매달려 있었습니다. 시몬 베유가 '라디오 교육'을 말할 때 그녀가 생각한 것은 자유 프랑스의 대변인 모리스 쉬망의 방송이었습니다. 프랑스인 3분의 1이 쉬망의 애청자였습니다. 저도 쉬망을 열심히 들었는데, 뒤에 그를 만났을 때 정말 감동적이었습니다.

그러므로 당시 프랑스인들이 모두 페탱 지지자라고 말해서는 안 됩니다. 물론, 프랑스는 저항하지 않았지만, 점령기 프랑스의 집단기억으로 통하는 다큐멘터리 「슬픔과 동정」에서 간간이 나오듯이, 프랑스가 저항했다고 주장하는 것은 더 잘못이라고 생각합니다. 역사는 이런 추세에 너무 많은 영향을 받고 있습니다. 프랑스에서 지속되고 있는 자기증오의 먹이를 역사가 제공해주고 있습니다. 프랑스 사람들에게 제대로 파고들지 못한 모든 이데올로기는 그들 대신에 드골이 한 것을 두고 맹렬히 원망했습니다. 거인을 낮추는 것은 난쟁이를 키우는 법입니다. 이런 질투의 태도보다 더 모방적인 것도 없을 것입니다. 따라서 수동적인 드골주의자들이 아주 많았고 이들이 이런 것을 원했다고 말하는 것이 훨씬 더 공정할 것 같습니다. 레지스탕스냐 대독 협력자냐로 생각하는 것은 언제나 신화적인 틀에 머무르는 것일 뿐 아니라, 우리 생각보다는 훨씬 더 모호한 차이에 집착하는 것이 될 것입니다. 다른 나라와 마찬가지로 프랑스에도 비겁한 사람과 용기 있는 사람이 있었습니다. 다시 한번, 영웅주의를 주장해서는 안 됩니다. 아무도 역사의 의미를 주장할 수 없습니다. 이런 의미에서 저는 자크 시라크 대통령이 2007년 1월 18일에 자신의 생명을 걸고 유대인을 구해낸 '팡테옹의 의인들'에게 경의를 표한 것을 대단히 높이 평가합니다. 살아남은 이 의인들의 말을 들어보면, 그들이 전혀 영웅적인 척하지 않는다는 것을 알게 될 것입니다. 자신들이 해야 할 일을 했을 뿐이라고 말합니다. 더 이상 보탤 말이 없습니다.

8장 교황과 황제

마지막 인터내셔널

샹트르 우리가 빠져든 우발적인 전쟁의 공간에서는 진실과 폭력이
맞서는 본질적인 전쟁이 벌어집니다. 선생님은 진실이 폭력을 물
리쳤다고 말하고 있습니다. 클라우제비츠로 헤겔을 비판하고 헤
겔로 클라우제비츠를 비판하는 것은 묵시록적인 이성에 다가가
는 것이자 '꽃길'만 걸어가는 인물은 우리가 믿을 사람이 아니라
는 것을 보는 것입니다. 우리가 믿는 사람은 예나에서 존경받던
'전쟁의 신'이나 '세상의 정신'이 아니라, 제국의 어둠에 가려 있
던 백면서생일 겁니다. 물론 지금 저는 미셸 세르의 『로마: 건국의
책』[1]이라는 멋진 책에서 선생님과의 대화에서 쓰인, 하얀 알베가
검은 로마에 짓밟혔지만, 거짓 역사로 희생양은 감추어져 있고 또
혹평을 받고 있다는, 티투스 리비우스에 대한 재해석이 생각납니
다. 이 해석에 잠재된 것들이 오늘날에는 이상하게 실현되고 있습

---

1) Michel Serres, *Rome: le livre des fondations,* Grasset, 1983.

니다. 선생님은 사실 방금 로마 심장부에 앉아 있고, 프랑스혁명이 감추고 나폴레옹이 모욕을 주고 베르됭 전투가 입을 틀어막은 독특한 다른 백인을 언급했습니다. 꾸준히 거듭해서 나타나고 있는 이 인물은 아마 동쪽에서 온 총탄에도 쓰러지지 않으며 선생님이 폭력과 싸우는 진실의 화신이라고 여기실 그런 인물입니다. 선생님 책에서는 교황 이야기가 전혀 나오지 않지만, 선생님에게 가톨릭은 타고난 것 같습니다.

지라르   미셸 세르 책에 대한 찬사가 인상적이군요. 게다가 자신의 틀 안에 머물러 있으면서 대화도 하지 않는 것처럼, 천국을 믿는 사람과 믿지 않는 사람들 사이에 제가 항상 끌려 나와 있는 것 같아서 조금은 피곤한 것이 사실입니다. 저의 모든 책은 기독교의 지평에서 쓰였습니다. 제가 모방의 길로 접어든 것은 제 믿음 때문입니다. 제 시각을 바꾸어놓은 것도 바로 모방 원칙을 발견한 것입니다. 제가 처음에 쓴 책 두 권이 제 사상 전체를 형성한다고 말하는 것은, 다른 책은 무시하는 것이 되고 말기에, 조금은 과한 표현 같습니다. 하지만 그것이 흔한 평가이긴 합니다. 제 독자들, 심지어 호의적인 독자들도 유대-기독교와 예언적 전통만이 우리가 들어온 세상을 설명할 수 있다는 제 확신에 동의하지 않습니다. 모방이론에서 나오는 지혜를 제가 완전히 구현했다고 감히 말하지는 못합니다. 그 지혜는 바로 우리 모두 찾는 것이 기독교 안에 있다는 것인데, 우리가 그런 사실을 아는지는 별로 중요하지 않습니다. 희생양 메커니즘을 드러내고 역사를 설명해준 것은 바로 예수 그리스도의 십자가입니다. 오늘날 우리가 민족과 이념과 종교의 모방적 경쟁의 광기에 더 이상 견딜 수 없는 것은 이 모든 '시대의 징조'들이 한데 수렴하기 때문입니다. 그리스도는 왕국이 이 세상에 속하는 것이 아니라고 말했습니다. 이것은 「데살로니카인들에게 보낸 편지」가 보여주는 것처럼, 세상의 종말에 대한 초기 기독교인들의 기대를 설명해줍니다. 그러므로 우리는 역사는 본질적으로 유한한 것이라는 생각을 받아들여야 합니다. 이런 종말론적 관점을 취할 때에야 시간의 진정한 의미도 되살아날 수 있을 것입니다.

샹트르 그렇다면 이런 깨달음에서 교회는 무슨 역할을 했다고 보십니까?

지라르 필수적인 동시에 상대적인 역할을 했습니다. 교회는 근본적인 진실의 수호자인 동시에 하나의 제도입니다. 그렇기에 모든 제도가 그러하듯이 교회도 시간과 오류에서 자유로울 수가 없습니다. 교회는 지어졌고, 나뉘었고 또 변했습니다. 아비뇽·피렌체·로마 사건 등으로 크게 훼손된 교황의 권력을 회복하려고 애썼던 트리엔트 공의회 때만큼이나 교회의 존재가 뚜렷이 드러난 적도 없었을 것입니다. 이런 점에서 예수회의 천재성은 엄청났습니다. 그들이 겪은 고통은 유럽 사람들이 교황에게 갖고 있는 원한에서 기인한다는 것을 하나님은 알고 있습니다.

　이런 점에서 이 주제를 당신이 마침 잘 꺼내주었다고 생각합니다. 제국과의 투쟁에 점차 교황이 등장하는 것은 그 당사자도 모르게 역사를 빚어내는 성령의 방식을 보여주는 것 같습니다. 헤겔은 변증법으로 이를 흉내 냈습니다. 교회는 지난 2,000년 동안 타락하고 또 일어섰지만 같은 실수를 반복하지는 않았습니다. 방금 트리엔트 공의회 이야기도 했지만, 19세기 가톨릭 역시 우리가 앞서 몇 가지 특징을 살펴보았던 결정적인 도약을 보여주었습니다.

메스트르가 썼듯이, 개신교와 비교할 때 가톨릭의 힘은 의심할 여지가 없습니다. 바로 여기에는 역사에 대한 특이한 믿음이 있지만 헤겔적인 것은 하나도 없습니다.

조제프 드 메스트르는 지금 우리가 살펴볼 의미가 있는 인물입니다. 상트페테르부르크에서 외교사절로 있을 때 완고한 가톨릭 신자라서 러시아 정교회로부터 반감을 샀던 그는 제국이 무너지면서 유럽 열강이 종교에 따라 흩어지는 것을 목격했습니다. 영국과 프로이센은 개신교 국가로, 러시아는 정교회 국가로, 오스트리아는 가톨릭 국가로 된 것이 그것입니다. 혁명과 제국으로 완전히 뒤엎어져서 메스트르가 슬픈 마음으로 '고려했던' 프랑스에 대해서는 더 이상 이야기하지 않겠습니다. 도저히 이해가 되지 않아서 스스로 '신적인 것'으로 여겼던 전쟁의 잔인함에 애통해하던 메스트르는 교회가 그런 충격에서 다시 일어설 수 없을 테고 교황은 도처에서 비난받을 것이라는 기분에 사로잡혔습니다. 그래서 그는 '세상에 교황을 보여주기로' 마음먹고, 러시아 정교회나 프랑스 교회 모두에 스캔들을 일으키는 『교황』이라는 책을 1819년에 출간합니다. 여기서 그는 교황 무오류설을 옹호하지만 교황이 전쟁을 하는 것은 교황의 원한 때문이라는 사실은 인정했습니다. 교황 역시 화를 내는 사람이라는 것입니다!

유럽의 정치적 격변 속에서도 교황권의 영속성에 대한 이러한 주장은 정치 이론가에게 필수적인 태도라 할 수 있습니다. 특히 교회의 영속성에 대한 주장은 교황의 '무오류성'과 관련이 있는데, 그 때문에 교황의 무오류성은 19세기 말에 가서야 순전히 교리의 논리로만 주장될 것입니다. 교황 무오류성은 그때부터는 속세 권력과 타협하지 않게 된 교회 역사에서 중요한 사건입니다. 메스트르나 보들레르의 직관과 클로델의 긍정 능력은 어떤 식으로든 이 교황권의 출현과 관련이 있습니다. 휠덜린도 이 안정성에 대한 직관을 가졌음을 우리는 앞에서 확인했습니다. 이 두 세기의 전환기에 의문을 제기할 다른 사람들도 있을 겁니다. 그들은 모두 원한에서 벗어나서 불안 속에 나타나는 근본적인 진실을 알고 있는 '보편적인 특이성'이 가능하다는 것을 보여주는 사람들입니다. 계몽주의가 어떤 이성이 득세하게 했다면, 대혁명 이후 가톨릭은 또다른 이성을 촉진했다고 말할 수 있습니다. 레겐스부르크에서 행한 베네딕토 16세의 연설은 이런 움직임의 분명한 결과라 할 수 있습니다. 모방이론은 이 이성을 한 단계 더 발전시키는 것을 목표로 합니다.

샹트르   더 자세히 설명하시면 어떻게 될까요?

지라르   오늘날 세상은 멈추지 않는 '극단으로 치닫기'에 휘말려 있다고 한번 더 생각합니다. 하지만 교황은 그렇게 말하지 못합니다. 그의 '무오류성'과 정치적 위상이 그렇게 하지 못하게 합니다. 그는 교리 문제에 개입해 중단된 대화가 계속되도록 지지합니다. 하지만 교황의 말을 전해 듣는 오늘날의 청중은 교황의 말에서 화해가 '절대 긴급'하다는 메시지를 전달받았다고 증언하고 있습니다. 이 긴급 상황은 정말 종말론적입니다. 교황은 우리처럼 급작스럽게 말할 수는 없을 것입니다. 왜냐하면 그는 교회의 수장이자 국가의 수장이기 때문입니다.

샹트르   묵시록이 어떻게 해서 유럽과 세계에서 새로운 생각이 되었을까요?

지라르 사람들에게 진실은 언제나 거짓이라는 베일을 통해서 서서히 나타날 수 있기 때문입니다. 이 긴급한 기독교 메시지의 등장은 권세와 권능의 해체, 즉 제국주의 사상의 붕괴로 가능해졌습니다. 하지만 제국은 폭력 상승을 저지하는 경향이 있습니다. 잘 알다시피, 공격자들은 언제나 평화를 원합니다. 이미 보았다시피, 그들은 언제나 '로마의 평화'(Pax Romana), '소비에트의 평화'(Pax Sovietica), '미국의 평화'(Pax Americana)라는 표현을 사용하면서 지배하려, 즉 평화를 유지하려 합니다. 이 거짓이 마지막 속임수까지 다 써버렸을 때 진실이 드러납니다.

기독교는 문화 발생에 들어 있는 중요한 종교적 성격을 보여줍니다. 종교의 진정한 탈신비화가 기독교입니다. 왜냐하면 기독교는 고대종교의 기초가 되는 오류인 신격화된 희생양의 효과를 비난하기 때문입니다. 기독교의 폭로는 사람들에게서 종교적인 것을 '앗아갑니다'. 오늘날 우리 주변에서 종교와는 완전히 무관하다는 순진한 환상 속에서 갈수록 많이 나타나는 것이 바로 이런 종교의 결핍 현상입니다. 종교의 실패를 믿는 사람들은 오늘날 바로 그 탈신비화의 결과인 종교가 다시 나타나는 것을 보게 됩니다. 하지만 이때의 종교는 폭로에 의해 더럽혀지고 가치도 실추된 종교입니다. 폭력을 담고 있지만 동시에 폭력을 억제할 수 있는 유일한 시스템인 희생이 사라졌기에 우리에게 폭력이 되돌아온 것입니다. 오늘날 반종교적 태도는 종교에 대해 너무나 많은 실수와 터무니없는 잘못을 쌓아가서 이를 빈정거리기도 힘들 정도입니다. 이런 태도는 자신이 해치운다고 여기는 그 대의에 봉사하고 또 자신이 없앴다고 믿는 실수를 은연중에 옹호합니다. 말하자면 종교를 제대로 지배하지도 못하면서 제멋대로 작동시키고 있다고 말할 수 있습니다. 희생의 신비를 벗겨내려고 애쓰는 오늘날 탈신비화 작업의 성과는 자신이 공격한다고 믿는 기독교에 훨씬 못 미칩니다. 왜냐하면 이런 작업은 항상 고대종교와 희생을 혼동하기 때문입니다.

그래서 사람들은 한 조각의 평화를 유지하기 위해 거짓말을 해야 합니다. 거짓과 평화의 합의는 기본적인 것입니다. 예수 수난은 전쟁을 초래하는데, 그것이 사람들에게 희생 메커니즘을 앗아가는 진실을 말하기 때문입니다. 신을 만들어내는 일반 종교들은 희생양이 있는 종교입니다. 예수 수난이 희생양의 결백을 가르치자마자 사람들은 서로 싸우는데, 이것은 정확하게 희생양이 막던 것입니다. '희생이 사라지면 모방적 경쟁만이 극단으로 치닫게 됩니다.' 말하자면 예수 수난은 수소폭탄으로 이어지고, 결국 권능과 권세의 폭발로 이어질 것이라고 말할 수 있습니다. '어머니를 아들과 떼어놓아라'라는 묵시록은 기독교가 역사 속에 구체화된 것일 뿐입니다. 복음서의 기적도 분란을 일으킵니다! 『악령』의 위대한 묵시록적인 장면을 보기 바랍니다. 단 저급한 화해 장면은 제외하고 말입니다.

왕국이 절대적 평화라면, 점점 커지는 폭력의 제국으로 상대적 평화는 점점 줄어들 것입니다. 사람은 자신의 진실을 직시할 때는 항상 거짓말을 하게 됩니다. 이것이 기독교의 무자비한 진리입니다. 지금에 와서야 우리에게 이런 것이 진실로 나타나기 시작했습니다. 이 진실은 우리에게서 적을 빼앗아가면서 모든 것을 파괴해버립니다. 더 이상 좋은 싸움도 없을 테고, 더 이상 나쁜 독일인도 없을 것입니다. 희생이 사라지면 반드시 폭발이 일어날 것입니다. 우리를 유지해주는 것은 정치-종교적 질서이고, 인간에게서 이 기본적인 평화와 그에 수반되는 모든 정당성을 박탈하는 것이 그들을 종말로 인도하기 때문입니다.

샹트르 선생님은 극단으로 치닫기가 불가피하다고 생각하는데 이때 가톨릭 교회는 어떤 역할을 할 수 있을까요?

지라르 요한 바오로 2세를 이은 교황 베네딕토 16세는 교황권은 이제 국제화되었다는 것을 보여주었습니다. 말하자면 가톨릭은 유아기를 갓 벗어나 이제는 마지막 '인터내셔널'이 되었다고 말할 수 있을 겁니다. 베네딕토 16세는 아리스토텔레스와 성 토마스 아퀴나스의 서구적 이성을 방어하면서 유럽을 위해 제국에 대한 투쟁을 재개합니다. 그런데 이 투쟁은 이제 더는 수 세기 동안 그랬던 것처럼 소유 투쟁이 아니라는 것을 우리는 알고 있습니다. 제국에 대한 교황의 투쟁은 스스로의 진실에 저항하는 폭력과의 투쟁으로 변했는데, 이 진실을 부인하면 종말론을 유발할 수밖에 없게 되어 있습니다. 그러나 교황은 결코 그렇게 말하지 않을 것입니다. 교황은 이성이 너무 지나치게 믿음과 투쟁하면 믿음은 이성에 반대하는 더 불안한 신앙으로 되돌아갈 수 있다는 위험을 주장하면서 편협한 합리주의의 위험을 경고할 수 있을 뿐입니다. 횔덜린이 제가 시대의 징후라 부르는 「유일자」와 「파트모스」 같은 시를 구상한 도시인 레겐스부르크에서 '확대된 이성'을 옹호하는 교황은 '탈-그리스화'가 문화에 미칠 위험을 알렸습니다. 서구 이성은 무슨 마조히즘 때문인지, 스스로에게 강요하는 자기절단으로 모든 것을 잃을지도 모릅니다. 서구 이성은 그러므로 긴급히 자신의 본질적 차원으로 성스러움을 재통합해야 합니다. 이성에 대한 숱한 폭력 행위인 타락한 성스러움이 다시 나타나는 것에 이런 유형의 합리성만이 대응할 수 있습니다. 우리는 시급히 이성과 신앙의 유기적 결합을 다시 생각해보아야 합니다. 2차 바티칸공의회가 중요한 일을 했다면 그것은 종교의 자유를 승인한 것입니다. 기독교가 절대 침해해서는 안 되는 것이 있다면, 그것은 가르침을 거부할 자유이기 때문입니다.

샹트르 그래서 선생님은 비이성적인 것은 제국 쪽에 있고 이성적인 것은 교회에 있다고 생각하시는 것인가요?

지라르 그것이 바로 우리가 실제로 목격하고 있는 역설입니다. 제국은 평화, 즉 지배를 원합니다. 따라서 배제를 기반으로 합니다. 그러나 클라우제비츠 덕분에 우리는 평화를 원하는 주장은 힘이 없다는 것을 알고 있습니다. 언제나 이기는 쪽은 전쟁을 원하는 사람이라는 것입니다. 그래서 교황들은 제국과의 전쟁을 원했는데, 교황들 자신들의 영역에서 일시적으로 이겼다는 사실을 우리는 인정해야 합니다. 그러나 싸움은 계속되고 폭력은 배가될 것입니다. 오늘날의 제국은 이제 신성로마제국도 아니고, 유럽도, 미국도, 러시아도 아니고, 코제브가 1945년에 『프랑스 정치 교리 개요』에서 묘사한 남부 제국도 아닙니다. 그것은 기독교 진리가 절대적으로 필요하기에 더욱 패닉에 빠져 맨얼굴을 드러내는 폭력의 제국입니다.

확실히, 우리는 지난 수십 년 동안 교황권이 세상 현장으로 돌아오는 것을 목격했습니다. 그러나 교황은 그리스도가 아니며 베드로의 후계자일 뿐입니다. 그리스도의 재림은 알다시피 전혀 다른 것을 의미합니다. 건강한 묵시록적 주장이 단순한 교리 설명보다 한 수 위인 것도 이 때문입니다. 지금도 진행 중인 이 거대한 혼란을 이해하려고 노력해야 합니다. 속세의 모든 정착에서 벗어난 교황권의 승리가 그 징표들 가운데 하나입니다. 이 징표의 의미를 해석하는 것을 겁내지 말기를 바랍니다. 그 해석 가운데 하나가 바로 모방이론입니다. 모방이론은 인류 초창기에 있었을 인간화 과정을 밝히기에 인간화의 '완성'은 치명적일 것을 간파하고 있습니다.

　어떤 식으로는 유럽이 해체되고 있는 바로 그 순간, 교황권의 승리가 유럽의 본질을 되찾았다고 말할 수 있습니다. 바로 이런 관점에서 교회의 역사가 중요해질 수 있습니다. 샤를마뉴와 오토 1세 이후 황제들이 왜 항상 유럽 지배권을 놓고 교황과 전쟁을 벌였는지, 그리고 이 전쟁이 어떻게 해서 교황에게 오늘날 인정하는 영적 중요성을 부여하게 되었는지, 우리는 과거를 돌이켜보면 이해할 수 있습니다. 서로마제국에서 일어난 일이 비잔틴제국에서는 일어나지 않았습니다. 비잔틴제국에서는 깊고 복잡한 이유로 현세적인 것이 영성을 차지했습니다. 하지만 비잔틴 정교회의 총주교와 달리 서로마의 교황은 항상 제국에 저항해왔습니다. 저는 제국이 교황에게 저항하는 방법을 알고 있었다고 말하고 싶습니다. 그렇지만 서로마와 동로마를 아우르는 전 지구적 교황인 요한 바오로 2세 이후로, 이 전쟁은 끝나고 말았습니다.

　제국주의 사상이 고갈되고 기독교 진리의 보편성이 자리를 잡는 데는 1,000년 이상의 마찰이 필요했을 것입니다. 요한 바오로 2세의 회개는 정말 뜻밖의 사건으로 어쩌면 로마 교황청에서는 부분적으로 반대했을 수도 있습니다. 알다시피 이 교황은 주변 말을 듣지 않았습니다! 이 회개만으로도 교황의 무오류성은 유럽에서 새로운 사상이 되는데, 이는 교황을 예측할 수 없는 유럽 사상의 대표자로 만들기 때문입니다. 그런 일을 아무도 감히 생각하지 못하던 1945년에 코제브는 그런 방향을 예측했다고 할 수 있습니다. 아데나워·쉬망·드골, 이 세 가톨릭 신자가 유럽을 완전히 재창조했습니다. 프랑스가 루르의 지배권을 포기하게 하고 10년 후 랭스 회담의 길을 연 이가 쉬망이라는 사실을 잊지 말기 바랍니다.

샹트르　교황과 제국의 전쟁이 다른 전쟁과 다를 바가 없다는 것은 변함없는 사실 같은데요.

지라르　최근 교황들이 세상을 대하는 태도 때문에 교황이 19세기부터 펼쳐온 권능과 권세와 벌인 전쟁의 본질을 잊어서는 안 된다고 생각합니다. 물론, 이 전쟁이 언제나 영광스러웠던 것은 아니고 세속적인 관심도 들어 있었을 겁니다. 하지만 이것은 기독교 시대 2,000년을 마감한 요한 바오로 2세의 행적으로 이해해야 합니다. 교황권이 이겼다고 말할 때마다 저는 교황이 스스로를 뛰어넘어 전 세계의 지지를 얻으며 승리한 회개 이야기를 덧붙여서 언급합니다. 세속의 힘이 사라지는 순간, 모든 제국 사상이 무너지면서 교황권의 승리는 완성됩니다. 그러므로 이 싸움에는 실제로 양쪽의 모든 세력이 개입했습니다. 여기서 제국이 졌습니다. 그러므로 현재 유럽의 '확장'은 어떤 제국주의적 욕망도 넘어서서 극도로 불안정하더라도 유일하게 신뢰할 수 있는 지평을 이루는 전례 없는 시기를 시작하고 있습니다. 약하지만 동시에 힘이 있는 이것이 바로 유럽 대륙의 새로운 얼굴입니다. 유럽에서 표현되고 더 나아가 전 세계로 퍼져나간 이 생각은 '모든 사람은 똑같다'는 것입니다. 이 생각을 교황이 이어받고 있다는 사실은 이런 생각의 신성한 특성을 말해준다고 할 수 있습니다.

천년 전쟁

샹트르 모두 망각하고 있는 중세 전쟁에 대해 선생님께서 깨우쳐주셔야 할 것이 있습니다. 방금 선생님이 언급했듯이 바로 거기에 '극단으로 치닫기'의 숨겨진 진상을 보여주는 실마리가 있기 때문입니다. 교황권이 유럽의 사상을 지키기 위해 제국과 싸운 전쟁의 주요한 흐름을 말씀해주시겠습니까?

지라르 혹시 제가 정확하지 않더라도 실수를 무릅쓰고 한번 이야기해보겠습니다. 사실 그 전쟁은 교황과 제국 사이에서 일어난 '이상하고 기나긴 전쟁'입니다. 이 전쟁은 절대 비잔티움에서는 일어나지 않았다는 사실을 반드시 기억하기 바랍니다. 주로 서쪽에서 일어났습니다. 이 두 권력 사이의 경쟁은 유럽을 기독교화하고 또 기독교를 '제국화'하기로 결정한 샤를마뉴 때 시작되었습니다. 이리하여 샤를마뉴는 800년에 레오 3세에 의해 로마에서 왕위에 올랐습니다. 레오 3세는 그러나 비잔틴 의식에 따라 황제 앞에 무릎을 꿇는 대신 샤를마뉴의 머리에 왕관을 씌워 황제를 만드는 사람이 자신임을 증명해야 한다고 주장했습니다! 교황에 대한 황제들의 이상한 원한은 어쩌면 샤를마뉴와 레오 3세의 이 일화에서 시작되었을지도 모릅니다. 이 이야기의 다른 쪽 끝에는 의도적으로 레오 3세의 행동을 그대로 뒤집어, 교황 비오 7세 앞에서 자기 스스로 황제의 관을 쓴 나폴레옹이 있습니다. 교회가 이 무력감을 어떻게 이용했는지를 우리는 앞에서 보았습니다. 굴욕을 받은 황제와 자기 스스로 황제임을 선포한 황제의 두 대관식 사이에는 1,000년의 유럽 역사가 있습니다. 황제는 교황에게 자신의 대관을 강요하고 교황은 황제를 파문하던 1,000년의 싸움이 그것입니다.

샤를마뉴는 이교도들이 급증한 이후 로마제국을 이어받은 신성로마제국 황제의 지위에 오릅니다. 샤를마뉴가 죽고 난 뒤 제국은 843년 베르됭 조약으로 손자 3명에게 분할됩니다. 샤를 르 쇼브는 훗날 프랑스가 되는 서프랑크를, 루이 독일 왕은 훗날 게르만 신성로마제국이 되는 동프랑크를, 장남 로타르는 황제의 칭호와 함께 당시 신성로마제국의 동시 수도인 엑스와 로마의 연결선인 프리슬란트에서 이탈리아에 이르는 중부 프랑크 지역의 로타링기아 왕국을 차지합니다. 장자상속 원칙에 따라 장자인 로타르가 황제가 되지만 이 때문에 다른 두 형제와 분쟁에 휘말립니다. 최초의 로만어와 게르만어 문헌인 842년의 스트라스부르 서약은 로타르에 대항한 샤를 르 쇼브와 루이 르 제르마니크의 동맹을 약속하고 있습니다. 우리는 미슐레를 비롯한 19세기 사학자들이 그랬던 것처럼 주종관계가 지배하던 이런 영토 분할을 너무 빨리 국가의 틀에 가두어서는 안 됩니다. 이 서약에서 우리는 훗날 유럽을 분열시키게 되는 형제 분쟁의 기원을 보지 않을 수 없습니다. 로타링기아 왕국에서 파생된 이름인 로렌 지방을 차지하려는 독일과 프랑스의 대결도 바로 여기서 나온다는 것을 알 수 있습니다.

로타링기아 왕조는 빨리 끝나고 맙니다. 후에 독일 왕이자 작센공인 오토 1세가 962년 황제에 즉위하면서 독일과 로타링기아와 이탈리아를 포함하는, 샤를마뉴 이후 제대로 된 신성로마제국이 다시 생겨납니다. 황제는 제국에서 중요한 역할을 하는 주교를 스스로 임명합니다. 게르만의 신성로마제국 시기에는 새로 선출된 모든 독일 왕은 황제가 되려고 로마로 갔습니다. 교황에게는 다른 선택권이 없었습니다. 훗날 비오 7세가 나폴레옹에게 당하듯이 여전히 이용만 당할 수밖에 없었습니다. 황제 승계권을 요구하는 자는 다른 경쟁자들을 물리치려고 교황을 이용했습니다. 이 모든 것은 완전히 모방에서 나오는 것이라서, 모방이론의 관점에서 더 자세히 연구해볼 가치가 있는 대목입니다. 교황과 제국의 이러한 갈등이 아마도 유럽에서 일어나는 대부분 정치적 경쟁의 핵심 원인이라는 것을 알 수 있을 것입니다.

교황은 영적인 우위성 때문에 언제나 유럽의 섬과 같았습니다. 교황은 때로는 한쪽을 지지하고 때로는 다른 쪽을 지지했지만 어떤 쪽에도 결코 속하지 않을 것입니다. 이 복잡한 게임은 인류학적 시각으로만 제대로 파악할 수 있습니다. 황제국의 지위를 주장하는 세력들 사이에서 교황과 영국은 항상 제3의 중재자 역할을 해왔습니다. 그러나 유럽 역사에서 교황의 지위는 매우 특이합니다. 교황령이 바티칸으로 축소될 때까지 교황권의 영향력이 감소함에 따라 강조되는 이 돌이킬 수 없는 특성은 사람들이 1981년에 교황을 살해하고 싶을 정도로 교황권을 차지하고 싶어 하는 것으로 설명할 수 있습니다. 증오가 커지는 이유는 모방 때문입니다. 왜냐하면 교황의 '자율성'이 완성되는 과정에 있었기 때문입니다. 나폴레옹이 견딜 수 없었던 것도 바로 이것입니다. 비오 7세처럼 약한 교황도 추문에 휘말리는 것은 교황은 독립적이고 자율적인 인물이기 때문입니다. 그 뒤에 교황은 제국의 마지막 지지자들에게서 벗어난 유럽 사상을 점차 더 옹호하면서 더욱더 바람직한 인물이 되었습니다.

오늘날 교황을 받아들이지 않는 나라는 거의 없습니다. 자기 것으로 삼을 수 없는 것을 차지하는 것은 그것을 달성했다고 생각하는 사람에게 정치적 이점을 제공합니다. 터키인들이 앙카라에서 베네딕토 16세의 말을 어떻게 받아들였는지 보시기 바랍니다. 물론 교황의 현세에 대한 유혹도 모방적이었습니다. 교황은 항상 기독교 세계에 대한 권위를 되찾는 것을 목표로 삼았고, 이를 위해 매우 정치적인 수단을 사용했습니다. 그러나 우리는 이런 정책을 제국의 지배에 대한 맹렬한 저항으로 간주해야 합니다. 그래서 이 모방은 끊임없는 투쟁의 불 속에서 점차 정제되고 정화되었습니다. 오늘날 교황은 우리가 동일시할 수 있는 모델을 제공해줍니다. 우리의 대화 시작 부분에서 제가 성경의 예언자에 대해 말한 것을 떠올리시기 바랍니다. 예언의 말씀은 동의한 희생양의 진실에 뿌리를 두지만, 진리를 구현한다고 주장하지는 않습니다. 교황도 마찬가지입니다. 이로써 교황숭배는 끝났습니다.

샹트르   이 투쟁에는 서구 역사에서 중요한 전환점이 되는 순간이 있었습니까?

지라르   몇 순간이 있긴 하지만 특히 제국이 물러나기 시작하는 순간을 볼 필요가 있습니다. 1076년 교황 그레고리 7세는 게르만 왕들이 획득한 자율권을 공격하면서 모든 왕과 모든 주교와 사제들에게 로마의 동의를 구할 것을 요구했습니다. 이 '임명권 논쟁'으로 독일 하인리히 4세는 교황을 폐위하려 했으나 역으로 자신이 교황에 의해 교회에서 파문을 당했습니다. 황제는 회개를 구실로 삼아 카노사로 교황 그레고리 7세를 찾아가서 용서를 구합니다. '카노사의 굴욕'이라는 표현이 일상에서 널리 사용된다는 것은 두 세력 사이의 이 투쟁이 유럽의 기억에 얼마나 깊이 남아 있는지를 잘 보여줍니다. 성직은 교황만 임명할 수 있다는 1122년의 보름스 정교협약은 마침내 교회 권위의 우위를 인정합니다. 그렇게 되자 신성로마제국은 퇴조하기 시작하면서 통일된 독일을 이루지 못할 정도로 약해졌습니다.

　1,000년 넘게 지속된 이 전쟁 이야기를 시시콜콜 언급할 필요는

없을 것 같습니다. 시간을 거슬러 올라가서 16세기 아비뇽 교황청 사건을 봅시다. 제국의 정당성 위기와 더불어 다른 신앙도 수용하도록 강제하는 종교전쟁으로 황제는 1648년 베스트팔렌 조약 이후 자신의 오스트리아 영지로 피난을 가게 되었고, 프랑수아 2세는 나폴레옹의 압력으로 1806년에 신성로마제국 황제직을 내려놓습니다. 교황에게 손을 댄 후 나폴레옹이 어떻게 되었는지를 우리는 알고 있습니다.

우리가 조심하지 않으면 프랑스의 불안이 점점 오스트리아의 불안처럼 보일 것입니다. 나폴레옹이 숭배 대상이 된 이유를 제대로 분석하지 않으면서 계속 나폴레옹을 물신으로 만드는 것은 프랑스가 제2의 오스트리아가 되도록 비난하는 것이며, 결국 내부 싸움으로 위축될 것입니다. 유명한 '프랑스의 오만'은 현실 부정에 지나지 않습니다. 요한 바오로 2세가 1979년 부르제 설교에서 던진 "교회의 큰딸인 프랑스는 세례의 약속을 어떻게 했습니까?"라는 질문을 프랑스에 다시 들려주어 프랑스를 궁지에서 구해낼 수 있는 것은 유럽뿐입니다. 이 질문을 두고 가톨릭을 반대하는 이상한 사람들은 교황권 재탈환의 신호탄을 보았지만, 사실은 나폴레옹이라는 모델에 새로운 타격을 가한 것이었습니다. 더 많은 타격이 기다리고 있었습니다. 그 병이 뿌리가 깊다는 것을 알아야 합니다. 당시에 무슨 일이 일어나고 있는지 이해한 사람은 거의 없었습니다. 저도 그 당시에는 지금처럼 말하지 못했을 수도 있습니다만, 저도 다른 사람들처럼 당시 상황을 목격했습니다.

샹트르   선생님이 건너뛴 14세기로 한번 돌아가보지요. 단테라는 인물은 실제로 우리 토론을 집중시키는 데 도움이 될 것입니다. 『신곡』의 저자가 선생님 작업 초기에 등장한다는 것을 아는 사람이

거의 없을 것 같은데요. 사망하기 몇 년 전인 1311년에 쓴 단테의 유명한 정치논쟁서인 『제정론』이야기는 아직 못 한 것 같습니다. 이때는 독일 신성로마제국의 황제 하인리히 7세가 황제 대관식을 위해 이탈리아로 내려와 피렌체에 머물러 있을 때입니다. 교황 보니파스 8세에게 적대적인 백인 구엘프와 기벨린에 가담했던 단테는 망명 중에 교황권의 세속적 권력에 맞서는 황제에게 기대를 겁니다. 유럽을 놓고 싸우는 이 두 세력의 전쟁에서 이때도 중요한 순간이 아니었을까요?

지라르 어쨌든 가톨릭의 가장 위대한 시를 탄생시키기에 충분히 강렬한 순간이었습니다. 교황이 무엇을 구현해야 마땅한지를 알고 싶다면 단테로 돌아가야 합니다. 『낭만적 거짓과 소설적 진실』에 나오는 '형이상학적 지옥'이라는 표현은 분명히 『신곡』과 관련이 있습니다. 그 책이 나온 지 2년 뒤인 1963년에 제가 소중하게 생각하는 「『신곡』에서 소설사회학까지」라는 논문을 발표했습니다.[2] 앞에서도 언급했습니다만, 저는 『신곡』에 나오는 연인 파올로와 프란체스카가 란슬롯과 귀네비어를 무의식적으로 동일시한다는 사실에서 욕망의 지옥은 우리가 모방을 인정하기를 거부하는 데서 나온 것을 보여주려고 했습니다. 차원을 달리하는 시인의 이 놀라운 기습은 바로 모방 속에서 일어나는 변화를 묘사한 데 있습니다. 우리가 모방에서 벗어나려면 먼저 우리의 모방 본성을 인정해야 합니다. 당시에 저는 『신곡』의 구조는 소설적 진실과 같다고

---

2) René Girard, "De la Divine Comédie à la sociologie du roman," *Revue de l'institut de sociologie*, Université de Bruxelles, 1963. pp.264-269.
이 논문은 후에 『욕망의 기하학』이라는 단행본에도 실린다. René Girard, *Géométrie du désir*, Editions de L'Herne, 2011을 참조할 것─옮긴이.

말하면서 결론을 내렸습니다. 대화 중에 우리는 이런 중개 작용이 모방을 변화시키면서 다른 측면의 폭력으로 연결되는 것을 암시하기 위해서 이를 내적중개라고 불렀습니다.

단테가 황제를 지지하는 기벨린파 주장을 지지하게 된 것은 그 자신이 교황 보니파키우스 8세에 의해 추방되었기 때문입니다. 하지만 오늘날처럼 교황의 자율권이 실현된 것을 보았다면 단테는 기뻐했을 것입니다. 단테는 두 세력을 서로 잘 연결하려고 끊임없이 세속적인 것과 영적인 것을 구분했습니다. 그는 구엘프파이기에 교황을 지지하는 동시에 기벨린파이기에 황제를 지지했습니다. 하지만 단테는 엄밀한 의미에서 기벨린파가 아니었습니다. 그러므로 그의 마음속에서 제국은 일시적인 구조물일 뿐이며, '은총'이 드러날 수도 있을 인간 내재적 본성의 구성체일 뿐이었습니다. 축복의 힘만 갖고 있는 교황은 성경의 가르침이 제 길을 가고 있다는 사실과 폭력에 대한 사람들의 의식이 계속 발전하고 있다는 사실을 증명해야 합니다. 그러므로 교황파와 황제파의 실질적 화해는 왕국 완성에서 선결 조건입니다. 여기서 단테가 말하는 제국이라는 개념의 중요성이 나옵니다.

단테는 로마가 역사의 종말에 이르렀다고 느꼈습니다. 그는 헤겔처럼 순진하게 생각하며 더 이상 지배하지 말고 더는 싸우지 말아야 한다는 주장을 받아들였습니다. 이런 의미에서 하인리히 7세는 카이사르의 후계자입니다. 로마는 합법적으로 승리했습니다. 이것은 단테 제국 개념의 강점인 동시에 약점이기도 합니다. 단테는 이런 생각의 불확실성을 보지 못했습니다. 헤겔처럼 그도 폭력의 참화 앞에서 통찰력을 잃어버렸습니다. 그의 철학적·정치적 이론은 황제의 지위를 놓고 싸우는 경쟁자들의 동기를 설명해주지 못합니다. 이를 위해서는 헤겔에 반대하는 클라우제비츠가 제공해주는 좀더 근본적인 인류학적 시각이 필요합니다. 단테는 역사가 끝나기를 원했는데, 황제 지위를 놓고 싸우는 경쟁은 최악의 사태에 이를 것이라고 믿었기 때문입니다. 그러나 역사는 계속되었고, 끔찍한 분쟁이 이어지다가 20세기에 와서는 유럽이 마지막으로 폭발한 것입니다.

샹트르 그렇다면 오늘날은 더 이상 낙원을 생각할 수 없는 것일까요?

지라르 왕국과 마찬가지로, 위험에서 우리를 구할 낙원은 바로 '극단으로 치닫기'의 반대쪽입니다. 하이데거는 공포 속에서 '신'이 나타난다고 말했습니다. 과거의 교황권이 제국과 직면했듯이, 우리에게는 고대종교를 제대로 직시할 용기가 필요합니다. 그런데 분쟁은 훨씬 더 폭력적이고 훨씬 더 결정적인 것이 되었습니다.

레겐스부르크 연설

샹트르 프랑스의 일부 가톨릭 신자들처럼, 선생님은 혹시 베네딕토 16세가 레겐스부르크 연설에서 '실수'했다고 생각하지 않습니까?

지라르 베네딕토 16세는 교황이 해야 할 말을 용기를 내어 했습니다. 교황은 우리가 조심하지 않으면 종교에 대항하는 이성의 전쟁이 이성에 반대하는 종교의 전쟁으로 이어질 것이라고 말했습니다. 그런 의견에 사람들은 왜 박수를 보내지 않을까요? 따라서 앙카라에 가기 전에 유럽의 무형적 가치를 재정의한 교황의 레겐스부르크 연설을 깊이 음미해볼 필요가 있습니다. 연설의 핵심이 무엇일까요? 믿음과 이성의 분리는 오늘날 우리를 위협하는 종교와 이성의 병리 현상에 빠지게 하는데, 너무 왜소해진 이성이 종교와 도덕의 문제에도 더 이상 개의치 않을 때 이런 병리 현상은 필연적으로 발생할 수밖에 없다는 것을 말해줍니다.[3]

그러므로 오늘날 기독교 진리는 서로 대립하고 있기에 더 끔찍한 합리주의와 신앙 절대주의라는 두 종교에 맞서고 있습니다. 이런 상황은 우리가 앞서 언급했던 1940년대의 패배주의와 호전주의와 비슷합니다. 베네딕토 16세에 따르면, 이성의 이런 약화는 이성이 순전히 실용적인 면과 '과학에 대한 경험적-수학적 개념'으로 축소된 결과입니다. 마지막으로, 이 교황에 따르면, 이러한 약화는 부분적으로 성경의 엄격히 히브리적인 특성을 위해 그리스적인 것을 은폐하는 데서도 나오고 있다는 것입니다. 그리스와 그 로고스가 히브리적인 것을 가리고 있다고 의심하는 역사비판적 해석이 불러온 이 '탈그리스화'가 서구의 이성을 약화했을 것이라는 것입니다. 오직 합리적 신학, 즉 신성을 통합할 수 있는 '확장된 이성'만이 '우리에게 절실히 필요한 문화와 종교의 참된 대화를 가능하게' 할 수 있기 때문입니다. 우리가 횔덜린에 얼마나 가까이 있는지 확인하게 될 것입니다. 교황 베네딕토 16세는 유럽에 그리스의 상실을 경고하고 있습니다. 신성한 것을 통합할 수 있는 '확장된 이성'인 이성적 신학만이 '우리에게 절실히 필요한 문화와 종교 사이의 진정한 대화를 가능하게' 할 것이기 때문입니다.

저는 '문화와 종교의 대화'는 그것이 기독교와 모든 고대종교를 대조할 때에만 의미가 있다고 생각합니다. 종교 전체와 대면하

---

3) *Discours du pape Benoît XVI à l'Université de Ratisbonne*, 12 septembre 2006. 강조는 인용자.

는 것보다는 하나의 종교를 다른 종교와 비교해야 하는 이유입니다. 그렇지만 저는 이성과 신앙의 대화가 합리적 대화가 되기를 바라는 교황의 생각에 전적으로 동의합니다. 그가 기도하는 신학적 이성은 합리주의와 신앙 절대주의의 신비를 벗겨내야 합니다. 이 것이 바로 기독교인들이 준비해야 할 다가오는 전쟁입니다. 하지만 이성의 '이상한 패배'를 본 사람은 하나도 없었습니다.

교황은 그리스적 이성이 사라지고 있다는 사실과 함께 그로써 이성으로 설명되지 않는 터무니없는 일들이 고삐 풀리게 될 것을 경고하는데, 중요한 지적이라고 생각합니다. 합리주의의 종교 경멸은 이성을 종교로 세울 뿐 아니라 탈선 종교가 생겨날 터전을 만들어주기도 합니다. 이성이 신앙과 맞서 싸웠던 전쟁을 앞에서 보았습니다. 여기서 이성은 이기지 못했고 신앙이 여전히 버텨내고 있다는 것을 보았습니다. 그러나 우리는 '칼로써' 설교하는 신앙의 폭력적 반응인 '종교적 병리현상'의 전조만 알고 있습니다. 그러므로 이슬람과의 토론은 신학적인 동시에 인류학적인 토대 위에서만 가능합니다. 또 다른 십자군 운동 같은 것에 의지하지 않으면서, 모든 것이 접근하는 동시에 대립하는 두 세계의 격렬한 상호성에서 벗어나는 유일한 방법은 특정 유형의 합리성에 굴복하지 않는 것입니다.

신은 피를 기뻐하지 않으며, 이성에 따라 행동하지 않는 것은 신의 본성에 어긋납니다. 믿음은 육체가 아니라 영혼의 열매입니다. 누군가를 믿음으로 이끌려는 사람은 폭력과 위협에 의지하지 않고 바르게 말하고 생각할 수 있어야 합니다. …이성을 부여받은 영혼을 설득하려면 그를 때릴 물건이나 주먹이나 팔이나 또는 죽음으로 위협하는 다른 어떤 수단도 필요하지 않습니다.

교황은 흔히 '칠십인역'으로 불리는, 기원전 3-기원전 2세기에 구약성서를 그리스어로 번역하던 알렉산드리아의 70여 학자를 칭송합니다. 히브리어 성서를 그리스어로 번역하던 이들은 '신앙과 이성, 깨달음의 진정한 철학과 종교의 만남'을 가능케 했습니다. 이어서 교황은 인간의 이성과 신의 이성의 유사성을 강조합니다.

참으로 신성한 신은 자신을 '로고스'로 드러내시면서 '로고스'로서 우리를 위해 사랑으로 행동하신 신입니다.

베네딕토 교황은 여기서 그리스적인 동시에 유대적이며 합리적인 동시에 일신교적인 기독교의 기원으로 돌아갑니다. 교황은 애초의 통일성을 뒤흔든 세 물결을 치유하는 것이 급선무라고 주장합니다. 첫 번째는 칸트에 이르기까지 신앙이 실천적 이성으로 축소되는 종교 개혁의 물결이고, 두 번째는 예수를 '인도주의적 메시지의 아버지'로 만드는 경험적 모델을 선호하는 19-20세기의 자유주의 신학의 물결이고, 마지막 세 번째 물결은 신약의 급진성을 그리스 토착문화에서 끄집어내려는 오늘날의 경향입니다.

그런데 "그리스어로 기록된 신약은 구약의 진화 과정에서 이미 성숙했던 그리스 정신과의 만남을 그 안에 지니고 있습니다." 사람들이 들으려 하지 않았던 이 연설의 근본적으로 유럽적인 차원이 바로 여기에 있습니다. 그래서 베네딕토 16세는 앙카라를 방문하기 몇 달 전에 이 말을 선포하는 것이 절대적으로 필요했습니다. 사실 모든 일이 마치 교황이 유럽에 진입할 열쇠를 주려고 의도한 것처럼 진행됩니다.

기독교에서 그리스와 유대 세계가 만나고 있음을 볼 때, 동방에서 기원하고 발전한 기독교가 유럽에서 결정적인 흔적을 보인다고 해서 놀라운 일이 아닙니다. 또 역으로 우리는, 로마의 유산이 덧보태진 이 만남이 유럽을 만들었고 오늘날 유럽의 기초가 되었다고 말할 수 있습니다.

그리스의 유산이 기독교에 의해 변형되어서 오늘날의 유럽에 전해졌습니다. 다수의 사람이 이슬람 반대를 기대했기에 스캔들을 일으킨 베네딕토 16세 연설 서두 부분의 의미는 이렇게 설명될 수 있습니다. 여기서 교황은 "학식 있는 비잔틴 황제 마누엘 2세 팔라이올로고스가 1391년 앙카라에 있는 그의 겨울 숙소에서 페르시아 학자들과 나누었던 기독교와 이슬람교, 그리고 각각의 진리에 관한 대화"를 언급합니다. 이 대화는 훗날 콘스탄티노플 공성전을 벌이던 1394년에서 1402년 사이의 기록에 남게 됩니다. 교황은 황제가 페르시아 학자에게 말할 때의 '도저히 용납할 수 없는 놀랍고 거친' 태도를 강조했습니다.

무함마드가 새로 가져온 것을 보여주면 그가 설교한 신앙을 칼로 퍼뜨리라고 규정한 것에서 나쁘고 비인간적인 것 말고는 아무것도 발견하지 못할 것입니다.

여기서 두 가지를 강조할 필요가 있습니다. 하나는 베네딕토 교황이 절대적인 필요성을 강조했던, 기독교와 이슬람교 사이의 대화에 관한 것이며, 다른 하나는 명백하게 비난받는 황제 선언의 '거친 면'과 '받아들여질 수 없는' 특성입니다. 베네딕토 교황은 아마도 세속적인 것과 영적인 것을 너무 빨리 뒤섞고 하나의 교리를 다른 교리와 너무 성급하게 대립시키는 비잔틴의 경향에서 벗어나는 일이 필요하다고 생각했던 것 같습니다. 그래서 여기서 주장하는 것은 존중을 바탕으로 한 이슬람과의 확실한 대화입니다. 교황은 '신앙 문제에 대한 모든 제약'에 반대하면서 비잔틴 황제의 다음 말을 다시 한번 분명히 밝힙니다.

신은 피를 기뻐하지 않으며, 이성에 따라 행동하지 않는 것은 신의 본성에 어긋납니다.

희생의 거부와 종교에 대한 근본적으로 새로운 접근을 주장하는데, 이것은 제가 항상 해오던 주장과 다르지 않습니다. 따라서 저는 베네딕토 교황이 지적하는 이 두 가지 원칙을 진심으로 지지합니다. 동시에 저는 연설의 전체적 맥락에도 주목합니다. 교황은 여기서 영적인 전쟁을 벌이면서 이슬람의 테러리즘을 완전히 새로운 폭력 형태라고 말합니다. 베네딕토 교황은 영역을 구별한 다음에 그것을 '확대된 이성'으로 연결합니다. 교황은 '종교와 이성의 병리 현상', 다시 말해 이들이 완전히 분리된 데서 나오는 과도한 권력에 반대합니다. 이 영역들을 뒤섞어도 안 되고, 분리해서도 안 되고, '포함해야'(이해해야)[4] 합니다.

샹트르 그래서 선생님은 클라우제비츠에 대한 우리 이야기의 연장선상에 이슬람 테러를 넣는 것인가요?

---

4) 프랑스어 comprendre(이해하다)는 '함께'(com) '취하다'(prendre)라는 의미에서 나온 '포함하다'라는 의미도 내포하고 있다―옮긴이.

지라르　이데올로기 전쟁까지 가능하게 한 클라우제비츠의 '군대 신앙'에는 영역 혼동의 성격이 들어 있다는 것이 바로 우리 대담에서 얻을 수 있는 사실이 아니겠습니까? 인간관계에는 언제나 전쟁의 가능성이 있다고 보는 클라우제비츠의 시각을 비판하면서 우리는 그 이론의 숨겨진 구조가 바로 나폴레옹이라는 모델에 대한 모방으로 작용한다는 것을 알게 되었습니다. 클라우제비츠의 『전쟁론』이 알려주는, 지속적으로 진행되어온 이런 혼동의 결과는 오래지 않아 유럽을 파괴한 폭력 급증으로 나타났습니다. 따라서 테러리즘은 '극단으로 치닫기' 운동의 일부이자 새로운 국면이라 할 수 있습니다.

그 시대의 멋진 거울 역할을 하는 『전쟁론』이 우리를 어디로 인도하는지 알려면 이 책을 '끝까지 완성'할 필요가 있었습니다. 정치는 근본적으로 '극단으로 치닫기'를 억제할 능력이 없다는 것을 클라우제비츠는 헤겔보다 훨씬 더 현실적으로 증언해주고 있습니다. 폭력에 대한 괴상한 정당화인 이데올로기 전쟁은 실제로 지금 우리가 들어와 있는 전쟁 너머의 세상으로 인류를 끌고 왔습니다. 분명히 서구의 오만함이 연료를 공급해준 이슬람 세력의 테러 전쟁으로 서구는 진이 빠지게 될 것입니다. 클라우제비츠가 폭력 발생을 목격한 것은 19세기 국가 사이의 분쟁에서였습니다. 당시 국가들은 혁명의 전파를 억제하려고 거기 있었습니다. 프랑스혁명의 전염을 막기 위한 프랑스 전쟁은 1815년 빈 회의로 막을 내렸습니다. 폭력에 어떠한 브레이크 장치도 없는 오늘날은 전염을 막는 그런 시대도 아닙니다. 이런 점에서 우리는 종말이 시작되었다고 말할 수 있습니다.

에필로그: 위험 시대

지금까지 살펴본 '극단으로 치닫기' 논리를 끝까지 밀고 나가면, 2001년 9월 11일부터 우리가 들어와 있는 지금 상황은 정말 완전히 새로운 상황이라는 사실을 다시 한번 상기할 필요가 있다. 테러는 폭력의 수준을 더욱 높여놓았다. 모방에서 나오는 이 현상은 근본주의의 두 형태인 두 개의 십자군을 대립시키고 있다. 조지 W. 부시의 '정당한 전쟁'은 마호메트 전쟁에 다시 불을 지폈는데, 이 전쟁은 본질에서 종교적인 것이기에 더 강력하다. 하지만 이슬람주의는 세계적인 폭력 상승의 한 징조일 뿐이다. 그것은 부자들에 대한 가난한 사람들의 반응 같은 것이어서 빈곤 국가보다는 서구에서 더 많이 나오고 있다. 서구 세계를 분열시킨 암이 마지막으로 전이된 것 가운데 하나가 테러다. 테러는 서구의 부에 대항하는 세계적인 복수의 전위부대처럼 보인다. 테러는 과거 서구 제국들이 행했던 정복의 재연이다. 그런데 예상치 못했던 이 재연은 더 폭력적이고 중간에 미국을 만나면서 더 위험해졌다. 이슬람의 힘은 무엇보다도 그것이 제3세계 전체의 억압에 대한 반응이라는 사실에서 나온다. 서로를 '악의 세력'이나 '위대한 사탄'으로 부르면서 서로 종교적인 프레임을 씌우는 것은 '극단으로 치닫기'의 새로운 단계다.

이런 의미에서 사람들은 유럽 사상의 앞날과 함께 유럽 사상을 초월하는 기독교적 진실은 유럽과 마찬가지로 남미·인도·중국에서도 작동하리라는 것을 모두 알고 있다. 16세기 유럽 전쟁의 전장이었던 이탈리아와 비슷한 역할을 하는 유럽은 이제는 테러에 대해 대단한 저항을 하지 않는 피곤한 대륙이다. 바로 여기서 종종 '내부자들'에 의해 감행되는 테러 공격의 놀라운 특성이 나온다. 테러가 우리 가까이 바로 곁에 있다는 점에서 테러에 대한 저항은 더욱 복잡해졌다. 테러의 예측 불가능성은 전면적이다. '휴먼 네트워크'라는 개념은 내적 중개, 즉 갑자기 최악으로 변할 수 있는 사람들의 정체성에 관해 우리가 했던 모든 말을 뒷받침해주고 있다.

나는 9·11사태에서 비행기를 조종했던 리더 모하메드 아타에 관한 책을 읽지 않았다. 그는 이집트 부르주아의 아들이다. 테러 직전 마지막 3일 동안 그가 공범과 함께 술집에서 밤을 보냈다고 생각하는 것은 놀라울 따름이다. 이런 현상에는 신비롭고도 흥미로운 측면이 있다. 누가 이들의 동기는 무엇이고 이들의 영혼에는 어떤 문제가 있는지 살펴보았을까? 그들에게 이슬람은 무슨 의미일까? 대의를 위해 자기 목숨을 바친다는 것은 무엇을 의미할까? 이라크의 테러가 증가하는 것이 인상적이다. 과거에 냉전이 지배했던 것처럼 지금 세상을 지배하는 이런 현상에 사람들이 거의 주의를 기울이지 않는 것이 나는 참 이상하다. 언제부터 이랬을까? 우리도 정확히 알지 못한다. 베를린 장벽이 무너지고 불과 20년 뒤에 우리가 이런 처지에 놓일 것이라고는 아무도 상상하지 못했을 것이다. 이 사건은 우리의 역사관을 크게 흔들어놓았다. 이때의 역사관은 미국과 프랑스혁명 이후에 기록된 것이라서 서구 전체가 '그것'에 의해 도전과 위협을 받고 있다는 사실을 전혀 고려하지 않았던 역사관이다. 그것이 무엇인지 모르기 때문에 우리는 '그것'이라고 말할 수밖에 없다. 이슬람 혁명은 빌 클린턴 대통령 시절 아프리카의 두 대사관 공격으로 점화되었다. 그래도 '그것'이 무엇인지 찾아내지 못했다. 빈 라덴이 진짜 사람인지도 알지 못했던 것처럼. 사람들은 자신이 어떤 역사 속으로 들어가고 또 어떤 역사를 지나왔는지 진정 짐작이나 했을까? 이런 실상이 너무나 알려지지 않았고 또 우리 생각도 한계가 있다는 것을 알기에 나로서는 이제 특별히 말할 것도 없다.

'그것' 앞에 서 있는 내 심정은 마치 프랑스혁명으로부터 자신을 떼어놓고 있는 심연 앞에 서 있던 횔덜린의 심정과 비슷하다. 19세기 말에도 놀라운 일이 벌어지고 있다는 것을 사람들은 아직 인식하지 못하고 있었다. 우리는 '극단으로 치닫기'의 새로운 단계를 목격하는 중이다. 테러리스트들은 자신들에게는 시간이 충분하며 자신들의 시간 개념은 우리와 같지 않다는 것을 알려주었다. 이것이 바로 옛날로 되돌아갔다는 명백한 징후다. 7-9세기로 되돌아가는 것은 그 자체로 중요한 의미가 있다. 하지만 누가 이 중요성을 걱정하고 헤아리기라도 했을까? 이런 것은 외교부 담당일까? 앞으로도 예상치 못한 일들이 많이 일어날 것이다. 분명 훨씬 더 나쁜 일들을 보게 될 것이다. 하지만 사람들은 여전히 귀를 막고 있을 것이다.

9월 11일 당시에는 충격이 있었지만 즉시 가라앉았다. 양심의 섬광이 몇 초는 지속되었다. 우리는 무언가 일어나고 있다고 느꼈다. 이때 안보의 균열로부터 우리를 보호해주는 침묵의 담요처럼 나타난 서구 합리주의는 신화처럼 작용한다. 우리는 언제나 악착스럽게 파국을 보고 싶어 하지 않는다. 우리는 폭력을 있는 그대로 볼 수도 없고 있는 그대로 보기를 원하지도 않는다. 우리의 사고방식을 근본적으로 바꿔야만 테러 문제에 제대로 대응할 수 있을 것이다. 그런데 우리에게 일어난 일이 너무 분명할수록 그것을 이해하기를 거부하는 우리 태도도 강해진다. 이 유형의 사건은 처음 겪는 일이라서 우리는 어디서부터 손을 댈지 엄두를 내지 못하고 있다. 이런 것들이 파스칼이 보았던 폭력과 진실의 전쟁 양상이다. 현실의 비존재성을 설파했던 최근 아방가르드들의 무능력을 떠올려보자.

우리는 프랑스혁명이나 제2제정의 산업화보다 푸아티에 전투와 십자군 전쟁이 우리에게 훨씬 더 가까운, 시대의 생각으로 들어갈 필요가 있다. 무슬림들에게 서구 국가의 관점은 기껏해야 별 의미 없는 장식일 뿐이다. 그들은 서구 세계를 한시바삐 이슬람화해야 하는 것으로 생각한다. 학자들에 따르면 이들은 자국의 현실과도 동떨어져 있는 고립된 소수자들이다. 그들의 행동을 보면 물론 그렇게 말할 수 있다. 하지만 그들의 생각도 그러할까? 혹시 거기에는 근본적으로 이슬람적인 어떤 것이 들어 있는 것이 아닐까? 자신의 이익을 위해 종교적 규범마저 바꾸는 잔인한 테러를 인정하더라도, 이것은 반드시 제기해야 하는 질문이다. 만약 테러가 이슬람에 예전부터 존재했던 것을 구체화한 것이 아니라면, 그들의 의식 속에서 테러가 그만큼의 효력을 얻지 못했을 것이다. 우리 같은 공화주의자들에게는 놀랍게도 종교적 사고의 측면에서 이슬람은 여전히 살아 있다. 지금도 무함마드에 관한 논문이 나오는 것은 부인할 수 없는 엄연한 사실이다.

그러나 우리가 이슬람교에서 목격하는 것은 정복이 되돌아온 것 이상의 의미를 지녔다. 그것은 공산주의가 그 중간 모습을 보여준 '혁명이 부상한 이래로 솟아오르고 있는 것'이다. 레닌주의는 이미 이러한 요소를 일부 가지고 있었다. 그러나 그에게 부족한 것은 종교였다. 그래서 극단으로 치닫기는 문화·패션·국가론·신학·이데올로기·종교 등 모든 것을 이용할 수 있다. 무엇이 역사를 이끄는지는 서구 합리주의자들의 눈에는 중요하게 보이지 않는 것 같다. 믿기 어려운 오늘날의 혼란 상태에는 모방이야말로 진정한 길잡이라고 생각한다.

만약 1980년대에 이슬람이 지금과 같은 역할을 할 것이라고 말했다면 그 사람은 아마 미친 사람 취급을 받았을 것이다. 그런데 스탈린이 전파한 이데올로기에는 종교적 요소가 들어 있었는데, 이것은 갈수록 더 근본적인 타락의 조짐을 드러냈다. 나폴레옹 시대의 유럽은 지금처럼 온순한 지역이 아니었다. 그러나 유럽은 공산주의 이후, 바이킹족이 침범했던 중세 마을처럼 다시 취약한 공간이 되었다. 프랑스혁명의 전파는 유럽 전역에서 제기된 민족주의에 제동을 걸었지만 아랍 정복은 전격적이었다. 유럽 역사에 처음 등장한 이슬람은 종교적으로 승리했는데, 이것이 그들의 강점이었다. 이슬람이 견고하게 정착할 수 있었던 이유도 여기에 있었다. 나폴레옹의 영웅적 무훈담으로 가속화된 혁명의 물결은 국가 간 세력균형으로 억제되었다. 하지만 스스로 과열된 국가들은 혁명을 막는 유일한 제동장치를 깨뜨려 버렸다.

그러므로 우리는 우리의 사고방식을 근본적으로 바꾸어 선입견에 휘둘리지 않으면서 이슬람 연구가 제공하는 모든 자료에서 이런 사건을 이해하려고 노력해야 한다. 곧 착수되어야 할 이 작업은 방대하다. 나는 이 종교가 다른 종교보다 더 강력한 고대종교를 다시 만들어내기 위해 성경에 근거했다는 인상을 받았다. 극단으로 치닫기의 새로운 양상인 이 종교는 종말론의 도구가 될 위험이 있다. 더 이상 낡은 종교는 없지만, 성서에 기대어서 다소 변형된 성서에 의해 만들어진 또 하나의 종교가 있는 것처럼 모든 사태는 진행되고 있다. 그것은 성서와 기독교의 기여로 강화된 고대종교일 것이다. 고대종교들은 유대-기독교의 폭로로 사라졌기 때문이다. 다른 고대종교와 달리 이슬람은 버티며 저항했다. 기독교가 들어가는 곳마다 희생은 제거되었다. 하지만 여러 가지 면에서 볼 때 이슬람은 이런 제거 이전에 정착한 것 같다.

물론, 유대-기독교와 서구에 대한 이슬람의 태도에는 원한이 들어 있다. 그러나 이슬람이 또한 새로운 종교라는 것은 부인할 수 없다. 인류학자와 종교학자에게 주어진 임무는 이슬람이 어떻게 그리고 왜 유대-기독교에 적대적인지를 밝혀내는 것이다. 이슬람이 폭력과 취하고 있는 관계에는 우리가 이해하지 못하고 그래서 당연히 걱정스러운 측면이 있기 때문이다. 타인의 죽음을 보는 즐거움을 위해 목숨을 걸지 않는다는 말은 우리에게는 의미 없는 것이다. 이것이 특정 심리와 관련이 있는지는 모르겠다. 완전히 궁지에 몰린 우리는 테러에 대해 어떤 이야기도 할 수가 없다. 자료를 통한 고증도 할 수가 없다. 고전적인 이슬람 율법을 악용한 새로운 상황이 이런 테러이기 때문이다. 오늘날의 테러는 이슬람의 관점에서도 새로운 것이다. 테러는 서구의 기술이라는 가장 강력하고 세련된 수단에 대응하려는 이슬람 세력의 최근 노력의 산물이다. 우리도 이해하지 못하고 예전의 무슬림들도 이해하지 못하는 방식으로 그들은 테러를 행하고 있다.

그러므로 테러 공격을 비난하는 것만으로는 충분하지 않다. 테러에 반대하는 방어적 사고는 실제로 이해하려는 욕망에서 나온 것이 아니다. 이런 태도는 종종 이해하지 않으려는 욕망 혹은 자신을 안심시키려는 욕망에서 나온다. 역사발전에 쉽게 통합될 수 있는 클라우제비츠는 폭력의 상승작용을 이해할 수 있는 지적 도구를 제공해주었다. 그러나 이슬람교에서는 이런 생각을 어디에서도 찾아볼 수 없다. 사실 오늘날의 원한은 결코 자살까지 가지 않는다. 다시 말해 우리에게는 이를 제대로 이해할 수 있게 도와줄 연결고리가 없다. 나는 방금 연결고리가 불가능하다고 말하지 않고 쉽게 나타나지 않을 것이라고 말했다. 하지만 그 연결고리를 찾아내지 못하는 내 무능력도 인정한다. 지금 우리의 이런 설명이 가끔 무슬림에 반대하는 부당 광고에 속할 수 있는 것도 바로 이런 사정 때문이다.

우리는 이런 테러를 경험해보지 않았다. 그래서 이런 실상을 아주 가깝게 심정적으로 그리고 현상학적으로 접하지는 않는다. 테러는 우위에 선 폭력인데, 이 폭력은 자신이 승리할 것이라고 주장한다. 그러나 『코란』을 캐리커처에서 해방시키기 위해 해야 할 일이 이슬람과 관련이 있고 이슬람과 다른 테러 현상 자체에 영향을 미칠 것이라고 말해주는 것은 어떤 것도 없다. 그러므로 우리는 극단으로 치닫기가 과거에는 나폴레옹주의나 범게르만주의를 사용했던 것처럼 오늘날에는 이슬람주의를 사용하고 있다고 잠정적으로 말할 수 있다. 군사제도 밖에서 치명적인 기술을 사용할 줄 알수록 테러는 더 위험한 것이 된다. 클라우제비츠의 『전쟁론』은 테러를 이해하는 데 아직은 불완전하지만, 테러의 징후를 예상케 한 것은 부인할 수 없다.

『폭력과 성스러움』에 나오는, 이삭을 구해주는 양은 형제를 죽이지 않기 위해 아벨에게 보내진 양과 같은 것이라는 생각을 나는 『코란』에서 따왔다. 『코란』은 여기서 희생을 폭력과 싸우는 수단으로 해석한다는 것을 보여준다. 세속적인 사고방식은 헤아리지 못하던 것, 즉 희생이 복수를 막는다는 사실을 『코란』은 이해하고 있었다고 추론할 수 있다. 그런데 이 주제는 서구에서 사라졌고 이슬람에서도 사라졌다. 그러므로 여기서 우리가 직면하는 역설은 오늘날 이슬람은 호메로스의 세계보다 우리에게 더 가깝다는 사실이다. 클라우제비츠는 우리가 그의 '전쟁의 종교'라고 부르는 것으로 이런 사실을 보여주었다. 거기서 우리는 아주 새로운 동시에 아주 원초적인 어떤 것이 나타나는 것을 보았다. 마찬가지로 이슬람은 기술 발전 안에서 일어난 일종의 사건이라 할 수 있다. 우리는 이슬람과 함께 극단으로 치닫기를 동시에 생각하고, 또 이 둘의 복잡한 결합을 생각할 수 있어야 한다.

통일된 중세 기독교는 십자군 운동을 낳았다. 십자군은 그러나 이슬람이 상상하는 것만큼 중요하지 않다. 그것은 구식으로 퇴행했을 뿐, 기독교의 본질에는 아무런 영향을 미치지 않았다. 그리스도는 모든 곳의 모든 사람을 위해 돌아가셨다. 그런데도 유대인과 기독교인을 변조자로 여기는 것은 엄청난 실수를 저지르는 것이다. 이런 평계 덕분에 무슬림은 세 종교 사이의 모든 비교연구와 진지한 토론을 피할 수 있었다. 이처럼 유대인과 기독교인을 변조자로 여기는 것은 예언자 전통에서 무엇이 위험에 처해 있는지를 보고 싶어 하지 않는 분명한 방법이라 할 수 있다. 기독교의 가르침은 수 세기 동안 아주 치열하게 적대적인 비판을 받아왔는데, 이슬람교는 왜 그런 비판을 받아오지 않았을까? 여기에는 분명 이성의 직무태만이 있었다고 말할 수 있다. 그것은 어떤 면에서 평화주의의 난점과 비슷하다. 평화주의가 호전주의를 얼마나 부추기는지 우리는 이미 앞에서 확인했다. 그러므로 유대교와 기독교 기록처럼 『코란』을 연구하면 많은 도움을 줄 것이다. 비교연구를 해보면 『코란』에는 집단살해에 대한 인식이 실제로 없다는 것을 밝혀낼 수 있을 것이라고, 나는 생각한다.

그러나 기독교에는 집단살해에 대한 인식이 있었다. 베드로와 바울의 개종은 유사한데, 그들 스스로가 집단살해에 가담했다는 사실을 깨닫는 것이 바로 그들의 개종이었다. 스테파노가 사람들의 돌에 찢겨 죽을 때 바울도 그곳에 있었다. 다마스쿠스로 떠나게 된 데에는 그를 번민에 빠뜨린 이 폭행사건도 영향을 주었다. 기독교인들은 예수 수난이 집단살해를 효력 없는 것으로 만들었다는 것을 알고 있다. 바로 그 때문에 예수 수난은 폭력을 감소시키기는커녕 확대시켰다. 이슬람은 이것을 일찍부터 알았지만 지하드의 의미로 받아들였을 것이다.

이처럼 영원히 되풀이되는 역사의 가속화가 있다. 오늘날의 테러리스트들은 다소 전체주의의 후계자인데, 테러와 전체주의에는 비슷한 생각과 뿌리 깊은 습관이 있는 것 같다. 이런 연속선의 가능한 여러

가닥 가운데서 우리는 프로이센의 장군이 정한 나폴레옹 모델을 뒤따라왔다. 그런데 이 모델은 뒤에는 레닌과 마오쩌둥도 택하는데, 알카에다는 또 마오쩌둥을 명시적으로 언급하고 있다. 클라우제비츠의 천재성은 지금은 전 지구의 법칙이 된 것을 부지불식간에 예상했다는 것이다. 이제 우리는 더 이상 냉전의 시대를 살고 있지 않다. 지금 중동은 하루에 수백 명의 희생자를 내고 있고, 내일이면 아마도 수천 명의 희생자가 생겨날 매우 뜨거운 열전의 시대에 들어와 있다.

지구 온난화와 폭력 증가는 불가분의 관계가 있다. 자연과 인공의 혼동을 나는 반복해서 강조해왔다. 어쩌면 이것은 묵시록에서 가장 강조되는 부분일 것이다. 실제로 사랑은 식어버렸다. 물론, 이 세상에서 사랑은 과거 어느 때보다 적극적으로 작동하고 있고, 모든 희생양의 무죄에 대한 인식이 높아졌다는 사실은 부인할 수 없다. 그러나 오늘날 우리의 사랑과 자비는 전 지구적 폭력의 제국에 직면해 있다. 많은 사람과 달리, 나는 역사에는 의미가 있다고 생각한다. 그것은 우리가 항상 이야기했다. 종말로 올라가는 것은 인류의 더 높은 실현이다. 그런데 종말의 가능성이 가시화될수록 사람들은 그에 관한 이야기를 많이 하지 않는다.

이제 결정적인 순간에 당도한 것 같다. 이 순간은 진실과 폭력이 싸우는 이 본질적인 전쟁에서 이 둘이 똑같은 것이 아닌 한, 어떤 전략이라기보다는 신앙 고백의 순간이라 할 수 있다. 폭력은 희생제도의 핵심에 자리 잡은 그리스도의 개입으로 증폭되고 타락한 성스러움에 속하는 것이라는 느낌을 나는 항상 갖고 있었다. 사탄은 극단으로 치닫기의 다른 이름이다. 예수 수난이 고대 세계를 근본적으로 바꾸어놓았다는 것을 횔덜린도 보았다. 사탄의 폭력은 고대종교의 본질적 변화인 성스러움에 오랫동안 반발해왔다.

그래서 하나님은 아들을 통해서 자신을 드러내고 종교는 인간의 역사에서 그 흐름을 바꿀 정도로 확실히 자리 잡게 되었다. 극단으로 치닫기는, 역으로 신이 개입한 힘을 드러낸다. 신성은 이전의 모든 현현보다 더 신뢰할 만한 것으로 나타났지만 사람들은 그것을 보고 싶어 하지 않는다. 그 어느 때보다 자기 세계를 파괴할 수 있게 된 오늘날 인간이야말로 자기몰락의 당사자들이다. 기독교 차원의 전형적인 도덕적 비난뿐 아니라 인류학적으로도 피할 수 없게 확인된 것이다. 그러므로 이제 우리는 잠자는 우리 의식을 깨워야 한다. 안심시키려는 마음은 언제나 최악의 결과를 낳는다.

2007년 7월

르네 지라르가 브누아 샹트르에게 보낸 편지
• 그라세판 증보

지금 이 편지는 우리가 함께 작업하던 후속 버전을 기반으로 제작된 대담 텍스트의 작성 날짜부터 시작한다. 르네 지라르가 쓴 마지막 글 가운데 하나다. 우리는 여기서 그가 역사적 기독교의 실패라는 생각에 대해 주저하는 것을 볼 수 있는데, 그는 특히 역사적 기독교의 실패를 기독교 계시의 실패로 보는 것을 원치 않았다. 그는 기독교의 모든 '신화화'에서 벗어나 "기독교도의 신은 묵시록에서 아주 큰 소리로 말씀하신다"라고 주장하는데, 이 생각은 기독교 사상과 문학 이론을 이해하는 데 필수적이다. 지라르는 실제로 1961년부터 '낭만적 거짓'이라는 외피에서 '소설적 진실'이라는 다이아몬드를 끌어내게 해주는 진정한 자기비판이 가능한 작가들의 작품을 다시 포착하는 데 주의를 기울였다.

(이 편지를 사용할 수 있는 권한을 준 마르타 지라르 부인은, 우리가 이 책의 원고를 함께 검토하는 동안 "더 묵시적으로, 브누아, 더 묵시적으로!"라고 남편이 나에게 되풀이해서 하던 말을 기억하고 있다고 말해주었다.)

－브누아 샹트르

2007년 5월 2일
브누아에게

당신의 소개는 매우 설득력이 있어 아주 좋습니다. 대부분 훌륭하지만 일부는 기독교가 생각하는 것이 아니라 우리가 세상 사람들이 보는 대로 보고 있다는 인상을 줄 수 있는 것 같습니다. 나는 묵시록적 기록에 대한 내 해석에 들어 있는 본질적으로 종교적이며 고전적으로 기독교적인 의미가 분명히 드러나기를 바랍니다.

오늘날의 모든 철학, 니체를 비롯해서 우리 지식인이 몰두해 있는, 휴머니즘도 아닌, 말도 안 되는 것들보다 2,000년 된 이 기록들이 훨씬 더 적합하다는 것이 밝혀졌습니다. 묵시록의 기록은 우리 역사 지평에 어렴풋이 다가오는 것을 설명해주는 유일한 기록입니다. 여기서 나는 물론 우리 실패의 조짐을 봅니다. 하지만 그것은 분명 기독교의 실패는 아닙니다. 우리의 맹목에 동참하기는커녕 기독교는 우리가 그 어느 때보다 보지 않으려고 노력하는 진리를 2,000년 동안 선포해왔습니다. 우리를 위협하는 것들이 가까이 다가올수록 경고는 더 눈길을 끕니다. 우리의 맹목에는 비극만큼이나 희극적인 것이 들어 있습니다.

당신이 "기독교는 신들의 침묵에 감히 맞서는 유일한 무신론 종교입니다"라고 말할 때 나는 기독교의 신이 묵시록에서 아주 큰 소리로 말씀하시는 것 같았습니다. 우리가 듣지 못하는 것은 우리가 귀를 막고 있기 때문입니다. 당신의 어떤 문장에 들어 있는 암묵적인 다신교는 다소 거북했습니다. 내가 보기에 다신교는 십자가에 의해 일거에 완전히 없어진 것 같습니다. 우리가 그것을 진지하게 여긴다는 인상을 주어서는 안 된다고 생각합니다.

당신이 기독교가 스스로의 실패를 예견했다고 말할 때는 동의하지만, 그 예견을 어떤 '고백', 즉 기독교가 피하고 싶었지만 그렇게 할 수 없었던 강제적으로 강요된 것으로 정의하는 데에는 더 이상 동의하지 않습니다. 독자는 자기 생각을 공고히 해주는 모든 것, 즉 기독교는 자신이 무엇을 하는지 모르고, 자신이 만든 상황의 절대적 주인이 아닌 가엾은 사람들의 종교라는 말을 들을 준비가 완전히 되어 있습니다. 그런데 묵시록의 기록은 그 반대를 증명하는 것 같습니다.

다음의 짧은 글은 아마 당신에게 어떤 것도 가르쳐주지 않고 분명한 안내도 없지만, 어떤 점에서는 유용할 수 있을 것입니다.

오늘날 역사의 묵시록적 논리에 대한 즉흥적인 메모

십자가형에 동의함으로써 그리스도는 '창세부터 감춰진 채로' 있던 것, 즉 십자가를 통해서 처음으로 만천하에 드러난 만장일치의 살해라는 이 세상의 토대 자체를 밝혔습니다.

고대종교가 작동하려면 제의적 희생에서 무한히 반복되면서 인간 사회를 인간의 폭력으로부터 보호했던 초석적 살해를 감출 필요가 있었습니다.

초석적 살해를 폭로함으로써 기독교는 고대종교에 필수적인 무지와 미신을 파괴합니다. 이를 통해서 이전에는 상상할 수 없었던 지식의 도약이 가능해졌습니다.

희생의 제약에서 해방된 인간 정신은 과학·기술 등을 만들어냈습니다. 우리 문명은 역사상 가장 창의적이고 가장 강력하지만, 더 이상 고대종교의 보호책이 없는 만큼 가장 취약하고 가장 많은 위협을 받고 있습니다. 넓은 의미에서 희생이 없으면 우리 문명은 조심하지 않으면 스스로를 파괴할 위험이 있는데, 그리고 실제로 조심하지도 않습니다. 오늘날의 문명은 저 너머를 보지 못하고 눈앞만 보고 있습니다.

바울은 「고린토인들에게 보낸 첫째 편지」에서 "만일 그들이 깨달았더라면 영광의 주님을 십자가에 못 박지는 않았을 것입니다"라고 했습니다. 그는 과대망상증일까요? 난 그렇게 생각하지 않습니다. 이 세상의 군주들과 바울이 '권능과 권세'라고 부르는 모든 것은 로마와 같은 국가조직입니다. 그런데 이 국가조직들은, 감추어져 있기 때문에 효과를 발휘하는 초석적 살해에 기초합니다. 이 살해는 절대적으로 보면 나쁜 것이지만 상대적으로 보면 불가피한 것으로 기독교 계시가 위협하는 완전한 파괴보다 나은 것입니다. 그렇다고 기독교 계시가 나쁘다는 뜻이 아닙니다. 그것은 전적으로 좋지만 우리는 그것을 완전히 수용할 능력이 없습니다.

희생양은 우리가 그의 죄를 믿는 한 유효합니다. 희생양이 있다는 것은 당신이 희생양을 가지고 있다는 것을 모르는 것입니다. 희생양을 갖고 있다는 사실을 알게 되는 것은 희생양을 영원히 잃게 되는 것입니다. 십자가 이야기가 예수의 결백함을 드러내고, 또 그와 유사한 모든 희생자의 무고함을 차근차근 드러냄으로써 결국 완전히 무너뜨리는 것이 바로 희생양으로 보호되던 체계입니다.

따라서 폭력적인 희생에서 벗어난 교육과정이 진행되고 있지만 아주 천천히, 그리고 거의 항상 무의식적으로 진행되고 있습니다. 오늘날에 이르러서 이런 교육이 우리의 안락함이라는 면에서는 점점 더 놀라운 결과를 가져오지만, 지구 생명의 미래에는 갈수록 더 위험해지는 결과를 낳고 있습니다.

종교를 신비화하지 않는 것은 기독교인데, 이 탈신비화는 절대적으로는 좋은 것이지만 상대적으로는 나쁩니다. 왜냐하면 우리는 그것을 감당할 준비가 충분히 되어 있지 않고 충분히 기독교적이지도 않기 때문입니다.

기독교의 계시를 전혀 위협적이지 않고 완전히 좋게 만들려면 사람들이 그리스도께서 권고한 행동을 취하는 것으로 충분할 것입니다. 복수를 완전히 단념하고, 클라우제비츠의 유명한 '극단으로 치닫기'를 포기하는 것입니다. 만약 지금과 같은 추세가 더 오래 지속되면 지구상의 모든 생명체는 곧 멸종될 것입니다.

이것이 바로 레이몽 아롱이 클라우제비츠를 읽으면서 엿보았던 가능성입니다. 레이몽 아롱은 마음속에서 묵시록의 논리를 쫓아내고 최악의 상황은 피할 수 있다고 자신을 설득하고자 아주 두툼한 책을 썼습니다. 이런 종교적 통찰력의 시작은 대부분 생각보다는 아주 뛰어나지만 충분한 것은 아닙니다.

『낭만적 거짓과 소설적 진실』의 '소설적 개종' 이후로 내 책은 다소 정도 차이가 있지만, 모두 기독교를 옹호하는 것이었습니다. 나는 이런 의미가 훨씬 더 명확해졌으면 좋겠습니다. 우리 이야기는 시간이 지남에 따라 점점 더 이해하기 쉬워질 것입니다. 왜냐하면 우리는 지구 파괴를 향해 점점 더 빨리 다가가고 있기 때문입니다.

기독교는 희생 제의의 종교가 생겨나기 위해 감춰져 있던 것을 밝히는 역방향의 초석적 살해입니다. 바울은 아직 고대종교인 어린이의 양식과 다른 성인의 양식으로 기독교를 비유했습니다.

상황이 더욱 기묘하게도, 기독교는 자신이 전파한 지식의 역설적인 희생자입니다. 기독교는 자신과는 명백히 다른 신화와 터무니없이 혼동되기도 하고, 기독교가 탈신비화한 고대종교와 혼동하는 경향이 있는 적과 지지자들에 의해 이중으로 오해받고 있습니다. 탈신비화는 모두 기독교에서 나왔습니다.

바로 이 순간에, 대학교수같이 '현명하고 학식 있는 사람들'은 기독교에 대한 분노를 토로하고 기독교가 곧 사라질 것을 다시 한번 축하하고 있습니다. 이 가엾은 사람들은 그들의 회의론 자체가 기독교의 산물이라는 것을 깨닫지 못하고 있습니다.

진보를 앞당기고 이른바 인류의 '진보'를 막고 있는 모든 것을 제거하고, 미래의 삶을 더 풍요롭고 안락하게 해줄 것을 만들어내는 것을 촉진하기 위해, 과거의 희생에서 나온 말도 안 되는 소리들을 없애는 것이 좋긴 합니다만, 희생에서 나온 이런 터무니없는 말들은, 적어도 서구에서는, 우리가 서로를 죽이는 수단을 만들어내지 못하도록 막았던 것이기도 합니다. 그래서 오늘날 우리에게는 부족한 것이 더 많습니다.

여전히 묵시록에 관해 이야기하는 기독교인은 근본주의자입니다. 하지만 그들은 묵시록에 대해 완전히 신화적인 생각을 하고 있습니다. 그들은 마지막 순간의 폭력이 하나님으로부터 직접 올 것이라고 생각합니다. 그들은 악한 하나님을 전제로 하고 있습니다. 이상하게도 그들은 지금 우리가 우리에게 가하는 폭력에 최악의 상황을 초래하는 데 필요한 모든 특성이 있다는 것을 보지 못하고 있습니다. 그들에게는 유머 감각이 없습니다.

.·.

친애하는 브누아, 당신의 소개문에 변경할 사항은 거의 없습니다. 덧보탠다면, 어쩌면 오늘날 세상에 대한 약간 가시적인 분노가 필요할지 모르겠습니다. 또한 기독교의 무한한 우월성과 우리가 보기에 정당한 기독교의 요구에 대한 증명으로 내가 보고 있는 것에 대한 좀 더 분명한 확신도 필요하겠지요.

우리 온 가족의 정을 담아서,
르네

옮긴이의 말

이 책은 르네 지라르의 마지막 저술인 *Achever Clausewitz*(Carnetsnord, 2007/Grasset, 2022)를 우리말로 옮긴 것이다. 2015년 르네 지라르 서거 후 급변한 세계정세에 맞추어 공저자인 브누아 샹트르가 새로운 내용을 첨가하여 2022년에 증보판이 나왔다.

르네 지라르가 우리나라에 소개된 지도 어느덧 50여 년이 되어간다. 1970년대 김윤식 선생의 『소설의 이론』(삼영사)에서 르네 지라르의 데뷔작인 『낭만적 거짓과 소설적 진실』의 1장이 부분적으로 소개되고, 김치수 선생의 『구조주의와 문학비평』(홍성사)을 비롯한 여러 종류의 글을 통해서 문학연구자들에게 알려지기 시작했다. 김현 선생의 『르네 지라르 혹은 폭력의 구조』는 르네 지라르 사상 소개뿐 아니라 모방이론을 우리 기록에 원용하여 새로운 해석을 시도하기도 했다.

앞서간 선생들의 선구적인 발걸음에 힘입어 1980년대 이후 르네 지라르의 대표작인 『폭력과 성스러움』과 『희생양』을 비롯하여 『나는 사탄이 번개처럼 떨어지는 것을 본다』와 『그를 통해 스캔들이 왔다』 『문화의 기원』과 같은 저술들이 현지와 큰 시차 없이 우리말로 소개되었다. 이를 토대로 모방이론을 원용한 작업도 우리에게서 면면히 이어져 내려오고 있으며, 2000년대 들어서는 김모세의 『르네 지라르』 (살림), 김진식의 『르네 지라르』(커뮤니케이션북스) 등과 같이, 르네 지라르의 단순한 소개에 머물지 않으면서 르네 지라르와 그의 모방 이론을 전체적으로 조망하는 작업도 끊이지 않고 있다.

2015년 르네 지라르의 서거 이후에 전개되고 있는, 필히 그 저변에 는 인간 욕망의 기하학이 작용하고 있을, 오늘날 인간사회의 난맥을 보는 우리 마음은 이런 현상을 이해하고 싶어질수록 인간의 궁극이 자 근원인 인간 욕망의 기하학에 더욱 기대게 되는 것 같다.

최근의 러시아-우크라이나 전쟁과 함께 해묵은 이스라엘-팔레스 타인 전쟁의 재발뿐 아니라, 한시도 편하지 않은 한반도 정세를 직접 겪는 우리에게는 평화를 갈구하는 만큼 전쟁 또한 머리를 떠나지 않 고 있다.

"그런데 여태까지 이런 현상에 대해 학자들은 왜 (모방에 근거하여) 연구하려 않았던 것일까요?"라는 르네 지라르의 한탄은 우리의 욕망 은 타인을 모방해서 생겨난다는 모방이론을 외면하는 세태에 대한 강한 이의제기로 볼 수 있다. 그런 의미에서 이 책 『클라우제비츠 전 쟁론 완성하기』는 시기, 선망, 질투, 원한이라는 짝패 갈등에서 전쟁 을 포함한 인간사의 모든 폭력이 나온다는 모방이론을 전쟁에 적용 해서 살펴보자는 르네 지라르의 강한 외침이라고 볼 수 있다.

르네 지라르에게서 삶의 지혜를 모색하려는 분들에게 이 책이 조 그만 도움이나 단서라도 되었으면 하는 마음 간절할 뿐이다.

2024년 1월
김진식

찾아보기

지은이 르네 지라르

문학평론가이자 사회인류학자인 르네 지라르는 1923년 남프랑스 아비뇽에서
태어나 1947년 파리 고문서학교를 졸업하고, 미국 인디애나대학에서 역사학을
전공했다. 인디애나대학 프랑스어 강사를 시작으로 듀크대학·
존스 홉킨스대학·뉴욕주립대학·스탠퍼드대학 등에서 정교수·석좌교수 등을
지내며 프랑스의 역사·문화·문학·사상에 관한 강의를 했다. 이런 까닭에 그는
프랑스보다 미국에서 더 널리 알려져 있고, 저서 역시 미국에서 더 많은 독자를
확보하고 있으며, 그의 이론과 사상은 미국 대학에서 더 많이 논의되고 있다.
이밖에도 그는 1947년 제르보·샤르피에 등과 함께 아비뇽 교황청에서 '현대
회화전'을 개최해 브라크·샤갈·칸딘스키·클레·레제·마티스·몬드리안·
피카소 등의 작품을 전시하는 등 많은 화가들과 작품들에 관심을 가졌다.
1961년에는 존스 홉킨스대학에서 '비평언어와 인문학'에 관한 국제 심포지엄을
개최했는데, 여기에는 바르트·데리다·골드만·이폴리트·라캉·풀레
·토도로프·베르낭 등 많은 학자들이 참가했다.
지라르의 관심은 소설 속의 인물들이 어떻게 욕망하는가 하는 인간 욕망의
구조를 밝혀내는 데서 출발한다. 그것이 그의 첫 저서인 『낭만적 거짓과 소설적
진실』(Mensonge romantique et ve′rite′ romanesque, 1961)에서 다루고 있는 내용이다.
인간의 욕망과 구조를 밝혀내려는 작업의 결실인 『폭력과 성스러움』
(La violence et le sacré, 1972)은 1973년 프랑스 아카데미상을 받았다.
그밖에도 그는 『지하실의 비평』(Critique dans un souterrain, 1976),
『세상이 만들어질 때부터 숨겨져 온 것』
(Des choses cachées depuis la foudation du monde,1978, 공저),
『이중규제』(To Double Business Bound: Essays on Literature, Mimesis and
Anthropology, 1978), 『희생양』(Le Bouc émissaire, 1982), 『옛 사람들이 걸어간 사악한
길』(La Route antique des hommes pervers, 1985), 『나는 사탄이 번개처럼 떨어지는
것을 본다』(Je vois Satan tomber comme l′eclair, 1999) 등
많은 작품을 발표했는데, 다양한 분야에 걸쳐 있는 그의 저서들은 대부분
문학 작품 분석이 중심을 이루고 있으며 특히 폭력과 구원에 관한
주제가 많은 비중을 차지하고 있다.

지은이 브누아 샹트르

브누아 샹트르는 프랑스의 문학평론가이자 극작가, 수필가다.
앙리 베르그송, 르네 지라르, 에마뉘엘 레비나스, 샤를 페기 등의 작품을 중점으로
연구하고 있다. 르네 지라르와 함께 2005년 프랑스에서 만든 르네 지라르 연구학회
ARM(Association Recherches Mimétiques)의 회장을 맡고 있다.

옮긴이 김진식

울산대학 프랑스학과 명예교수. 서울대학 불어불문학과를 졸업하고 같은
대학 대학원에서 박사학위를 받았다. 주요 저서로는 『르네 지라르에 의지한
경제논리비판』(UUP, 2005), 『알베르 카뮈와 통일성의 미학』(UUP, 2005),
『르네 지라르』(커뮤니케이션북스, 2018) 『모방이론으로 본 시장경제』
(살림, 2020)이 있다. 역서로는 르네 지라르의 『폭력과 성스러움』(민음사, 1993),
『희생양』(민음사, 1998), 『나는 사탄이 번개처럼 떨어지는 것을 본다』(문학과지성사,
2004), 『문화의 기원』(기파랑, 2006), 『욕망의 탄생』(문학과지성사, 2018),
『유럽을 성찰하다』(글항아리, 2020), 『경제와 미래』(북캠퍼스, 2022) 등이 있다.

클라우제비츠 전쟁론 완성하기

지은이 르네 지라르 · 브누아 샹트르
옮긴이 김진식
펴낸이 김언호

펴낸곳 (주)도서출판 한길사
등록 1976년 12월 24일
주소 10881 경기도 파주시 광인사길 37
홈페이지 www.hangilsa.co.kr
전자우편 hangilsa@hangilsa.co.kr
전화 031-955-2000~3 **팩스** 031-955-2005

부사장 박관순 **총괄이사** 김서영 **관리이사** 곽명호
영업이사 이경호 **경영이사** 김관영 **편집주간** 백은숙
편집 이한민 박희진 노유연 박홍민 배소현 임진영
관리 이주환 문주상 이희문 원선아 이진아 **마케팅** 정아린
디자인 창포 031-955-2097
CTP출력·인쇄 예림 **제책** 경일제책사

제1판 제1쇄 2024년 2월 20일

값 35,000원

ISBN 978-89-356-7857-0 94080
ISBN 978-89-356-6427-6 (세트)

한길그레이트북스 인류의 위대한 지적 유산을 집대성한다